최 신 개 정 판

혼JOB 국민건강보험공단 NCS + 법률 봉투모의고사

기출복원 하프 모의고사

[NCS 직업기초능력 + 법률]

나만의 성장 엔진, 혼JOB | www.honjob.co.kr

최신개정판

혼JOB 국민건강보험공단 봉투모의고사

기출복원 하프 모의고사 [NCS 직업기초능력 + 법률]

[세부구성 안내]

1. 기출복원 하프 모의고사는 최근 국민건강보험공단 필기시험에서 출제되었던 기출 문항의 소재, 유형 등을 복원하여 재구성한 것으로, 실전모의고사 풀이 전 실제 출제 유형을 확인할 수 있도록 하였습니다.
2. NCS 직업기초능력 30문항, 국민건강보험법 10문항, 노인장기요양보험법 10문항으로 구성하였습니다. 자신의 응시 직렬에 해당하는 직무시험(법률)을 풀이하시기 바랍니다.
3. 국민건강보험법은 법률 제20505호(2024. 10. 22. 일부개정), 노인장기요양보험법은 법률 제20587호(2024. 12. 20. 일부개정)를 기준으로 출제하였습니다. 실제 시험의 출제 기준은 채용 공고를 통해 확인하시기 바랍니다.

기출복원 하프 모의고사
NCS 직업기초능력 핵심기출

[01~02] 다음 보도자료를 읽고 이어지는 물음에 답하시오.

건강보험 본인확인 의무화 제도 시행

보건복지부는 5월 20일부터 건강보험 본인확인 의무화 제도가 시행된다고 밝혔다. 이에 따라 병·의원에서 건강보험 급여가 적용되는 진료 등을 받을 때에는 신분증 등으로 본인확인을 하여야 건강보험 급여를 적용받을 수 있다.

현재 다수 병·의원에서는 건강보험 적용 시 별도 본인확인 절차 없이 주민등록번호 등을 제시받아 진료 등을 수행하고 있으며, 이로 인해 건강보험 무자격자가 타인의 명의를 도용하여 건강보험 급여를 받는 등 제도의 악용 사례가 지속적으로 발생하고 있다. 최근 5년간 연평균 3.5만 건의 도용 사례가 적발되어 건강보험공단은 8억 원을 환수 결정하였으며, 이는 도용이 명백한 경우만을 적발하였으므로 실제 도용 사례는 훨씬 많을 것으로 추정된다.

보건복지부는 이러한 악용 사례를 방지하고 건강보험 제도의 공정성을 제고하기 위해 병·의원에서 건강보험 적용 시 본인확인을 의무화하기로 하였다. 이는 「국민건강보험법」의 개정(법률 제19420호) 내용에 반영되었으며 이달 20일부터 전국 병·의원에서 시행될 예정이다.

본인확인이 가능한 수단으로는 주민등록증, 외국인등록증 등 신분증(건강보험증, 운전면허증, 여권, 국가보훈등록증, 장애인등록증, 외국인등록증, 국내거소신고증, 영주증 등) 또는 전자서명, 본인확인기관의 확인서비스 등이 있다. 또한 모바일 건강보험증(앱) 또는 QR코드를 제시하는 경우에도 편리하게 본인확인이 가능하다. 반면에 신분증 사본, 각종 자격증 등은 전자신분증에 해당하지 않으므로 사용이 불가하다. 다만, 19세 미만 사람에게 요양급여를 실시하는 경우, 의사 등 처방전에 따라 약국 약제를 지급하는 경우, 응급환자인 경우 등 본인확인을 하기 어려운 정당한 사유가 있는 경우에는 본인확인을 하지 않을 수 있으며 이 경우에는 주민등록번호 등을 제시하여 진료를 받을 수 있다.

건강보험 자격을 부정하게 사용하는 경우 대여해 준 사람과 대여받은 사람 모두 2년 이하의 징역 또는 2천만 원 이하의 벌금에 처할 수 있으며, 부정 사용한 금액을 환수한다. 본인확인을 하지 않은 병·의원은 100만 원 이하의 과태료를 부과받게 된다.

이○○ 건강보험정책국장은 “건강보험 본인확인 제도는 자신이 지닌 자격이 아닌 타인의 건강보험자격을 도용하는 등 무임승차를 방지하여 건강보험제도의 공정성을 제고하기 위한 것”이라면서, “제도의 원활한 시행을 위해 국민 여러분께서는 병·의원 방문 시 신분증을 지참해 주시고, 미지참하신 경우 모바일 건강보험증 앱을 이용해 주시기를 부탁드린다.”라고 밝혔다.

※ 출처: 국민건강보험공단 보도자료

01 **위 보도자료의 작성 목적으로 가장 적절한 것은?**

① 병·의원 이용 시 본인확인이 가능한 다양한 수단을 안내하여 이용자의 불편을 해소하기 위함
② 병·의원 이용 시 건강보험 악용 사례를 막고자 개정된 「국민건강보험법」의 시행을 안내하기 위함
③ 병·의원 이용 시 건강보험 제도의 공정성 제고를 위한 본인확인 의무화 제도의 중요성을 알리기 위함
④ 병·의원 이용 시 건강보험 자격 도용이 적발 시 처벌 수위를 안내하여 경각심을 심어주기 위함

02 **위 보도자료의 내용과 일치하는 것은?**

① 19세 미만 미성년자는 병·의원 진료 시 학생증을 지참하여야 한다.
② 민간이 아닌 국가 공인 자격증이라면 전자신분증으로 사용이 가능하다.
③ 응급환자인 경우 병·의원 이용 시 본인확인을 하지 않을 수 있다.
④ 신분증을 미지참한 경우 신분증 대신 신분증을 캡처한 사진을 제시할 수 있다.

[03~04] 다음 보도자료를 읽고 이어지는 물음에 답하시오.

튼튼 치아 맞춤케어, 제2차 아동치과주치의 건강보험 시범사업 확대 실시

2024년 7월 1일부터 제2차 아동치과주치의 시범사업(이하 시범사업)을 확대 시행한다. 해당 시범사업은 2021년도에 도입되어 참여 아동에게 2년 8개월 동안 학기마다 1회(최대 6회) 주치의를 통한 포괄적인 구강관리서비스를 제공하였다. 본 사업은 문진, 시진, 구강위생검사로 구강 건강상태 및 구강관리습관을 평가하고 그 결과에 따라 구강관리계획을 수립하여 칫솔질 교육 및 치면세마, 불소도포 등을 제공함으로써 아동이 올바른 구강관리습관을 기르고 건강한 치아를 유지할 수 있도록 도와주는 사업이다.

기존의 1차 시범사업은 광주광역시와 세종특별자치시로 한정되어 있었다. (　　　　　) 2차 시범사업부터는 사업지역을 기초단위 지방자치단체(시·군·구)를 포함한 9개 지역으로 확대하고, 종전 초등학교 4학년 외 초등학교 1학년도 대상에 포함하는 것으로 확대한다. 2025년에는 대상 학년을 1·2·4·5학년으로, 2026년에는 초등학생 전 학년으로 대상 학년을 확대할 예정이다.

아동치과주치의 서비스를 이용하려는 아동 또는 법정대리인은 국민건강보험공단 누리집 등을 통해 이용할 치과의원을 찾아보고 방문하면 된다. 치과의원 주치의에게 등록을 신청하면 방문 당일에도 서비스를 이용할 수 있다. 서비스 비용은 1회당 45,730원이며 구강건강관리료의 10%에 해당하는 본인부담금이 발생한다. 의료급여수급권자와 건강보험 차상위 계층은 본인부담금이 없으며, 충치치료, 치아홈메우기, 방사선 촬영 등 선택진료 항목의 비용은 본인이 부담해야 한다.

아동치과주치의로 활동하고자 하는 치과의사는 「의료법」 제3조에 따른 치과의원 소속이어야 하며, 대한치과의사협회 누리집(www.kda.or.kr)에서 아동치과주치의 교육을 이수하고, 국민건강보험공단 요양기관정보마당에 아동치과주치의로 등록한 상근 치과의사여야 한다.

□ 서비스 내용

- 구강상태평가: 치아발육(유치, 영구치, 결손치, 교합), 치아건강(우식치아, 충전치아, 우식발생 위험치아) 및 충치위험도* 평가를 실시

  * 충치위험선별지표를 통해 충치위험도 낮음, 보통, 높음으로 구분하여 행동 개선 목표를 제시하고 학기마다 점검
- 구강위생검사: 올바른 칫솔질 여부를 확인하고, 구강관리 동기 유발을 위한 체험식 교육·검사* 실시

  * PHP index, 음식물잔사지수
- 칫솔질 교육: 구강위생검사 결과를 토대로 칫솔질이 바르게 되지 않은 치태가 쌓인 치아 위치 등을 설명
- 관리계획 수립: 구강상태평가 및 구강위생검사 결과에 따라 예방 진료, 필요시 치료계획을 수립하고 구강관리 행동개선 목표 제시
- 예방진료·치료: 수립된 관리계획에 따라 예방진료(치면세마, 불소도포)를 실시하고 필요시 보호자(아동)의 동의를 얻어 충치 조기치료 및 2차 충치 등을 치료
- 구강건강리포트: 보호자에게 치아의 발육 및 건강상태, 진료 내용 등을 리포트 형식으로 제공하여 구강관리 필요성에 대한 인식 제고(치과의원 제공, 공단 홈페이지 및 모바일 앱에서 확인 가능)

※ 출처: 보건복지부 보도자료

03 **위 글을 읽고 난 후의 반응으로 가장 적절한 것은?**

① 아동이 의료급여수급권자일 경우 서비스 비용은 공단이 90%를, 아동이 10%를 부담한다.

② 구강위생검사 결과 충치 치료가 필요하다고 판단된 경우, 아동은 치료비용의 10%만 부담하면 된다.

③ 2024년에 초등학교 3학년인 아동은 아동치과주치의 시범사업의 대상이 아니지만 2025년에는 사업 대상자에 포함된다.

④ 구강 상태를 평가받은 뒤 아동의 치아의 발육 및 건강 상태를 리포트로 받아보려면 공단 홈페이지에서 별도로 신청해야 한다.

04 **위 보도자료의 빈칸에 들어갈 단어로 가장 적절한 것은?**

① 요컨대　② 게다가　③ 반면　④ 그리고

[05~07] 다음은 청년내일채움공제에 관한 자료이다. 이어지는 물음에 답하시오.

○ 청년내일채움공제: 청년이 중소기업에서 장기 근속할 수 있도록 청년·기업·정부가 2년간 공동으로 적립하여 청년의 자산형성을 지원하는 제도

○ 지원대상

1) 청년

- 만 15~34세의 청년으로 중소기업 등에 정규직으로 신규 취업한 청년(단, 군 의무복무기간과 연동하여 최장 만 39세까지 가능)
- 정규직 취업일 현재 고용보험 가입이력이 없거나 최종학교 졸업 후 고용보험 총 가입기간이 12개월 이하

※ 1) 단, 3개월 이하 단기 가입이력은 총 가입기간에서 제외

2) 방송·통신·방송통신·사이버(원격대학), 학점은행제, 야간대학, 대학원은 최종학교에서 제외[단, 학력에 제한은 없으나, 정규직 취업일 현재 고등학교 또는 대학 재학·휴학 중인 자는 제외(졸업예정자 가능)]

2) 기업: 청년공제 가입(예정) 대상인 청년의 정규직 채용일 기준, 고용보험 피보험자 수 5인 이상 중소기업

※ 1) 소비향락업, 비영리기업 등 일부 업종 제외

2) 지식서비스산업, 문화콘텐츠산업, 벤처기업 등 일부 5인 미만 기업 참여 가능

○ 가입 제외자

- 청년공제에 가입했던 자
- 중소벤처기업부의 청년재직자 내일채움공제에 가입하여 정부지원금을 받은 자
- 대한민국 국적을 보유하지 않은 외국인(단, 거주, 영주, 결혼이민자 비자를 소유한 외국인은 가입 가능)
- 허위 기타 부정한 방법으로 청년공제에 가입한(하였던) 자
- 세법에 따라 사업자등록을 한 자
- 월 급여총액이 300만 원을 초과한 자
- 소정 근로시간이 주 30시간 미만인 자
- 재택 근무자
- 고용보험의 주된 업종이 근로자 파견업, 인력공급업, 경비 경호업인 자
- 사업시설 관리 서비스업에서 간접고용 형태로 채용된 근로자

○ 지원내용

1) 청년

- 청년 본인이 2년간 300만 원을 적립하면 정부(취업지원금 600만 원)와 기업(300만 원, 정부지원)이 공동 적립(2년 후 만기공제금 1,200만 원+α)
- 최소 2년 동일 사업장에서 근무하면서 실질적 경력 형성의 기회를 가질 수 있음
- 만기 후 중소벤처기업부의 내일채움공제(3~5년)로 연장가입 시 최대 8년의 장기적인 목돈마련이 가능

2) 기업

- 기업 규모에 따라 적립금액 및 적립·지원 방식 구분
  - 30인 미만 기업: 기업지원금을 2년 동안 총 300만 원 지원받아 적립[정부 2년간 4회(6·12·18·24개월) 기업가상계좌에 적립]
  - 30인 이상 49인 미만 기업: 기업이 기업기여금(2년간 300만 원)의 20%를 기업부담금으로 적립하고, 80%는 기업지원금을 적립 주기별로 지원받아 적립[정부 2년간 4회(6·12·18·24개월) 기업가상계좌에 적립]
  - 50인 이상 199인 미만 기업: 기업이 기업기여금(2년간 300만 원)의 50%를 기업부담금으로 적립하고, 50%는 기업지원금을 적립 주기별로 지원받아 적립[정부 2년간 4회(6·12·18·24개월) 기업가상계좌에 적립]
  - 200인 이상 기업: 기업이 기업기여금(2년간 300만 원)의 100%를 기업부담금으로 적립
- '인재육성형 전용자금' 지원 대상으로 편입 등 중소벤처기업부 사업 참여 시 혜택을 받을 수 있음

○ 신청방법: 워크넷 - 청년공제 홈페이지에서 참여 신청 → 운영기관의 자격심사에 따른 워크넷 승인 완료 → 청년공제 청약 홈페이지에서 청약 신청

○ 신청기한: 반드시 정규직 채용일로부터 6개월 이내에 청년공제 청약 홈페이지에서 청약 신청을 완료해야 함[자격심사에 소요되는 시간(통상 10영업일)을 감안하여 워크넷 참여 신청을 미리 하여야 함]

05 **위 자료에 대한 설명으로 옳지 않은 것은?**

① 월 급여총액이 250만 원인 재택 근무자는 청년내일채움공제에 가입 불가하다.

② 대학 휴학자는 청년내일채움공제에 가입 제외된다.

③ 지식서비스산업 기업은 고용보험 피보험자 수가 5인 미만인 경우 청년내일채움공제에 참여 불가하다.

④ 청년내일채움공제에 가입한 청년은 매월 125,000원을 적립해야 한다.

06 다음은 청년내일채움공제에 대한 질문과 답변이다. 질문에 대한 답변 ㉠~㉣ 중 옳지 않은 것은?

Q: 안녕하세요. 저는 만 38세 남성입니다. 현재 중소기업에서 정규직으로 재직 중이고, 군 복무를 2년 동안 하였는데, 청년내일채움공제 가입이 가능한가요?

A: ㉠ 네, 가능합니다. 청년내일채움공제 지원대상은 만 15~34세의 중소기업 등에 정규직으로 신규 취업한 청년이지만 군 의무복무기간과 연동하여 최장 만 39세까지 가능합니다.

Q: 제가 최종학교 졸업 후 3개월 단기 고용보험 가입이력이 5회 있어 고용보험 가입기간이 총 15개월인데 청년내일채움공제 가입이 가능한가요?

A: ㉡ 아니요, 최종학교 졸업 후 고용보험 총 가입기간이 12개월 이상이므로 청년내일채움공제 가입이 불가능합니다.

Q: 워크넷 – 청년공제 홈페이지에서 청년내일채움공제 참여를 신청하면 청년내일채움공제에 가입이 되나요?

A: ㉢ 워크넷 – 청년공제 홈페이지에서 참여 신청 후 운영기관의 자격심사에 따른 워크넷 승인 완료가 된 청년에 한하여 청년공제 청약 홈페이지에서 청약 신청해야 청년내일채움공제에 최종 가입이 됩니다.

Q: 정규직으로 채용된 지 4개월이 되었는데, 청년내일채움공제 가입이 가능한가요?

A: ㉣ 네, 정규직 채용일로부터 6개월 이내에 청년공제 청약 홈페이지에서 청약 신청을 완료해야 합니다.

① ㉠ ② ㉡ ③ ㉢ ④ ㉣

07 다음 [보기]의 A~D에 들어갈 숫자로 옳지 않은 것은?

| 보기 |

- 20인 기업의 경우 정부에서 지원받는 기업지원금은 1회에 (A)만 원입니다.
- 300인 기업의 경우 기업부담금이 2년간 (B)만 원입니다.
- 80인 기업의 경우 기업부담금은 2년간 (C)만 원입니다.
- 40인 기업의 경우 정부에서 지원받는 기업지원금은 1회에 (D)만 원입니다.

① A: 75 ② B: 300 ③ C: 150 ④ D: 30

[08~10] 다음 보도자료를 읽고 이어지는 물음에 답하시오.

질병관리청은 국민건강영양조사 자료를 활용하여 「국민건강영양조사 기반의 당뇨병 관리지표 심층 보고서」를 발간하였다고 밝혔다. 본 보고서는 올해 진행한 정책연구용역의 결과를 요약하였으며, 30세 이상 성인의 당뇨병 유병 및 관리(인지, 치료, 조절) 수준의 변화, 당뇨병 조절과 관련된 요인 등의 분석 결과를 수록하였다.

우리나라 성인(30세 이상)의 당뇨병 유병률[1)]은 2019~2021년 기준 15.8%이며, 남자(18.3%)가 여자(13.5%)보다 높았고, 50대 이상에서 20% 이상이었다. 2011년 이후 남녀 모두 소폭 증가했고 남자는 전 연령, 여자는 70세 이상에서 증가가 뚜렷하였다.

당뇨병 유병자의 인지율[2)]과 치료율[3)]은 2011년 이후 각각 약 8%p 증가하였다(60.8% → 67.2%, 54.3% → 63.0%). 남녀 모두 증가하였고, 남자 30~49세, 여자 50~69세에서 증가가 뚜렷하였다. ㉠ 특히 남자 30~49세는 인지율과 치료율이 증가 경향이었음에도 각각 50% 수준으로 다른 연령에 비해 더 낮았다.

당뇨병 유병자들의 조절률[4)](당화혈색소 < 6.5%)은 2011년 이후 큰 변화 없이 25% 수준이었다. 인지율, 치료율 추이와는 다르게 성별, 연령별로 구분 시에도 최근 10여 년간 조절률은 통계적으로 의미 있는 증가 경향을 보이지 않았다. 또한 당뇨병 혈관 합병증의 예방을 위한 당화혈색소, 혈압, LDL콜레스테롤을 동시에 고려한 조절률은 유병자, 치료자 모두 2011년 이후 2배 증가하였으나 10% 미만으로 낮은 수준이었다.

당뇨병 유병자의 조절 수준과 관련된 요인은 연령, 교육수준, 비만, 현재 흡연, 신체활동, 탄수화물 섭취 등이었다. ㉡ 특히 우리나라 19세 이상 국민의 간접흡연노출률은 직장 실내(34.5%), 가정 실내(15.3%)로 과거에 비해 감소하였으나 여전히 높은 수준이다. 당뇨병 조절을 저해하는 요인은 남자는 현재 흡연, 여자는 비만, 낮은 교육수준 등이었다. 즉, 남자는 비흡연자에 비해 현재 흡연자(1.32배)인 경우에, 여자는 정상체중에 비해 비만(1.41배)인 경우에 당뇨병 조절이 잘되지 않을 가능성이 높았다. ㉢ 반면, 탄수화물 섭취 비율이 55% 미만인 남자의 경우 당뇨병 조절이 잘되는 것으로 나타났다.

또한 당뇨병 유병자의 혈관 합병증 예방을 위한 포괄적 조절(당화혈색소, 혈압, LDL콜레스테롤 고려)과 관련된 요인은 남자는 낮은 연령, 근력운동 비실천, 여자는 낮은 교육수준 등이었다. ㉣ 특히 남자의 경우 50세 이상에 비해 30~49세가, 근력운동을 실천하는 경우에 비해 실천하지 않는 경우(1.44배)가 당뇨병 합병증 예방을 위한 조절이 잘되지 않을 가능성이 높았다.

국민건강영양조사 자료를 활용한 당뇨병 관리수준에 관한 심층분석 결과, 당뇨병 인지율과 치료율은 남녀 모두 증가 추이를 보였으나, 당뇨병의 조절률은 인지율, 치료율과는 다르게 큰 변화 없이 25% 수준이었고, 혈관 합병증 예방을 위한 조절률도 10% 미만으로 고혈압, 이상지질혈증에 비해 관리가 취약한 것으로 나타났다.

이번 심층분석 연구를 수행한 ○○○ 교수는 "30~40대에서 인지율과 치료율이 다른 연령에 비해 매우 낮고 조절률도 차이가 없다는 점에서 젊은 연령대 당뇨병 환자에 대한 집중 교육 및 관리가 필요하다."라고 전했다. 또한 "당뇨병 조절은 치료율 증가만으로 개선하는 데 한계가 있고, 비만, 흡연, 신체활동 등이 당뇨병 조절과 관련된 요인으로 나타나 생활습관 개선을 위해 현재 추진 중인 금연, 비만 등 만성질환 예방 사업과 연계 등 정책적 지원이 필요하다."라고 제언하였다.

질병관리청장은 "당뇨병은 합병증 발생을 예방 혹은 지연시키기 위한 관리가 특히 중요한 만성질환으로, 당뇨병 관리의 취약집단인 젊은 연령의 당뇨병 유병자가 적정체중을 유지하고, 금연, 신체활동을 실천하는 등 건강한 생활습관을 유지할 수 있도록 주 활동공간인 직장 및 거주 지역에 건강한 환경을 조성해 주는 것이 필요하다."라고 강조하며, "질병관리청은 국가건강조사를 통해 당뇨병을 포함한 만성질환의 유병 및 관리지표 개선에 필요한 근거자료를 생산하고, 당뇨병 조기 인지를 위한 대국민 캠페인, 당뇨병 지속 치료 및 관리를 위한 지역사회 등록관리사업 등을 통해 만성질환 예방 및 관리를 위한 노력을 지속적으로 하겠다."라고 밝혔다. 이번에 발간된 심층보고서는 질병관리청 국민건강영양조사 누리집에서 내려받아 활용 가능하다.

1) 당뇨병 유병률: 공복혈당이 126mg/dL 이상이거나, 의사 진단을 받았거나, 혈당강하제 복용 또는 인슐린 주사를 사용하거나, 당화혈색소가 6.5% 이상인 분율
2) 당뇨병 인지율: 당뇨병 유병자 중 의사로부터 당뇨병 진단을 받은 분율
3) 당뇨병 치료율: 당뇨병 유병자 중 현재 혈당강하제를 복용 또는 인슐린 주사를 사용하는 분율
4) 당뇨병 조절률(유병자): 당뇨병 유병자 중 당화혈색소가 6.5% 미만인 분율

※ 출처: 질병관리청

08 위 보도자료의 내용과 일치하지 않는 것은?

① 남자는 탄수화물 섭취 비율이 55% 미만인 경우 당뇨병 조절이 잘되는 것으로 나타났다.
② 2011년 이후 당뇨병 유병자의 인지율과 치료율은 증가하였지만 조절률은 큰 변화가 없었다.
③ 비만인 여자는 정상체중인 여자에 비해 당뇨병 조절이 잘되지 않을 가능성이 1.41배 높았다.
④ 남자는 연령이 높을수록 당뇨병 유병자의 혈관 합병증 예방을 위한 포괄적 조절이 잘되지 않을 가능성이 높았다.

09 위 보도자료의 논리적 흐름을 고려할 때, 밑줄 친 ㉠~㉣ 중 삭제되어야 하는 문장은?

① ㉠　② ㉡　③ ㉢　④ ㉣

10 **위 보도자료를 읽고 다음과 같이 [대화]를 나누었을 때, 빈칸 ㉮에 들어갈 내용으로 적절하지 않은 것은?**

[대화]

A: 이번에 발간된 「국민건강영양조사 기반의 당뇨병 관리지표 심층보고서」를 읽어 보셨나요?
B: 네, 다른 연령에 비해 특히 30~40대에서 인지율과 치료율이 매우 낮고 조절률도 차이가 없다는 결과를 보았어요.
C: 젊은 연령대 당뇨병 환자에 대한 집중 교육 및 관리가 필요하겠네요. 그럼 젊은 연령대 당뇨병 환자의 당뇨병 예방과 조절을 위해 무엇을 해야 하나요?
D: 당뇨병 관리의 취약집단인 젊은 연령의 당뇨병 유병자가 (㉮)하도록 해야 합니다.

① 적정체중을 유지
② 근력운동을 실천
③ 당뇨병을 조기 인지
④ 당뇨병 조절을 위해 금연

[11~12] 다음은 A~E국의 연도별 코로나 통계 현황에 관한 자료이다. 이어지는 질문에 답하시오.

[표 1] 코로나 검사자 현황

(단위: 명)

구분		2020년	2021년	2022년	2023년
성별	남자	557	911	382	2,622
	여자	41	146	314	666
국적	A	211	33	191	1,008
	B	72	83	179	157
	C	5	81	28	487
	D	78	147	55	267
	E	2	31	214	140
	기타	230	682	29	1,229

[표 2] 코로나 확진자 현황

(단위: 명)

구분		2020년	2021년	2022년	2023년
성별	남자	22	34	45	35
	여자	4	4	2	9
국적	A	12	12	2	24
	B	6	2	1	1
	C	3	1	3	0
	D	1	2	16	5
	E	3	1	0	4
	기타	1	20	25	10

11 **2023년 A국적을 지닌 남자 중 코로나 검사자는 최소 몇 명인가?**

① 342명　② 411명　③ 513명　④ 577명

12 **위 자료를 바탕으로 작성한 [그림]으로 옳지 않은 것은?**

① 코로나 검사자의 국적별 현황

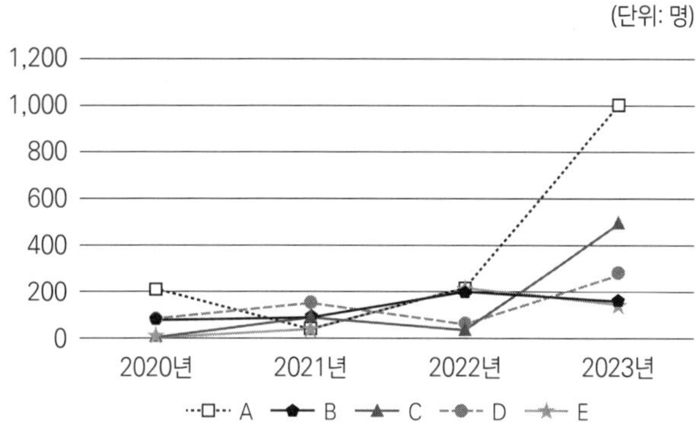

② 전년 대비 성별 코로나 검사자 증감률

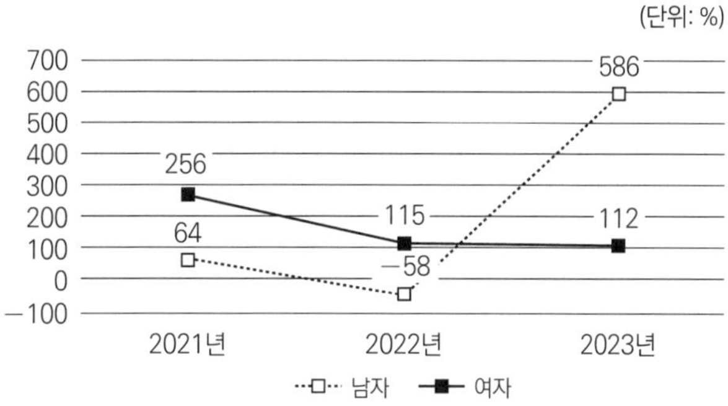

③ 코로나 확진자 현황

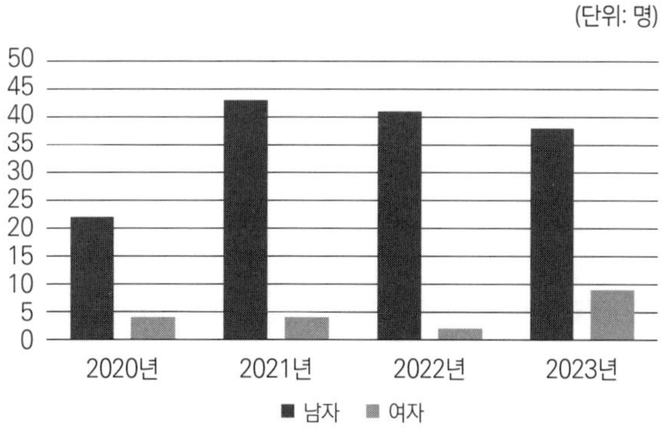

④ A국의 코로나 검사자 대비 확진자 비율

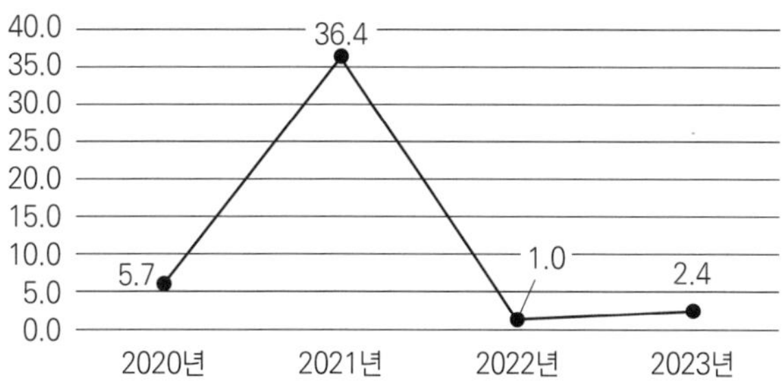

[13~14] 다음은 지역별 연평균 강수량에 관한 자료이다. 이어지는 물음에 답하시오.

[표] 지역별 연평균 강수량

(단위: mm)

구분	2018년	2019년	2020년	2021년	2022년
전국	1,386.9	1,193.0	1,627.0	1,249.2	1,140.5
충북	1,370.7	941.1	1,535.9	1,151.2	1,229.9
충남	1,313.7	913.2	1,537.8	1,171.7	1,273.2
전북	1,435.3	1,148.2	1,822.2	1,276.1	911.0
전남	1,479.3	1,401.9	1,616.3	1,392.4	896.7
경북	1,316.6	1,147.8	1,364.5	1,191.9	886.7
경남	1,679.9	1,588.4	1,886.5	1,480.3	948.0

13 위 자료에 대한 설명으로 옳지 않은 것은?

① 조사기간 동안 연평균 강수량이 전국 연평균 강수량보다 매년 높은 지역은 없다.
② 2022년 연평균 강수량이 전년 대비 감소한 지역 중 감소율이 가장 높은 지역은 전남이다.
③ 2019년과 2021년 6개 지역의 연평균 강수량 순위가 다른 지역은 2개이다.
④ 2018년 충남 연평균 강수량 대비 경남 연평균 강수량 비율은 120% 이상이다.

14 2019~2022년 중 전국 연평균 강수량이 가장 많은 해에 6개 지역 연평균 강수량 합계의 전년 대비 증가량은 몇 mm인가?

① 2,099.6mm　② 2,622.6mm　③ 2,919.0mm　④ 3,617.7mm

15 다음은 2020년 만 19세 이상 국민을 대상으로 건강검진수진율을 조사한 자료이다. 만 40~49세의 여성 응답자 중 최근 2년 동안 건강검진을 받은 사람이 441명이라고 할 때, 빈칸 ㉡에 들어갈 값으로 옳은 것은?

[표] 2020년 성별 연령대별 건강검진수진율

(단위: 명, %)

성별	연령대	응답자 수	건강검진수진율
남성	전체	2,608	71.4
	만 19~29세	353	48.7
	만 30~39세	405	65.9
	만 40~49세	456	78.5
	만 50~59세	470	79.1
	만 60~69세	483	78.9
	만 70세 이상	441	70.5
여성	전체	3,376	67.2
	만 19~29세	395	43.3
	만 30~39세	476	59.5
	만 40~49세	(㉠)	(㉡)
	만 50~59세	673	80.0
	만 60~69세	586	76.3
	만 70세 이상	616	63.8

※ 건강검진수진율 $= \frac{\text{최근 2년 동안 건강검진을 받은 사람}}{\text{응답자}} \times 100$

① 60.0 ② 65.0 ③ 70.0 ④ 75.0

[16~18] 다음은 의료기관 현황 및 인구에 관한 자료이다. 이어지는 물음에 답하시오.

[표] 의료기관 현황

(단위: 백 개, %, 백 명, 명)

구분	2013년	2014년	2015년	2016년	2017년	2018년
병원 수	607	622	635	650	663	671
병상 수	6,245	6,515	6,695	6,904	7,181	6,970
병상확보율	(㉠)	1.3	1.3	1.3	1.4	1.3
의료기관 종사 의사 수	1,314	1,346	1,379	1,416	1,459	(㉣)
인구 천 명당 의료기관 종사 의사 수	2.5	2.6	2.6	(㉢)	2.8	2.8

※ 병상확보율＝병상 수/외국인 제외 인구×100

※ 인구 천 명당 의료기관 종사 의사 수＝의료기관 종사 의사 수/외국인 포함 인구×1,000

[그림] 인구

(단위: 만 명)

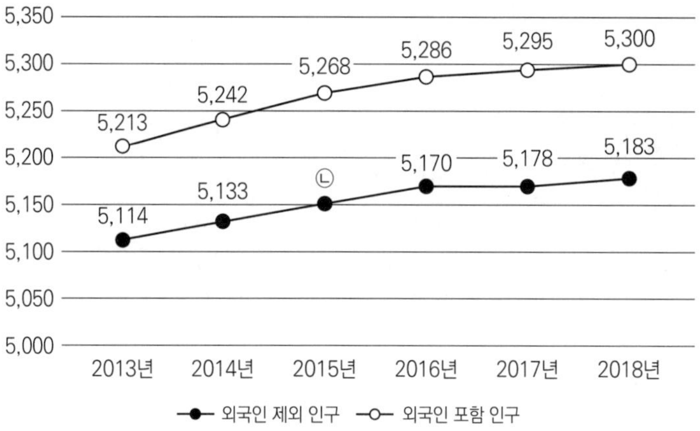

16 위 자료에 대한 설명으로 옳지 않은 것은?

① 2016~2018년 중 외국인 인구가 가장 적은 해는 2016년이다.

② 2014~2018년 동안 병원 수와 외국인 포함 인구의 전년 대비 증감 추이는 동일하다.

③ 의료기관 종사 의사 수의 전년 대비 증가율은 2014년이 2016년보다 높다.

④ 2017년에 병원 1개당 병상 수는 전년 대비 증가했다.

17 위 자료의 빈칸 ㉠~㉣에 들어갈 숫자로 옳지 않은 것은? (단, 계산 시 소수점 아래 둘째 자리에서 반올림한다)

① ㉠: 1.2　② ㉡: 5,154　③ ㉢: 2.7　④ ㉣: 1,484

18 다음 [보기]의 A~C에 해당하는 숫자가 큰 순서대로 나열한 것은?

| 보기 |

- 2018년에 외국인 포함 인구 대비 외국인 제외 인구 비율 A%
- 2013년에 병원 1개당 의료기관 종사 의사 수 B명
- 2016년에 의사 1명당 외국인 제외 인구수 C명

① A, B, C　② B, A, C　③ C, A, B　④ C, B, A

[19~20] 다음은 연령별 성별 응급실 내원 사유에 관한 자료이다. 이어지는 물음에 답하시오.

[표 1] 연령별 남성 응급실 내원 사유

(단위: 명)

구분	합계	질병	질병 외	진료 외 방문	미상
합계	2,484,477	1,669,056	734,139	79,841	1,441
20세 미만	434,879	236,944	185,345	12,506	84
20대	276,954	158,430	105,684	12,735	105
30대	271,432	168,600	90,605	12,117	110
40대	297,388	193,668	91,993	11,557	170
50대	360,812	244,051	103,443	13,018	300
60대	373,461	276,945	84,908	11,337	271
70세 이상	469,551	390,418	72,161	6,571	401

[표 2] 연령별 여성 응급실 내원 사유

(단위: 명)

구분	합계	질병	질병 외	진료 외 방문	미상
합계	2,500,409	1,821,022	585,532	92,953	902
20세 미만	341,526	213,317	118,680	9,451	78
20대	352,080	246,729	88,718	16,566	67
30대	294,372	213,328	64,149	16,839	56
40대	285,782	207,712	65,062	12,934	74
50대	344,666	248,352	79,821	16,370	123
60대	334,094	252,121	68,386	13,456	131
70세 이상	547,889	439,463	100,716	7,337	373

19 위 자료에 대한 설명으로 옳은 것은?

① 질병으로 응급실을 내원한 연령별 순위는 남성과 여성이 같다.
② 20~60대 중 질병으로 내원한 남성 대비 여성 비율이 가장 높은 연령은 20대이다.
③ 응급실을 내원한 여성 중 20세 미만 여성의 비중이 가장 높은 내원 사유는 질병이다.
④ 응급실을 내원한 40대 남성은 40대 여성보다 5% 이상 더 많다.

20 **위 자료를 바탕으로 작성한 [그림]으로 옳지 않은 것은?**

① 응급실 내원 사유별 70세 이상 남성과 여성 차이

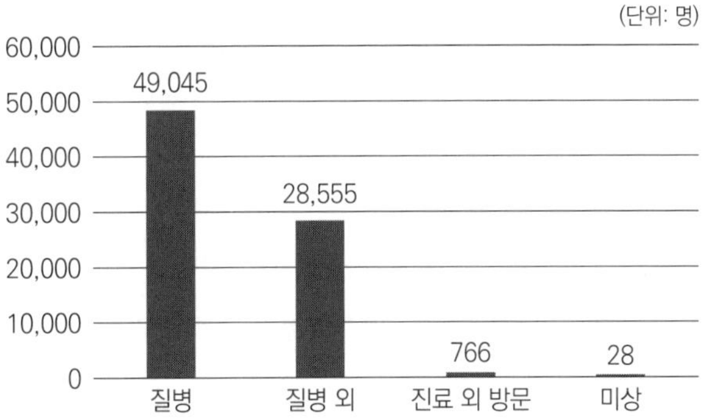

② 응급실 내원 여성의 연령별 비중

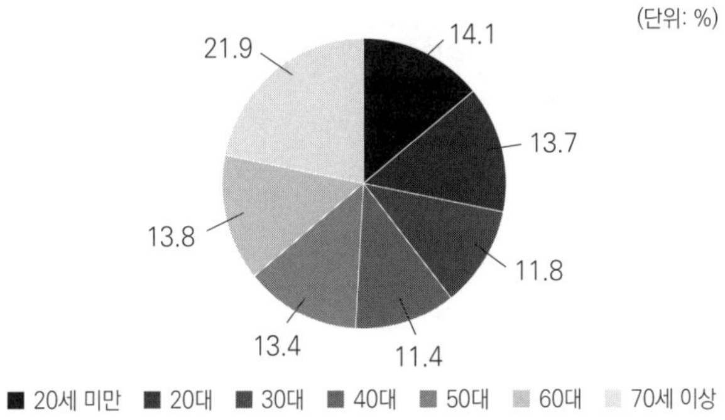

③ 응급실 내원 사유별 50대 남성 대비 30대 남성 비율

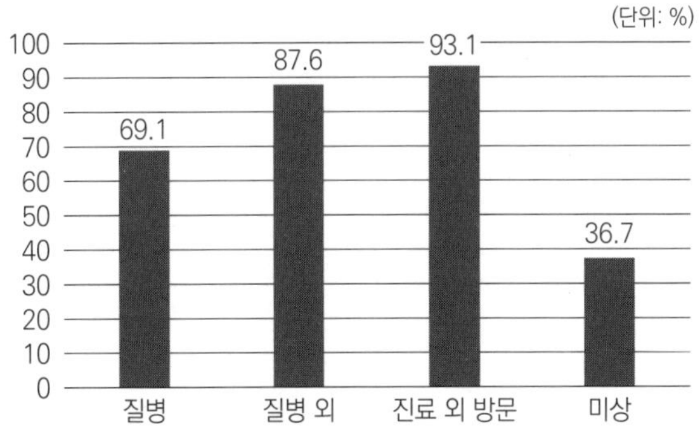

④ 연령별 여성의 내원 사유 중 질병 외 대비 진료 외 방문 비율

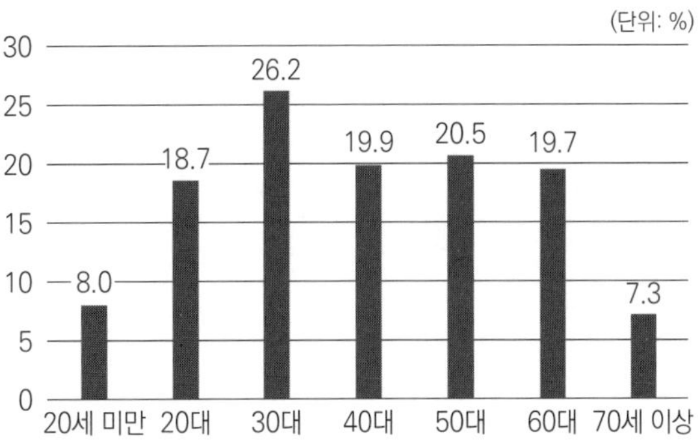

[21~22] 다음은 가정양육수당에 관한 자료이다. 이어지는 물음에 답하시오.

○ 지원대상: 어린이집·유치원(특수학교 포함)·종일제 아이돌봄서비스 등을 이용하지 않고 가정에서 양육되는 영유아로서 초등학교 미취학 85개월 이하 전 계층 아동

※ 주민등록번호를 발급받거나, 재외국민으로 등록·관리되는 자는 지원대상에 포함(재외국민 출국자는 제외)

1) 양육수당: 보호자가 양육수당 지원을 신청하고 상기 요건을 충족하여 시·군·구가 양육수당을 지원하기로 결정한 영유아

2) 장애아동 양육수당: 보호자가 장애아동 양육수당 지원을 신청하고 상기 요건을 충족하면서 장애인으로 등록되어 시·군·구가 장애아동 양육수당을 지원하기로 결정한 영유아

3) 농어촌 양육수당: 보호자가 농어촌 양육수당 지원을 신청하고, 상기 요건을 충족하면서 농어촌 지원자격 요건을 충족하여 시·군·구가 농어촌 양육수당을 지원하기로 결정한 영유아

○ 지원금액

<table>
<tr><th>연령(개월)</th><th>양육수당</th><th>연령(개월)</th><th>장애아동 양육수당</th><th>연령(개월)</th><th>농어촌 양육수당</th></tr>
<tr><td>0~11</td><td>200천 원</td><td rowspan="3">0~35</td><td rowspan="3">200천 원</td><td>0~11</td><td>200천 원</td></tr>
<tr><td>12~23</td><td>150천 원</td><td>12~23</td><td>177천 원</td></tr>
<tr><td>24~35</td><td>100천 원</td><td>24~35</td><td>156천 원</td></tr>
<tr><td rowspan="2">36~85</td><td rowspan="2">100천 원</td><td rowspan="2">36~85</td><td rowspan="2">100천 원</td><td>36~47</td><td>129천 원</td></tr>
<tr><td>48~85</td><td>100천 원</td></tr>
</table>

○ 지원시점: 양육수당은 신청일을 기준으로 지원이 결정되며, 지급결정일이 속하는 달부터 지원

※ 신청일이 15일 이전인 경우: 지급결정일은 신청 월의 15일

※ 신청일이 16일 이후인 경우: 지급결정일은 신청 익월의 1일

○ 지원기간: 시·군·구가 양육수당을 지원하기로 결정한 날이 속한 달부터 아동의 초등학교 취학년도 2월까지 지급

※ 다음의 사유가 발생한 경우에는 해당 사유가 발생한 달까지 지급

- 아동이 사망한 경우
- 아동이 국적을 상실한 경우
- 난민인정이 취소되거나 난민인정결정이 철회된 경우
- 영유아의 행방불명, 실종 등으로 경찰관서 등 관계 행정기관에 신고가 접수된 날부터 30일 내에 생사를 확인할 수 없는 경우
- 영유아가 거주불명으로 등록된 경우(단, 영유아의 실제 거주지를 알 수 있는 경우는 제외)
- 보호자가 양육수당 지원의 정지를 신청하는 경우

※ 중복 수급에 따른 양육수당 수급권 상실 사유가 발생한 경우에는 해당 사유가 발생한 달의 전달까지 지원

○ 지급일: 매월 25일(토·일요일·공휴일인 경우에는 그 전 영업일에 지급)

○ 지급 방식: 아동 또는 부모 등의 명의 계좌에 입금

※ 영유아보육사업의 가구원(보장단위)에 포함되는 부모 등에 한함

※ 입출금이 자유로운 통장에 한함

○ 거주지 변경 시 수당 지급
  - 전입일이 15일 이내인 경우(15일까지): 신 거주지의 시장·군수·구청장이 지급
  - 전입일이 16일 이후인 경우(16일부터): 구 거주지의 시장·군수·구청장이 지급

21 **위 자료에 대한 설명으로 옳지 않은 것은?**

① 25일이 일요일인 경우 23일에 계좌로 가정양육수당이 입금된다.
② 지원받을 수 있는 농어촌 양육수당은 최대 11,744천 원이다.
③ A시에 거주하던 T가 10월 18일에 B시로 전입한다면 10월 가정양육수당은 A시 시장이 지급한다.
④ 가정에서 양육되는 모든 아동은 가정양육수당을 지원받을 수 있다.

22 **다음 [상황]의 A가 지급받는 가정양육수당은 총 얼마인가?**

> [상황]
>
> 2021년 5월 9일에 출생한 A의 아이는 장애를 가지고 있다. A는 아이를 장애인으로 등록 후 장애아동 양육수당을 2021년 8월 21일에 신청하였고 지원 결정이 되었으나, 2024년 11월 9일에 A의 아이가 사망하였다.

① 700만 원 ② 710만 원 ③ 760만 원 ④ 770만 원

[23~25] 다음은 아이돌봄 서비스 중 질병감염아동지원 서비스에 관한 자료이다. 이어지는 물음에 답하시오.

○ 질병감염아동지원 서비스: 유치원, 초등학교 등 시설 이용 아동이 전염성 및 유행성 질병 감염 등에 의해 불가피하게 가정양육이 필요한 경우 아이돌보미가 돌봄장소에 직접 찾아가 돌봄을 제공하는 서비스

○ 지원대상: 법정 감염병 및 유행성 질병에 감염된 만 12세 이하 사회복지시설, 유치원, 초등학교, 보육시설 등 이용 아동

※ 1) 대상 질병의 종류: 법정 감염병(수족구병 등 「감염병의 예방 및 관리에 관한 법률」 제2조에서 정하고 있는 감염병), 유행성 질병[감기, 눈병, 구내염 등(기타 질병도 의사진단서 또는 소견서에 전염 위험이 있다고 명시되는 경우에는 해당)]

2) '장애의 정도가 심한 장애인'의 경우에는 아이돌봄 서비스 제공 불가

○ 돌봄 활동 범위

- 질병감염아동의 병원 이용 동행 및 재가 돌봄 서비스 제공
- 돌봄 대상 아동의 건강, 질병과 관련된 특이사항을 매일 이용가정에 전달

※ 1) 질병감염아동을 돌본 아이돌보미는 당일 다른 가정의 돌봄 활동 불가(단, 동일 질병을 앓고 있는 동일 가정은 가능)

2) 입원한 아동에 대해 병원 내 돌봄 서비스 제공 불가하며, 가사 활동은 제외

○ 이용안내

신청사유	시설 이용 아동이 전염성 질병 감염 등에 의해 불가피하게 가정양육이 필요한 경우(타 정부지원금과 중복 지원 가능)
이용시간	기본 1회 2시간 이상 신청, 추가 최소 30분 단위
이용기한	질병 완치 시까지

○ 이용요금(본인부담금 계산 시 소수점 이하 절사)

유형		본인부담금	정부지원금
가형	미취학 아동(A형)	시간당 1,993원(15%)	시간당 11,297원(85%)
	취학 아동(B형)	시간당 3,322원(25%)	시간당 9,968원(75%)
나형	미취학 아동(A형)	시간당 5,316원(40%)	시간당 7,974원(60%)
	취학 아동(B형)	시간당 6,645원(50%)	시간당 6,645원(50%)
다형, 라형		시간당 6,645원(50%)	시간당 6,645원(50%)

※ 1) 정부지원시간 차감 적용의 경우 가형에 해당되고, 정부지원시간 차감 미적용의 경우 나형에 해당함

2) 미취학 아동은 7세 이하, 취학 아동은 8세 이상

3) 한부모가정(조손가정 포함), 장애부모가정, 장애아동가정, 청소년부모가정의 경우 '가'형에 대해 정부지원금을 5%p 추가 지원함

4) 신청 시 서비스요금이 전액 본인부담으로 결제되며, 추후 미비요건 보완 완료 후 정부지원금을 예치금으로 환급

○ 취소 수수료

취소시각	서비스 시작 24시간 전부터 1시간 전	서비스 시작 1시간 전부터 서비스 시작 전
수수료	건당 13,290원	13,290원 × 기 연계시간 × 50%
돌보미 지급액	취소 수수료 전액	취소 수수료 전액

○ 월 취소 제한
- 월 3건 이상 취소한 경우 서비스 이용 1개월 제한(단, 취소 수수료의 2배를 부담할 시 이용제한 사유에 해당하는 서비스 취소 1건 차감)
- 동일한 이용일에 대한 2건 이상의 돌봄을 취소할 경우 월 취소 제한 판정 시 1건으로 산정함
- 아이돌보미가 서비스 예정시각에 방문하였으나, 이용가정의 폐문 또는 아동의 부재로 돌봄 서비스를 제공하지 못한 경우 이용자는 정부지원 없이 이용요금 전액을 부담하며, 서비스제공기관에서는 아이돌보미에게 예정된 서비스 연계 건에 대한 수당을 모두 지급

23 위 자료에 대한 설명으로 옳지 않은 것은?

① 서비스 신청 시 이용시간을 3시간 30분으로 신청할 수 있다.
② 나형을 이용 중인 만 5세 아동은 서비스 신청 시 시간당 5,316원을 결제해야 한다.
③ 월 취소 건수가 2건인 A가 미리 예약해 둔 2시간 이용 건에 대해 서비스 시작 20시간 전에 취소 후 취소 수수료 26,580원을 지불한다면 이용 1개월 제한에 해당하지 않는다.
④ 다른 정부지원금을 지원받는 중이더라도 지원대상에 해당하는 경우 신청 가능하다.

24 위 자료에 대한 설명으로 옳지 않은 것은?

① 동일한 질병에 감염된 아동 A와 B가 형제인 경우 아이돌보미는 동일한 날에 두 아동의 돌봄 활동이 불가능하다.
② 한부모가정의 미취학 아동인 C가 가형을 이용한다면 본인부담금은 시간당 1,329원이다.
③ 아이돌보미가 서비스 예정시각에 방문하였지만 아동의 부재로 인하여 3시간 예약된 서비스를 이용하지 못하더라도 39,870원을 부담해야 한다.
④ 서비스 시작 30시간 전에 서비스 이용을 취소한다면 아이돌보미에게 지급되는 금액은 없다.

25 다음 [보기]의 A~D 중 질병감염아동지원 서비스 지원대상에 해당하는 아동은?

| 보기 |
- A: 감기에 걸린 만 5세로, 사회복지시설, 유치원 등을 이용하지 않는 아동
- B: 장애의 정도가 심하고 수족구병에 걸린 만 8세로, 보육시설 이용 중인 아동
- C: 전염 위험이 없는 발진을 앓고 있는 만 8세로, 초등학교 이용 중인 아동
- D: 장애부모가정에 해당하며 법정 감염병인 수두에 걸린 만 11세로, 초등학교 이용 중인 아동

① A ② B ③ C ④ D

[26~27] 다음은 어린이 예방접종에 관한 자료이다. 이어지는 물음에 답하시오.

○ 접종대상: 만 12세 이하 아동

○ 대상백신: 18종[BCG(피내), B형간염, 디피티, 폴리오, 디피티-폴리오, 디피티-폴리오/Hib, MMR, 수두, 일본뇌염(사백신, 생백신), Td, Tdap, 뇌수막염, 폐렴구균, A형간염, HPV(사람유두종바이러스), 인플루엔자, 로타바이러스]

○ A구 보건소 BCG(피내) 접종: 매주 수요일 오전 9:00~11:00, 사전예약 필수

※ 관내 의료기관 BCG(피내) 접종: A구 의원(전화문의 후 방문 요망)

○ 접종장소: 국가예방접종(NIP) 지정 의료기관

※ 예방접종도우미 사이트에서 조회 가능

※ 의료기관별로 지원 백신이 상이하므로 접종 전에 무료접종 여부 확인해야 함

○ 준비물: 모자보건수첩(예방접종수첩)

○ 접종비용: 무료(관내 의료기관이 아닌 경우 유료)

○ 유의사항: 영유아는 이상 반응 관찰 등의 사유로 오전에만 접종

※ 영유아 접종시간: 오전 9시~오전 11시 30분(단, 접종 후 접종장소에 20~30분간 머물러야 함)

○ 영유아 예방접종표

<table>
<tr><th colspan="2" rowspan="2">접종 종류</th><th colspan="2">접종 시기</th></tr>
<tr><th>기초접종</th><th>추가접종</th></tr>
<tr><td colspan="2">BCG</td><td>1개월 미만(신생아)</td><td>—</td></tr>
<tr><td colspan="2">B형간염</td><td>0, 1, 6개월</td><td>—</td></tr>
<tr><td colspan="2">디피티</td><td>생후 2, 4, 6개월</td><td>생후 15~18개월, 만 4~6세</td></tr>
<tr><td colspan="2">폴리오</td><td>생후 2, 4, 6개월</td><td>만 4~6세</td></tr>
<tr><td colspan="2">디피티-폴리오</td><td>—</td><td>만 4~6세</td></tr>
<tr><td colspan="2">디피티-폴리오/Hib</td><td>—</td><td>만 4~6세</td></tr>
<tr><td colspan="2">MMR</td><td>생후 12~15개월</td><td>만 4~6세</td></tr>
<tr><td colspan="2">수두</td><td>생후 12~15개월</td><td>—</td></tr>
<tr><td rowspan="2">일본뇌염</td><td>사백신</td><td>• 생후 12~23개월: 2회(1개월 간격)
• 3차: 2차 접종 후 11개월</td><td>만 6세, 만 12세</td></tr>
<tr><td>생백신</td><td>• 1차: 12~23개월
• 2차: 24~35개월(1 · 2차 접종간격: 12개월)</td><td>—</td></tr>
<tr><td colspan="2">Td/Tdap</td><td>—</td><td>만 11~12세</td></tr>
<tr><td colspan="2">뇌수막염</td><td>생후 2, 4, 6개월</td><td>생후 12~15개월</td></tr>
<tr><td colspan="2">폐렴구균</td><td>생후 2, 4, 6개월</td><td>생후 12~15개월</td></tr>
<tr><td colspan="2">A형간염</td><td>• 1차: 12~23개월
• 2차: 1차 접종 후 6개월</td><td>—</td></tr>
</table>

HPV(사람유두종바이러스)	만 12세~ (6개월 간격, 2회)	—
인플루엔자	—	만 2~12세
로타바이러스	생후 2, 4개월	—

26 **위 자료에 대한 설명으로 옳지 않은 것은?**

① 영유아가 접종한 경우 최대 오후 12시까지 병원에 머물러야 한다.

② 관내 의료기관 1곳에서 18종 백신을 모두 무료로 접종할 수 있다.

③ 생후 27개월에 일본뇌염 사백신 1차를 접종한 경우 일본뇌염 사백신 3차 접종시기는 생후 39개월이다.

④ BCG 접종의 경우 A구 의원 외 다른 병원에서 예방접종 시 예방접종 비용을 지원받을 수 없다.

27 **다음 A~D 중 현재 접종할 수 있는 백신이 가장 많은 영유아는?**

① 생후 2개월인 A

② 생후 6개월인 B

③ 생후 12개월인 C

④ 생후 18개월인 D

[28~30] 다음은 버스 번호 부여 기준에 관한 자료이다. 이를 읽고 물음에 답하시오.

○ 버스 번호 부여 기준

- 간선버스

버스 색상	노선 성격	번호 부여 기준
파랑색	시내 지역 주간선도로 운행	1. 첫째 자리: 버스 기점이 위치하는 지역 2. 둘째 자리: 버스 종점이 위치하는 지역 3. 셋째 자리: 일련번호(0~9)

- 지선버스

버스 색상	노선 성격	번호 부여 기준
초록색	권역 내 통행 및 지하철 연계	1. 첫째 자리: 버스 기점이 위치하는 지역 2. 둘째 자리: 버스 종점이 위치하는 지역 3. 셋째, 넷째 자리: 일련번호(11~99)

- 순환버스

버스 색상	노선 성격	번호 부여 기준
노랑색	도심 및 부도심 지역 순환	1. 첫째 자리: 버스가 순환하는 지역 2. 둘째 자리: 일련번호(1~9)

- 광역버스

버스 색상	노선 성격	번호 부여 기준
빨강색	수도권 도시 ↔ 서울 급행 연결	1. 첫째 자리: 9 2. 둘째 자리: 버스 기점(수도권 도시)이 위치하는 지역 3. 셋째, 넷째 자리: 일련번호(0~99)

○ 권역 구분

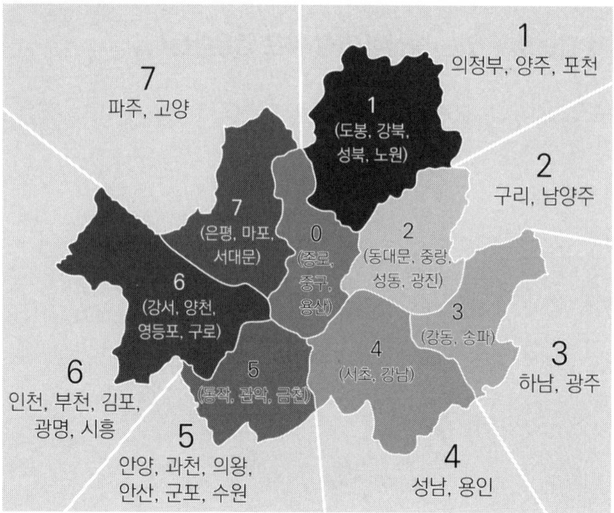

28 다음 [상황]의 버스 번호로 가능한 것은?

> [상황]
>
> 버스 기점이 송파에 위치하고 있으며, 버스 종점이 동대문에 위치하고 있는 시내 지역 주간선 도로를 운행하는 버스

① 320 ② 231 ③ 3213 ④ 31

29 버스 번호 '9147'에 대한 설명으로 옳지 않은 것은?

① 버스 색상은 빨강색이다.
② 일련번호는 '7'이다.
③ 서울과 수도권 도시를 급행 연결하는 버스이다.
④ 버스 출발지는 의정부가 있는 권역이다.

30 다음 [상황]의 A가 탑승해야 하는 버스 번호를 바르게 짝지은 것은?

> [상황]
>
> 강남에 거주하는 A는 친구와 영등포에서 만나기로 약속하였다. A는 영등포로 가는 버스에 탑승하기 위해 강남 버스 환승센터에서 출발하여 강남을 순환하는 버스 (가)에 탑승하였다. A는 강남 버스 환승센터에서 출발하여 영등포를 거쳐 동작에서 운행을 종료하는 광역버스가 아닌 버스 (나)에 탑승하였다.

	(가)	(나)
①	4517	450
②	40	45
③	450	4526
④	46	459

기출복원 하프 모의고사
국민건강보험법 핵심기출

01 **피부양자가 될 수 있는 사람을 [보기]에서 모두 고르면? (단, 보건복지부령으로 정하는 소득 및 재산 기준은 충족하는 것으로 가정하며, 그 외 제시되지 않은 내용은 고려하지 않는다)**

| 보기 |

- 갑: 사립 대학에서 근무하는 교수이다.
- 을: 공무원인 남편에게 주로 생계를 의존하고 있다.
- 병: 카페 직원으로 보수를 받고 있으며, 4대 사회보험에 가입되어 있다.
- 정: 갑의 외동아들로, 직업이 없어서 갑에게 주로 생계를 의존하고 있다.

① 갑　② 갑, 병　③ 을, 정　④ 을, 병, 정

02 **국민건강보험공단이 관장하는 업무로 옳지 않은 것을 [보기]에서 모두 고르면 총 몇 개인가?**

| 보기 |

ㄱ. 보험급여의 관리
ㄴ. 요양기관의 운영
ㄷ. 보험급여 비용의 부과·징수
ㄹ. 심사기준 및 평가기준의 개발
ㅁ. 자산의 관리·운영 및 증식사업
ㅂ. 건강보험 보장성 강화의 추진계획 및 추진방법
ㅅ. 건강보험과 관련하여 대통령이 필요하다고 인정한 업무

① 2개　② 3개　③ 4개　④ 5개

03 「국민건강보험법」 제48조의 내용으로 옳지 않은 것은?

① 요양급여 대상 여부의 확인 요청의 범위, 방법, 절차, 처리기간 등 필요한 사항은 대통령령으로 정한다.

② 가입자나 피부양자는 본인일부부담금 외에 자신이 부담한 비용이 요양급여 대상에서 제외되는 비용인지 여부에 대하여 심사평가원에 확인을 요청할 수 있다.

③ 확인을 요청한 비용이 요양급여 대상에 해당되는 비용이라는 결과를 통보받은 요양기관은 과다본인부담금을 지체 없이 확인을 요청한 사람에게 지급하여야 한다.

④ 공단은 요양기관이 과다본인부담금을 지급하지 않으면 해당 요양기관에 지급할 요양급여비용에서 과다본인부담금을 공제하여 확인을 요청한 사람에게 지급할 수 있다.

04 부당이득의 징수에 대한 설명으로 옳지 않은 것을 [보기]에서 모두 고르면?

| 보기 |

ㄱ. 직장가입자 A가 혼자서 속임수를 사용하여 보험급여를 받은 경우, 공단은 A의 사용자에게 A와 연대하여 부당이득 징수금을 납부하게 할 수 없다.

ㄴ. 준요양기관 B의 부당한 방법으로 보험급여가 실시된 경우, 공단은 B에게 보험급여를 받은 사람과 연대하여 부당이득 징수금을 납부하게 할 수 있다.

ㄷ. 「약사법」 제6조 제3항·제4항을 위반하여 면허를 대여받아 개설·운영하는 약국 C가 속임수로 보험급여 비용을 받은 경우, 공단은 C의 개설자에게 C와 연대하여 부당이득 징수금을 납부하게 할 수 없다.

ㄹ. 요양기관 D가 가입자나 피부양자로부터 부당한 방법으로 요양급여비용을 받은 경우, 공단은 D로부터 이를 징수하여 가입자나 피부양자에게 지체 없이 지급하여야 하며, 이 경우 공단은 가입자나 피부양자에게 지급하여야 하는 금액을 그 가입자 및 피부양자가 내야 하는 보험료등과 상계할 수 있다.

① ㄷ ② ㄱ, ㄷ ③ ㄴ, ㄹ ④ ㄱ, ㄴ, ㄹ

05 **다음 [사례]에 따를 때 갑이 부담하는 202×년 7월분 보수월액보험료는? (단, 직장가입자의 보험료율은 7.09%이며, 보험료 산정 시 10원 미만의 끝수는 절사한다)**

[사례]

갑은 반도체 회사에서 근무하는 직장가입자로, 일신상의 이유로 202×년 7월에 휴직을 하여, 7월에는 보수의 일부가 지급되지 않았다. 갑의 보수월액은 다음과 같다.

구분	보수월액	비고
202×년 6월	2,650,000원	–
202×년 7월	1,000,000원	휴직 중

① 35,450원 ② 70,900원 ③ 93,940원 ④ 187,880원

06 **다음은 「국민건강보험법」의 일부이다. 조문의 ㉠~㉢에 들어갈 숫자를 모두 더한 값은 얼마인가?**

제82조(체납보험료의 분할납부) ① 공단은 보험료를 (㉠)회 이상 체납한 자가 신청하는 경우 보건복지부령으로 정하는 바에 따라 분할납부를 승인할 수 있다.

(중략)

③ 공단은 제1항에 따라 분할납부 승인을 받은 자가 정당한 사유 없이 (㉡)회(제1항에 따라 승인받은 분할납부 횟수가 (㉢)회 미만인 경우에는 해당 분할납부 횟수를 말한다) 이상 그 승인된 보험료를 납부하지 아니하면 그 분할납부의 승인을 취소한다.

① 7 ② 9 ③ 11 ④ 13

07 **다음 [사례]에 따를 때 인적사항등을 공개할 수 있는 사람으로 옳은 것은? (단, 제시된 내용 외에는 고려하지 않는다)**

> [사례]
>
> • 사례 1: 갑은 면허를 대여받아 약국을 개설·운영하면서 부당한 방법으로 보험급여 비용을 받아 부당이득 징수금 1억 5천만 원을 2023년 9월 10일까지 납부하여야 했으나 2024년 9월 10일 현재까지 체납한 상태이다.
> • 사례 2: 을은 납부능력이 있음에도 불구하고 납부기한의 다음 날부터 1년이 경과한 보험료, 연체금과 체납처분비 총 2,500만 원을 체납하였다. 체납액 중 2천만 원은 결손처분되었지만 징수권 소멸시효는 완성되지 않은 상태이다.
> • 사례 3: 병은 납부능력이 있음에도 불구하고 납부기한의 다음 날부터 1년이 경과한 보험료, 연체금과 체납처분비 총 3천만 원을 체납하였다. 하지만 병은 자신에게 부과된 보험료에 문제가 있다고 생각하고 이의신청을 제기한 상태이다.
> • 사례 4: 정은 납부능력이 있음에도 불구하고 납부기한의 다음 날부터 1년이 경과한 보험료, 연체금과 체납처분비 총 980만 원을 체납하였다. 그러던 중 정은 공단으로부터 분할납부 승인을 받고 체납된 보험료의 일부를 납부한 상태이다.

① 갑　　② 을　　③ 병　　④ 정

08 **다음 [사례]에 따를 때 갑은 언제까지 이의신청을 제기할 수 있는가? (단, 기간 계산 시 초일은 불산입하며, 갑에게 이의신청을 할 수 없는 정당한 사유는 없다)**

> [사례]
>
> 국민건강보험공단은 2024년 2월 14일에 갑에 대해 보험료 독촉 처분을 하였고, 갑은 이 처분 사실을 2024년 2월 16일에 알게 되었다. 갑에게 발부된 독촉장에는 보험료 납부기한이 2024년 2월 29일로 명시되어 있었다.

① 2024년 5월 14일
② 2024년 5월 16일
③ 2024년 5월 29일
④ 2024년 9월 1일

09 서류의 보존에 대한 내용으로 옳지 않은 것은?

구분	보존 의무자	보존 기간 산정 기준일	보존 기간	보존 서류
①	요양기관	요양급여가 시작된 날	5년	요양급여비용의 청구에 관한 서류
②	약국	요양급여비용을 청구한 날	3년	처방전
③	요양비를 청구한 준요양기관	요양비를 지급받은 날	3년	요양비 청구에 관한 서류
④	보조기기에 대한 보험급여를 청구한 자	보험급여를 지급받은 날	3년	보험급여 청구에 관한 서류

10 100만 원 이하의 과태료 부과 대상으로 옳은 것을 [보기]에서 모두 고르면?

| 보기 |

ㄱ. 업무정지기간 중에 요양급여를 한 요양기관의 개설자
ㄴ. 폐업을 하게 되었음에도 14일 이내에 보험자에게 신고하지 않은 사용자
ㄷ. 자격 관리 및 보험료 산정 등 건강보험에 관한 서류를 보존하지 않고 폐기한 사용자
ㄹ. 건강보험사업을 수행하지 않음에도 보험계약에 국민건강보험이라는 용어를 사용한 자

① ㄱ, ㄴ ② ㄱ, ㄹ ③ ㄴ, ㄷ ④ ㄷ, ㄹ

기출복원 하프 모의고사
노인장기요양보험법 핵심기출

01 **다음 [사례]의 ㉠~㉣ 중 옳지 않은 것은?**

[사례]

장기요양보험가입자 갑은 장기요양인정을 신청하기 위해 ㉠ 국민건강보험공단에 장기요양인정신청서에 의사소견서를 첨부하여 제출하였다. 공단은 갑의 신청서를 접수하고 소속 직원 을과 병으로 하여금 ㉡ 갑의 심신상태, 갑에게 필요한 장기요양급여의 종류 및 내용, 그 밖에 장기요양에 관하여 필요한 사항으로서 보건복지부령으로 정하는 사항을 조사하게 하였다. 을과 병은 조사를 하기 전 ㉢ 조사일시, 장소 및 본인들의 인적사항 등을 미리 갑에게 통보하였다. 조사가 완료된 때 공단은 조사결과서, 신청서, 의사소견서, 그 밖에 심의에 필요한 자료들을 등급판정위원회에 제출하였다. 등급판정위원회는 갑이 신청자격요건을 충족하고 ㉣ 3개월 이상 동안 혼자서 일상생활을 수행하기 어렵다고 인정하여 갑을 대통령령으로 정하는 등급판정기준에 따라 수급자로 판정하였다.

① ㉠　　② ㉡　　③ ㉢　　④ ㉣

02 **다음은 국민건강보험공단 신규직원 워크숍의 교육 내용이다. ㉠에 들어갈 수 있는 것을 [보기]에서 모두 고르면 총 몇 개인가?**

장기요양인정 신청 등에 대한 대리는 노인장기요양보험의 주된 대상자인 노인등이 노화나 치매, 중풍 등 각종 질환으로 다른 사람의 도움 없이는 장기요양인정의 신청, 장기요양인정의 갱신신청 또는 장기요양등급의 변경신청 등을 직접 수행할 수 없는 상황을 고려하여 대리인이 그 신청을 대리할 수 있도록 규정한 제도입니다. 이 제도에서 대리인의 범위에 포함될 수 있는 사람은 (　　　　㉠　　　　)입니다.

| 보기 |

ㄱ. 가족이나 친족, 그 밖의 이해관계인
ㄴ. 「노인복지법」에 따른 치매안심센터의 장
ㄷ. 특별자치시장·특별자치도지사·시장·군수·구청장이 지정하는 자
ㄹ. 「사회보장급여의 이용·제공 및 수급권자 발굴에 관한 법률」에 따른 사회복지전담공무원

① 1개　　② 2개　　③ 3개　　④ 4개

03 **장기요양급여를 종류에 따라 분류할 때 다음 중 그 종류가 다른 하나는?**

① 장기요양기관에 장기간 입소한 수급자에게 신체활동 지원 및 심신기능의 유지·향상을 위한 교육·훈련 등을 제공하는 장기요양급여

② 수급자를 하루 중 일정한 시간 동안 장기요양기관에 보호하여 신체활동 지원 및 심신기능의 유지·향상을 위한 교육·훈련 등을 제공하는 장기요양급여

③ 장기요양요원인 간호사 등이 방문간호지시서에 따라 수급자의 가정 등을 방문하여 간호, 진료의 보조, 요양에 관한 상담 또는 구강위생 등을 제공하는 장기요양급여

④ 수급자를 보건복지부령으로 정하는 범위 안에서 일정 기간 동안 장기요양기관에 보호하여 신체활동 지원 및 심신기능의 유지·향상을 위한 교육·훈련 등을 제공하는 장기요양급여

04 **장기요양기관의 폐쇄회로 텔레비전의 설치 등에 대한 설명으로 옳지 않은 것은?**

① 국가 또는 지방자치단체는 폐쇄회로 텔레비전 설치비의 전부 또는 일부를 지원할 수 있다.

② 장기요양기관이 재가급여만을 제공하는 경우 폐쇄회로 텔레비전을 설치·관리하지 않을 수 있다.

③ 장기요양기관을 운영하는 자는 폐쇄회로 텔레비전에 기록된 영상정보를 50일 이상 보관하여야 한다.

④ 폐쇄회로 텔레비전의 설치·관리 기준 및 동의 또는 신고의 방법·절차·요건, 영상정보의 보관기준 및 보관기간 등에 필요한 사항은 보건복지부령으로 정한다.

05 「노인장기요양보험법」 제36조에 따를 때 옳지 않은 행위는?

① 장기요양기관 A의 장은 202X년 5월 31일에 A를 폐업할 예정으로, 202X년 4월 30일에 공단에 폐업 신고를 하였다.

② ○○구청장은 유효기간이 202X년 6월 30일인 장기요양기관 B의 장이 202X년 5월 31일까지 지정 갱신 신청을 하지 않자 그 사실을 공단에 통보하였다.

③ □□시장은 「노인복지법」에 따라 장기요양기관이 운영하는 노인의료복지시설 C에 대하여 사업정지 명령을 하게 되어, 그 내용을 지체 없이 공단에 통보하였다.

④ 장기요양기관 D의 장은 D를 휴업할 예정으로, D를 이용하는 수급자가 다른 장기요양기관을 선택하여 이용할 수 있도록 계획을 수립하고 이행하는 조치를 취하였다.

06 다음 [사례]와 [보기]에 따를 때, ㉠과 ㉡에 들어갈 숫자를 더한 값과 위반사실 등이 공표되는 장기요양기관을 옳게 짝지은 것은?

[사례]

○○군수는 장기요양기관 A, B, C, D가 거짓으로 재가 및 시설 급여비용을 청구한 사실을 알고, 청문을 거쳐 이들에 대해 2개월의 업무정지를 명하였다. 이 중에서 거짓으로 청구한 금액이 (㉠)천만 원 이상이거나, 거짓으로 청구한 금액이 장기요양급여비용 총액의 100분의 (㉡) 이상인 장기요양기관에 대해서는 위반사실, 처분내용, 장기요양기관의 명칭·주소, 장기요양기관의 장의 성명, 그 밖에 다른 장기요양기관과의 구별에 필요한 사항으로서 대통령령으로 정하는 사항을 공표하여야 한다.

| 보기 |

- A: 장기요양급여비용 총액은 4천만 원이고, 이 중에서 거짓으로 청구한 금액은 500만 원이다.
- B: 장기요양급여비용 총액은 5천만 원이고, 이 중에서 거짓으로 청구한 금액은 400만 원이다.
- C: 장기요양급여비용 총액은 1억 원이고, 이 중에서 거짓으로 청구한 금액은 800만 원이다.
- D: 장기요양급여비용 총액은 3억 원이고, 이 중에서 거짓으로 청구한 금액은 2천만 원이다.

	㉠과 ㉡의 합	공표 대상 장기요양기관
①	11	A, B
②	11	A, D
③	21	B, C
④	23	C, D

07 **다음 [그림]의 ㉠~㉣에 대한 설명으로 옳지 않은 것은?**

[그림]

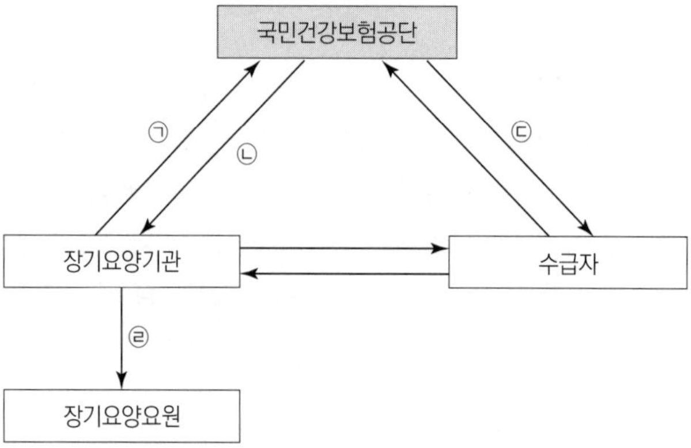

① ㉠ – 장기요양기관은 수급자에게 재가급여 또는 시설급여를 제공한 경우 공단에 장기요양급여비용을 청구하여야 한다.

② ㉡ – 공단은 장기요양기관으로부터 재가 또는 시설 급여비용의 청구를 받은 경우 이를 심사하여 그 내용을 장기요양기관에 통보하여야 하며, 장기요양에 사용된 비용 중 재가 및 시설급여비용에서 본인부담금을 공제하지 않은 금액을 해당 장기요양기관에 지급하여야 한다.

③ ㉢ – 공단은 장기요양급여비용을 심사한 결과 수급자가 이미 낸 본인부담금이 장기요양기관에 통보한 본인부담금보다 더 많으면 두 금액 간의 차액을 장기요양기관에 지급할 금액에서 공제하여 수급자에게 지급하여야 한다.

④ ㉣ – 장기요양기관은 지급받은 장기요양급여비용 중 보건복지부장관이 정하여 고시하는 비율에 따라 그 일부를 장기요양요원에 대한 인건비로 지출하여야 한다.

08 **장기요양요원지원센터가 수행하는 업무로 옳지 않은 것은?**

① 장기요양요원의 권리 침해에 관한 상담

② 장기요양요원의 역량강화를 위한 교육지원

③ 장기요양요원에 대한 건강관리를 위한 사업

④ 장기요양요원의 삶의 질 향상을 위한 문화지원

09 **다음 [보기 1]에서 장기요양위원회가 심의하는 사항을, [보기 2]에서 장기요양급여심사위원회가 심의하는 사항을 모두 골라 옳게 짝지은 것은?**

| 보기 1 |

ㄱ. 장기요양보험료액
ㄴ. 재가 및 시설 급여비용
ㄷ. 가족요양비, 특례요양비 및 요양병원간병비의 지급기준

| 보기 2 |

ㄱ. 장기요양급여비용 심사기준 개발 및 심사조정에 관한 사항
ㄴ. 장기요양급여비용 지급 기준의 세부사항 설정 및 보완에 관한 사항
ㄷ. 장기요양급여비용 및 산정방법의 세부사항 설정 및 보완에 관한 사항

	장기요양위원회	장기요양급여심사위원회
①	ㄱ	ㄱ, ㄴ, ㄷ
②	ㄴ, ㄷ	ㄴ
③	ㄴ, ㄷ	ㄱ, ㄷ
④	ㄱ, ㄴ, ㄷ	ㄴ, ㄷ

10 **다음 [사례]의 ㉠~㉣에 들어갈 숫자를 모두 더하면?**

[사례]

장기요양기관 A는 얼마 전 국민건강보험공단에 장기요양급여비용을 청구하였다. 공단은 장기요양급여비용 청구에 대한 심사 내용을 A에 통보하였는데, A는 통보받은 장기요양급여비용에 관한 공단의 처분에 이의를 주장하며 공단에 심사청구를 하려고 한다. 이 경우 A는 원칙상 처분이 있음을 안 날부터 (㉠)일 이내에 문서(전자문서 포함)로 심사청구를 하여야 하며, 처분이 있은 날부터 (㉡)일을 경과하면 심사청구를 제기하지 못한다. 한편, 장기요양심사위원회가 A의 심사청구 사항을 심사하던 중 A의 직원 갑이 공단에 거짓으로 장기요양급여비용을 청구하였던 사실이 밝혀지는 경우에, 갑은 (㉢)년 이하의 징역 또는 (㉣)천만 원 이하의 벌금에 처하게 된다.

① 244 ② 246 ③ 274 ④ 276

개정 2판 1쇄 2025년 3월 6일

나만의 성장 엔진

www.honjob.co.kr

최신개정판

혼JOB 국민건강보험공단 NCS+법률 봉투모의고사

실전모의고사 1회

[NCS 직업기초능력+국민건강보험법]

최신개정판

혼JOB 국민건강보험공단 봉투모의고사

실전모의고사 1회

[NCS 직업기초능력 + 국민건강보험법]

수험번호	
성명	

○ 실전모의고사 1회는 수록된 모든 문항을 신규 문항으로만 구성하였습니다. 최신 출제 경향을 파악하고, 실전 감각을 익힐 수 있습니다.

○ 시험 유의사항

1. 실전모의고사 1회는 다음과 같이 구성되어 있습니다. 정해진 시험 시간에 맞추어 풀어 보시기를 권장합니다.

과목	세부 영역	문항 수	시험 시간	시험 형식
NCS 직업기초능력	의사소통	20문항	60분	4지 선다형
	수리	20문항		
	문제해결	20문항		
직무시험(법률)	국민건강보험법	20문항	20분	

2. 국민건강보험법은 법률 제20505호(2024. 10. 22. 일부개정)를 기준으로 출제하였습니다. 실제 시험의 출제 기준은 채용 공고를 통해 확인하시기 바랍니다.
3. 본 실전모의고사 풀이 시 맨 마지막 페이지의 OMR 카드를 활용하시어 실전 감각을 높이시기 바랍니다.
4. 시험지의 전 문항은 무단 전재 및 배포를 금합니다. 이를 위반할 경우 관련 규정에 따라 처벌을 받을 수 있습니다.

실전모의고사 1회

NCS 직업기초능력

[01~03] 다음 보도자료를 읽고 이어지는 물음에 답하시오.

(가) 한국보건의료연구원은 아스피린의 대장암 예방 효과와 안전성 확인을 위해 2016년부터 2023년까지 출간된 문헌을 토대로 일반인, 대장암 유발 위험이 높은 질환이 있는 집단(고위험군), 대장암으로 진단받은 후 치료 중이거나 완치된 환자군으로 나누어 분석하였다. 그 결과, 일반인에서 아스피린이 대장암 발생을 막는 효과가 있음을 입증할 만한 근거가 부족했다. 다만, 과거에 대장암 전 단계인 양성 종양인 대장 선종을 진단받았거나 용종 제거술을 받은 대장암 고위험군은 아스피린을 복용했을 때 대장 선종의 재발 및 발생 위험이 유의미하게 감소하였다. 또한 가족성 선종성 용종증이나 유전자 변이로 인한 유전 질환에 의한 암 발생(린치증후군)과 같은 경우, 아스피린 복용 후 대장암 발생 위험이 유의하게 감소하는 것으로 일부 연구 결과가 있었으나, 효과를 입증하기 위해서는 추가 연구가 더 필요한 상황이다.

(나) 대장암 발생 위험 감소 여부와 관련해 궤양성 대장염과 같은 염증성 장 질환 환자가 아스피린을 복용하는 것은 대장암 발생 위험 감소와 관련이 없는 것으로 나타났다. 반면, 대장암을 치료 중이거나 완치된 환자가 아스피린을 복용했을 때 대장 선종의 재발 위험이 감소한다는 일부 연구 결과가 확인되었다. 결과를 종합해 볼 때, 대부분의 연구에서 아스피린 복용이 대장암 발생을 예방하는 효과가 있다고 결론을 내리기는 어려웠다.

(다) 대장암은 직장에 생기는 악성 종양으로 종양이 생긴 위치에 따라 결장암, 직장암으로 나뉜다. 대장암은 초기에 발견하여 치료하면 예후가 좋아 정기적인 검진을 통해 조기에 발견하고 치료하는 것이 가장 효과적인 예방법이다. 주로 해열제나 염증 치료제, 혈전 예방을 위한 약으로 사용되는 아스피린이 대장암 예방 효과가 있다는 연구가 최근 발표되면서 사람들의 이목이 집중되고 있다. 하지만 아스피린이 대장암 예방에 얼마나 효과적인지, 복용 시 안전한지 여부에 관해서는 아직 논란이 있다.

(라) 한편 대장암 예방을 위한 아스피린 복용이 안전한지를 검토한 결과, 아스피린을 복용한 그룹(일반인 및 고위험군 포함)이 복용하지 않은 그룹에 비해 연구별로 1.44배에서 1.77배까지 위장관 출혈, 뇌출혈 등의 출혈 위험이 커진 것으로 확인됐다. 따라서 만성 기저질환이 있거나 고령일 경우 아스피린 복용에 특별한 주의가 필요하다. 보건의료평가연구본부 본부장은 “대장암 발생 위험이 낮은 일반인에게는 대장암 예방 목적으로 아스피린 복용을 권장하지 않는다.”라며, “대장암 고위험군이거나 치료 중 또는 완치된 환자의 경우에도 개인의 위험요인과 출혈 부작용에 대해 의료진과 충분히 상담한 후 아스피린 복용 여부를 결정해야 한다.”라고 전했다.

※ 출처: 한국보건의료연구원 보도자료

01 위 보도자료의 내용이 자연스럽게 이어지도록 (가)~(라)를 알맞게 배열한 것은?

① (다) - (가) - (나) - (라)
② (다) - (나) - (가) - (라)
③ (나) - (가) - (라) - (다)
④ (가) - (나) - (라) - (다)

02 위 보도자료의 내용과 일치하는 것은?

① 린치증후군 환자군은 대장암 유발 위험이 높은 유전적 고위험군으로 아스피린 복용이 대장암 발생에 영향이 있는지 여부는 아직 확인된 것이 없다.
② 대장암 유발 위험이 높은 질환이 있는 집단에 비해 유발 위험이 낮은 일반인에게서 아스피린의 대장암 예방 효과가 두드러졌다.
③ 문헌 조사 결과, 염증성 장 질환을 앓는 환자가 아스피린을 복용할 경우 대장암을 예방하는 효과가 있는 것으로 나타났다.
④ 아스피린 복용으로 인해 위장관 출혈, 뇌출혈 등의 부작용이 발생할 수 있으며 만성 기저 질환이 있는 환자는 가급적 아스피린을 복용하지 않는 것이 안전하다.

03 위 보도자료를 통해 추론한 내용으로 적절하지 않은 것은?

① 대장암을 예방하기 위한 목적으로 일반인이 아스피린을 복용하는 것은 지양하는 것이 바람직하다.
② 과거에 대장 검사 결과 양성 종양을 진단받은 사람이라면 대장 선종 발생 위험 감소를 위해 아스피린을 복용할 것이다.
③ 염증성 장 질환 환자가 대장암 발생 위험을 감소시키기 위해 아스피린을 복용할 경우 위장 출혈 부작용에 대해 의료진과 상담 후 복용 여부를 결정해야 한다.
④ 아스피린의 대장암 예방 효과가 알려지면서 아스피린을 구매하기 위해 약국을 방문하는 사람들이 늘어났을 것이다.

[04~06] 다음 보도자료를 읽고 이어지는 물음에 답하시오.

국민건강보험공단, 공공기관 최초 모바일 전자고지 요약 음성 서비스 제공

- ㉠ -

국민건강보험공단(이사장 정○○)은 9월 5일부터 공공기관 최초로 고령자와 장애인 등과 같은 디지털 취약계층의 불편함을 해소하고자 '모바일 전자고지 요약 음성 서비스'를 네이버 전자문서(모바일 전자고지)를 통해 제공한다고 밝혔다.

공단은 최근 사회적 이슈로 대두되고 있는 디지털 취약계층의 정보격차 및 사각지대 해소를 위하여 신체적·인지적 제약으로 인한 불편함 없이 서비스를 이용하도록 정보접근성을 향상했으며, 장애인이나 고령자 등 개인이 보다 쉽게 정보를 제공받을 수 있게 모바일 전자고지의 주요 내용을 요약하여 음성으로 지원하는 서비스 개발을 추진하게 되었다.

고객들은 이번 전자고지 서식의 고도화를 통해 공단에서 네이버 앱으로 발송되는 모바일 전자고지서의 요약 내용을 음성 서비스로 제공받을 수 있으며, 음성변환 요약 서비스가 적용되는 대표 서식은 지역고지서(건강보험, 국민연금 모바일 고지서), 대사증후군 주의군 안내, 연간급여일수통보서, 소득 있는 피부양자 자격상실 예정안내문 등 총 62종이며, 이후에도 지속적으로 개발하여 요약 서비스 적용 서식을 확대할 예정이다.

공단 관계자는 "앞으로도 고객의 입장을 고려해 전자고지 안내방식을 다양화하고, 고객의 필요와 요청에 따라 전자문서 안내 유형별 맞춤형 템플릿을 개선할 계획이다."라며, "소통을 기반으로 고객 편의를 확대하여, 편리하고 명확한 정보 안내 등 고객 만족도 제고를 위해 최선을 다하겠다."라고 밝혔다.

(   ) 공단은 정부의 디지털 대전환에 맞춰 종이 없는 민원·행정을 위한 모바일 전자고지 서비스를 2021년 3월 처음 시작했으며, 공공기관 중 가장 많은 전자고지 서식(153종 운영 중)을 매년 약 6천만 건 이상 발송함으로써 발송비용 절감 및 탄소 중립 생활 실천에 따른 환경·사회·투명(ESG) 경영에 앞장서고 있다.

[붙임] 음성 변환 요약 서비스 예시(음성 안내 출력 내용)

(공통 시작 멘트) 본문 내용에 개인 민감 정보가 포함되어 있을 수 있습니다. 외부 장소에서의 공개 청취 등을 피하시고, 개인정보 유출에 유의하시기 바랍니다.

(본문) 김건강 님은 대사증후군 위험요인 5가지 중 1가지, 높은 혈당을 가지고 있습니다. 최근 검진결과, 허리둘레는 75cm, BMI는 21.3kg/m^{2}으로 복부비만 정상입니다. 혈압은 수축기 114mmHg, 이완기 60mmHg로 정상입니다. 공복혈당은 101mg/dL로 주의 단계입니다. 중성지방은 102mg/dL로 정상입니다. HDL콜레스테롤은 57mg/dL로 정상입니다. 우리 공단에서 제공하는 대사증후군 유선 건강관리서비스를 받으시려면 관할 지사로 연락 주시기 바랍니다. 모바일 건강관리를 원하시면 아래 THE건강보험 바로가기를 눌러 주세요.

(공통 종료 멘트) 음성요약 안내를 마칩니다. 이후 전체 내용이 재생될 수 있으니 청취를 원치 않으실 경우, TTS를 종료해 주시기 바랍니다.

※ 출처: 국민건강보험공단 보도자료

04 **위 보도자료의 ㉠에 들어갈 소제목으로 가장 적절한 것은?**

① 디지털 소외계층의 맞춤형 지원 서비스 확대로 국민 편의성 향상
② 디지털 대전환에 따른 공공기관 모바일 전자고지 서비스의 확대
③ 네이버 앱을 활용한 공공기관 전자고지 서식의 고도화 달성
④ 모바일 전자고지 서비스 이용을 위한 개인 정보 보호의 중요성

05 **위 보도자료의 내용과 일치하지 않는 것은?**

① 국민건강보험공단은 공공기관 중에서 최초로 모바일 전자고지 음성 서비스를 시행한다.
② 모바일 전자고지 요약 음성 서비스는 종이 없는 민원 실천 및 탄소 중립 실천을 위해 시행되었다.
③ 모바일 음성 안내 서비스로 혈압 및 혈당 등 건강검진 결과를 확인할 수 있으며 대사증후군 유선 건강관리서비스를 받으려면 관할 지사로 연락을 해야 한다.
④ 음성지원 서비스에 개인 민감 정보가 포함될 수 있으므로 공개적인 장소에서의 청취는 피하는 것이 바람직하다.

06 **위 보도자료의 빈칸에 들어갈 단어로 가장 적절한 것은?**

① 다만 ② 한편 ③ 그러나 ④ 다시 말해

[07~09] 다음 보도자료를 읽고 이어지는 물음에 답하시오.

'건강정보 고속도로'는 의료기관, 공공기관 등 여러 곳에 흩어져 있는 개인의 의료데이터를 손쉽게 조회하고 저장하며 원하는 곳에 전달하여 활용할 수 있는 공공의료데이터 서비스를 말한다. 모바일에서 '나의건강기록앱'을 다운로드 받을 수 있으며, 앱을 이용해 의료데이터를 한눈에 조회하고 다운로드할 수 있다.

㉠ 건강정보 고속도로는 다양한 의료데이터 조회가 가능하다. 나의 진료이력, 투약이력, 검사결과, 상담 의료영상, 알러지 및 부작용 등의 의료기관 진료 정보와 나의 맥박, 혈당, 생활습관과 같은 개인 건강 정보 및 건강보험, 예방 접종, 전염병 전파 정보 등의 공공기관 정보를 조회할 수 있다. ㉡ 반면, 일각에서는 데이터의 안전성에 관한 우려도 있다. 이에 건강정보 고속도로 플랫폼에 저장되는 개인정보 및 중요정보는 CC인증, 국정원 검증필 암호모듈을 탑재한 DB 암호화 솔루션을 적용하여 안전하게 보호 및 활용되도록 보안 체계를 구축하고 있다.

㉢ 서비스를 통해 개인의 신체적 특성을 고려한 맞춤형 건강관리 서비스가 가능하다. 개인의 심박수, 호흡, 근력 등 개인의 신체적 특성을 바탕으로 개인별 맞춤형 건강관리 서비스(식이요법, 운동방법, 바이오리듬 체크 등)를 제공받을 수 있다. 또한 의료데이터는 어느 의료기관에서든지 활용 가능하도록 개인의 동의를 받아 건강정보 고속도로 플랫폼을 통해 각 의료기관으로 전송되며, 전국 어디에서나 동일한 나의 건강정보를 토대로 적합한 진단과 치료를 받을 수 있게 된다.

또한 개인정보제공 동의하에 플랫폼을 통해 개인의 건강정보를 정부나 지방자치단체, 공공기관, 제약회사 등에 전송함으로써 그에 따른 다양한 혜택과 정보를 제공받을 수 있다. 이뿐만 아니라 나의 건강정보를 의료기관이나 대학, 연구소 등에 기부할 수 있으며, 건강정보를 입수한 기관에서는 백신 및 치료제와 같은 새로운 의약품을 개발하거나 희귀난치질환 치료법 및 의료기기를 개발하는 등 새로운 의료기술 개발에 도움을 받을 수 있다. ㉣ 이처럼 「의료법」은 개인이 수준 높은 의료 혜택을 받을 수 있도록 국민 의료에 필요한 사항을 규정하고 있다.

2024년 8월 기준 상급종합병원 10개소, 종합병원 12개소, 병·의원 838개소 등 총 860개의 의료기관이 참여했으며 서울 소재 빅5로 꼽히는 서울아산병원, 세브란스병원, 서울대병원, 서울성모병원, 삼성서울병원 등이 모두 의료데이터 제공기관으로 참여하고 있다. 6월까지 미참여 상급종합병원을 대상으로 추가 신청을 받은 결과, 상급종합병원 21개소 및 그 협력 의료기관인 종합병원 28개소, 병·의원 210개소 등 총 259개소가 참여하기로 의사를 밝혔다.

※ 출처: 보건복지부 보도자료

07 **위 보도자료의 내용과 일치하지 않는 것은?**

① 본인의 의료데이터가 건강정보 고속도로 플랫폼을 통해 각 의료기관에 전송되었다면 국내 어디서나 자신의 건강 정보에 따라 적합한 치료를 받을 수 있다.

② 대부분의 병·의원에서는 부주의한 의료데이터 사용의 위험성을 우려해 서비스 이용에 대해 부정적이다.

③ 본인의 동의 없이는 건강정보 고속도로 플랫폼을 통해 건강정보와 관련한 다양한 혜택과 정보를 제공받을 수 없다.

④ 의료데이터 제공기관으로 서울 소재 빅5로 분류되는 대형 병원들이 모두 참여하고 있다.

08 **위 보도자료를 읽고 추론한 내용으로 적절하지 않은 것은?**

① 건강정보 고속도로 플랫폼을 통해 과거 의약품의 복용 이력을 확인하여 불필요한 검사의 반복을 방지할 수 있다.

② 건강정보 고속도로 플랫폼을 통해 전국 의료기관이 개인에 대하여 동일한 건강 정보를 전송받게 된다.

③ 건강정보 고속도로는 병원 및 사업체 등에 의료 기록을 전송하고 보안을 관리하는 네트워크 허브로서의 기능을 담당하고 있다.

④ 건강정보 고속도로 플랫폼에서 수집 가능한 데이터는 「개인정보보호법」에 의해 의료 진료 정보와 공공기관 제공 정보로 제한된다.

09 **위 보도자료의 논리적 흐름을 고려할 때, ㉠~㉣ 중 삭제되어야 하는 문장은?**

① ㉠ ② ㉡ ③ ㉢ ④ ㉣

[10~12] 다음 보도자료를 읽고 이어지는 물음에 답하시오.

보건복지부는 분만 과정에서 발생하는 (   )하는 등 의료사고 피해자의 권익을 보호하는 내용의 「의료사고 피해구제 및 의료분쟁 조정 등에 관한 법률」 시행령 및 시행규칙의 일부개정안을 10월 24일(목)부터 12월 3일(화)까지 입법 예고한다고 밝혔다.

「의료사고 피해구제 및 의료분쟁 조정 등에 관한 법률」(약칭 「의료분쟁조정법」)은 의료사고로 인한 분쟁을 신속·공정하게 해결하고자 조정·중재에 필요한 사항을 정하고 의료분쟁 조정·중재를 활성화하기 위한 법으로 중대한 의료사고가 발생했을 때 병원 측의 동의가 없어도 조정절차가 자동으로 개시되는 법이다. ㉠ 이번 하위법령 개정은 불가항력 분만 의료사고 보상금의 한도가 상향됨에 따른 후속조치 및 손해배상금 대불제도 관련 법률이 위임한 사항 등을 정하여 국가의 책임을 강화하고자 추진된다.

불가항력 분만 의료사고란 보건 의료인이 충분한 주의의무를 다하였음에도 불구하고 불가항력적으로 발생하는 신생아 뇌성마비, 산모·신생아 사망 등의 분만 관련 의료사고에 대해 보상하는 제도를 이르며 개정안의 주요 내용은 다음과 같다.

첫째, 불가항력 분만 의료사고 보상금 한도를 최대 3천만 원에서 최대 3억 원까지로 상향하고, 보상유형 및 보상액, 보상액 지급방법(분할지급 등) 등 세부내용은 고시로 규정할 예정이다. ㉡ 불가항력 의료사고에 대한 보건복지부의 책임 강화를 위해 보건복지부장관이 보상심의위원회를 구성하는 등 위원회 규정을 정비하였다(시행령 제18조, 제23조 개정). 또한 보상 재원은 기존에는 국가가 보상금의 70%를, 분만의료기관이 30%를 담당하였으나 법률 개정 후에는 국가가 보상 재원의 100%를 부담하게 된다. ㉢ 또한 조정기일에 의료인이 직접 참석하기 어려운 경우, 병원 측 임직원이 대리 참석 가능하다.

둘째, 의료사고 피해자의 신속한 구제에 효과적인 간이조정제도를 활성화하기 위하여 대상 소액사건의 범위를 기존 5백만 원에서 10백만 원으로 확대하였다(시행령 제15조의2 개정). 간이조정제도란 조정사건 중 소액사건, 사실관계 및 과실 유무 등 쟁점이 간단한 사건을 신속하게 처리하는 제도를 이른다. ㉣ 일반조정의 경우 처리기간이 82.7일, 성공률이 70%이지만 간이조정은 처리기간이 26.6일, 성공률이 100%('24. 7. 기준)이다.

셋째, 헌법재판소의 헌법불합치 결정으로 개정된 「의료분쟁조정법」 제47조('24. 1. 1. 시행)에 따라 법률이 위임한 사항인 대불비용 부담액 산정기준 및 심사기준 등 대불제도 세부사항을 하위법령에 구체화하였다(시행령 제27조 개정, 시행규칙 제13조 개정). 손해배상금 대불제도란 의료사고 피해자가 손해배상금을 지급받지 못한 경우 의료분쟁조정중재원에서 우선 해당 배상금을 지급하고 추후 배상의무자에게 상환받는 제도로 대불 재원은 보건의료기관개설자가 부담한다.

※ 출처: 보건복지부 보도자료

10 **위 보도자료의 내용과 일치하지 않는 것은?**

① 「의료분쟁조정법」은 의료분쟁의 조정·중재에 필요한 사항을 규정하고 있는 법률이다.
② 불가항력 분만 의료사고는 보건의료인의 부주의에 의해 발생하는 일체의 분만 관련 의료사고에 대해 보상하는 제도이다.
③ 법령 개정 전에는 의료사고의 보상금을 분만을 담당한 의료기관이 30%를 분담하였으나, 법률 개정 이후에는 국가가 100%를 부담하게 된다.
④ 법령 개정 후에는 불가항력 분만 의료사고가 발생한 경우 최대 3억 원까지 보상금을 지급받을 수 있다.

11 **위 보도자료의 빈칸에 들어갈 말로 가장 적절한 것은?**

① 불가항력 분만 의료사고 국가책임을 대폭 강화
② 의료사고 피해구제 절차 간소화를 추진
③ 의료사고에 관한 의료기간과 국가의 연대 책임을 강화
④ 불가항력 분만 의료사고의 피해구제 방안을 강구

12 **위 보도자료의 논리적 흐름을 고려할 때, ㉠~㉣ 중 삭제되어야 하는 문장은?**

① ㉠ ② ㉡ ③ ㉢ ④ ㉣

[13~15] 다음 글을 읽고 이어지는 물음에 답하시오.

당뇨병은 인슐린 분비량이 부족하거나 인슐린이 정상적인 기능을 하지 못할 때 나타나는 대사질환이다. 우리나라 성인(30세 이상)의 당뇨병 유병률은 '21년 16.3%로, 약 600만 명이 당뇨병을 앓고 있는 것으로 추정된다. 당뇨병 전단계(46.7%, 약 1,695만 명)까지 포함하면 전체 성인의 절반 이상(63.0%, 약 2,295만 명)이 당뇨병 예방 관리가 필요한 상태이다.

일반적으로 당뇨병을 진단하는 기준으로는 당화혈색소가 6.5% 이상, 8시간 이상 공복 후 혈장 포도당 126mg/dL 이상, 75g 경구 포도당 부하검사 2시간 후 혈장 포도당 200mg/dL 이상, 당뇨병의 전형적인 증상(다뇨, 다음, 설명되지 않는 체중감소)이 있으면서 무작위 혈장 포도당 200mg/dL 이상일 경우이며, 이 진단 기준 중 1개 이상에 해당하면 당뇨병으로 진단한다.

당뇨병은 제2형 당뇨병(몸의 인슐린 저항성이 커지면서 인슐린의 작용이 원활하지 않고 상대적으로 인슐린 분비의 장애가 생겨 혈당이 올라가는 병)인 경우가 대부분인데, 가족 중에 제2형 당뇨병을 앓고 있는 환자가 있다면 직계 가족들에게도 당뇨병이 발생할 위험은 당뇨병이 없는 가족들에 비해 3.5배가 높다. 즉, 당뇨병은 유전적 요인과 관련이 있으며 30~70% 정도의 영향을 미친다. 하지만 당뇨병이 발병하는 데는 유전적 요인뿐만 아니라 생활습관 등이 관여하므로 아무리 유전적 성향이 강하다고 하더라도 건강한 생활습관을 유지한다면 당뇨병을 예방할 수 있다. 마찬가지로 생활습관이 바르지 못하면 유전적 영향이 없는 사람이라도 당뇨병이 발생할 수 있다.

반면에 제1형 당뇨병은 췌장의 베타세포 파괴에 의한 인슐린 결핍으로 발생한 당뇨병으로, 주로 사춘기나 유년기에 발생하며, 30세 전에 진단되는 경우가 많지만 성인에서도 나타날 수 있다. 유전적 요인이나 비만, 노화 등에 의해 발생하는 제2형 당뇨병과 달리, 대부분 자가 면역기전에 의해 발생하며, 당사자의 생활패턴, 식습관, 체형이나 부모의 양육방식 등과는 관련이 없다.

제1형 당뇨병은 운동과 식사만으로는 혈당이 조절되지 않아 반드시 인슐린 주사를 맞아야 한다. 혈당이 지나치게 높으면 만성합병증이 생길 수 있으므로 인슐린을 사용해 고혈당을 예방해야 한다.

(   ) 인슐린을 지나치게 사용할 경우에는 저혈당의 위험이 증가하며 저혈당이 오래 지속되면 후유증이 생기거나 생명이 위험해질 수도 있다. 당뇨는 여러 가지 합병증을 유발할 수 있어 위험하다. 그중에서도 고혈압은 당뇨병 환자에게서 2배 많이 나타나며 당뇨병과 고혈압이 함께 발생하면 심뇌혈관질환으로 사망할 위험도 크게 증가한다. 만약 당뇨병 환자가 임신 중일 경우, 혈당 관리가 되지 않으면 태아에게 부정적인 영향을 끼칠 수 있으므로 인슐린을 주사하여 혈당을 관리해야 한다. 인슐린은 태반을 거의 통과하지 못하기 때문에 태아에게 직접적인 영향은 없다.

13 **위 글의 내용과 일치하지 않는 것은?**

① 제1형 당뇨병은 자가 면역기전에 의해 발생하는 제2형 당뇨병에 비해 가족력에 따른 유전적 요인의 영향을 많이 받는다.

② 8시간 이상 공복을 유지한 후 혈당 검사를 했고 혈장 포도당이 150mg/dL 이상으로 나왔다면 당뇨병 진단을 받을 확률이 높다.

③ 제1형 당뇨병은 주로 사춘기나 유년기에 발생하며, 평소 식습관이나 생활습관은 제1형 당뇨병의 발병 요인이 아니다.

④ 만약 당뇨병과 고혈압을 함께 앓고 있다면 심뇌혈관질환으로 인한 사망의 위험이 높아진다.

14 **위 글의 빈칸에 들어갈 단어로 가장 적절한 것은?**

① 더구나　　② 그리고　　③ 하지만　　③ 또한

15 **보건소에서 근무하는 귀하는 당뇨 관련 상담 업무를 맡았다. 귀하가 위 글을 토대로 민원인의 질문에 답변한 내용으로 적절하지 않은 것은? (단, 제시되지 않은 내용은 고려하지 않는다)**

① Q: 최근 제1형 당뇨병 진단을 받았습니다. 저는 정상체중이지만 평소 운동은 거의 하지 않고 단것을 많이 먹는 편입니다. 단것을 즐겨 먹는 습관 때문에 당뇨가 생겼을까요?
A: 단것을 많이 먹는 생활습관과 제1형 당뇨병은 관련이 없습니다. 또한 운동을 많이 하지 않는다고 해서 발생하는 것도 아닙니다.

② Q: 현재 임신 5개월 차 임신부입니다. 평소 당뇨가 있어 몸이 자주 아팠는데요. 인슐린 주사가 태아에게 많이 해로울까 걱정이 되는데 괜찮을까요?
A: 임신 중인 당뇨병 환자의 경우, 인슐린 주사가 태아에게 나쁜 영향을 끼칠 수 있으므로 사용을 권장하지 않습니다.

③ Q: 저는 최근 건강검진에서 당뇨병을 진단받은 50대 여자입니다. 당뇨병은 유전 아닌가요? 가족 중에 당뇨병을 앓고 있는 환자는 한 명도 없습니다.
A: 당뇨병은 유전적 요인에 의해 발생하기도 하지만 생활습관이 바르지 못하면 유전적 영향이 없는 사람이라도 당뇨병이 발생할 수 있습니다.

④ Q: 제1형 당뇨병 환자입니다. 꾸준히 운동하면서 건강한 식습관을 유지한다면 따로 인슐린 주사를 맞지 않아도 괜찮을까요?
A: 제1형 당뇨병은 발병 요인이 비만, 노화 등에 있지 않습니다. 치료를 위해 반드시 인슐린 주사를 맞아야 합니다.

[16~18] 다음 보도자료를 읽고 이어지는 물음에 답하시오.

항생제 적정사용 관리 시범사업 도입

질병관리청은 의료기관의 항생제 적정사용 관리를 위해 '항생제 적정사용 관리 시범사업'을 11월 1일부터 시작한다. 항생제 적정사용 관리(Antimicrobial Stewardship Program, 이하 'ASP'라 함)란 전문 관리팀이 기관 내 항생제 처방 과정을 중재·관리(항생제 선택, 처방 일수 및 용량 등의 적절성 검토, 특정 항생제의 사용 승인·제한 등)함으로써 부적절한 항생제 사용을 줄이고 적정 사용을 유도하기 위한 관리 체계를 말한다.

(가) 항생제 내성은 감염을 치료하기 위해 사용되는 항생제의 오·남용으로 인해 발생하며, 내성균은 항생제가 잘 듣지 않아 치료가 어렵고, 배탈, 설사 등 다양한 부작용을 일으킨다. 항생제 내성으로 인한 문제는 인류의 생명을 위협하는 10대 위험요인 중 하나로 꼽히며, 전 세계적으로 공중보건에 위협이 되고 있다. 특히 코로나19 유행 당시 바이러스 감염에 의한 질병은 항생제가 필요하지 않음에도 불구하고 항생제 사용이 급격하게 증가하였으며 이로 인한 내성 발생 우려가 심각한 상황이다.

(나) 2019년 전 세계에서 127만 명이 항생제 내성에 의해 사망하였고, 2050년에는 1,000만 명 이상 사망할 것으로 예측하고 있다. 또한 국내 의료기관에서의 항생제 사용량은 2018년 이후 감소하는 추세이나, 경제협력개발기구(OECD) 상위 8위로 평균 대비 약 1.2배 높고(2021년 기준), 항생제 내성에 따른 경제 비용은 약 25조 원(188억 달러)에 달한다.

(다) ASP 활동은 항생제 사용량이나 내성률의 감소를 위해 의료기관이 자체적으로 항생제 사용을 적정하게 관리하고자 하는 활동으로, 해외 선진국에서 이미 도입되어 항생제 내성 관리를 위한 ASP의 효과를 확인한 바 있다. 미국은 244명의 의사와 약사를 대상으로 조사한 결과 85% 기관에서 항생제 사용관리 운영으로 경제 비용 67%를 절감했고 항생제 사용량은 69% 감소했으며 다제내성균은 49% 감소 효과가 있었다. 영국 국민보건 서비스의 자료에 따르면 영국은 항생제 사용관리 도입 후 주요 항생제 내성률의 유의미한 감소가 나타났다.

(라) 질병관리청 조사 결과(2019년)에 따르면 병원 차원에서 ASP 활동을 지원하는 국내 기관은 약 8%(상급 10.5%, 종합병원 4.7%)에 불과하며, 의료기관의 ASP 활동을 활성화하기 위해서는 의사, 약사 등 전담 인력의 확보와 올바른 항생제 사용을 위한 항생제 적정 처방 가이드라인 마련 등 국가 차원의 보상 체계 도입이 필수적이다.

※ 출처: 질병관리청 보도자료

16 **위 보도자료의 내용과 일치하지 않는 것은?**

① 코로나19는 항생제 사용을 부추기는 요인이 되었다.

② 항생제의 오·남용으로 약물에 대한 내성이 생긴 세균은 항생제에 노출되어도 없어지지 않고 생존할 수 있다.

③ 바이러스 감염에 의한 질병 치료는 발병 초기에 항생제를 사용해야 사회적, 경제적 비용 손실을 막을 수 있다.

④ 항생제 내성이 생기면 감염이 지속되거나 악화될 수 있으며 심각한 경우 인간의 생명까지 위협할 수 있다.

17 **위 보도자료를 읽고 난 반응으로 가장 적절한 것은?**

① 항생제는 가급적 적게 복용하는 것이 바람직하므로 증상이 완화되면 복용을 중단하는 것이 좋다.

② 항생제 처방 남용으로 항생제 내성이 늘어나면 새로운 항생제를 개발하기 위한 시간과 비용이 소요될 것이다.

③ 우리나라 의료기관에서의 항생제 사용은 최근 10년간 꾸준히 증가해 왔으며, 항생제 내성에 따른 비용은 약 25조 원에 달한다.

④ 항생제 내성이 생기면 질병의 치료 기간은 짧아지나 배탈이나 설사와 같은 부작용이 나타날 수 있다.

18 **위 보도자료의 논리적 흐름을 고려할 때, 다음 글이 들어갈 위치로 가장 적절한 것은?**

> 2021년 코로나19 환자의 항생제 사용 통계에 따르면 입원환자의 7~8%, 중환자의 14%만이 패혈증이나 폐렴에 감염된 반면, 환자의 72%가 광범위하게 항생제 투여를 받았다고 보고되었다.

① (가)문단 뒤 ② (나)문단 뒤 ③ (다)문단 뒤 ④ (라)문단 뒤

[19~20] 다음 보도자료를 읽고 이어지는 물음에 답하시오.

급증하는 전동킥보드 교통사고,
무면허·신호위반 사고 시 건강보험 제한될 수 있어

국민건강보험공단은 전동킥보드 등을 운행하다가 교통법규 위반으로 사고가 발생할 경우, 「국민건강보험법」(제53조 및 제57조)에 따른 급여제한 대상에 해당되어 부상 치료에 소요된 공단 부담금이 환수될 수 있으니 교통법규를 반드시 준수할 것을 당부했다.

행정안전부에 따르면 지난 2019년 447건이었던 개인형 이동장치 교통사고는 최근 5년간 꾸준히 증가하여 2023년 2,389건에 달하고, 이 중 20세 이하 청소년 운전자가 절반 이상(69.6%)을 차지한 것으로 나타났다. 특히, 「도로교통법」 등 관련 법령에 대한 이해가 부족한 중·고등학생의 무면허 운전, 신호위반 등으로 인한 교통사고가 증가하고 있어 안전 운행에 대한 국민들의 경각심이 필요하다.

공단은 개인형 이동장치를 타다가 12대 중대의무 위반에 해당하는 무면허, 신호위반, 음주운전 등으로 교통사고를 내고 관련 부상으로 치료받을 시, 이를 부당이득으로 간주하고 보험급여에 들어간 비용을 환수 고지하고 있다.

※ 참고
- 전동킥보드를 포함한 개인형 이동장치는 '차(車)'로 분류
- 공단은 고의 또는 중대한 과실로 인한 범죄행위에 그 원인이 있을 경우 그 보험급여를 제한하고, 보험급여를 실시한 경우 그 금액을 부당이득으로 징수함
- 교통사고가 「교통사고처리 특례법」 제3조 제2항 12대 중대의무 위반을 원인으로 발생 시 '중과실 범죄행위'로 판단, 급여제한 및 부당이득 징수 처분함

다만, 건강보험이의신청위원회에서는 교통사고로 인한 급여제한의 경우 사고가 발생한 경위와 양상 등 사고 당시의 상황을 종합적으로 고려해 법규 위반과 보험사고의 인과관계를 판단하며 가입자의 건강보험 수급권 보호를 위해 노력하고 있다고 전했다.

□ 관련 법령

1) 「국민건강보험법」

제53조(급여의 제한) ① 공단은 보험급여를 받을 수 있는 사람이 다음 각 호의 어느 하나에 해당하면 보험급여를 하지 아니한다.

1. 고의 또는 중대한 과실로 인한 범죄행위에 그 원인이 있거나 고의로 사고를 일으킨 경우

제57조(부당이득의 징수) ① 공단은 속임수나 그 밖의 부당한 방법으로 보험급여를 받은 사람, 준요양기관 및 보조기기 판매업자나 보험급여 비용을 받은 요양기관에 대하여 그 보험급여나 보험급여 비용에 상당하는 금액을 징수한다.

2) 「교통사고처리 특례법」 제3조 제2항에서 규정하고 있는 12대 위반항목

무면허운전, 신호지시 위반, 중앙선 침범, 속도 위반, 앞지르기 위반, 철길건널목 통과 위반, 횡단보도상 보행자 보호의무 위반, 음주운전, 보도 침범, 개문발차사고, 어린이보호구역 위반사고, 자동차 화물이 떨어지지 않도록 필요한 조치를 하지 않고 운전

※ 출처: 국민건강보험공단 보도자료

19 **위 보도자료의 작성 목적으로 가장 적절한 것은?**

① 공단은 속임수나 그 밖의 부당한 방법으로 보험급여를 받은 사람에 대하여 그 보험급여에 상당하는 금액을 징수함을 알리기 위함

② 건강보험 수급권자의 권리 보호를 위해 개인형 이동장치의 법규 위반과 보험사고의 인과관계 판단이 필요함을 강조하기 위함

③ 무면허운전, 신호 위반, 음주운전 등으로 인한 교통사고는 「교통사고처리 특례법」에서 정한 12대 중대의무 위반에 해당함을 알리기 위함

④ 개인형 이동장치 교통사고의 원인이 고의 또는 중대한 과실인 경우 공단 급여제한 및 부당이득 환수 조치가 가능하므로 운행 시 교통법규 준수를 당부하기 위함

20 **위 보도자료의 내용과 일치하지 않는 것은?**

① 전동킥보드를 포함한 개인형 이동장치는 「도로교통법」상 '차(車)'로 분류되며 무면허운전, 중앙선 침범 발생 시 중과실 범죄행위에 해당한다.

② 전동킥보드 운전자가 바뀐 신호를 확인하지 못해 교통사고가 발생한 경우, 운전자의 고의성이 없으므로 중과실 범죄에 해당하지 않는다.

③ 2019년부터 2023년 사이 개인형 이동장치에 의한 교통사고는 계속 증가 추세이며, 운전자 중 약 70%가 청소년 운전자이다.

④ 전동킥보드 이용자의 음주로 인해 교통사고가 났다면 「국민건강보험법」(제53조 및 제57조)에 의거하여 급여제한 대상이 될 수 있으며 치료에 수반되는 개인부담금이 늘어날 수 있다.

[21~22] 다음은 A국의 2024년 성별 암 발생 순위에 관한 자료이다. 이어지는 물음에 답하시오.

[표 1] A국의 2024년 남성 주요 암종 암 발생 현황

(단위: 명, 명/십만 명)

순위	암종	발생자 수	조발생률
모든 암		143,723	561.7
1	폐	21,176	82.8
2	위	19,533	76.3
3	대장	19,142	74.8
4	전립선	18,697	73.1
5	간	11,207	43.8
6	갑상선	8,771	34.3
7	신장	4,775	18.7
8	췌장	4,592	17.9
9	방광	4,201	16.4
10	담낭 및 담도	4,085	16.0

※ 조발생률: 인구 십만 명당 암 발생자 수

[표 2] A국의 2024년 여성 주요 암종 암 발생 현황

(단위: 명, 명/십만 명)

순위	암종	발생자 수	조발생률
모든 암		133,800	519.7
1	유방	28,720	111.6
2	갑상선	26,532	103.1
3	대장	13,609	52.9
4	폐	10,440	40.6
5	위	9,828	38.2
6	췌장	4,280	16.6
7	간	3,924	15.2
8	자궁체부	3,749	14.6
9	담낭 및 담도	3,532	13.7
10	난소	3,221	12.5

21 **위 자료에 대한 설명으로 옳은 것은?**

① 2024년 A국의 암 발생자 수가 가장 많은 암종은 폐암이다.

② 2024년 A국의 남성의 주요 암 발생 암종 10위 내에 포함된 암종 중 여성의 주요 암 발생 암종 10위 내에 포함된 암종은 6종이다.

③ 2024년 A국의 인구는 5천만 명 이상이다.

④ 2024년 A국의 신장암 발생자 수는 최소 8,000명 이상이다.

22 **암 발생자 수가 각 성별 암 발생자 수에서 차지하는 비중이 어느 한 성별이라도 15%를 초과한 암종은 정부에서 캠페인을 통해 해당 암 발생률을 낮추기 위한 노력을 해야 한다. 암종당 캠페인 비용이 1,500,000원일 때, A국의 2024년 캠페인 비용은 얼마인가?**

① 1,500,000원　② 3,000,000원　③ 4,500,000원　④ 6,000,000원

[23~24] 다음은 연도별 국내 의료기기 시장규모에 관한 자료이다. 이어지는 질문에 답하시오.

[표] 연도별 국내 의료기기 시장규모

(단위: 십억 원)

구분	수출(A)	수입(B)	시장규모(C)
2019년	3,972	4,279	6,818
2020년	4,324	4,849	7,804
2021년	7,831	5,227	7,532
2022년	9,875	6,126	9,134
2023년	10,175	6,315	11,878

※ 무역수지=(A)−(B)
※ 시장규모(C)=연도별 생산량−(A)+(B)
※ 수입점유율(%)=(B)/(C)×100

23 **위 자료에 대한 설명으로 옳지 않은 것은?**

① 무역수지는 2020년 이후로 매년 전년 대비 증가했다.
② 수입점유율은 2021년이 가장 높다.
③ 시장규모의 전년 대비 증가율은 2022년이 가장 크다.
④ 2023년의 생산량은 2021년에 비해 5조 원 더 많다.

24 **전년 대비 2023년의 시장규모 증가율만큼 2023년 대비 2024년 생산량이 증가하면, 2024년 생산량은 얼마인가? (단, 억의 자리에서 반올림하여 계산한다)**

① 5,017십억 원 ② 8,210십억 원 ③ 13,228십억 원 ④ 20,458십억 원

[25~26] 다음은 A국, B국, OECD 평균 의료 현황 및 전망에 관한 자료이다. 이어지는 물음에 답하시오.

[그림] A국 의료비 현황 및 전망

(단위: 십억 달러)

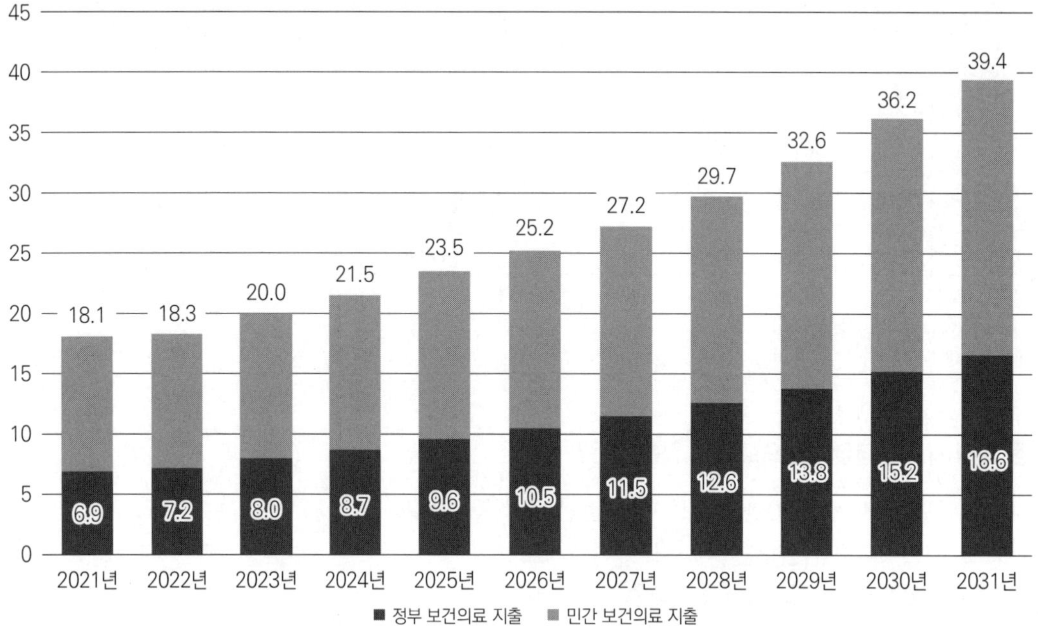

※ 그래프 위에 노출된 숫자는 총 의료비를 뜻함

※ 총 의료비＝정부 보건의료 지출＋민간 보건의료 지출

[표] A국, B국, OECD 평균 의료인력 현황 및 전망

(단위: 인구 천 명당 명)

구분	A국							OECD 평균	B국
	2021년	2022년	2023년	2024년	2025년	2026년	2027년	(2023년)	(2023년)
내과의사	0.77	0.69	0.60	0.51	0.42	0.35	0.27	3.64	2.64
간호사	5.08	5.47	5.44	4.99	4.95	4.55	4.17	9.84	9.21
약사	0.64	0.64	0.64	0.64	0.64	0.64	0.64	0.88	0.11

25 위 자료에 대한 설명으로 옳은 것은?

① 2022년 이후로 민간 보건의료 지출액은 매년 전년 대비 증가했다.

② 2023년 B국 내과의사 의료인력 대비 A국 내과의사 의료인력 비중은 25% 이상이다.

③ A국의 약사 수는 매년 동일하다.

④ 2021년 이후 매년 총 의료비에서 민간 보건의료 지출액이 차지하는 비중은 절반 이상이다.

26 위 자료를 바탕으로 작성한 [그림]으로 옳지 않은 것은?

① A국 의료인력 현황

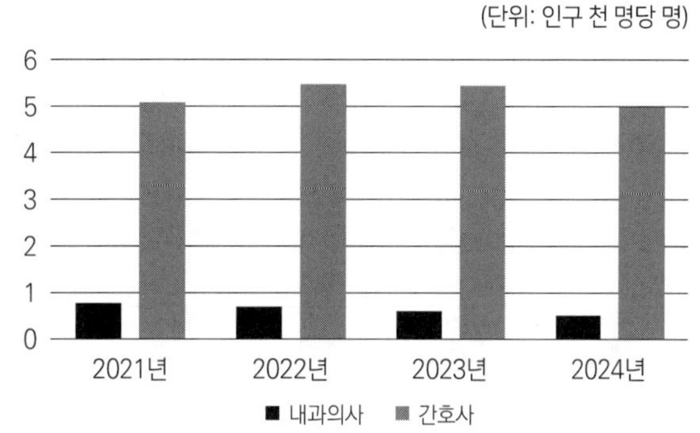

② 민간 보건의료 지출액 현황

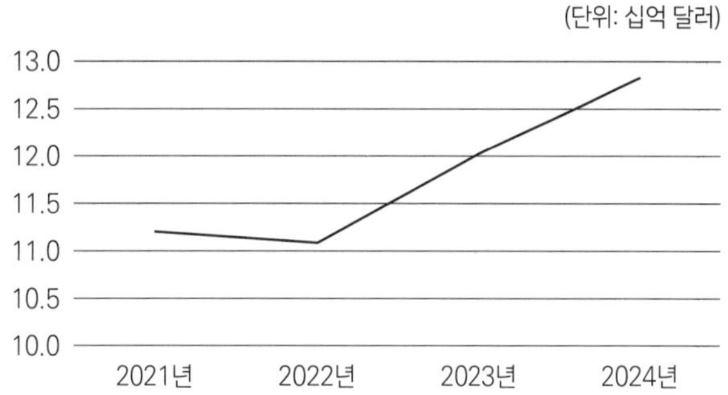

③ 2023년 A국, B국, OECD 평균 의료인력 비중

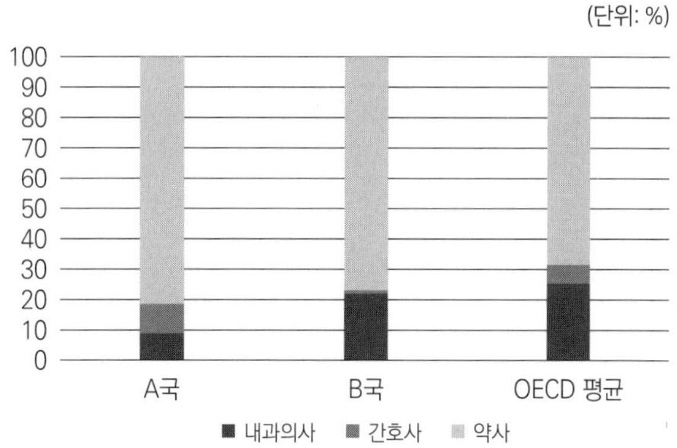

④ 정부 보건의료 지출 비중

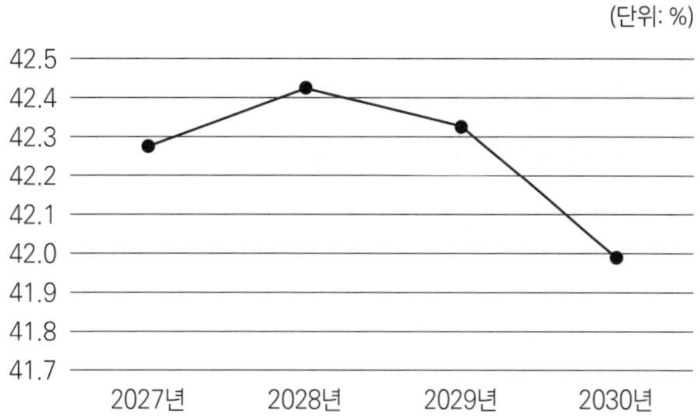

[27~28] 다음은 국민건강증진종합계획 소요 예산 규모에 관한 자료이다. 이어지는 물음에 답하시오.

[그림] 연도별 예산투입 현황

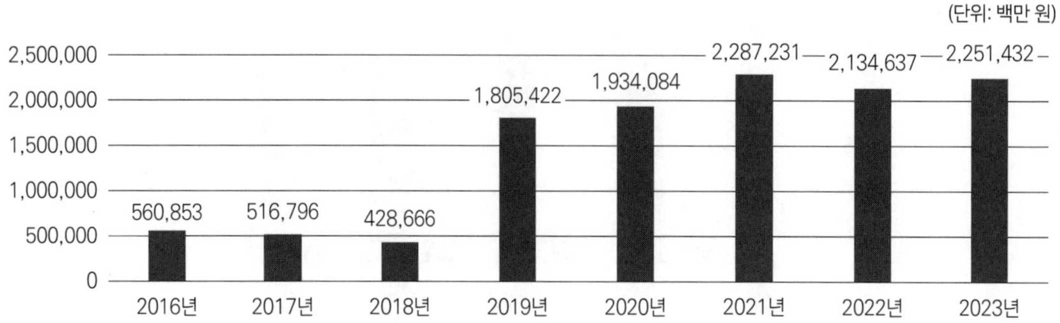

[표] 연도별(2020~2023년) 중점과제별 예산투입 현황

(단위: 백만 원)

구분	2020년	2021년	2022년	2023년
건강생활실천확산	331,281	428,238	536,980	541,541
만성퇴행성질환	189,111	197,508	261,350	254,471
감염질환관리	203,241	238,732	420,428	310,184
안전환경보건	157,163	124,052	121,321	215,414
인구집단별 건강관리	444,821	421,533	383,017	558,414
기초 건강검진	608,467	877,168	411,541	371,408

27 위 자료에 대한 설명으로 옳지 않은 것은?

① 예산투입의 전년 대비 증감방향이 만성퇴행성질환과 같은 중점과제는 하나뿐이다.
② 2023년 전체 예산투입 중 25% 이상을 차지하고 있는 중점과제는 두 가지이다.
③ 2020년 이후로 전년 대비 예산투입 증가율이 가장 높은 해는 2021년이다.
④ 연도별 중점과제의 예산투입 순위 중 최하위 2개 항목의 순위는 2020년 이후로 달라지지 않는다.

28 국민건강보험공단은 2019년부터 국민건강관리 패키지를 만들어 우선적인 예산투입을 하고자 한다. 국민건강관리 패키지는 중점과제 중 전체 예산투입의 비중이 40%가 넘는 조합을 의미한다. 다음 중 국민건강관리 패키지에 해당하지 않는 중점과제 조합으로 옳지 않은 것은?

① 2020년: 감염질환관리, 인구집단별 건강관리
② 2021년: 만성퇴행성질환, 기초 건강검진
③ 2022년: 건강생활실천확산, 인구집단별 건강관리
④ 2023년: 건강생활실천확산, 기초 건강검진

[29~30] 다음은 A병원의 분기별 경영 현황에 관한 자료이다. 이어지는 질문에 답하시오.

[표 1] 분기별 수술횟수, 상담자 수, 협찬건수

구분	1분기	2분기	3분기	4분기
수술횟수(건)	131	56	174	188
상담자수(명)	1,324	898	1,677	2,122
협찬건수(건)	31	68	87	91

[표 2] 분기별 연령별 상담자 수

(단위: 명)

연령	1분기	2분기	3분기	4분기
10대 이하	131	85	73	71
20대	341	294	294	401
30대	499	331	713	856
40대	241	131	397	437
50대	100	31	121	213
60대 이상	12	26	79	144

[그림] 분기별 매출 및 비용

(단위: 천 원)

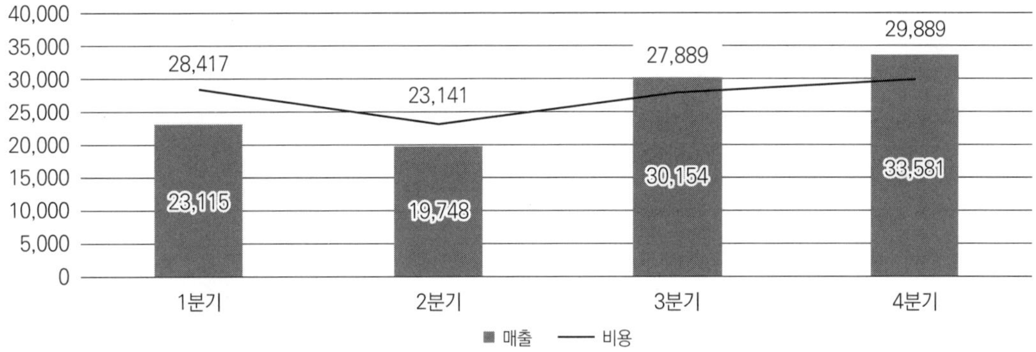

※ 매출=수익+비용

29 위 자료에 대한 설명으로 옳은 것은?

① A병원의 수익이 가장 높은 분기는 3분기이다.

② A병원 상담자 수 중 10대 이하가 차지하는 비중은 매 분기마다 늘어난다.

③ 2분기의 상담자 중 20대가 차지하는 비중은 3분기의 상담자 중 20대가 차지하는 비중과 같다.

④ 전 분기 대비 협찬건수가 증가한 분기에는 60대 이상 상담자 수가 증가하였다.

30 A병원의 매출은 수술, 상담, 협찬을 통해 형성된다. 매 분기마다 상담은 1명당 1만 원, 협찬은 1건당 5만 원으로 책정되어 있을 때, 수술 1건당 평균 매출이 가장 많은 분기는?

① 1분기 ② 2분기 ③ 3분기 ④ 4분기

[31~32] 다음은 회피 가능한 사망률에 관한 자료이다. 이어지는 질문에 답하시오.

[표] 2023년 국가별 회피 가능한 사망률

(단위: 명/인구 십만 명)

구분	독일	영국	일본	한국	미국	멕시코	OECD 평균
회피가능사망률	188.0	194.0	137.0	147.0	273.0	387.0	215.2
예방가능사망률	122.0	123.0	86.0	103.0	181.0	220.0	135.7
치료가능사망률	66.0	71.0	51.0	44.0	92.0	167.0	79.5

[그림] 한국의 회피 가능한 사망률 추이

(단위: 명)

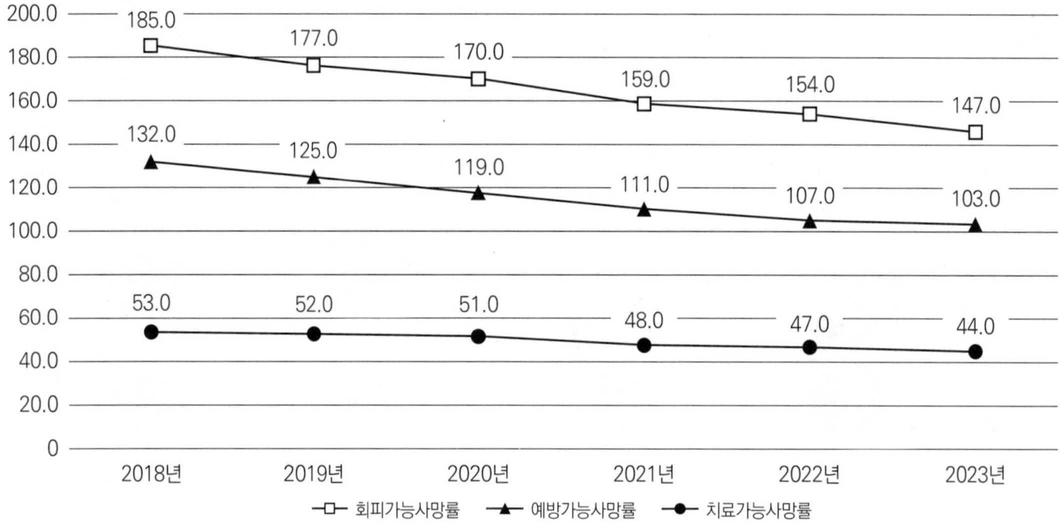

31 위 자료에 대한 설명으로 옳은 것은?

① 모든 OECD 국가들은 회피가능사망률이 예방가능사망률보다 높다.

② 2023년의 한국의 회피가능사망률은 2018년 대비 80% 이상이다.

③ 2023년 OECD 국가 중 독일, 영국, 일본, 한국, 미국, 멕시코를 제외한 나머지 국가들의 예방가능사망률 평균은 OECD 평균보다 낮다.

④ 한국의 예방가능사망률의 전년 대비 감소율이 가장 큰 해는 2019년이다.

32 2022년 대비 2023년의 회피가능사망률 감소율이 지속된다면, 한국의 회피가능사망률이 100명 이하가 되는 해는?

① 2030년　② 2031년　③ 2032년　④ 2033년

[33~34] 다음은 A국의 고혈압 환자 수 및 진료비 추이에 관한 자료이다. 이어지는 질문에 답하시오.

[그림 1] A국 고혈압 환자 수 추이

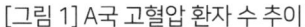

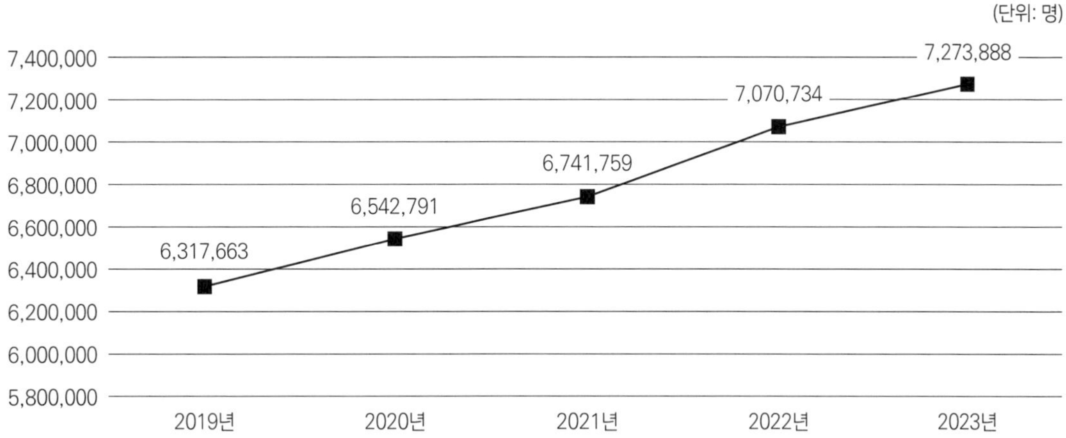

[그림 2] 고혈압 진료비 추이

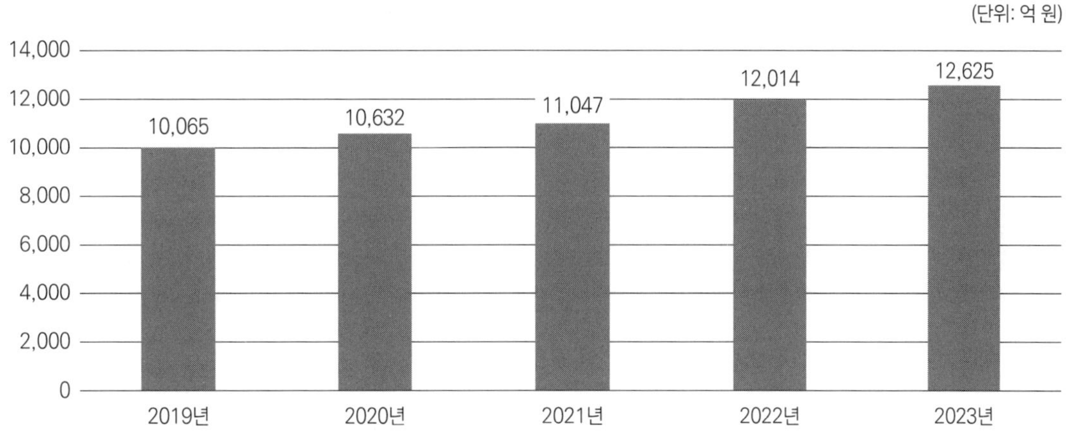

33 위 자료에 대한 설명으로 옳은 것은?

① 전년 대비 고혈압 진료비 증가율이 가장 높은 해는 2020년이다.
② 전년 대비 고혈압 환자 수 증가량이 가장 많은 해는 2021년이다.
③ 2023년 고혈압 환자 1인당 진료비는 15만 원을 초과한다.
④ 2019~2023년의 연평균 고혈압 진료비는 1.2조 원을 초과한다.

34 2024년 고혈압 환자 1인당 진료비가 18만 원이고, 고혈압 환자 수가 2023년에 비해 정확히 5% 증가했다면 2024년의 고혈압 진료비는 얼마인가? (단, 일억 자리에서 반올림하여 계산한다)

① 12,850억 원　② 13,090억 원　③ 13,360억 원　④ 13,750억 원

[35~36] 다음은 연도별 개·폐업 병의원 수에 대한 자료이다. 이어지는 질문에 답하시오.

[표] 연도별 개·폐업 병의원 수

(단위: 개소)

연도	개업 병의원	폐업 병의원	연도	개업 병의원	폐업 병의원
2012년	1,677	164	2018년	1,012	1,462
2013년	2,280	2,070	2019년	3,378	2,020
2014년	1,625	1,007	2020년	1,895	1,312
2015년	2,864	1,346	2021년	2,831	734
2016년	3,487	853	2022년	263	1,235
2017년	462	1,250	2023년	2,746	1,331

35 **다음 중 전년 대비 개업 병의원 증가율이 가장 큰 해와 전년 대비 폐업 병의원 증가율이 가장 큰 해를 바르게 짝지은 것은? (단, 2013년과 2023년은 제외한다)**

① 2021년, 2022년

② 2019년, 2022년

③ 2019년, 2019년

④ 2018년, 2017년

36 위 자료를 바탕으로 연도별 개·폐업 병의원 수를 [그림]으로 바르게 나타낸 것은?

①

(단위: 개소)

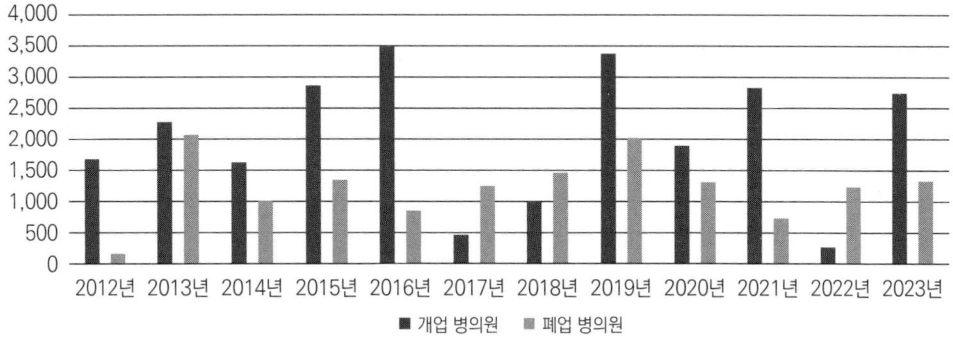

②

(단위: 개소)

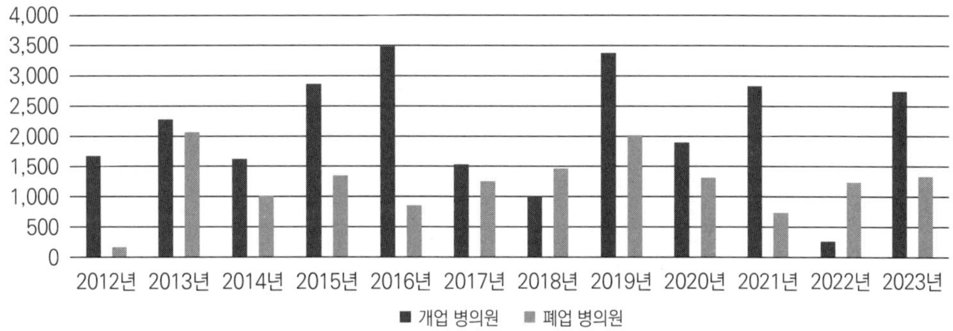

③

(단위: 개소)

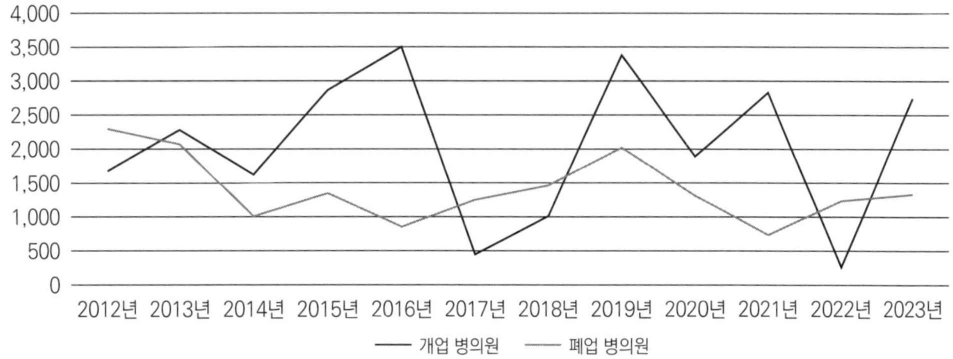

④

(단위: 개소)

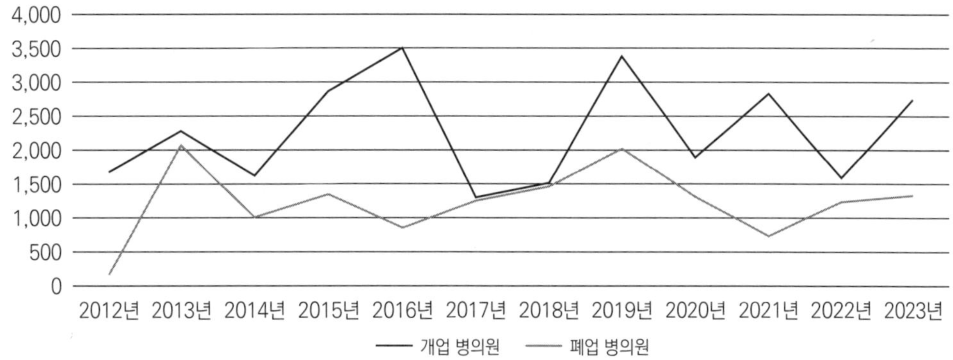

[37~38] 다음은 2024년 의료 해외진출 통계 자료이다. 이어지는 질문에 답하시오.

[표 1] 국내 의료기관 해외진출 신고제 등록 현황

(단위: 건)

연도	2018년	2019년	2020년	2021년	2022년	2023년	2024년
아시아 15개국	4	8	17	19	19	29	22
전체	10	14	20	22	25	34	37

[표 2] 2024년 아시아 15개국 해외진출 진료과별 · 국가별 · 진출형태별 신고 현황

(단위: 건)

분류	항목	건수
진료과별	피부 · 성형	15
	치과	3
	한방	1
	재활의학과	1
	건강검진	1
	종합	1
국가별	중국	7
	베트남	7
	일본	2
	몽골	1
	미얀마	1
	필리핀	1
	캄보디아	1
	말레이시아	1
	인도네시아	1
진출형태	운영컨설팅	10
	의료기관 개설 · 운영	9
	의료기술 지원 · 교육	2
	종사자 파견	1

37 **위 자료에 대한 설명으로 옳은 것은?**

① 아시아 15개국에서의 국내 의료기관 해외진출 신고제 등록 건수는 매년 전체 국가에서의 국내 의료기관 해외진출 신고제 등록 건수의 85% 이하이다.

② 2024년 아시아 15개국 해외진출한 피부·성형진료과 중 운영컨설팅 형태로 진출한 경우가 존재한다.

③ 2024년 전체 국가에서의 국내 의료기관 해외진출 신고 건수 중 의료기관 개설·운영 형태로 진출한 건수가 차지하는 비중은 30% 이상이다.

④ 2018년에 진출한 아시아 국가는 중국, 베트남, 일본, 몽골 총 4개국이다.

38 **2025년의 의료 해외진출은 2024년과 동일하게 유지하면서 신규로 태국에 종사자 파견 목적의 치과 5개, 싱가포르에 운영컨설팅 목적의 건강검진 3개가 추가되었다면, 아시아 15개국에서의 국내 의료기관 해외진출 신고제 등록 건수 중 치과 진출 건수가 차지하는 비중으로 알맞은 것은? (단, 소수점 아래 둘째 자리에서 반올림한다)**

① 10.0%　　② 20.0%　　③ 26.7%　　④ 36.3%

[39~40] 다음은 만 19세 이상의 비만 유병률에 관한 자료이다. 이어지는 질문에 답하시오.

[표] 연도별 만 19세 이상 비만 유병률

(단위: %)

구분		2016년	2017년	2018년	2019년	2020년	2021년	2022년	2023년
성별	남성	36.4	35.1	36.3	37.7	37.8	39.7	42.5	41.6
	여성	24.8	27.1	28.0	25.1	23.3	25.9	27.5	25.6
연령	19~29세	20.5	21.7	22.4	22.4	23.9	23.5	27.2	29.4
	30~39세	31.0	31.5	32.5	33.2	31.8	32.9	34.2	33.4
	40~49세	34.1	35.4	39.2	33.7	31.1	35.6	39.0	35.3
	50~59세	35.3	35.7	34.1	37.3	35.4	38.3	36.1	38.0
	60~69세	40.7	38.8	38.5	36.3	36.8	40.1	40.2	38.0
	70세 이상	30.6	29.7	31.1	33.8	32.1	37.4	37.5	34.7
전체		30.9	31.4	32.4	31.8	30.9	33.2	35.5	34.1

39 **위 자료에 대한 설명으로 옳은 것은?**

① 2016년 만 19세 이상의 비만인 남성에 비해 2023년 만 19세 이상의 비만인 남성의 수는 14% 더 많다.

② 19~29세의 2020년 대비 2023년 만 19세 이상 비만 유병률의 증가율은 20% 이상이다.

③ 2020년 이후로 만 19세 이상 인구는 여성이 더 많다.

④ 2016~2023년 중 만 19세 이상의 비만인 인구가 가장 많은 해는 2022년이다.

40 **2022년 만 19세 이상 전체 인구가 5,000만 명일 때, 만 19세 이상 남성 인구는 몇 명인가? (단, 만의 자리에서 반올림하여 계산한다)**

① 2,330만 명　② 2,500만 명　③ 2,670만 명　④ 2,850만 명

[41~43] 다음은 상병수당에 관한 자료이다. 이어지는 물음에 답하시오.

1. 1단계 시범사업
   1) 기간: 2022년 7월부터
      ※ 사업 시작 이후 발생한 건에 한하여 지원
   2) 대상지역: 6개 시·군·구*에 3개 모형 적용
      * 서울 종로구, 경기 부천시, 충남 천안시, 전남 순천시, 경북 포항시, 경남 창원시
   3) 지원 대상자
      - 기본 자격: 지역 거주자 또는 지역에 소재한 사업장의 근로자로서 만 15세 이상 만 65세 미만인 대한민국 국적자(난민 등 일부 외국인 예외 적용)
      - 취업자: ① 건강보험 직장가입자, ② 고용보험 또는 산재보험 가입자, ③ 사업기간 및 매출 기준을 충족하는 자영업자
      - 지원제외자: 공무원, 국공립학교 교직원, 타 제도 중복수급자*, 자동차보험 수급자, 휴직자(질병 휴직 제외), 건강보험 급여 정지자 등
        * 고용보험 실업급여, 산재보험 휴업급여·상병보상연금, 생계급여, 긴급복지지원제도 등
   4) 질병·부상 요건: 상병수당을 지원하는 상병의 범위·요건에 따라 3개 모형으로 구분하여, 모형별 정책효과를 비교·분석
      - 모형 1(근로활동불가 모형 I): 질병 유형 제한 없이 일을 하지 못하는 기간 동안 지급, 대기기간 7일*, 보장기간 최대 120일, 경북 포항시, 경기 부천시에 한함
        * 질병·부상으로 8일 이상 연속하여 일을 하지 못하는 경우 상병수당 신청 가능
      - 모형 2(근로활동불가 모형II): 질병 유형 제한 없이 일을 하지 못하는 기간 동안 지급, 대기기간 14일*, 보장기간 최대 150일, 서울 종로구, 충남 천안시에 한함
        * 질병·부상으로 15일 이상 연속하여 일을 하지 못하는 경우 상병수당 신청 가능
      - 모형 3(의료이용일수 모형): 입원이 3일 이상 발생한 경우만 인정, 입원 및 관련 외래 진료일수만큼 지급, 대기기간 3일, 보장기간 최대 120일, 전남 순천시, 경남 창원시에 한함
   5) 지원 내용
      - 지급금액: 일 47,328원(2024년 기준 최저임금의 60%. 단, 해당 금액은 2024년 1월 1일 이후 지급일부터 적용하고, 그 전까지는 46,180원을 적용)
      - 급여지급기간: 모형별로 근로활동이 어려운 전체 기간(모형 1, 2) 또는 의료이용일수(모형 3)에서 대기기간 일수를 제외한 기간
2. 2단계, 3단계 시범사업
   1) 기간
      - 2단계: 2023년 7월부터
      - 3단계: 2024년 7월부터
      ※ 사업 시작 이후 발생한 건에 한하여 지원
   2) 대상지역
      - 2단계: 4개 시·군·구*에 2개 모형 적용
        * 경기 안양시, 경기 용인시, 대구 달서구, 전북 익산시

- 3단계: 4개 시·군*에 근로활동불가 모형 적용
  * 충북 충주시, 충남 홍성군, 전북 전주시, 강원 원주시

3) 지원 대상자
- 기본 자격: 지역 거주자 또는 지역에 소재한 사업장의 근로자로서 만 15세 이상 만 65세 미만인 대한민국 국적자(난민 등 일부 외국인 예외 적용)
- 취업자: ① 건강보험 직장가입자, ② 고용 또는 산재보험 가입자, ③ 사업기간 및 매출 기준 충족하는 자영업자
- 소득기준: 신청인이 속한 가구*의 건강보험료 기준중위소득 120% 이하
  * 신청인과 동일 주민등록표에 기재된 「민법」상 가족(2촌 이내) 및 일부 비동거 가족(배우자 및 만 25세 미만 자녀, 피부양자 세대 동일 건강보험증상 비동거 가족)
- 지원제외자: 공무원·국공립학교 교직원, 타 제도 중복수급자*, 자동차보험 수급자, 휴직자(질병휴직 제외), 건강보험 급여 정지자 등
  * 고용보험 실업급여, 산재보험 휴업급여·상병보상연금, 생계급여, 긴급복지지원제도 등

4) 질병·부상 요건: 상병수당을 지원하는 상병의 범위·요건에 따라 2개 모형으로 구분하여, 모형별 정책효과 비교·분석
- 모형 4(근로활동불가 모형): 질병 유형 제한 없이 일을 하지 못하는 기간 동안 지급, 대기기간 7일*, 보장기간 최대 150일, 2단계의 경우 경기 안양시, 대구 달서구, 3단계의 경우 충북 충주시, 충남 홍성군, 전북 전주시, 강원 원주시에 한함
  * 질병·부상으로 8일 이상 연속하여 일을 하지 못하는 경우 상병수당 신청 가능
- 모형 5(의료이용일수 모형): 입원이 3일 이상 발생한 경우만 인정, 입원 및 관련 외래 진료일수만큼 지급, 대기기간 3일, 보장기간 최대 150일, 2단계에만 해당하며, 경기 용인시, 전북 익산시에 한함

5) 지원 내용
- 지급금액: 일 47,328원(2024년 기준 최저임금의 60%. 단, 해당 금액은 2024년 1월 1일 이후 지급일부터 적용하고, 그 전까지는 46,180원을 적용)
- 급여지급기간: 모형별로 근로활동이 어려운 전체 기간(모형 4) 또는 의료이용일수(모형 5)에서 대기기간 일수를 제외한 기간

41 **위 자료에 대한 설명으로 옳지 않은 것은?**

① 2024년 기준 최저임금은 일 80,000원 이상이다.
② 2024년 12월 기준 14개 지역에서 상병수당 시범사업을 진행 중이다.
③ 보장기간은 최대 120일과 최대 150일로 2가지로 구분할 수 있다.
④ 2024년 일 지급금액은 전년 대비 2% 이상 증가했다.

42 다음 [보기]의 갑~정 중 상병수당을 지원받을 수 있는 사람은?

| 보기 |

- 경기 부천시에 거주하고 대한민국 국적자인 갑은 만 40세의 공무원이다. 갑은 2023년 6월에 교통사고로 인하여 15일간 일을 하지 못하였다.
- 충북 충주시에 거주하는 만 27세 을은 대한민국 국적자로 건강보험 직장가입자이다. 을이 속한 가구의 건강보험료 기준중위소득은 100%이고 2023년 8월에 폐렴으로 10일간 일을 하지 못하였다.
- 전북 익산시에 거주하는 만 42세 병은 대한민국 국적자로 산재보험 가입자이다. 병이 속한 가구의 건강보험료 기준중위소득은 120%이고 2024년 9월에 10일간 입원으로 일을 하지 못하였다.
- 전남 순천시에 거주하는 만 55세 정은 대한민국 국적자로 고용보험 가입자이다. 정은 2023년 6월에 5일간의 외래 진료로 인하여 일을 하지 못하였다.

① 갑　② 을　③ 병　④ 정

43 [보기]의 A와 B가 지급받는 상병수당은 총 얼마인가?

| 보기 |

- 서울 종로구에 거주하고 대한민국 국적자인 A는 만 33세의 건강보험 직장가입자이다. A는 2023년 4월부터 질병으로 인하여 82일간 일을 하지 못하였다.
- 대구 달서구에 거주하는 만 52세 B는 대한민국 국적자로 건강보험 직장가입자이다. B가 속한 가구의 건강보험료 기준중위소득은 115%이고 2024년 5월부터 100일간 일을 하지 못하였다.

① 7,563,320원　② 7,852,150원　③ 8,129,870원　④ 8,542,760원

[44~46] 다음은 디딤돌카드에 관한 자료이다. 이어지는 물음에 답하시오.

○ 거주지: 공고일 기준 주민등록상 등록지가 부산시인 자

○ 나이: 18세 이상 39세 이하 청년(1984. 1. 1.~2006. 12. 31. 출생자)

○ 학력: 최종학력 졸업(중퇴·제적)자(학력무관)

- 재학생 참여 불가[졸업 유예자 및 휴학생, 야간대학(원) 등]. 단, 대학원 수료자는 수료증 제출 시 지원 가능
- 방송통신대학, 사이버대학 재학생, 검정고시 합격자, 학점은행제 재학생 지원 가능

○ 취·창업 여부: 미취업자, 미창업자만 신청 가능

※ 근로시간이 주 30시간 미만인 경우 미취업으로 간주(근로계약서 증빙 필요)

○ 소득: 2023년도 기준중위소득 150% 이하인 자(건강보험공단을 통해 일괄조회)

○ 지원제외 대상

1) 동시참여 제한(공고일 기준)

- 고용노동부 취업성공패키지, 국민취업지원제도 Ⅰ유형 및 Ⅱ유형 참여자
- 실업급여 수급자, 부산형 기초보장제 수급자
- 생계급여 수급자(단, 주거, 교육, 의료 급여만 받는 경우 지원 가능)
- 재정지원 직접일자리 사업 참여자(단, 주 30시간 미만 근로할 경우 지원 가능)
- 정부지원(내일배움카드) 훈련 장려금 수급자(계좌발급, 훈련참여는 가능, 훈련장려금 수급은 불가)
- 타 지자체 청년수당 참여자

2) 아래 해당자는 지원 제외

- 2017~2023년 디딤돌카드 사업(청년 구직활동비 지원 사업) 참여자 및 수혜자
- 공무원 임용시험 최종 합격자, 군 복무 중인 자(대체 복무 포함), 외국인

○ 지원내용

- 사회진입활동비 최대 180만 원 지원(월 30만 원×6개월)
- 취·창업 활동에 필요한 직·간접 비용
- 5개월 이내 취·창업으로 사업 참여를 중단할 경우 취업성공금 30만 원 1회 지원(취·창업으로 사업 참여를 중단한 달까지 활동비 지급)
- 맞춤형 구직역량 강화 프로그램 지원

○ 지원인원: 1,000명

○ 신청방법: 디딤돌카드 홈페이지 온라인 접수

- 모든 제출서류는 스캔하여 암호(비밀번호) 해제 후 업로드(두 장 이상일 경우 PDF합본 또는 파일 압축하여 첨부)
- 모든 서류는 공고일 2024. 3. 27. 이후 발급분만 인정

○ 선정방법: 1차 결격심사 / 2차 정량평가 합산, 고득점자순 선정

- 정량평가: 가구소득(90점)+미취업 기간(10점)+자원봉사 가점(0.5점)

※ '1365자원봉사포털'에서 최근 3년 기준 인증시간이 80시간 이상인 경우 가점(0.5점) 부여(확인서 증빙 필요)

○ 제출서류

1) 필수 제출: 참여 신청서, 구직활동계획서, 개인정보 수집·이용 및 제3자 제공 동의서, 주민등록등본, 가족관계증명서, 졸업(제적·중퇴) 증명서

※ 주민등록등본은 모든 정보 표시되도록 본인 기준 상세증명서로 발급

※ 가족관계증명서는 모든 주민등록번호 뒷자리 전부 공개, 모든 가구원 포함하여 발급하며, 미혼인 경우 부 또는 모 기준 상세증명서로 발급, 기혼인 경우 본인 기준 상세증명서로 발급

※ 졸업(제적·중퇴) 증명서는 본인의 최종학교 졸업(제적·중퇴) 증명서 발급, 가장 마지막으로 입학한 학교를 최종학교로 간주, 대학원 수료자의 경우 수료 증명서 제출

※ 근로계약서는 고용보험에 가입되어 있으나, 주 30시간 미만 근로인 경우 제출

2) 해당 시 제출: 근로계약서, 1365 자원봉사활동 확인서

※ 최근 3년 기준(2021. 1. 1.~2023. 12. 31.) 자원봉사 인증시간이 80시간 이상 시 1365 자원봉사활동 확인서 제출, 기간 설정 필수

3) 제출 유의사항: 공고일 이후 발급분 제출, 열람용 및 미리보기 불인정

※ 사진 촬영한 파일 업로드 시 저화질, 흔들림 등으로 서류 확인이 불가할 수 있으므로 PDF 파일 제출 권장

44 **디딤돌카드 이용자인 A에 대한 설명으로 옳지 않은 것은?**

① 최근 3년 이내 80시간 이상의 자원봉사 인증시간을 제출하였다.
② 최대 180만 원을 지급받을 수 있다.
③ 근로시간이 주 30시간 미만인 취업자이거나 미취업자, 미창업자이다.
④ 18세 이상 39세 이하이고 주민등록상 등록지가 부산이다.

45 **A는 2024년에 4월부터 디딤돌카드를 지원받기 시작하였고, 2024년 6월에 창업을 하였다. A가 지급받는 지원금은 총 얼마인가?**

① 90만 원 ② 120만 원 ③ 150만 원 ④ 180만 원

46 **자원봉사활동 시간이 100시간이고, 대학원 수료자인 A가 디딤돌카드 신청을 위해 제출 서류 체크 중 언급한 사항으로 옳지 않은 것은?**

① 가족관계증명서상에 다른 가구원이 포함되어 있지 않아서 다시 출력해야겠다.
② 휴대폰 카메라로 촬영한 졸업증명서는 확인이 어려울 수 있으니 PDF 파일로 제출해야겠다.
③ 자원봉사활동 확인서는 활동 기간을 2021년부터 2023년까지로 설정해서 출력해야겠다.
④ 대학원 수료 상태이니 대학교 졸업증명서를 제출해야겠다.

[47~48] 다음은 발달장애인 가족휴식지원사업에 관한 자료이다. 이어지는 물음에 답하시오.

○ 발달장애인 가족휴식지원사업: 발달장애인 가족의 양육부담을 경감하고 가족의 정서적 안정을 돕기 위해 휴식, 여가, 교육, 상담서비스를 제공하고, 서비스 이용 시 발달장애인의 일시적 돌봄을 제공

○ 지원신청

- 등록기준: 발달장애인 및 그 가족
- 제외대상: 다른 법령(또는 국가 예산)에 따라 발달장애인 가족휴식지원사업과 유사한 서비스를 받고 있는 자, 장애 등록한 외국인(재외동포 포함)

○ 사업 내용

지원내용	1) 힐링캠프: 가족캠프, 인식개선캠프, 동료상담캠프 - 강사초빙, 상담프로그램 등 지원 2) 테마여행: 역사, 문화, 기관방문 등 - 여행지 관광 중심(체험비 가능) 지원 - 여행계획에 따라 참여자 모집
지원비용	1) 일정별 비용 산정 - 당일 일정: 75,000원 - 1박 2일 일정: 150,000원 - 2박 3일 일정: 240,000원 2) 지원기준 - 가구당 지원금액이며, 실제 소요경비가 지원 금액을 초과할 경우 초과금액 이용자 실비 부담
여행자 보험	지원 비용에 포함
만족도 조사	서비스 이용 후 사업수행기관 담당자가 진행

○ 지원 대상 결정

- 사업수행기관은 신청자격을 확인하여 대상자의 결격 사유가 없는 경우, 다음 항목에 해당하는 경우에는 다른 신청자에 우선하여 서비스 제공

1) 기초생활보장 수급 대상 등 저소득 가정인 경우
2) 차상위 계층: 아래 법령에 따라 차상위 계층으로 인정되는 경우
   ① 「국민기초생활 보장법」에 따라 자활사업에 참가할 경우
   ② 「국민건강보험법 시행령」에 따라 희귀난치성질환자로서 본인부담액을 경감받는 경우
   ③ 「국민건강보험법 시행령」에 따라 만성질환자, 18세 미만 아동으로 본인부담액을 경감받는 경우
   ④ 「장애인복지법」에 따라 장애수당 또는 장애아동수당을 받는 경우
   ⑤ 「한부모가족지원법」에 따라 양육비와 학비 등을 지원받는 경우
   ⑥ 「국민기초생활 보장법」에 따라 차상위계층 확인서 발급을 받은 경우
3) 가족 중 장애인이 2명 이상인 경우
4) 양부모 참여가정(부모+자녀)
5) 학령기 발달장애인이 있는 가정
6) 많은 가족이 참여 가능한 가정

7) 신규 참여 가정

8) 「발달장애인법」 제19조 개인별 지원계획수립에 의해 해당 서비스 지원이 필요한 경우

※ 가족휴식지원사업(힐링캠프 · 테마여행)은 위의 우선순위를 기준으로 선정하되, 전년도에 참여 경험이 있는 이용자가 중복 선정되지 않도록 함

○ 지원 대상 선정 및 통보

- 사업수행기관은 신청인에게 대상자 선정결과를 통보
- 사업수행기관은 우선순위를 적용하여 대상자를 선정하고 시·도(특별자치시·도)에 지원 대상 선정 결과를 보고
- 시·도(특별자치시·도)는 사업수행기관에서 제출한 사업 참여자 명단을 관리하여 해당 연도 내 참여자가 중복 선정되지 않도록 함

47 위 자료에 대한 설명으로 옳지 않은 것은?

① 지원사업 이용 후 만족도 조사가 이루어진다.
② 전년도에 참여 경험이 있는 이용자는 중복 선정되지 않는다.
③ 사업수행기관에서는 사업 참여자가 중복 선정되지 않도록 명단 관리를 한다.
④ 장애 등록한 재외동포는 지원할 수 없다.

48 다음 [상황]의 A가 지불해야 하는 비용은 얼마인가?

[상황]

발달장애인 자녀의 보호자인 A는 발달장애인 가족휴식지원사업에 지원하였고, 지원자로 선정되었다. 이에 A는 자녀와 함께 2명이 1박 2일 동안 테마여행을 이용할 수 있도록 신청하였다. 아래는 테마여행 일정이며, A와 A의 자녀는 일정의 모든 스케줄에 참여하였다.

1일차	15:00~15:30	K리조트 정문 – 안전한 여행 안내, 인사 나누기
	16:00~18:00	K리조트 내 숲 – 단풍과 함께하는 힐링 숲 걷기
	18:30~19:30	K리조트 내 저녁식사 – 가족끼리 셀프 BBQ
	20:00~	마음을 나누는 자유시간
2일차	08:00~09:00	K리조트 내 레스토랑 – 따뜻한 아침식사
	09:30~10:30	B유원지 산책 – 대화의 시간
	11:00~11:30	테마여행을 마무리하는 사진 촬영
	12:00~	B유원지 정문 – 인사 나누기

※ K리조트 1박 이용권 1인 70,000원(조식 추가 시 1인 15,000원, BBQ 이용 시 1인 10,000원, 식사 이외 시설 무료 이용 가능)
※ B유원지 입장권 1인 5,000원

① 40,000원 ② 45,000원 ③ 50,000원 ④ 55,000원

[49~51] 다음은 미숙아 및 선천성이상아 의료비 지원에 관한 자료이다. 이어지는 물음에 답하시오.

○ 목적: 미숙아 및 선천성이상아 대상 의료비 지원을 통해 환아 가정의 경제적 부담 완화 및 미숙아 등 고위험 신생아의 건강한 성장 발달 도모

○ 지원대상
- 공통: 2024년부터 가구소득과 관계없이 지원
- 미숙아: 긴급한 수술 또는 치료가 필요하여 출생 후 24시간 이내에 신생아중환자실(NICU)에 입원한 경우
- 선천성이상아: 출생 후 2년 이내에 선천성이상(Q코드)으로 진단받고, 선천성이상 질환을 치료하기 위하여 출생 후 2년 이내에 입원하여 수술한 경우
  ※ 입원하여 치료를 위한 수술을 시행한 경우에 한하여 그에 따른 치료비용을 지원(기능상 문제로 인한 치료 목적의 수술이 아닌 외모개선 목적의 수술은 제외)
  ※ 출생 후 2년 이내에 진단을 받았으나 출생 후 2년 이내에 입원·수술을 할 수 없다는 의사소견이 있을 시 2년을 경과하더라도 예외적으로 인정 가능

○ 지원대상 금액: 요양기관에서 발급한 진료비 영수증(약제비 포함)에 기재된 급여 중 전액본인부담금 및 비급여 진료비

○ 지원금액 산정방법: 지원대상 금액 중 100만 원 이하분에 대해서는 100% 지원하며, 100만 원 초과분에 대해서는 90% 지원

○ 지원한도
- 미숙아

출생 시 체중	2.0kg 이상 2.5kg 미만 또는 재태기간 37주 미만	1.5kg 이상 2.0kg 미만	1kg 이상 1.5kg 미만	1kg 미만
지원한도	300만 원	400만 원	700만 원	1,000만 원

- 선천성이상아: 500만 원

○ 지원신청
- 신청방법: (최종)퇴원일로부터 6개월 이내에 제출서류를 구비하여 관할 보건소 방문 신청 또는 e보건소 공공보건포털, 아이마중 앱 등 온라인 신청
- 제출서류

구분	제출서류
신청자 제출 (공통)	• 지원 신청서 1부 • 진료비 영수증, 진료비 세부내역서 각 1부 ※ 퇴원 전 의료비 신청 시 퇴원 전 중간진료비영수증 제출 • 지원금 입금계좌통장 사본 1부(신청자 명의) • 주민등록등본 1부* *「전자정부법」에 따른 행정정보의 공동이용을 통한 확인에 동의 시 생략 가능

해당자 제출 (추가)	- 미숙아: 출생보고서 또는 출생증명서 1부 - 선천성이상아: 진단서, 입·퇴원확인서 각 1부(질병명 및 질병코드 포함) ※ 입·퇴원확인서는 입원횟수별로 제출(단, 진단서상에 각각의 입·퇴원 진료기록이 모두 기재된 경우에는 입·퇴원확인서 생략 가능) - 필요시: 가족관계증명서, 건강보험증 사본 및 건강보험료 납부확인서 각 1부* ※ 기초생활보장수급자, 차상위계층의 경우 관련 증명서 또는 확인서로 대체 가능 *「전자정부법」에 따른 행정정보의 공동이용을 통한 확인에 동의 시 생략 가능

49 **위 자료에 대한 설명으로 옳지 않은 것은?**

① 지원금액은 신청자 명의의 계좌로 입금된다.

② 긴급 수술로 인하여 출생 직후 신생아중환자실에 입원한 미숙아는 퇴원 전 의료비 신청이 가능하다.

③ 2023년 6월에 출생한 아이가 2024년 1월에 선천성이상아로 진단받은 후 2025년 5월까지 수술이 불가하다는 의사소견을 받은 경우 2025년 5월 이후에 진행되는 수술 비용을 지원받을 수 있다.

④ 선천성이상아로 진단받은 후 6번 입원 후 퇴원 3개월 이후에 의료비 신청 시 제출서류는 최소 6부이다.

50 **위 자료에 따를 때 다음 [최대 지원한도를 지원받을 수 있는 최소 지원대상 금액]의 A와 B에 들어갈 숫자의 합은?**

[최대 지원한도를 지원받을 수 있는 최소 지원대상 금액]

- 미숙아

출생 시 체중	2.0kg 이상 2.5kg 미만 또는 재태기간 37주 미만	1.5kg 이상 2.0kg 미만	1kg 이상 1.5kg 미만	1kg 미만
최대 지원한도를 지원받을 수 있는 최소 지원대상 금액	322만 원	433만 원	A만 원	1,100만 원

- 선천성이상아: B만 원

※ 계산 시 소수점 첫째 자리에서 반올림함

① 1,309 ② 1,311 ③ 1,315 ④ 1,317

51 **2024년에 미숙아 및 선천성이상아 의료비 지원 대상자인 A에 대한 설명으로 옳지 않은 것은?**

① 약제비도 지원받을 수 있다.

② 보건소에 방문하여 신청하였거나 e보건소 공공보건포털, 아이마중 앱으로 온라인 신청하였다.

③ 자기부담금이 있을 수 있다.

④ 가구소득에 따라 지원받을 수 있는 금액이 다르다.

[52~53] 다음은 어린이집 평가제에 관한 자료이다. 이어지는 물음에 답하시오.

○ 어린이집 평가제: 정기적인 평가를 통해 어린이집이 지속적으로 보육의 질적 수준을 향상시키고 유지하게 함으로써 영유아의 안전과 건강, 조화로운 성장과 발달을 도모하여 부모가 믿고 맡길 수 있는 안심 보육환경을 조성하는 데 기여하는 제도

○ 평가대상: 전체 어린이집

○ 평가지표: 평가제 지표

○ 평가절차

- 평가대상 통보 → 기본사항 확인 및 자체점검 → 현장평가 → 종합평가
  ※ 총 3개월 소요됨
- 참여 수수료 전액 국가 부담
- 기본사항: 사전점검사항, 위반이력사항
  ※ 사전점검사항 미준수 어린이집은 D등급 부여
  ※ 위반이력사항 발생 시 차하위등급 부여
- 소위원회와 종합평가위원회에서 심의, 등급 결정
  ※ 필수영역 중 1개 이상 미충족(영역별 최대점수의 60% 미만) 시 A등급 불가(A등급에 해당하는 총점수가 나온 경우 차하위등급 부여)

○ 평가결과: 4개 등급(A, B, C, D)

○ 평가주기: A, B등급의 경우 3년 후, C, D등급의 경우 2년 후

○ 결과공표: 전체 어린이집의 결과 공시

- 평가결과, 평가이력 등 공개

○ 사후관리 및 등급 조정

- 평가 등급별 사후관리
  ※ A, B등급의 경우 다음 평가를 받기 전까지 매년 자체점검보고서 제출, C, D등급의 경우 사후방문지원
  ※ 확인점검(평가 관련 민원발생, 법 위반 및 행정처분, 정보 공시 부실 어린이집 등에 대하여 불시점검)
- 평가등급 조정 및 관리
  ※ 법 위반 및 행정처분 발생 시 최하위 등급 조정

○ 결과활용

- 평가 등급별 행·재정적 지원 등
- 지도점검 연계(2회 연속 D등급 어린이집)

○ 평가지표

영역	하위영역
Ⅰ. 보육과정 및 상호작용	1-1. 영유아 권리 존중 필수(5) 1-2. 보육계획 수립 및 실행(5) 1-3. 놀이 및 활동 지원(5) 1-4. 영유아 간 상호작용 지원(5) 1-5. 보육과정 평가(5)
Ⅱ. 보육환경 및 운영관리	2-1. 실내 공간 구성 및 운영(5) 2-2. 실외 공간 구성 및 운영(5) 2-3. 기관 운영(5) 2-4. 가정 및 지역사회와의 연계(5)
Ⅲ. 건강·안전	3-1. 실내외 공간의 청결 및 안전(5) 3-2. 급·간식(10) 3-3. 건강증진을 위한 교육 및 관리(5) 3-4. 등하원의 안전(10) 3-5. 안전교육과 사고예방(5)
Ⅳ. 교직원	4-1. 원장의 리더십(5) 4-2. 보육교직원의 근무환경(5) 4-3. 보육교직원의 처우와 복지(5) 4-4. 보육교직원의 전문성 제고(5)

※ 3-1, 3-4, 4-1은 필수영역임

※ 평가지표 총점수별 등급

A등급	B등급	C등급	D등급
90점 이상	80점 이상 90점 미만	70점 이상 80점 미만	70점 미만

52 **위 자료에 대한 설명으로 옳지 않은 것은?**

① 모든 어린이집의 평가결과를 확인할 수 있다.

② B등급을 받은 어린이집의 경우 다음 평가를 받기 전까지 자체점검보고서를 3회 제출해야 한다.

③ 법 위반으로 최하위 등급을 받은 어린이집의 경우 확인점검이 실시된다.

④ 2024년에 실시한 평가지표 총점수가 72점인 어린이집은 2027년에 평가를 실시한다.

53 위 자료를 바탕으로 다음 [표]의 가 어린이집과 나 어린이집의 등급을 순서대로 나열한 것은?

[표]

영역	가 어린이집	나 어린이집
1-1. 영유아 권리 존중 필수	5	3
1-2. 보육계획 수립 및 실행	4	5
1-3. 놀이 및 활동 지원	5	4
1-4. 영유아 간 상호작용 지원	5	3
1-5. 보육과정 평가	5	5
2-1. 실내 공간 구성 및 운영	5	4
2-2. 실외 공간 구성 및 운영	5	4
2-3. 기관 운영	5	4
2-4. 가정 및 지역사회와의 연계	5	4
3-1. 실내외 공간의 청결 및 안전	4	3
3-2. 급·간식	9	7
3-3. 건강증진을 위한 교육 및 관리	4	5
3-4. 등하원의 안전	5	10
3-5. 안전교육과 사고예방	5	4
4-1. 원장의 리더십	4	4
4-2. 보육교직원의 근무환경	5	3
4-3. 보육교직원의 처우와 복지	5	4
4-4. 보육교직원의 전문성 제고	5	5
비고	—	위반이력 1회

① A등급, B등급 ② A등급, C등급 ③ B등급, B등급 ④ B등급, C등급

[54~56] 다음은 서울형 키즈카페 이용 안내에 관한 자료이다. 이어지는 물음에 답하시오.

○ 입장정원: 1회차당 개인 또는 단체 총 43명(성인 및 지도교사 제외한 아동 수)

○ 이용연령: 0~6세(연나이 기준이며, 연나이는 '현재 연도－태어난 연도'로 계산함)

※ 개인: 미취학 아동(0~6세, 초등학생 입학 전 미취학 아동까지만 이용 가능)

※ 단체: 서울에 위치한 어린이집, 유치원, 사회복지시설 등 고유번호증이 있는 단체만 가능(해당 서류 지참)

○ 운영시간

구분	1회차	2회차	3회차	4회차	5회차
이용시간(화~금)	09:30~11:30	13:00~15:00	15:30~17:30	—	
이용시간(토, 일)	09:30~11:30	11:30~13:30	14:00~16:00	16:00~18:00	18:00~20:00

※ 화~금의 경우 11:30~13:00에는 점심시간으로 이용 불가

○ 이용 안내

- 매주 화요일 9시에 온라인으로 예약 가능하며, 차주 일정에 한하여 예약 가능(한 주의 마지막 요일은 일요일로 봄)
- 이용료는 개인 입장료의 경우 아동 1인당 5,000원, 단체 입장료의 경우 아동 1인당 2,000원, 놀이돌봄서비스 이용료의 경우 아동 1인당 2,000원(단, 성인 및 지도교사는 이용료 무료)
  ※ 국민기초생활수급자, 국가유공자, 장애인, 한부모가족, 다둥이가족(자녀가 2명 이상)의 경우 이용료 무료(단, 이용 전 관련 서류 제출 필수)
- 보호자, 아동 미끄럼방지 양말 필수 착용(미착용 시 입장 불가, 돌발상황을 대비하여 여분의 양말 구비 요망)
- 키즈카페 내 음식물(물, 분유 제외) 반입 및 섭취는 금지
- 시설 및 장난감 파손 시 동일한 물품으로 변상해야 함
- 발열, 기침, 전염성질환(눈병, 수두, 장염 등) 감염자는 입장이 불가하며, 이용 중에도 증상 발현 시 시설 및 프로그램 이용 제한
- 이용연령 대상이 아닌 형제, 자매 입장 시 안전상의 이유로 놀이기구 이용 불가
- 개인의 경우 예약자 1인당 아동 3명까지 신청 가능
- 아동 1명당 1일 1회차만 이용 가능
- 단체의 경우 지도교사(지도교사 1명당 최대 아동 15명 동반 가능) 인솔하에 이용 가능
- 이용일로부터 2일 전까지 홈페이지 취소 가능(이후 직접 전화 취소)
- 이용 2일 전까지 공석이 생길 경우, 홈페이지에서 자동으로 예약자로 선정
- 이용 1일 전 취소된 예약 관련해서는 홈페이지에서 자동으로 예약 신청이 되지 않음
- 사전연락 상관없이 해당 회차 시작 30분 이후 노쇼로 판단, 자동 예약 취소 처리함
  ※ 노쇼 1회 시, 30일 이용 불가
- 노쇼 발생 시 현장 대기자에게 이용 기회 부여(단, 입장정원 마감 시 입장 불가)
- 회차 시작 후 전화 취소 시 노쇼로 판단
- 서울시 아동의 이용 확대를 위해 매월 이용 횟수 5회로 제한

○ 놀이돌봄서비스

- 키즈카페 예약 시 놀이돌봄서비스 신청
- 보호자와 함께 입장하여 이용료 결제, 동의서 작성 후 이용 가능
- 36개월 이상이고 서울형 키즈카페를 1회 이상 이용한 적이 있으며, 타인에게 피해를 주지 않는 아동에 한하여 이용 가능
- 아이를 놀아 주는 것이 아닌, 육안으로만 안전 확인
- 타인에게 2회 이상 피해를 주는 경우 보호자 연락 후 아이 인계

  ※ 안전요원이 2회 이상 제지하여도 타인에게 불쾌감을 주는 행동을 지속하는 경우, 안전의 위험이 있는 행동을 지속하는 경우
- 놀이돌봄서비스는 입장 후 취소, 환불 불가

54 **위 자료에 대한 설명으로 옳지 않은 것은? (단, 올해는 2025년이다)**

① 키즈카페 내에서 물과 분유를 제외한 음식 섭취가 금지된다.

② 토요일 4회차는 16시 30분부터 입장정원 여유가 있는 경우에 현장 대기자의 입장이 가능하다.

③ 2018년 이후 출생한 아동에 한하여 서울형 키즈카페 입장이 가능하다.

④ 10월 8일 화요일에 예약이 가능한 날짜는 15일부터 20일이다.

55 **위 자료에 따를 때 다음 [보기]의 A~C에 들어갈 숫자의 합은?**

| 보기 |

- 수요일 모든 회차에 예약된 아동이 개인이고, 입장정원이 마감되었을 때 예약자는 최소 A명 최대 B명이다.
- 일요일 모든 회차의 입장정원이 마감되었을 때 이용료는 최대 C원이다.

① 1,505,026　② 1,505,174　③ 1,506,247　④ 1,506,513

56 다음 [상황]의 갑이 예약하는 일자는?

[상황]

서울에 위치한 유치원에서 교사로 근무하는 갑은 동료 교사 1명 및 유치원의 아이들과 함께 체험학습으로 서울형 키즈카페에 방문하려고 한다. 갑이 근무하는 유치원은 월요일부터 금요일까지 운영되며 오후 1시부터 3시까지인 낮잠 시간을 피해 유치원 운영일에 예약을 하고자 한다. 갑과 동료 교사 1명은 자신이 인솔할 수 있는 최대 인원의 아동과 함께 방문하고자 한다.

구분	화	수	목	금	토	일
1회차	28	15	11	15	43	38
2회차	9	23	10	19	40	42
3회차	40	14	16	15	35	43
4회차	—				27	16
5회차					15	38

※ 해당 회차의 숫자는 예약 현황임

① 화요일 2회차 ② 목요일 1회차 ③ 목요일 2회차 ④ 금요일 3회차

[57~58] 다음은 긴급 의료비 지원에 관한 자료이다. 이어지는 물음에 답하시오.

○ 지원대상

중한 질병 또는 부상으로 인하여 발생한 의료비를 감당하기 곤란한 사람(지원 요청 후 사망한 자 포함)

○ 선정기준

1) 소득: 기준 중위소득 75% 이하
- 1인 가구: 1,671,334원 이하
- 2인 가구: 2,761,957원 이하
- 3인 가구: 3,535,992원 이하
- 4인 가구: 4,297,434원 이하
- 5인 가구: 5,021,801원 이하
- 6인 가구: 5,713,777원 이하

※ 7인 이상 가구의 경우, 1인 증가 시마다 672,468원씩 증가

2) 재산: 주거용 재산 공제 한도액 적용 시 대도시 31,000만 원, 중소도시 19,400만 원, 농어촌 16,500만 원 이하

3) 금융 재산
- 1인 가구: 822만 원 이하
- 2인 가구: 968만 원 이하
- 3인 가구: 1,071만 원 이하
- 4인 가구: 1,173만 원 이하
- 5인 가구: 1,269만 원 이하
- 6인 가구 이상: 1,318만 원 이하

○ 지원내용

- 300만 원의 범위 내에서 의료기관 등이 긴급지원대상자에게 제공한 의료서비스 비용 중 약제비, 본인부담금 및 비급여 항목
- 입원 또는 그에 준하는 정도의 질병 또는 부상에 따른 입원진료 및 당일 외래수술 지원(수술에 준하는 시술 포함, 당일 외래진료는 입원 및 수술진료와 연계되는 경우에 한하여 인정)

  ※ 간병비, 의료기구 구입비, 제증명료, 보호자 식대, 비급여 도수치료비, 비급여 입원료, 비급여 식대는 지원 불가
- 지원이 결정된 질병에 대한 입원에서 퇴원까지 검사, 치료에 소요된 비용을 지원하되 퇴원 전에 긴급 의료비 지원을 요청해야 지원 가능

○ 신청방법

시·군·구청, 읍·면·동 주민센터에 방문하거나 보건복지상담센터에 전화로 신청

※ 신청 전 시·군·구청 긴급 지원담당 공무원과 상담 필수

○ 구비서류

신분증, 금융정보 등 제공동의서 등

57 **위 자료에 대한 설명으로 옳지 않은 것은?**

① 지원 신청 전 시·군·구청 긴급 지원담당 공무원과의 상담이 필요하다.

② 시·군·구청이나 읍·면·동 주민센터에서 긴급 의료비 지원을 신청할 수 있다.

③ 긴급 의료비는 퇴원 전에 신청해야 지원받을 수 있다.

④ 300만 원 미만의 비급여 입원료는 지원받을 수 있다.

58 **다음 [보기]의 A~D 중 긴급 의료비 지원 대상에 해당하지 않는 사람은?**

| 보기 |

- 중한 질병으로 인하여 의료비를 감당하기 어려운 A는 중소도시에 거주하며 4인 가구이다. A 가구의 소득은 410만 원, 재산은 15,600만 원, 금융재산은 920만 원이다.
- 중한 부상으로 인하여 의료비를 감당하기 어려운 B는 대도시에 거주하며 1인 가구이다. B 가구의 소득은 150만 원, 재산은 19,500만 원, 금융재산은 680만 원이다.
- 중한 부상으로 인하여 의료비를 감당하기 어려운 C는 농어촌에 거주하며 8인 가구이다. C 가구의 소득은 720만 원, 재산은 15,100만 원, 금융재산은 950만 원이다.
- 중한 질병으로 인하여 의료비를 감당하기 어려운 D는 대도시에 거주하며 2인 가구이다. D 가구의 소득은 250만 원, 재산은 8,600만 원, 금융재산은 800만 원이다. D는 긴급 의료비 지원 요청 후 사망하였다.

① A　　② B　　③ C　　④ D

[59~60] 다음은 출산육아기 고용안정장려금에 관한 자료이다. 이어지는 물음에 답하시오.

○ 출산육아기 고용안정장려금: 육아휴직, 육아기 근로시간 단축을 부여(허용)한 사업주에게 간접노무비를 지원하고, 출산전후휴가, 유산·사산 휴가, 육아기 근로시간 단축을 부여(허용)하고, 대체인력을 고용한 사업주에게 대체인력 인건비를 지원하여 사업주의 부담을 완화함으로써 출산육아기 근로자의 고용안정을 도모

○ 지원대상

- 육아휴직 지원금: 근로자에게 「남녀고용평등과 일·가정 양립 지원에 관한 법률」 제19조에 따른 육아휴직을 30일 이상 허용한 우선지원대상기업의 사업주
- 육아기 근로시간 단축 지원금: 근로자에게 「남녀고용평등과 일·가정 양립 지원에 관한 법률」 제19조의2에 따른 육아기 근로시간 단축을 30일 이상 허용한 우선지원대상기업의 사업주
- 대체인력 지원금: 근로자에게 「근로기준법」 제74조 제1항에 따른 출산전후휴가, 「근로기준법」 제74조 제3항에 따른 유산·사산 휴가 또는 「남녀고용평등과 일·가정 양립 지원에 관한 법률」 제19조의2에 따른 육아기 근로시간 단축을 30일 이상 부여하거나 허용하고 대체인력을 새로 채용하여 30일 이상 계속 고용한 우선지원대상기업 사업주

○ 선정기준

1) 육아휴직 지원금: 근로자에게 육아휴직을 30일 이상 허용할 것

※ 지원금의 100분의 50은 육아휴직을 사용한 근로자를 육아휴직이 끝난 후 6개월 이상 계속 고용하는 경우에 지급

2) 육아기 근로시간 단축 지원금: 근로자에게 육아기 근로시간 단축을 30일 이상 허용할 것

※ 지원금의 100분의 50은 육아기 근로시간 단축을 사용한 근로자를 육아기 근로시간 단축이 끝난 후 6개월 이상 계속 고용하는 경우에 지급

3) 대체인력 지원금

- 근로자에게 출산전후휴가, 유산·사산 휴가 또는 육아기 근로시간 단축을 30일 이상 부여하거나 허용하고 대체인력을 고용하여 30일 이상 계속 고용할 것
- 새로 대체인력을 고용하기 전 3개월부터 고용 후 1년까지(해당 대체인력의 고용기간이 1년 미만일 경우에는 그 고용관계 종료 시까지) 고용조정으로 다른 근로자(새로 고용한 대체인력보다 나중에 고용된 근로자는 제외)를 이직시키지 아니할 것

※ 지원금의 100분의 50은 출산전후휴가 등이 끝난 후 1개월 이상 계속 고용하는 경우(사업주가 해당 근로자의 자기 사정으로 인하여 1개월 이상 계속 고용하지 못한 경우 포함)에 지급

○ 지원내용

1) 육아휴직 지원금: 근로자에게 육아휴직을 30일 이상 허용한 우선지원대상기업 사업주에게 근로자 1인당 월 30만 원 지원

※ 특례 적용: 만 12개월 이내 자녀 대상 육아휴직을 3개월 이상 연속 허용한 경우 첫 3개월에 대해 월 200만 원 지원(2022. 1. 1. 이후에 시작하는 육아휴직을 허용한 경우에만 적용)

2) 육아기 근로시간 단축 지원금: 근로자에게 육아기 근로시간 단축을 30일 이상 허용한 우선지원대상기업 사업주에게 근로자 1인당 월 30만 원 지원

※ 인센티브 적용: 육아기 근로시간 단축을 한 번도 사용하지 않은 사업장에서 처음으로 육아기 근로시간 단축을 허용한 경우, 세 번째 육아기 근로시간 단축 허용 사례까지 월 10만 원 추가 지원

3) 대체인력 지원금: 근로자에게 출산전후휴가, 유산·사산 휴가 또는 육아기 근로시간 단축을 30일 이상 부여하거나 허용하고 새로 대체인력을 채용한 후 30일 이상 계속 고용한 우선지원대상기업 사업주에게 대체인력 1인에 대해 월 80만 원(업무 인수인계기간 월 120만 원) 지원

※ 출산전후휴가 등의 시작일 전 2개월이 되는 날 이후 새로 고용한 대체인력에 대해서만 지원

※ 사업주가 지급한 임금의 80%를 한도로 지원

○ 신청방법: 고용센터 방문, 우편, 인터넷

○ 구비서류

- 고용안정장려금 지급 신청서
- 근로자의 육아휴직 등의 실시를 증명하는 서류 사본(예 인사 발령문서 등)
- (육아휴직 지원금의 경우) 육아휴직 대상 자녀의 연령을 확인할 수 있는 서류(임신확인서, 출생증명서, 주민등록등본 등)
- (대체인력 지원금의 경우) 새로 고용한 대체인력의 근로계약서 사본 및 월별 임금대장 사본

59 **위 자료에 대한 설명으로 옳지 않은 것은? (단, 제시되지 않은 요건은 모두 충족한 것으로 본다)**

① 30일 이상 육아휴직을 허용한 경우 우선지원대상기업의 사업주에게 육아휴직 지원금의 100%가 지급될 수 있다.

② 출산전후휴가 시작일 1개월 전 새로 대체인력을 고용한 우선지원대상기업 사업주의 경우 대체인력 지원금을 지원받을 수 있다.

③ 육아기 근로시간 단축의 최초 허용 여부에 따라 사업주에게 인센티브 지급 여부가 결정된다.

④ 유산으로 인한 휴가를 사용한 근로자의 대체인력에 대해서도 대체인력 지원금을 지원받을 수 있다.

60 **우선지원대상기업에 해당하는 G사에 근무하는 A와 B 두 명은 모두 육아휴직을 신청했다. A는 2024년 1월 5일에 만 4개월 자녀를 대상으로 육아휴직을 4개월 연속 사용했으며, 이후 육아기 근로시간 단축을 2개월 동안 추가로 사용했다. B는 2024년 5월 8일에 만 20개월 자녀를 대상으로 2개월 동안 육아휴직을 사용하고, 바로 이어서 1개월 동안 육아기 근로시간 단축을 사용했다. G사는 A와 B의 육아휴직이 끝나고 6개월 이상 계속 고용하고 있는 경우, G사 사업주가 지원받을 수 있는 총 금액은 얼마인가? (단, G사는 육아기 근로시간 단축 지원금 인센티브 적용 대상에 해당되지 않는다)**

① 690만 원 ② 720만 원 ③ 780만 원 ④ 810만 원

실전모의고사 1회
법률 – 국민건강보험법

01 **다음은 「국민건강보험법」의 일부이다. 조문의 ㉠~㉢에 들어갈 말을 옳게 짝지은 것은?**

> 제1조(목적) 이 법은 국민의 질병·(㉠)에 대한 예방·진단·치료·(㉡)과 출산·사망 및 (㉢)에 대하여 보험급여를 실시함으로써 국민보건 향상과 사회보장 증진에 이바지함을 목적으로 한다.

	㉠	㉡	㉢
①	부상	수술	건강검진
②	부상	재활	건강증진
③	장애	수술	건강증진
④	장애	재활	건강검진

02 **다음 [보기]의 갑~정은 국내에 거주하는 국민이다. 이들 중 건강보험의 가입자 또는 피부양자인 사람을 모두 고르면? (단, 제시된 내용 외에는 고려하지 않는다)**

| 보기 |

- 갑: 「의료급여법」에 따라 의료급여를 받는다.
- 을: 유공자등 의료보호대상자이며, 보건복지부장관에게 건강보험의 적용을 신청하였다.
- 병: 직장가입자인 어머니에게 주로 생계를 의존하고 있으며, 소득 및 재산이 보건복지부령으로 정하는 기준 이하이다.
- 정: 지역가입자로 건강보험을 적용받고 있던 중 유공자등 의료보호대상자가 되었으나, 보험자에게 건강보험의 적용배제신청을 하지 않았다.

① 갑, 을　　② 갑, 정　　③ 을, 병　　④ 병, 정

03 다음 [보기]의 갑~정은 재정운영위원회의 위원이다. 이들 중 옳지 않은 발언을 한 사람을 모두 고르면?

| 보기 |

- 갑: 시민단체의 추천을 받아 위촉된 저는 직장가입자를 대표합니다.
- 을: 우리 위원회의 운영 등에 필요한 사항은 대통령령으로 정합니다.
- 병: 위원장을 맡고 있는 저는 공익을 대표하는 위원 중에서 호선되었습니다.
- 정: 우리 위원회는 요양급여비용의 계약 및 결손처분 등 보험급여에 관련된 사항을 심의·의결합니다.

① 병 ② 갑, 정 ③ 을, 병 ④ 갑, 을, 정

04 국민건강보험공단에 대한 설명으로 옳은 것은?

① 공단은 회계연도마다 예산안을 편성하여 이사회의 의결을 거친 후 보건복지부장관의 승인을 받아야 한다. 예산을 변경할 때에도 또한 같다.

② 공단은 건강보험사업 및 징수위탁근거법의 위탁에 따른 국민연금사업·고용보험사업·산업재해보상보험사업·임금채권보장사업에 관한 회계를 공단의 다른 회계와 통합하여 회계처리하여야 한다.

③ 공단은 회계연도마다 결산상의 잉여금 중에서 그 연도의 보험급여에 든 비용의 100분의 10 이상에 상당하는 금액을 그 연도에 든 비용의 100분의 50에 이를 때까지 준비금으로 적립하여야 한다.

④ 공단은 회계연도마다 결산보고서와 사업보고서를 작성하여 다음해 3월 말일까지 보건복지부장관에게 보고하여야 하며, 결산보고서와 사업보고서를 보건복지부장관에게 보고하였을 때에는 보건복지부령으로 정하는 바에 따라 그 내용을 공고하여야 한다.

05 「국민건강보험법」 제41조 제1항 각 호에서 요양급여로 명시한 것을 [보기]에서 모두 고르면 총 몇 개인가?

| 보기 |

ㄱ. 간호
ㄴ. 이송
ㄷ. 입원
ㄹ. 요양·재활
ㅁ. 진단·검사
ㅂ. 약제·치료재료의 투여
ㅅ. 처치·수술 및 그 밖의 치료

① 2개 ② 3개 ③ 4개 ④ 5개

06 전문요양기관에 대한 설명으로 옳지 않은 것을 [보기]에서 모두 고르면?

| 보기 |

ㄱ. 공단은 효율적인 요양급여를 위하여 보건복지부령으로 정하는 기준에 해당하는 요양기관을 전문요양기관으로 인정할 수 있다.
ㄴ. 전문요양기관으로 인정된 요양기관에 대하여는 요양기관 현황에 대한 신고 절차 및 요양급여비용을 다른 요양기관과 달리할 수 있다.
ㄷ. 전문요양기관이 보건복지부령으로 정하는 인정기준에 미달하게 되거나 전문요양기관 인정 시 발급받은 인정서를 반납하는 경우에는 전문요양기관의 인정을 무효로 한다.
ㄹ. 선별급여 중 자료의 축적 또는 의료 이용의 관리가 필요한 경우에는 보건복지부장관이 해당 선별급여의 실시 조건을 사전에 정하여 이를 충족하는 요양기관 중에서 전문요양기관만이 해당 선별급여를 실시할 수 있다.

① ㄱ, ㄴ ② ㄴ, ㄷ ③ ㄱ, ㄷ, ㄹ ④ ㄱ, ㄴ, ㄷ, ㄹ

07 **다음 [사례] 이후에 공단이 할 행동으로 가장 적절한 것은?**

> [사례]
>
> 요양기관 A는 가입자 갑에게 요양급여를 실시하고 건강보험심사평가원에 요양급여비용의 심사청구를 하였다. 심사청구를 받은 심사평가원은 이를 심사한 후 그 내용을 공단과 A에 알렸다. 심사 내용을 통보받은 공단은 갑이 이미 낸 본인일부부담금이 통보된 금액보다 더 많다는 사실을 확인하였다.

① 공단은 갑이 더 많이 낸 금액을 갑에게 지급하도록 A에 통보한다.
② 공단은 갑이 더 많이 낸 금액을 A로부터 징수한 뒤 갑에게 지급한다.
③ 공단은 갑이 더 많이 낸 금액을 A에 청구하여 돌려받도록 갑에게 안내한다.
④ 공단은 A에 지급할 금액에서 갑이 더 많이 낸 금액을 공제하여 갑에게 지급한다.

08 **국민건강보험공단이 가입자와 피부양자에 대하여 질병의 조기 발견과 그에 따른 요양급여를 하기 위하여 실시하는 건강검진에 대한 설명으로 옳지 않은 것을 [보기]에서 모두 고르면?**

> | 보기 |
>
> ㄱ. 6세의 피부양자는 영유아건강검진의 대상이다.
> ㄴ. 18세의 세대주인 지역가입자는 일반건강검진의 대상이다.
> ㄷ. 건강검진의 횟수·절차와 그 밖에 필요한 사항은 보건복지부령으로 정한다.
> ㄹ. 건강검진의 검진항목은 성별, 연령 등의 특성 및 생애 주기에 맞게 설계되어야 한다.

① ㄱ　② ㄱ, ㄷ　③ ㄴ, ㄹ　④ ㄴ, ㄷ, ㄹ

09 **「국민건강보험법」 제53조에서 공단이 보험급여를 하지 아니한다고 규정한 대상(㉠)과 보험급여를 실시하지 아니할 수 있다고 규정한 대상(㉡)을 [보기]에서 모두 골라 옳게 짝지은 것은? (단, 제시된 내용 외에는 고려하지 않는다)**

| 보기 |

- 갑: 직장가입자인 아내의 피부양자로, 고의로 요양기관의 요양에 관한 지시를 따르지 않았다.
- 을: 직장가입자인 아들의 피부양자로, 아들이 보수 외 소득월액보험료를 대통령령으로 정하는 기간 이상 체납한 상태이다.
- 병: 지방자치단체에서 종사하는 공무원으로, 공무로 생긴 부상에 대해 다른 법령에 따른 보험급여나 보상(報償) 또는 보상(補償)을 받지 않았다.
- 정: 사립학교에서 근무하는 직원으로, 사용자가 대통령령으로 정하는 기간 이상 정의 보수월액보험료를 체납한 상태이다. 이 체납에 대하여 귀책사유는 사용자에게 있다.

	㉠	㉡
①	갑	을
②	갑, 병	을, 정
③	갑, 을, 병	정
④	없음	갑, 병

10 **진료심사평가위원회에 대한 설명으로 옳지 않은 것을 [보기]에서 모두 고르면?**

| 보기 |

ㄱ. 위원장을 포함하여 90명 이상의 상근 심사위원과 1천 명 이상의 비상근 심사위원으로 구성한다.
ㄴ. 심사위원이 신체장애나 정신장애로 직무를 수행할 수 없다고 인정되는 경우 위원장은 그 심사위원을 해임 또는 해촉할 수 있다.
ㄷ. 「고등교육법」 제14조 제2항에 따른 교원 중 교수·부교수 및 조교수는 소속대학 총장의 허가를 받아 진료심사평가위원회 위원의 직무를 겸할 수 있다.
ㄹ. 상근 심사위원은 심사평가원의 원장이 보건복지부령으로 정하는 사람 중에서 임명하고, 비상근 심사위원은 심사평가원의 원장이 보건복지부령으로 정하는 사람 중에서 위촉한다.

① ㄱ　② ㄱ, ㄴ　③ ㄷ, ㄹ　④ ㄴ, ㄷ, ㄹ

11 **다음 [사례]에 따를 때 A 세대에 부과되는 월 보험료액은 얼마인가? (단, 지역가입자의 보험료율은 7.09%이고, 재산보험료부과점수당 금액은 208.4원이며, 소득월액 산정 시 보건복지부령으로 정하는 바에 따른 평가는 생략한다)**

[사례]

A 세대는 남편 갑과 아내 을로 구성되어 있으며, 이들은 모두 지역가입자이다. 갑은 연간 소득으로 사업소득 3,600만 원이 있으며, 재산보험료부과점수는 100점이다. 한편, 을은 연간 소득으로 이자소득 2,400만 원이 있으며, 재산보험료부과점수는 400점이다.

① 246,000원　　② 316,900원　　③ 340,530원　　④ 458,700원

12 **「국민건강보험법」 제75조 제1항에서 보건복지부령으로 정하는 가입자일 경우 그 가입자 또는 그 가입자가 속한 세대의 보험료의 일부를 경감할 수 있다고 각 호에 명시한 사람을 [보기]에서 모두 고르면 총 몇 개인가?**

| 보기 |

ㄱ. 실업자
ㄴ. 휴직자
ㄷ. 65세 이상인 사람
ㄹ. 「장애인복지법」에 따라 등록한 장애인
ㅁ. 섬·벽지·농어촌 등 보건복지부령으로 정하는 지역에 거주하는 사람
ㅂ. 생활이 어렵거나 천재지변 등의 사유로 보험료를 경감할 필요가 있다고 보건복지부장관이 정하여 고시하는 사람

① 2개　　② 3개　　③ 4개　　④ 5개

13 **보험료등의 납입 고지에 대한 설명으로 옳은 것은?**

① 휴직자등의 보험료는 휴직 등의 사유가 끝날 때까지 보건복지부령으로 정하는 바에 따라 납입 고지를 유예하여야 한다.

② 공단이 제2차 납부의무자에게 납입의 고지를 한 경우에는 해당 법인인 사용자 및 사업 양도인에게도 그 사실을 통지한 것으로 본다.

③ 공단은 보험료등을 징수하려면 그 금액을 결정하여 납부의무자에게 납부해야 하는 금액, 납부기한 및 장소, 분할납부 방법을 적은 문서로 납입 고지를 하여야 한다.

④ 직장가입자의 사용자가 2명 이상인 경우 또는 지역가입자의 세대가 2명 이상으로 구성된 경우 그중 1명에게 한 고지는 해당 사업장의 다른 사용자 또는 세대 구성원인 다른 지역가입자 모두에게 효력이 있는 것으로 본다.

14 **다음 [사례]에 대한 설명으로 옳지 않은 것은? (단, 제시된 내용 외에는 고려하지 않는다)**

[사례]

- 사례 1: 요양기관 A는 부당한 방법으로 보험급여 비용을 받은 것이 드러나 부당이득 징수금 60만 원을 부과받았다. 하지만 A는 이 징수금 전액을 납부기한이 지난 날부터 40일간 체납한 상태이다.
- 사례 2: 지역가입자 갑은 세대단위의 보험료를 대통령령으로 정하는 기간 이상 체납하여 보험급여를 제한받았다. 이후 갑은 체납한 보험료는 납부하였지만 보험급여 제한 기간 중 보험급여를 받은 사실이 드러나 이에 대한 징수금 30만 원을 부과받았는데, 이 징수금 전액을 납부기한이 지난 날부터 80일간 체납한 상태이다.

① 현재 기준으로 A가 부과받는 연체금은 갑이 부과받는 연체금의 2배 이상이다.

② 현재 기준으로 A가 부과받는 연체금과 갑이 부과받는 연체금의 합은 30,000원 이상이다.

③ A가 현재 체납하고 있는 징수금을 앞으로도 계속해서 체납한다고 하더라도 연체금은 54,000원을 넘지 못한다.

④ 갑이 현재 체납하고 있는 징수금을 앞으로도 계속해서 체납한다고 하더라도 연체금은 15,000원을 넘지 못한다.

15 **다음은 보험료등의 독촉 및 체납처분 절차에 관한 [그림]이다. [그림]의 ㉠~㉢에 대한 설명으로 옳지 않은 것은?**

[그림]

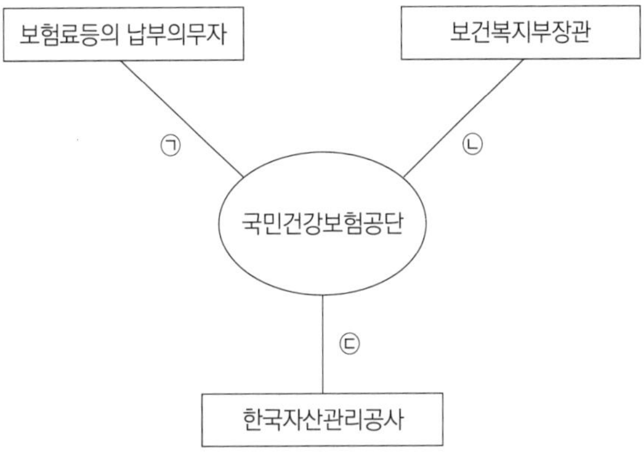

① ㉠ – 공단은 보험료등을 내야 하는 자가 보험료등을 내지 않아 독촉을 할 때에는 5일 이상 10일 이내의 납부기한을 정하여 독촉장을 발부하여야 한다.

② ㉡ – 공단은 독촉을 받은 자가 그 납부기한까지 보험료등을 내지 않아 국세 체납처분의 예에 따라 이를 징수하기 위해서는 보건복지부장관의 승인을 받아야 한다.

③ ㉢ – 공단은 국세 체납처분의 예에 따라 압류한 재산의 공매에 대하여 전문지식이 필요하거나 그 밖에 특수한 사정으로 직접 공매하는 것이 적당하지 않다고 인정하는 경우에는 한국자산관리공사에 공매를 대행하게 할 수 있다.

④ ㉢ – 한국자산관리공사가 공매를 대행한 경우에는 해당 공매를 공단이 한 것으로 보며 공단은 보건복지부령으로 정하는 바에 따라 수수료를 지급할 수 있다.

16 「국민건강보험법」 제91조 제1항에서 3년 동안 행사하지 않으면 소멸시효가 완성된다고 각 호에 명시한 권리를 [보기]에서 모두 고르면?

| 보기 |

ㄱ. 보험급여를 받을 권리
ㄴ. 보험급여 비용을 받을 권리
ㄷ. 제61조에 따른 한국산업인력공단의 권리
ㄹ. 제47조 제3항 후단에 따라 과다납부된 본인일부부담금을 돌려받을 권리
ㅁ. 보험료, 연체금 및 부당이득 징수금으로 과오납부한 금액을 환급받을 권리

① ㄷ, ㄹ ② ㄱ, ㄴ, ㄹ ③ ㄴ, ㄷ, ㅁ ④ ㄱ, ㄴ, ㄷ, ㅁ

17 보건복지부장관이 자료의 제공 또는 보고와 검사와 관련하여 할 수 있는 행위로 옳지 않은 것을 [보기]에서 모두 고르면?

| 보기 |

ㄱ. 보험급여를 받은 자에게 해당 보험급여의 내용에 관한 보고 또는 서류 제출을 명하거나, 소속 공무원이 질문하게 하는 행위
ㄴ. 관계 행정기관의 장에게 제41조의2에 따른 약제에 대한 요양급여비용 상한금액의 감액 및 요양급여의 적용 정지를 위하여 필요한 자료를 제공하도록 요청하는 행위
ㄷ. 사용자, 직장가입자 또는 세대주에게 가입자의 이동·보수·소득이나 그 밖에 필요한 사항에 관한 보고 또는 서류 제출을 명하거나, 소속 공무원이 관계인에게 질문하게 하거나 관계 서류를 검사하게 하는 행위
ㄹ. 국가, 지방자치단체, 요양기관, 보험회사 및 보험료율 산출 기관, 공공기관, 그 밖의 공공단체 등에 대하여 요양급여비용을 심사하고 요양급여의 적정성을 평가하기 위하여 주민등록·출입국관리·진료기록·의약품공급 등의 자료로서 대통령령으로 정하는 자료를 제공하도록 요청하는 행위

① ㄱ, ㄴ ② ㄱ, ㄹ ③ ㄴ, ㄷ ④ ㄷ, ㄹ

18 다음 [사례]에 대한 설명으로 옳은 것은?

> [사례]
>
> • 사례 1: 요양기관 A는 보험급여에 관한 서류를 제출하라는 보건복지부장관의 명령을 받고 이에 대하여 거짓 서류를 제출하였다.
>
> • 사례 2: 요양기관 B는 요양급여대상 또는 비급여대상으로 결정되지 않은 치료재료에 대하여 요양급여대상 여부의 결정을 보건복지부장관에게 신청하지 않은 채 부당한 방법으로 해당 치료재료를 가입자 및 피부양자에게 사용하고 비용을 부담시켰다.

① 보건복지부장관은 A와 B에 대하여 각각 2년의 범위에서 기간을 정하여 업무정지를 명할 수 있다.

② 보건복지부장관은 A와 B에 대한 업무정지 처분이 A와 B를 이용하는 사람에게 심한 불편을 준다고 인정되면 각각 업무정지 처분을 갈음하여 과징금을 부과·징수할 수 있다.

③ A가 업무정지 처분을 받았고 A의 대표자가 A를 다른 사람에게 양도하려고 한다면, A의 대표자는 업무정지 처분을 받은 사실을 보건복지부령으로 정하는 바에 따라 양수인에게 지체 없이 알려야 한다.

④ B에 대한 업무정지 처분의 절차가 진행 중이고 B가 또 다른 요양기관 C에 합병되었다면, C가 B의 위반사실을 알지 못하였음을 증명하더라도 B에 대한 업무정지 처분의 절차는 C에 대하여 계속 진행할 수 있다.

19 「국민건강보험법」 제104조에 따라 포상금을 지급할 수 있는 대상을 [보기]에서 모두 고르면?

| 보기 |

- 갑: 부당한 방법으로 보험급여 비용을 받은 요양기관을 신고하였다.
- 을: 거짓으로 요양급여비용을 청구한 대행청구단체의 종사자를 신고하였다.
- 병: 건강보험 재정을 효율적으로 운영하는 데에 이바지한 요양기관의 대표자이다.
- 정: 속임수로 보험급여를 받아 징수금을 납부하여야 하는 보조기기 판매업자의 은닉재산을 신고한 일반 시민이다.
- 무: 부당한 방법으로 보험급여를 받아 징수금을 납부하여야 하는 자의 은닉재산을 본인의 직무와 관련하여 신고한 공무원이다.

① 갑, 정 ② 정, 무 ③ 갑, 을, 병 ④ 갑, 을, 병, 무

20 다음은 「국민건강보험법」의 일부이다. 조문의 ㉠~㉢에 들어갈 숫자를 모두 더하면?

> 제109조(외국인 등에 대한 특례) ⑦ 가입자인 국내체류 외국인등이 매월 (㉠)일 이후 지역가입자의 자격을 취득하고 그 자격을 취득한 날이 속하는 달에 보건복지부장관이 고시하는 사유로 해당 자격을 상실한 경우에는 제69조 제2항 본문에도 불구하고 그 자격을 취득한 날이 속하는 달의 보험료를 부과하여 징수한다.
> ⑧ 국내체류 외국인등(제9항 단서의 적용을 받는 사람에 한정한다)에 해당하는 지역가입자의 보험료는 제78조 제1항 본문에도 불구하고 그 직전 월 (㉡)일까지 납부하여야 한다. 다만, 다음 각 호에 해당되는 경우에는 공단이 정하는 바에 따라 납부하여야 한다.
> 1. 자격을 취득한 날이 속하는 달의 보험료를 징수하는 경우
> 2. 매월 (㉢)일 이후부터 말일까지의 기간에 자격을 취득한 경우
>
> ⑨ 제7항과 제8항에서 정한 사항 외에 가입자인 국내체류 외국인등의 보험료 부과·징수에 관한 사항은 제69조부터 제86조까지의 규정을 준용한다. 다만, 대통령령으로 정하는 국내체류 외국인등의 보험료 부과·징수에 관한 사항은 그 특성을 고려하여 보건복지부장관이 다르게 정하여 고시할 수 있다.

① 50 ② 51 ③ 52 ④ 53

※ 본 답안지는 실제와 다를 수 있습니다.

자름선

혼JOB 국민건강보험공단 봉투모의고사 OMR 답안지

성명(4자까지만 표기)			
ㄱ ㅏ ㄱ	ㄱ ㅏ ㄱ	ㄱ ㅏ ㄱ	ㄱ ㅏ ㄱ
ㄴ ㅑ ㄴ	ㄴ ㅑ ㄴ	ㄴ ㅑ ㄴ	ㄴ ㅑ ㄴ
ㄷ ㅓ ㄷ	ㄷ ㅓ ㄷ	ㄷ ㅓ ㄷ	ㄷ ㅓ ㄷ
ㄹ ㅕ ㄹ	ㄹ ㅕ ㄹ	ㄹ ㅕ ㄹ	ㄹ ㅕ ㄹ
ㅁ ㅗ ㅁ	ㅁ ㅗ ㅁ	ㅁ ㅗ ㅁ	ㅁ ㅗ ㅁ
ㅂ ㅛ ㅂ	ㅂ ㅛ ㅂ	ㅂ ㅛ ㅂ	ㅂ ㅛ ㅂ
ㅅ ㅜ ㅅ	ㅅ ㅜ ㅅ	ㅅ ㅜ ㅅ	ㅅ ㅜ ㅅ
ㅇ ㅠ ㅇ	ㅇ ㅠ ㅇ	ㅇ ㅠ ㅇ	ㅇ ㅠ ㅇ
ㅈ ㅡ ㅈ	ㅈ ㅡ ㅈ	ㅈ ㅡ ㅈ	ㅈ ㅡ ㅈ
ㅊ ㅣ ㅊ	ㅊ ㅣ ㅊ	ㅊ ㅣ ㅊ	ㅊ ㅣ ㅊ
ㅋ ㅐ ㅋ	ㅋ ㅐ ㅋ	ㅋ ㅐ ㅋ	ㅋ ㅐ ㅋ
ㅌ ㅒ ㅌ	ㅌ ㅒ ㅌ	ㅌ ㅒ ㅌ	ㅌ ㅒ ㅌ
ㅍ ㅔ ㅍ	ㅍ ㅔ ㅍ	ㅍ ㅔ ㅍ	ㅍ ㅔ ㅍ
ㅎ ㅖ ㅎ	ㅎ ㅖ ㅎ	ㅎ ㅖ ㅎ	ㅎ ㅖ ㅎ
ㄲ ㅘ ㄲ	ㄲ ㅘ ㄲ	ㄲ ㅘ ㄲ	ㄲ ㅘ ㄲ
ㄸ ㅙ ㄶ	ㄸ ㅙ ㄶ	ㄸ ㅙ ㄶ	ㄸ ㅙ ㄶ
ㅃ ㅚ ㄺ	ㅃ ㅚ ㄺ	ㅃ ㅚ ㄺ	ㅃ ㅚ ㄺ
ㅆ ㅝ ㄻ	ㅆ ㅝ ㄻ	ㅆ ㅝ ㄻ	ㅆ ㅝ ㄻ
ㅉ ㅞ ㄼ	ㅉ ㅞ ㄼ	ㅉ ㅞ ㄼ	ㅉ ㅞ ㄼ
ㅟ ㅀ	ㅟ ㅀ	ㅟ ㅀ	ㅟ ㅀ
ㅢ	ㅢ	ㅢ	ㅢ

수험번호(8자리)							
⓪	⓪	⓪	⓪	⓪	⓪	⓪	⓪
①	①	①	①	①	①	①	①
②	②	②	②	②	②	②	②
③	③	③	③	③	③	③	③
④	④	④	④	④	④	④	④
⑤	⑤	⑤	⑤	⑤	⑤	⑤	⑤
⑥	⑥	⑥	⑥	⑥	⑥	⑥	⑥
⑦	⑦	⑦	⑦	⑦	⑦	⑦	⑦
⑧	⑧	⑧	⑧	⑧	⑧	⑧	⑧
⑨	⑨	⑨	⑨	⑨	⑨	⑨	⑨

생년월일(연도/월/일)					
⓪	⓪	⓪	⓪	⓪	⓪
①	①	①	①	①	①
②	②	②	②	②	②
③	③	③	③	③	③
④	④	④	④	④	④
⑤	⑤	⑤	⑤	⑤	⑤
⑥	⑥	⑥	⑥	⑥	⑥
⑦	⑦	⑦	⑦	⑦	⑦
⑧	⑧	⑧	⑧	⑧	⑧
⑨	⑨	⑨	⑨	⑨	⑨

01 ① ② ③ ④	21 ① ② ③ ④	41 ① ② ③ ④	01 ① ② ③ ④
02 ① ② ③ ④	22 ① ② ③ ④	42 ① ② ③ ④	02 ① ② ③ ④
03 ① ② ③ ④	23 ① ② ③ ④	43 ① ② ③ ④	03 ① ② ③ ④
04 ① ② ③ ④	24 ① ② ③ ④	44 ① ② ③ ④	04 ① ② ③ ④
05 ① ② ③ ④	25 ① ② ③ ④	45 ① ② ③ ④	05 ① ② ③ ④
06 ① ② ③ ④	26 ① ② ③ ④	46 ① ② ③ ④	06 ① ② ③ ④
07 ① ② ③ ④	27 ① ② ③ ④	47 ① ② ③ ④	07 ① ② ③ ④
08 ① ② ③ ④	28 ① ② ③ ④	48 ① ② ③ ④	08 ① ② ③ ④
09 ① ② ③ ④	29 ① ② ③ ④	49 ① ② ③ ④	09 ① ② ③ ④
10 ① ② ③ ④	30 ① ② ③ ④	50 ① ② ③ ④	10 ① ② ③ ④
11 ① ② ③ ④	31 ① ② ③ ④	51 ① ② ③ ④	11 ① ② ③ ④
12 ① ② ③ ④	32 ① ② ③ ④	52 ① ② ③ ④	12 ① ② ③ ④
13 ① ② ③ ④	33 ① ② ③ ④	53 ① ② ③ ④	13 ① ② ③ ④
14 ① ② ③ ④	34 ① ② ③ ④	54 ① ② ③ ④	14 ① ② ③ ④
15 ① ② ③ ④	35 ① ② ③ ④	55 ① ② ③ ④	15 ① ② ③ ④
16 ① ② ③ ④	36 ① ② ③ ④	56 ① ② ③ ④	16 ① ② ③ ④
17 ① ② ③ ④	37 ① ② ③ ④	57 ① ② ③ ④	17 ① ② ③ ④
18 ① ② ③ ④	38 ① ② ③ ④	58 ① ② ③ ④	18 ① ② ③ ④
19 ① ② ③ ④	39 ① ② ③ ④	59 ① ② ③ ④	19 ① ② ③ ④
20 ① ② ③ ④	40 ① ② ③ ④	60 ① ② ③ ④	20 ① ② ③ ④

감독자 확인란	

개정 2판 1쇄 2025년 3월 6일

나만의 성장 엔진

www.honjob.co.kr

최신개정판

혼JOB 국민건강보험공단 NCS + 법률 봉투모의고사

실전모의고사 2회

[NCS 직업기초능력 + 노인장기요양보험법]

최신개정판

혼JOB 국민건강보험공단 봉투모의고사

실전모의고사
2회
[NCS 직업기초능력 + 노인장기요양보험법]

수험번호	
성명	

○ 실전모의고사 2회는 수록된 모든 문항을 신규 문항으로만 구성하였습니다. 최신 출제 경향을 파악하고, 실전 감각을 익힐 수 있습니다.

○ 시험 유의사항

1. 실전모의고사 2회는 다음과 같이 구성되어 있습니다. 정해진 시험 시간에 맞추어 풀어 보시기를 권장합니다.

과목	세부 영역	문항 수	시험 시간	시험 형식
NCS 직업기초능력	의사소통	20문항	60분	4지 선다형
	수리	20문항		
	문제해결	20문항		
직무시험(법률)	노인장기요양보험법	20문항	20분	

2. 노인장기요양보험법은 법률 제20587호(2024. 12. 20. 일부개정)를 기준으로 출제하였습니다. 실제 시험의 출제 기준은 채용 공고를 통해 확인하시기 바랍니다.
3. 본 실전모의고사 풀이 시 맨 마지막 페이지의 OMR 카드를 활용하시어 실전 감각을 높이시기 바랍니다.
4. 시험지의 전 문항은 무단 전재 및 배포를 금합니다. 이를 위반할 경우 관련 규정에 따라 처벌을 받을 수 있습니다.

실전모의고사 2회
NCS 직업기초능력

[01~03] 다음 보도자료를 읽고 이어지는 물음에 답하시오.

혈액투석 환자, 혈압 및 혈당 관리로 사망률 개선 가능

오늘날 노인 인구와 만성 질환자가 많아지면서 혈액투석이 필요한 환자도 늘어나고 있으며, 매년 15,000명 이상의 새로운 환자들이 혈액투석을 받고 있다. 현대 의학의 발달로 투석 치료 기술이 발전했지만, 최근 혈액투석 환자의 사망률은 뚜렷한 감소를 보이지 못하고 있으며, 특히 혈액투석 환자의 가장 큰 사망 원인인 심혈관계 질환으로 인한 사망률 개선을 위해 혈압 및 혈당 관리의 중요성이 강조되고 있다. 이에 한국보건의료연구원 환자중심 의료기술 최적화 연구사업단(이하 PACEN)은 '혈액투석 환자의 사망률 개선을 위한 혈압, 혈당 관리'를 주제로 한 임상적 가치평가 결과를 발표했다.

(가) 국내 혈액투석 환자의 혈압과 혈당 상태를 살펴본 결과, 혈압이나 혈당을 제대로 관리하지 못하는 환자가 상당히 많은 것으로 나타났다. 2001~2020년 국내 혈액투석 환자 70,780명 중 수축기혈압이 140mmHg 이상인 환자는 63.9%였으며, 사망 위험이 높아지는 혈압 구간인 수축기혈압 160mmHg 이상인 환자는 21.7%로 관찰되었다. 그리고 당뇨병이 있는 혈액투석 환자 24,245명 중 당화혈색소가 6.5% 이상인 환자는 49.0%였으며, 사망 위험이 증가하는 당화혈색소 7.5% 이상인 환자는 25.6%였다.

(나) PACEN의 임상적 가치평가 결과, 혈액투석 환자의 혈압과 혈당을 잘 관리하는 것이 사망률을 낮추는 데 매우 중요하다는 것이 확인되었다. 이에 전문가들은 실제 임상 현장에서 혈압과 혈당 관리가 잘 이루어지도록 의료진의 관심과 환자의 노력도 중요하다고 강조했다. PACEN 허○○ 사업단장은 "이번 연구결과가 혈액투석 환자의 혈압 및 혈당 관리의 중요성에 대한 관심을 증대시켜, 혈액투석 환자의 사망률 개선에 큰 도움이 되기를 기대한다."라고 밝혔다.

(다) PACEN이 지원한 '투석환자의 사망률 및 삶의 질 개선과 비용 최적화를 위한 혈압, 혈당 치료지침 개발' 연구 결과에 따르면, 혈액투석 환자가 혈압과 혈당을 잘 관리하지 못하면 사망 위험이 높아지는 것으로 나타났다. 혈액투석 환자의 수축기혈압이 높아질수록 사망 위험이 높아졌고, 특히 수축기혈압이 180mmHg 이상일 때는 정상 혈압을 가진 환자보다 사망 위험이 1.2배 더 높아졌다. 심혈관계 질환으로 인한 사망 위험도 정상 혈압을 가진 환자보다 수축기혈압이 160~180mmHg일 때 1.12배, 180mmHg 이상일 때 1.29배 더 높아졌다.

(라) 또한 혈당 관리의 중요한 지표인 당화혈색소가 6.5~7.5%인 환자보다 8.5~9.5%인 환자는 사망 위험이 1.26배, 9.5% 이상인 환자는 1.56배 높아졌다. 심혈관계 질환으로 인한 사망 위험도 당화혈색소가 6.5~7.5%인 환자보다 8.5~9.5%인 환자는 1.46배, 9.5% 이상인 환자는 1.47배 높아졌다.

※ 출처: 한국보건의료연구원 보도자료

01 **위 보도자료에 제시된 (가)~(라)를 순서대로 알맞게 배열한 것은?**

① (다) – (라) – (가) – (나)
② (다) – (가) – (라) – (나)
③ (나) – (라) – (다) – (가)
④ (가) – (나) – (다) – (라)

02 **위 보도자료의 내용과 부합하지 않는 것은?**

① 당화혈색소가 8.5~9.5%인 환자는 당화혈색소가 6.5~7.5%인 환자보다 사망 위험이 1.26배 높다.
② 혈액투석 환자의 수축기혈압이 180mmHg 이상이라면 정상 혈압을 유지하는 환자에 비해 사망 위험은 1.2배 높아진다.
③ 기술의 발전으로 혈액투석 환자의 사망률은 점차 감소 추세이나 혈액투석 환자는 인구 고령화로 인해 매년 15,000명 이상 증가 추세이다.
④ 혈액투석 환자의 수축기혈압이 높을수록 사망 위험은 높아지고 심혈관계 질환으로 인한 사망 위험도 증가한다.

03 **위 보도자료를 읽고 난 반응으로 적절하지 않은 것은?**

① 심혈관계 질환은 혈액투석 환자의 사망률에 가장 많은 영향을 끼치는 사망 원인이다.
② 혈액투석 환자의 지나치게 낮은 혈압은 혈액투석 환자의 사망 위험을 증가시킨다.
③ 진료 현장에서 혈압 및 혈당 관리가 제대로 이뤄지도록 의료진의 관심과 환자의 노력이 필요하다.
④ 혈액투석 환자일 경우 혈압과 혈당을 적정 수준으로 관리하여 사망의 위험을 줄이는 것이 중요하다.

[04~06] 다음 글을 읽고 이어지는 물음에 답하시오.

뇌졸중은 뇌의 일부분에 혈액을 공급하는 혈관이 막히거나(허혈성 뇌졸중, 뇌경색) 터짐으로써(출혈성 뇌졸중, 뇌출혈) 그 부분의 뇌가 손상되어 나타나는 신경학적 증상을 말한다. 뇌졸중의 발생을 증가시킬 수 있는 원인으로는 고혈압, 이상지질혈증, 흡연 및 당뇨 등이 있다. 2021년 국내 뇌졸중 통계에 따르면 우리나라는 서구에 비해 남성 환자의 비율이 높으며, 뇌졸중 발생 위험 요인으로 당뇨병과 흡연의 비율이 상대적으로 높게 나타났다. 급성 뇌졸중의 발생 비율은 남성이 59.8%(평균 나이 67세), 여성이 40.2%(평균 나이 73세)로 남성이 1.5배 높았으며 위험요인 비율에서는 당뇨병이 35%, 흡연이 21%를 차지하였다.

뇌혈관 질환으로 병·의원을 방문한 진료실 인원은 출혈성 및 허혈성 뇌졸중 모두에서 증가하고 있으며, 진료비 역시 증가하였다. 출혈성 뇌졸중의 진료실 인원은 2012년 80,493명에서 2022년 102,105명으로 증가하였고, 뇌경색증의 진료실 인원은 2012년 435,386명에서 2022년 520,828명으로 증가하였다. 뇌혈관 질환으로 인한 진료비는 2012년 1조 9천억 원에서 2022년 3조 6천억 원으로 증가하였다. 뇌졸중 재발 발생률은 2011년 33.0명에서 2020년 41.4명으로 증가하였다.

뇌졸중은 상당수의 환자들에게 후유증이 남기 때문에 증상 발현 후 신속한 진단과 치료가 매우 중요한 중증질환의 하나이다. 2023년 지역사회 건강조사 결과에 따르면, 전국 뇌졸중 조기 증상 인지율은 약 62%로 성인 10명 중 5~6명만 조기 증상을 아는 것으로 나타났다. 뇌졸중은 증상이 갑자기 발현되므로 일반적이지 않은 증상, 예를 들어 편마비, 심한 두통이나 어지럼증, 시야장애, 언어장애, 삼킴장애 등이 나타나면 뇌졸중을 의심해야 하며 증상을 인지하면 골든타임 안에 치료를 받는 것이 환자의 생존율을 높이고 후유증을 줄이는 최선임을 명심해야 한다.

(　　　　　) 전문가뿐만 아니라 일반인들의 뇌졸중 증상에 대한 사전 인지가 매우 중요하며 일반인을 대상으로 한 뇌졸중 진단 및 치료에 관한 교육과 뇌졸중을 예방하고 관리하는 방법에 관한 교육이 필요하다. 뇌졸중은 특히 기온이 갑자기 떨어지는 겨울에 발병 가능성이 높다. 고령자와 만성질환자 또는 과거에 뇌졸중을 앓았던 병력이 있는 고위험군은 외출 전 체감 온도를 확인하고 보온 유지를 위해 각별한 건강관리와 주의가 필요하다.

04 위 글의 내용과 일치하는 것은?

① 서구는 우리나라에 비해 남성 뇌졸중 환자가 많으며 주로 비만에 의한 합병증 때문에 발생한다.
② 뇌졸중은 일상생활과 구분되는 뚜렷한 이상 증상이 나타나므로 뇌졸중의 조기 증상에 대한 인지율이 다른 질병에 비해 높은 편이다.
③ 2012년에 비하여 2022년에 뇌경색증으로 내원한 인원은 85,000명 이상 증가하였으며, 뇌혈관 질환으로 인한 진료비는 1조 7천억 원 증가하였다.
④ 뇌졸중은 겨울보다는 여름에 발병 확률이 높으므로 노인이나 과거 병력이 있는 고위험군은 폭염 시 외출을 자제하고 수분 섭취에 신경을 써야 한다.

05 위 글을 읽고 유추한 내용으로 적절하지 않은 것은?

① 인간의 뇌에 공급되는 혈류가 일시적으로 중단되면 편마비, 시야장애 및 언어장애 등 신경학적 이상을 유발한다.
② 혈관이 터짐으로써 발생하는 뇌혈관 질환은 혈관이 막혀 생기는 뇌졸중에 비해 예후가 좋은 편이다.
③ 급성 뇌졸중의 경우 뇌졸중의 조기 증상을 빠르게 인지하는 것뿐만 아니라 치료 시간 단축을 위한 인적·물적 인프라 개선이 필요하다.
④ 뇌졸중으로 인한 후유증은 환자 자신에게 영향을 미칠 뿐만 아니라 사회적·경제적 손실로도 이어질 수 있으므로 근본적으로는 뇌졸중 예방을 위한 생활 수칙을 준수하는 것이 중요하다.

06 위 글의 빈칸에 들어갈 단어로 가장 적절한 것은?

① 다만 ② 따라서 ③ 그리고 ④ 왜냐하면

[07~09] 다음 보도자료를 읽고 이어지는 물음에 답하시오.

야외 활동이 많아지는 가을철에는 감염병 예방에도 각별한 주의가 필요하다. 특히 쯔쯔가무시증은 「감염병의 예방 및 관리에 관한 법률」에 따른 3급 법정 감염병으로, 9월부터 11월까지 털진드기 유충이 늘어나면서 환자 또한 급증한다. 올해 쯔쯔가무시증 환자는 '23년 2,435명에서 '24년 1,838명으로 전년 대비 24.5% 감소하였으나 쯔쯔가무시증 감염의 매개체인 털진드기 밀도지수는 3배 이상 증가했으며, 쯔쯔가무시증 환자 수는 42주 차(10월 13일~19일) 일주일간 58명, 43주 차(10월 20일~26일) 264명, 44주 차(10월 27일~11월 2일) 459명으로 급증했다. 이에 방역 당국은 야외 활동 시 쯔쯔가무시증 감염 예방을 위해 각별한 주의를 당부하였다.

㉠ 쯔쯔가무시균을 보유한 털진드기 유충에 물리면 유충에 물린 자리에 가피(검은 딱지)가 생기는 특징이 있다. 10일 이내에 발열이나 심한 오한, 두통 등이 갑자기 나타나며 이 외에도 근육통, 구토 등의 증상이 발생한다. 발병한 지 3~7일 후에는 몸통이나 사지에 반점 같은 발진이 나타나고 1~2주일 후에 사라진다. 쯔쯔가무시증 진단에 있어 진드기 유충에 물린 부위에 나타나는 가피 형성은 전염병 진단을 위한 중요한 특징 요소가 된다.

가피는 특히 사타구니, 겨드랑이, 오금 등 피부가 겹치고 습한 부위에서 잘 발견되며, 감염되면 소화기, 호흡기, 중추신경계 등 다양한 전신 증상을 동반할 수 있다. ㉡ 환자 또는 접촉자의 격리 치료는 불필요하고 치명률은 국내에서 약 0.1~0.3%(2011~2022년 누적)로 높지 않다. 쯔쯔가무시증은 증상의 강도는 높은 편이며 독시사이클린, 테트라사이클린과 같은 항생제로 치료가 가능하다. 일단 증상이 나타나면 증상 초기에 가까운 의료기관에 바로 방문하여 적기에 치료를 받는 것이 좋다.

감염을 예방하려면 진드기에 물리지 않도록 예방 수칙을 준수하는 것이 중요하다. 야외 활동용 작업복과 실내복을 구분하여 입는 것이 좋으며, 야외 활동 시 진드기에 노출을 최소화할 수 있는 긴팔 옷, 긴 양말, 장갑 등을 착용한다. ㉢ 감염 시 온몸에 근육통을 앓으며 관절 부위에 심한 통증도 동반될 수 있다. 농작업을 할 때는 소매를 단단히 여미고 바지는 양말 안으로 집어넣는다. 풀밭에 앉을 때에는 돗자리를 사용하고 기피제를 주기적으로 사용하여 효능이 지속되는 시간을 늘린다. ㉣ 귀가 후에는 즉시 옷을 털어 세탁하고 샤워를 하면서 몸에 물린 흔적이 있는지 확인하는 것이 좋다.

질병관리청은 쯔쯔가무시균에 감염된 환자를 효율적으로 관리하기 위해 9월부터 「'24년 진드기·설치류 매개 감염병 관리지침」을 개정하여 '추정환자' 신고기준을 강화하였다. 따라서 의료기관에서는 쯔쯔가무시증 환자로 의심될 경우, 반드시 가피 형성 여부를 확인하여 신고해야 한다.

※ 출처: 질병관리청 보도자료

07 **위 보도자료의 내용과 일치하지 않는 것은?**

① '24년 쯔쯔가무시증 환자는 같은 기간 '23년 대비 20% 이상 감소하였으나, '24년 10월 3주간에는 7배 이상 급증하였다.

② 쯔쯔가무시증은 감기몸살과 증상이 유사하지만 증상의 강도는 높은 편이며 독시사이클린과 같은 항생제로 치료가 가능하다.

③ 쯔쯔가무시증은 세균이나 바이러스에 감염된 진드기에 물려 발생하는 법정 감염병이며 치명률이 매우 높아 의료기관에서는 감염 환자로 의심될 경우 당국에 신고해야 한다.

④ 쯔쯔가무시증 환자가 가을철에 급증하는 이유는 쯔쯔가무시증을 유발하는 털진드기 유충이 9월부터 11월까지 가장 왕성하게 활동하고 개체수도 증가하기 때문이다.

08 **위 보도자료를 읽고 난 후의 반응으로 적절하지 않은 것은?**

① 내원한 환자의 몸에서 가피 형성이 확인되면 의료진이 쯔쯔가무시증을 의심해 볼 수 있다.

② 쯔쯔가무시증은 법정 전염병이자 전염력이 매우 높아 반드시 환자 및 접촉자를 격리 치료해야 한다.

③ 진드기 매개 감염병을 예방하는 최선의 방법은 진드기에 물리지 않도록 야외 활동 시 예방수칙을 준수하는 것이다.

④ 야외 활동 후 진드기에 물린 흔적이 있다면 병원에 내원한다.

09 **위 보도자료의 논리적 흐름을 고려할 때, ㉠~㉣ 중 삭제되어야 하는 문장은?**

① ㉠　　② ㉡　　③ ㉢　　④ ㉣

[10~12] 다음 보도자료를 읽고 이어지는 물음에 답하시오.

□ 한국보건의료연구원은 무릎 골관절염 환자에서 관절강 내 주사(intraarticular injection)의 효과와 안전성에 대한 의료기술재평가 결과를 발표했다. 관절강 내 주사란 골관절염으로 인한 통증을 완화하고 관절 기능을 개선하기 위해 관절 안으로 약물을 직접 주사하는 치료법이다. (㉠) 관절 안으로 주입하는 약물로는 코르티코스테로이드(corticosteroids)와 히알루론산(hyaluronic acid)이 대표적이다. 본 평가는 문헌 36편을 검토하여, 두 가지 약물을 관절 안으로 주사했을 때 나타나는 통증 및 관절기능 개선 효과와 안전성을 확인했다.

□ 연구원의 평가 결과에 따르면 코르티코스테로이드 주사 치료를 받은 군이 위약군(僞藥群)과 비교 시 주사 후 4~6주 시점에서 통증이 더 감소하고 관절 기능이 개선된 것으로 나타났다. (㉡) 반면, 주사 후 3개월, 6개월 시점에서는 동 주사의 치료 효과가 일관되게 나타나지 않았고, 12개월 이후에는 위약군과 효과 차이가 없었다.

□ 주사로 인한 이상반응 발생률은 위약군과 차이가 없었고, 주사 부위 통증, 관절통 등의 경미한 부작용이 발생했으나 단기간 내에 회복됐다. 코르티코스테로이드 약물 부작용으로, 문헌 1편에서 3개월 간격으로 8회 주사 치료를 받은 환자 1명에게서 안면홍조가 발생한 것이 확인됐다. (㉢) 이 외에 코르티코스테로이드를 장기간 반복적으로 사용할 때의 부작용으로 알려진 발한, 혈압과 혈당의 일시적인 상승, 호르몬 이상 질환을 보고한 사례는 확인할 수 없었다.

□ 히알루론산 주사 치료를 받은 군은 주사 후 12개월까지 위약군 대비 통증이 더 감소했고(주사 후 1주, 4~6주, 3~6개월, 6~12개월 시점), 관절 기능이 개선됐다(주사 후 3~6개월, 6~12개월 시점). 그러나 12개월 이후에는 두 군 간 효과 차이가 없었다.

□ 주사로 인한 이상반응 전체 발생률은 위약군과 차이가 없었다. 주사부위 통증, 부종, 삼출, 급성 발작과 같은 국소 부작용 발생률이 위약군보다 높았으나 대부분 경미하고 단기간 이내에 회복됐다. (㉣)

□ 보건의료평가연구본부 김○○ 본부장은 "관절강 내 코르티코스테로이드 주사는 주사 후 4~6주 단기 효과가 있고, 히알루론산 주사는 3개월 이상 장기 효과를 나타냈다."라며, "다만, 이번 평가에서 스테로이드 계열인 코르티코스테로이드를 장기간 반복 주사하는 데 따른 부작용과 관절강 내 약물 주사가 골관절염 진행에 미치는 영향은 문헌적 근거로 확인이 어려워 추가 연구가 더 필요하다."라고 밝혔다.

※ 출처: 한국보건의료연구원 보도자료

10 **위 보도자료의 작성 목적으로 가장 적절한 것은?**

① 관절강 내 코스티코스테로이드 주사와 히알루론산 주사의 직접 투입 방식의 안정성을 확인하기 위함
② 관절강 내 코르티코스테로이드 주사와 히알루론산 주사의 효과 및 안전성 평가 결과를 알리기 위함
③ 히알루론산 주사와 코르티코스테로이드 주사를 주사 후 12개월 시점에서 나타나는 장기 효과 및 안전성을 비교하기 위함
④ 코스티코스테로이드의 장기 복용으로 인한 부작용 사례를 알리고 새로운 치료법 개발의 필요성을 알리기 위함

11 **위 보도자료의 내용과 일치하는 것은?**

① 관절강 내 코스티코스테로이드 주사를 장기 투여할 경우 발한, 혈당의 급격한 상승 등 부작용이 나타날 수 있다.
② 코르티코스테로이드 주사 치료를 받은 군과 위약군의 치료 효과는 치료 기간이 길어질수록 차이가 뚜렷해진다.
③ 3개월 이상 장기 치료가 필요한 경우 코스티코스테로이드 주사보다 히알루론산 주사를 투여하는 것이 더 효과적이다.
④ 골관절염의 통증 완화 효과는 히알루론산 주사 치료를 받은 군이나 위약군 모두에서 나타났으나 부작용은 위약군에서 더 높게 나타났다.

12 **위 보도자료의 논리적 흐름을 고려할 때, 다음 문장이 들어갈 위치로 가장 적절한 곳은?**

> 이는 경구(經口) 약물치료로 효과가 없거나 약물 복용이 어려운 경우에 치료의 대안이 될 수 있다.

① ㉠　　② ㉡　　③ ㉢　　④ ㉣

[13~15] 다음 보도자료를 읽고 이어지는 물음에 답하시오.

혈중 비타민D 농도 충분하면 사망 위험 낮아져

□ 질병관리청 국립보건연구원은 "혈중 비타민D 농도가 충분하면 사망 위험이 감소한다."라는 연구 결과를 전문 학술지에 발표하였다. 비타민D는 체내 칼슘 대사를 조절하여 뼈의 성장 및 재형성에 중요한 역할을 하는 지용성 비타민으로, 주로 햇빛 노출을 통해 피부에서 합성되며, 어류, 버섯류, 비타민D 강화 유제품 등의 식품을 통해서도 섭취 가능하다.

□ 과거 주로 골격 건강과 관련된 비타민D 연구가 수행되어 왔으나, 비골격계 질환 발생 및 사망 위험 간의 관련성에 대한 연구는 부족하였다. 최근 암, 고혈압 등 심혈관 질환, 당뇨 및 대사질환, 감염 및 면역질환 등 다양한 질환과 비타민D의 연관성이 보고되고 있으며, 비타민D 결핍과 사망 위험의 연관성에 대한 연구 결과도 제시되고 있다. 이에 국립보건연구원은 한국인유전체역학조사사업(KoGES) 농촌기반코호트의 약 14년간의 추적조사 자료를 활용하여, 우리나라 40세 이상 남녀 18,797명의 혈중 비타민D 농도와 사망 위험 간의 연관성을 분석하였다.

□ 본 연구에서는 혈중 비타민D 농도를 30nmol/L(리터당 나노몰) 미만, 30nmol/L 이상 50nmol/L 미만, 50nmol/L 이상 75nmol/L 미만, 75nmol/L 이상의 4개 그룹으로 분류하고, 농도가 가장 낮은 수준인 30nmol/L 미만 그룹과 나머지 그룹 간의 사망 위험을 비교 분석하였다.

□ 분석 결과, 혈중 비타민D 농도가 가장 낮은 30nmol/L 미만 그룹에 비해 30nmol/L 이상 50nmol/L 미만, 50nmol/L 이상 75nmol/L 미만, 75nmol/L 이상인 그룹에서 전체 사망 위험이 각각 18%, 26%, 31% 감소하는 것으로 나타났다. 특히 암으로 인한 사망 위험은 50nmol/L 이상 75nmol/L 미만, 75nmol/L 이상인 그룹에서 각각 37%, 45% 더 낮았다. (　　　　　) 이번 연구에서는 심혈관 질환으로 인한 사망 위험은 유의한 차이가 없었다. 한편, 혈중 비타민D가 1nmol/L씩 증가함에 따른 전체 사망 위험을 분석한 결과, 낮은 농도부터 약 50~60nmol/L 미만 수준까지는 사망 위험이 현저하게 감소하였으며, 그 이후부터는 감소 정도가 완만해지는 것으로 나타났다.

□ 박○○ 국립보건연구원장은 "사망 위험을 낮추기 위해서는 비타민D가 결핍되지 않도록 관리할 필요가 있다."라며, "질병 예방 및 사망 위험 감소를 위하여 한국인에 맞는 적정 수준의 비타민D 농도 규명을 위한 추가 연구가 필요하다."라고 밝혔다.

※ 출처: 질병관리청 보도자료

13 위 보도자료의 작성 목적으로 가장 적절한 것은?

① 역학조사 데이터 분석을 통해 혈중 비타민D 농도의 적정 수준에 관한 통일된 기준을 마련하기 위함
② 혈중 비타민D 농도가 사망 위험에 미치는 영향을 알리고, 사망 위험 감소를 위한 충분한 비타민D 섭취를 권장하기 위함
③ 비타민D와 골격 건강의 연구는 활발한 것에 비해 비타민D와 비골격계 질환 발생 및 사망 위험 간의 관련성에 관한 연구가 부족함을 알리기 위함
④ 한국인유전체역학조사사업(KoGES)에 참여한 농촌지역 남녀 대상으로 한 약 14년간의 추적조사 결과는 표본의 대표성과 신뢰성이 부족함을 지적하기 위함

14 위 보도자료의 내용과 일치하지 않는 것은?

① 혈중 비타민D 농도가 지나치게 많으면 부작용이 발생할 수 있으며, 특히 심혈관 질환으로 인한 사망 위험을 줄이려면 혈중 비타민D 농도를 50nmol/L 이상 75nmol/L 미만으로 유지하는 것이 가장 효과적이다.
② 혈중 비타민D 농도 50~60nmol/L 미만 수준 이후부터는 한국 40세 이상 성인의 혈중 비타민D 농도가 사망 위험에 미치는 영향이 약해진다.
③ 혈중 비타민D 농도가 충분한 경우(75nmol/L 이상)는 낮은 경우(30nmol/L 미만)에 비해 전체 사망 위험이 31% 감소한다.
④ 우리나라 40세 이상 남녀의 혈중 비타민D와 사망 위험 간의 연관성 분석 결과는 한국인의 적정 비타민D 수준에 관한 근거 자료로 활용될 수 있다.

15 위 보도자료의 빈칸에 들어갈 단어로 가장 적절한 것은?

① 고로　② 게다가　③ 그러나　④ 하물며

[16~18] 다음 글을 읽고 이어지는 물음에 답하시오.

손상이란 질병을 제외한 각종 사고, 재해 또는 중독 등 외부적인 위험 요인에 의하여 발생하는 신체적·정신적 건강상의 문제 또는 그 후유증을 이른다(「손상예방법」 제2조). 질병관리청은 손상으로 인한 사망, 입원, 응급실 내원 환자정보 등을 분석한 결과를 토대로 규모, 위험요인, 취약대상 등 '손상 발생 현황'을 공개하였다. 또한 질병관리청은 손상은 무엇보다 예방이 중요한 만큼 각종 손상 위험 요인에 대한 대상별 맞춤형 손상 예방관리대책을 수립하기로 하였다.

(가) 손상으로 인해 의료기관에서 치료를 받아야 했던 경험자는 연간 288만 명('22년), 입원환자는 114만 명('22년), 사망자는 2.8만 명('23년)으로 조사되었다. 손상으로 인한 입원과 사망은 각각 전년('21년, '22년) 대비 19.5%, 4.2% 증가한 것으로 이는 코로나19 단계적 일상회복 시기를 거치면서 나타난 변화를 반영한다. 손상으로 응급실(23개)에 내원한 환자 역시 '23년 203,285명으로 전년 대비 5.1% 증가하였으며 '23년 손상에 의한 사망자는 인구 10만 명당 55.4명이었다. '23년 주요 사망 원인별 사망률에 따르면 우리나라의 인구 10만 명당 주요 사망 원인은 암, 심장질환, 폐렴, 손상 순이다. 즉, 손상은 전체 사망 원인 중 4위를 차지하며(7.9%) 특히 0~44세까지의 사망 원인의 1위이기도 하다.

(나) 75세 이상 고령층은 주로 추락과 낙상에 의한 손상 입원이 71.3%를 차지했다. 이는 지속적인 증가 추세를 보이고 있으며 추락·낙상 다음으로는 운수사고(22.1%), 부딪힘(11.1%)이 많았다. 응급실 내원은 추락·낙상(37.8%), 부딪힘(19.4%), 운수사고(13.1%) 순이었다('23년 기준). 119 구급대에 의해 응급의료기관으로 이송된 중증외상 환자 중 추락·낙상이 차지하는 비율은 40.5%였으며 이 중에서 61.3%가 사망하였고 생존환자 중 72.8%가 장애를 입었다. 75세 이상 고령환자의 경우 중증외상 발생률은 낮은 편이지만, 70.1%가 사망하였고 85.8%가 장애를 입는 등 손상으로 인한 후유증이 크게 발생하였다.

(다) 또한 손상으로 응급실에 내원한 환자 중 비의도적인 손상은 91.1%였으며 자해·자살에 의한 손상은 4.9%, 폭력·타살은 3.6%였다. 전체 응급실 내원환자 중 자해·자살 환자가 차지하는 비율은 '15년 2.4%에서 '23년 4.9%로 증가하였다. 15~24세의 경우 중독(의약품·화학품·유독성 물질 등에 의한 불의의 중독 및 노출) 손상 환자 중 88.7%가 자해·자살 목적이었는데, 이 중에 여성의 비율이 79.5%로 남성(20.5%)보다 약 3.9배 높게 나타났다. 또한 0~14세의 경우 비의도적인 사고에 의한 응급실 입원이 72.1%를 차지하였다.

(라) 최근에는 개인형 이동장치를 이용하는 사람이 많아지면서 그로 인한 손상환자도 많이 발생하고 있다. 개인형 이동장치로 인한 손상환자는 총 1,258명으로, 15~24세가 40.4%를 차지했다. 손상환자의 대부분은 전동킥보드를 이용했고, 전기자전거로 인한 손상환자는 10.2%였다. 특히 개인형 이동장치 손상환자 중 헬멧을 착용한 경우보다 착용하지 않은 경우가 6.7배 더 많았다.

※ 출처: 질병관리청 보도자료

16 **위 글의 논리적 흐름을 고려할 때, 다음 글이 들어갈 위치로 적절한 것은?**

질병관리청은 손상의 규모와 원인 등에 관한 분석 결과를 토대로 대상별 맞춤형 예방관리대책을 수립하였다. 고령층에서 나타나는 손상의 특성을 고려하여 노인의 운동능력에 맞춘 난이도별 2종의 '노인 낙상 예방을 위한 운동 프로그램'(동영상 배포)과 '낙상 예방을 위한 실내 환경 요인 체크리스트'를 개발하여 보급하였다. 또한 어린이 중독사고 예방을 위한 교육이 중요함을 인식하여 어린이 중독사고 예방을 위한 안전지침과 가이드라인, 카드뉴스 등을 개발하여 배포하였으며, '개인형 이동장치 손상을 예방하기 위한 안전수칙'을 개발하고, 국가손상정보포털 및 SNS 등을 통해 전국에 배포할 예정이다.

① (가)문단 뒤 ② (나)문단 뒤 ③ (다)문단 뒤 ④ (라)문단 뒤

17 **위 글의 중심 내용으로 가장 적절한 것은?**

① 손상은 주로 75세 이상 고령층에서 자주 발생하며 손상에 의한 사망률 역시 높은 편이므로 고령층을 대상으로 한 예방 교육이 요구된다.
② 질병을 제외한 각종 사고 및 재해 등 외부적 위험 요인에 의한 건강상의 문제는 국내 주요 사망 원인 중 하나이므로 국가적 차원의 관리와 예방이 필요하다.
③ 15~24세의 경우 중독 손상 환자 발생률이 높고 특히 여성의 비율이 남성에 비해 약 4배가량 높으므로 대상별 특성에 맞는 의료진과 병상을 확보해야 한다.
④ 의약품이나 살충제 등 가정 내에 화학물질에 의한 어린이 중독 사고를 예방하려면 보호자가 먼저 안전 수칙을 제대로 알고 준수해야 한다.

18 **위 글을 읽고 난 반응으로 적절하지 않은 것은?**

① 코로나19 유행 시기에는 사람들의 일상생활 유지가 어려워지면서 외출이 줄어드니까 손상으로 인한 입원 및 사망도 감소했을 거야.
② 부딪힘보다는 추락이나 낙상에 의한 사고 발생률이 높은 것으로 볼 때 건설업 종사자의 경우 보호구 착용에 대한 인식을 높이는 것이 중요할 거 같아.
③ 75세 이상 고령층에서 추락이나 낙상 손상이 자주 발생하지만, 요즘은 의료기술이 많이 발달해서 회복이 많이 빠른 편이니까 예방보다는 재활 대책을 마련하는 것이 시급해.
④ 우리나라는 응급실 내원 환자 중 자해·자살 환자가 차지하는 비율이 '15~'23년간 2배가량 증가했을 정도로 심각하니까 자살 시도 여부나 위험 요인 등을 막기 위한 노력이 더 필요해.

[19~20] 다음 보도자료를 읽고 이어지는 물음에 답하시오.

> **국민건강보험공단, 준정부기관 최초 전자영수증 분야 '탄소중립포인트' 제도 도입**
>
> 국민건강보험공단(이하 '공단')은 10월 17일부터 기후변화에 대응하고 온실가스 감축을 유도하기 위해 준정부기관 최초로 전자영수증 발급에 따른 '탄소중립포인트' 제도를 도입한다고 밝혔다. '탄소중립포인트'란 지난 2022년부터 한국환경공단이 일반 국민의 탄소중립 생활 확산을 위하여 시행 중인 사업으로 전자영수증 발급, 다회용 컵 이용, 친환경제품 구매 등 친환경활동 이용실적에 따라 이용자에게 현금처럼 사용할 수 있는 인센티브를 지급하는 제도이다.
>
> 공단은 탄소중립포인트 분야 중에서도 녹색생활실천 전자영수증 발급 분야에 참여하여 '더 건강한' 친환경 생태 조성을 위한 노력에 동참한다. 포인트 적립 방법은 공단 지사에 설치된 무인 수납기에서 지역(개인) 가입자가 신용(체크)카드로 본인 보험료를 조회하여 납부하고, 전자영수증을 발급받으면 된다. 납부 1건당 100원의 인센티브가 적립되며, 적립된 인센티브는 현금 또는 포인트로 선택하여 납부일의 다음 달 말에 환경공단으로부터 제공받을 수 있다.
>
> 유의해야 할 사항은 보험료 납부 전 '탄소중립포인트 녹색생활실천 누리집' 또는 '카본페이 앱'에서 미리 회원가입을 해야 포인트 적립이 가능하다는 점이다. (   ) 포인트는 녹색생활실천 참여기업 90개의 이용을 합산하여 개인당 연간 7만 원 한도로 적립할 수 있으며, 회원가입 시 등록한 본인 명의 휴대전화로 전자영수증을 받아야 포인트가 적립된다.
>
> 공단은 4대 보험 전자고지 등 디지털 행정서비스 강화와 의료폐기물관리, 친환경·고효율 사옥 운영 등 환경문제에 적극적으로 대처하고 있으며, 지난 5월에는 환경·사회·투명(ESG)경영 시스템을 탁월하게 구축·추진하는 기관으로 선정되어 '제18회 국가지속가능 ESG 우수기업시상식'에서 2년 연속 공공기관 부문 종합대상을 수상하기도 했다.
>
> ※ 출처: 국민건강보험공단 보도자료

19 위 보도자료의 내용과 일치하지 않는 것은?

① 탄소중립포인트란 탄소저감을 실천하는 국민에게 참여 실적에 따라 인센티브를 지원하는 제도이다.

② 공단의 탄소중립포인트를 적립하려면 녹색생활실천 관련 앱 또는 홈페이지에 회원가입을 해야 한다.

③ 공단의 탄소중립포인트의 경우 납부 1건당 100원의 포인트가 적립되며 개인당 포인트 상한액은 연간 7만 원 한도이다.

④ 공단의 탄소중립포인트 회원가입은 타인 휴대전화 사용이 불가하나 전자영수증의 발급은 본인 명의가 아니어도 가능하다.

20 위 보도자료의 빈칸에 들어갈 단어로 가장 적절한 것은?

① 또한　② 반면　③ 이를테면　④ 따라서

[21~22] 다음은 A국 의약품시장에 관한 자료이다. 이어지는 물음에 답하시오.

[표 1] A국 의약품시장 현황 및 전망

(단위: 달러, %)

구분	A국						한국 (2023년)
	2022년	2023년	2024년	2025년	2026년	2027년	
의약품비 (십억)	1.302	1.294	1.348	1.547	1.648	1.744	22.0
연간성장률	29.30	−0.57	4.13	14.80	6.53	5.78	−7.0
1인당 의약품비	220.8	217.8	225.0	256.4	271.2	284.9	(㉠)
GDP 대비 의약품비 비율	0.33	0.31	0.31	0.31	0.31	0.31	1.3
총 의료비 대비 의약품비 비율	5.9	5.6	5.6	5.6	5.5	5.5	14.3

[표 2] A국 의약품비 현황 및 전망

(단위: 십억 달러)

구분		A국						한국 (2023년)
		2022년	2023년	2024년	2025년	2026년	2027년	
처방 의약품	특허	0.694	0.683	0.704	0.800	0.843	0.881	8.0
	제네릭	0.362	0.370	0.395	0.466	0.509	0.552	10.2
	소계	1.056	1.053	1.099	1.266	1.352	1.433	18.2
일반의약품		0.246	0.242	0.249	0.282	0.297	0.310	3.8
합계		1.302	1.294	1.348	1.547	1.648	1.744	22.0

21 **위 자료에 대한 설명으로 옳지 않은 것은?**

① 2022년 이후로 A국의 특허 처방의약품이 의약품비에서 차지하는 비중은 매년 50% 이상이다.

② A국의 GDP는 2023년부터 2027년까지 매년 동일하다.

③ 2027년 A국의 총 의료비는 2022년에 비해 40% 이상 증가할 전망이다.

④ 2023년 한국에서 GDP 대비 일반의약품이 차지하는 비중은 1% 미만이다.

22 **2023년 한국의 인구가 A국 인구의 8.5배일 때, 빈칸 ㉠에 들어갈 1인당 의약품비는 얼마인가?**

① 432.0 ② 435.6 ③ 450.0 ④ 494.4

[23~24] 다음은 연도별 의료기기 수출입실적에 관한 자료이다. 이어지는 물음에 답하시오.

[표 1] 연도별 수출실적

(단위: 개소, 개, 백만USD, 십억 원)

연도	일반 의료기기				체외진단의료기기			
	업체 수	품목 수	수출금액	환산금액	업체 수	품목 수	수출금액	환산금액
2019년	979	6,692	3,610	3,972	—	—	—	—
2020년	1,003	7,208	3,710	4,324	—	—	—	—
2021년	932	5,953	3,068	3,620	128	1,545	3,569	4,211
2022년	953	6,250	3,979	4,554	137	1,663	4,649	5,321
2023년	972	6,364	4,339	5,606	130	1,720	3,536	4,569

[표 2] 연도별 수입실적

(단위: 개소, 개, 백만USD, 십억 원)

연도	일반 의료기기				체외진단의료기기			
	업체 수	품목 수	수입금액	환산금액	업체 수	품목 수	수입금액	환산금액
2019년	2,413	28,531	3,889	4,279	—	—	—	—
2020년	2,508	29,257	4,160	4,849	—	—	—	—
2021년	2,467	22,645	3,747	4,422	338	6,732	683	806
2022년	2,569	22,464	4,552	5,209	347	6,485	801	917
2023년	2,656	21,978	4,104	5,302	355	6,303	784	1,013

※ 환산금액: 한국은행 기준 연평균 환율을 적용한 금액
※ 전체 의료기기＝일반 의료기기＋체외진단의료기기

23 수출입수지가 수출금액과 수입금액의 차이값일 때, 2019~2023년 중 연도별 의료기기 전체 수출입수지가 흑자인 해는 총 몇 번인가?

① 1번 ② 2번 ③ 3번 ④ 4번

24 위 자료에 대한 설명으로 옳은 것은?

① 일반 의료기기의 업체 1개소당 수입한 품목 수가 가장 많은 해는 2023년이다.
② 2021년부터 2023년까지 체외진단의료기기의 연평균 수출금액은 연평균 수입금액에 비해 4,000백만USD 더 많다.
③ 기준 연평균 환율은 2023년에 가장 높다.
④ 2021년 이후로, 전체 의료기기에서 체외진단의료기기 품목 수가 차지하는 비중은 수출품목과 수입품목 모두 25% 이상이다.

[25~26] 다음은 최근 5년간 헌혈 실적에 관한 자료이다. 이어지는 물음에 답하시오.

[그림] 최근 5년간 헌혈 실적

(단위: 건, 명)

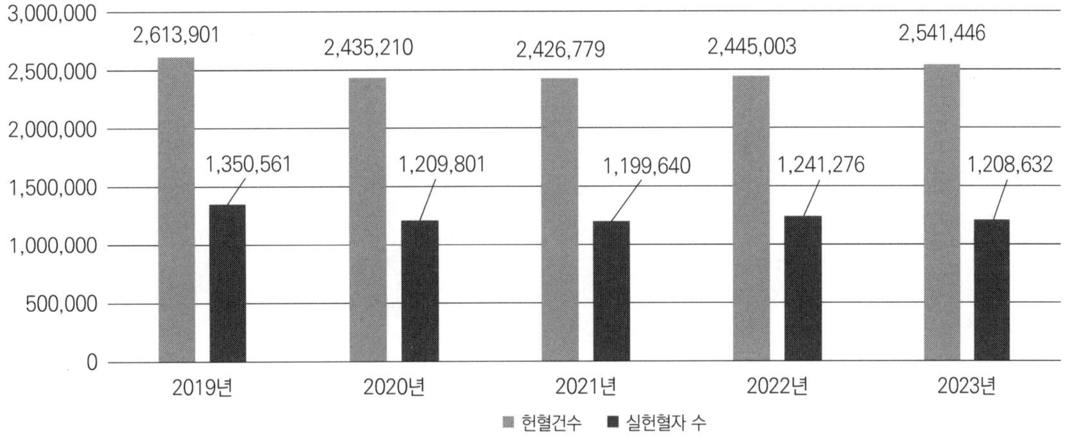

※ 헌형 실적은 10~60대 헌혈자의 합임

[표] 연령별 실헌혈자 수

(단위: 명)

연령대	2019년	2020년	2021년	2022년	2023년
60대	7,978	11,564	16,377	20,756	16,429
50대	56,551	85,505	96,399	107,632	93,900
40대	(㉠)	169,609	171,109	177,500	161,086
30대	169,281	180,292	173,957	(㉡)	164,621
20대	491,320	458,640	482,618	513,462	463,865
10대	494,502	304,191	259,180	240,950	308,730

25 **위 자료에 대한 설명으로 옳지 않은 것은?**

① 2019년 10대 실헌혈자 수는 20대~60대 실헌혈자 수 합의 절반 이하이다.

② 실헌혈자 수 1인당 헌혈건수는 2023년이 가장 많다.

③ 2019년부터 2022년까지 60대가 실헌혈자 수에서 차지하는 비중은 매년 증가한다.

④ 2019년을 제외하고, 연령별 실헌혈자 수의 순위는 동일하다.

26 **2019년 40대 실헌혈자 수(㉠)는 2022년 30대 실헌혈자 수(㉡)의 몇 %인가? (단, 소수점 아래 둘째 자리에서 반올림한다)**

① 72.3%　② 99.3%　③ 100.6%　④ 138.2%

[27~29] 다음은 2024년 의료기관 소재지별 중국 환자의 이용 현황에 관한 자료이다. 이어지는 질문에 답하시오.

[표 1] 2024년 전국 의료기관 소재지별 중국 환자의 이용 현황

(단위: 명)

구분	입원환자	외래환자	전체
서울특별시	2,853	79,657	82,510
경기도	976	10,660	11,636
제주특별자치도	112	3,815	3,927
인천광역시	115	3,141	3,256
대구광역시	105	2,075	2,180
부산광역시	54	1,591	1,645
대전광역시	154	1,384	1,538
그 외 지역	169	5,274	5,443
계	4,538	107,597	112,135

[표 2] 2024년 서울특별시 의료기관 소재지별 중국 환자의 이용 현황

(단위: 명)

구분	입원환자	외래환자	전체
강남구	1,452	29,884	31,336
서초구	603	17,416	18,019
중구	119	12,232	12,351
마포구	1	6,351	6,352
영등포구	56	3,747	3,803
송파구	26	2,208	2,234
성북구	19	1,452	1,471
기타	577	6,367	6,944
계	2,853	79,657	82,510

27 위 자료에 대한 설명으로 알맞은 것은?

① 그 외 지역을 제외하고, 2024년 전국 의료기관 소재지별 중국 환자 중 해당 소재지에서 입원환자 비중이 10% 이상인 지역은 없다.

② 2024년 서울특별시 강남구의 중국 외래환자가 서울특별시 전체 중국 외래환자에서 차지하는 비중은 1/3 이상이다.

③ 2024년 서울특별시 강남구 중국 환자 중 입원환자가 전국 전체 중국 환자 중 입원환자에서 차지하는 비중은 33% 이상이다.

④ 그 외 지역을 제외하고, 2024년 전국 의료기관 소재지별 중국 환자 중 해당 소재지에서 외래환자 대비 입원환자가 차지하는 비중이 가장 작은 지역은 부산광역시이다.

28 2024년 수도권(서울특별시, 인천광역시, 경기도)에서 해당 소재지의 중국 전체 환자 대비 입원환자의 비중은 얼마인가? (단, 소수점 아래 둘째 자리에서 반올림하여 계산한다)

① 4.0% ② 4.2% ③ 4.4% ④ 4.6%

29 **위 자료를 바탕으로 만든 그래프로 옳지 않은 것은?**

① 2024년 강남 3구(강남, 서초, 송파)의 중국 환자 중 입원환자 수

(단위: 명)

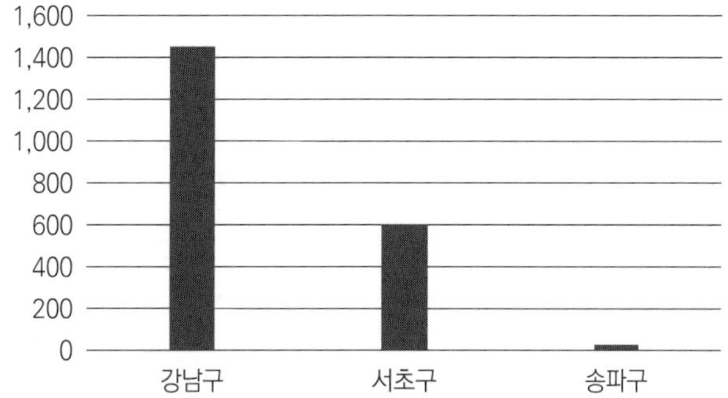

② 2024년 인천, 대구, 부산, 대전광역시의 중국 환자 중 외래환자 수

(단위: 명)

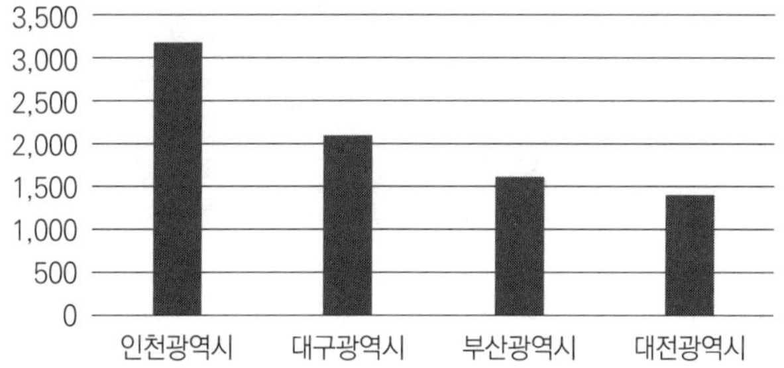

③ 2024년 강남 3구(송파, 서초, 강남)의 중국 환자 비중

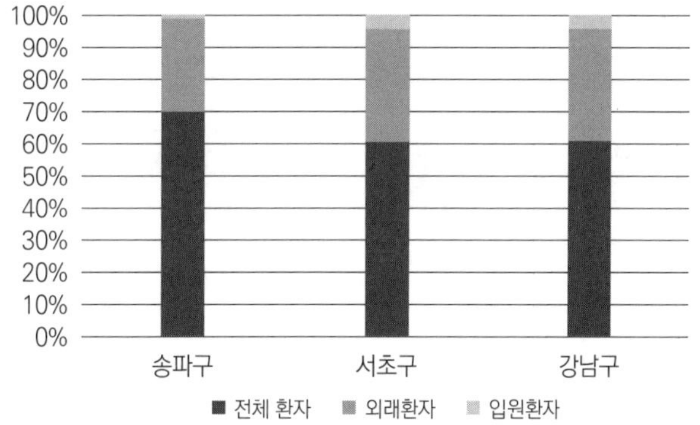

④ 2024년 수도권(서울, 인천, 경기)의 중국 환자 중 외래환자의 비중

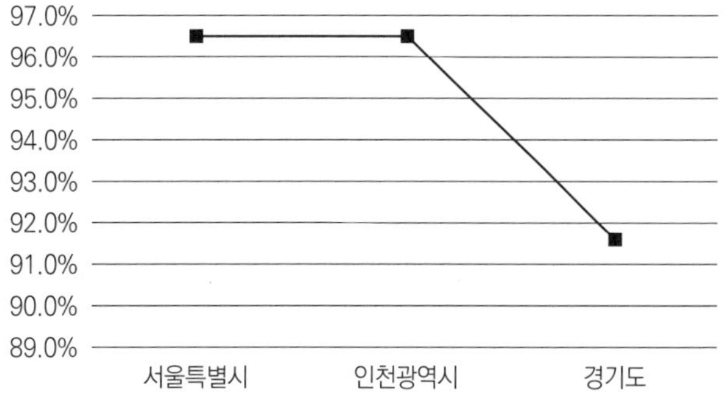

[30~31] 다음은 연도별 뇌신경 질병 및 장애 환자 현황에 관한 자료이다. 이어지는 질문에 답하시오.

[표 1] 연도별 뇌신경 질병 및 장애 환자 비중

(단위: %)

항목	2021년	2022년	2023년
보툴리눔독소증	15.2	16.3	13.5
추간판탈출증	11.3	10.8	12.5
뇌성마비	10.8	9.8	10.4
만성피로증후군	7.5	7.9	9.2
영아증후군	6.2	6.8	8.5
얼굴마비	5.5	6.7	8.3
기타	55.6	55.3	( )
전체	100.0	100.0	100.0

[표 2] 연도별 뇌신경 질병 및 장애 환자 수

(단위: 명)

구분		2021년	2022년	2023년
뇌신경 질병 환자		131	74	26
뇌신경 장애 환자	일반	181	138	126
	청소년	78	53	48
	소아	39	104	137
계		429	369	337

30 위 자료에 대한 설명으로 옳은 것만을 [보기]에서 모두 고르면?

| 보기 |

ㄱ. 매년 뇌신경 질병 및 장애 환자 중 보툴리눔독소증, 추간판탈출증, 뇌성마비 환자는 그렇지 않은 환자의 절반 이상이다.

ㄴ. 2021년 뇌신경 질병 환자 중 소아가 차지하는 비중은 2023년의 절반 이상이다.

ㄷ. 영아증후군은 소아환자만 겪을 수 있는 장애라고 할 때, 2021년 영아증후군이 아닌 소아 장애 환자는 10명 이상이다.

① ㄱ ② ㄴ ③ ㄱ, ㄷ ④ ㄴ, ㄷ

31 위 [표 1]에 제시된 뇌신경 질병 및 장애 항목이 환자 수 상위 6개 항목이라고 할 때, 2023년 전체 뇌신경 질병 및 장애 항목은 최소 몇 개이겠는가?

① 8개 ② 9개 ③ 10개 ④ 11개

[32~33] 다음은 최근 5년간 인플루엔자 환자 수 및 진료비에 관한 자료이다. 이어지는 질문에 답하시오.

[표] 연도별 인플루엔자 환자 수 및 진료비

(단위: 명, 천 원)

구분		2019년	2020년	2021년	2022년	2023년
환자 수	전체	493,769	201,748	799,966	809,067	1,063,351
	남자	233,081	(㉠)	377,468	366,861	496,607
	여자	260,688	107,641	422,498	(㉡)	566,744
진료비	전체	41,785,487	21,827,511	74,436,338	89,085,166	109,595,713
	외래	(㉢)	5,123,014	21,471,688	22,691,559	28,988,428
	입원	29,612,233	16,704,497	(㉣)	66,393,607	80,607,285

32 위 자료에 대한 설명으로 옳은 것은?

① 환자 1인당 진료비는 2020년에 가장 많다.
② 2019년 대비 2023년의 여자 환자 수 증가율은 남자 환자 수 증가율보다 작다.
③ 2019년 이후로 매년 입원비가 전체 진료비에서 차지하는 비중은 절반 이상이다.
④ 2019년부터 2023년까지의 연평균 여자 환자 수는 연평균 남자 환자 수에 비해 5,000명 더 많다.

33 빈칸 ㉠~㉣에 들어갈 숫자로 옳지 않은 것은?

① ㉠: 104,107 ② ㉡: 442,206 ③ ㉢: 12,173,254 ④ ㉣: 52,964,650

[34~35] 다음은 보건의료협의기구 회원 12개국 중 한국을 포함한 주요 6개국의 국가별 간호인력 및 간호사 임금소득 추이에 관한 자료이다. 이어지는 물음에 답하시오.

[표 1] 2023년 주요 6개국 국가별 간호 인력 및 간호사 현황

(단위: 명/인구 천 명)

구분	A	B	C	한국	D	E	보건의료협의기구 평균
간호인력	12.1	8.5	12.1	8.4	10.1	2.9	9.7
간호사	12.1	6.8	9.9	4.4	7.1	1.8	8.0

※ 간호인력은 간호사를 제외한 간호조무사 등을 의미함

[표 2] 2023년 주요 6개국 국가별 간호대학 졸업자 수

(단위: 명/인구 십만 명)

구분	A	B	C	한국	D	E	보건의료협의기구 평균
간호대학 졸업자 수	43.1	37.8	47.0	42.4	52.2	15.5	31.4

[그림] 간호사 임금소득 추이

(단위: US$)

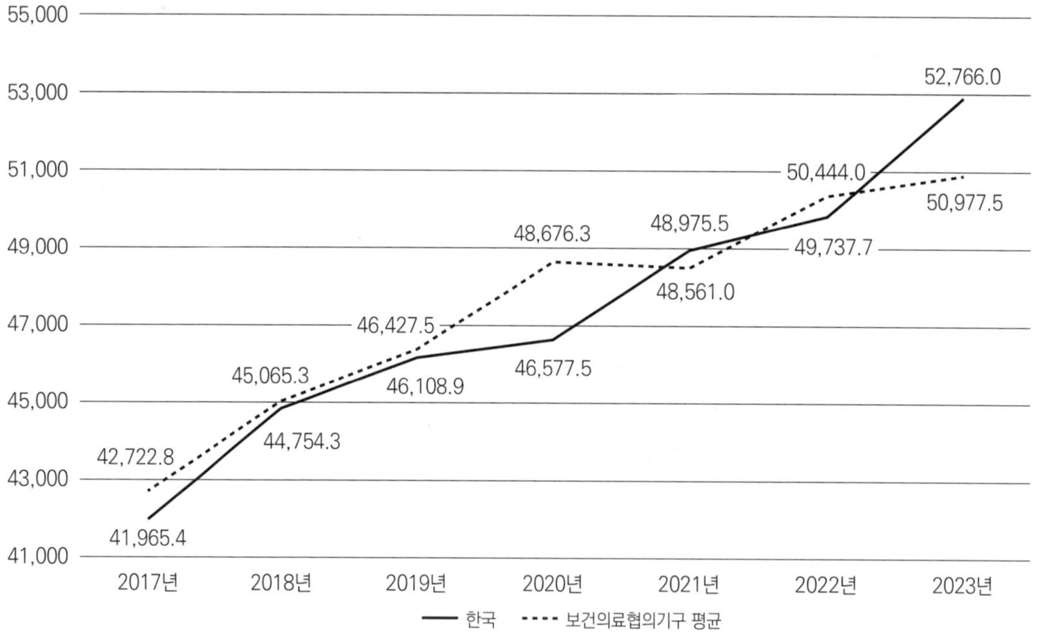

34 **위 자료에 대한 설명으로 옳은 것은?**

① A국의 간호대학 졸업자 1명당 간호사 수는 25명 이상이다.

② 2023년을 제외하면 한국의 간호사 임금소득은 매년 보건의료협의기구 평균에 못 미친다.

③ 2023년 C국의 간호대학 졸업자 수는 한국의 10% 이상이다.

④ 모든 보건의료협의기구 국가들은 간호사보다 간호인력이 더 많다.

35 **보건의료협의기구 각국의 인구수가 동일하다면, A~E국 및 한국을 제외한 나머지 보건의료협의기구 국가의 간호사 수 평균은 몇 명인가? (단, 소수점 아래 첫째 자리에서 반올림하여 계산한다)**

① 8명

② 9명

③ 10명

④ 11명

[36~38] 다음은 최근 5년간 빈혈 환자 진료 현황에 관한 자료이다. 이어지는 질문에 답하시오.

[표 1] 최근 5년간 빈혈 환자 성별 진료 현황

구분		2019년	2020년	2021년	2022년	2023년
계	환자 수(명)	600,837	626,179	585,791	718,009	668,079
	진료비(억 원)	3,793	4,249	4,185	4,592	4,690
남	환자 수(명)	162,405	173,199	165,073	200,205	186,680
	진료비(억 원)	2,688	2,990	2,954	3,169	3,306
여	환자 수(명)	438,432	452,980	420,718	517,804	481,399
	진료비(억 원)	1,104	1,259	1,231	1,423	1,384

[표 2] 최근 5년간 빈혈 환자 입원/외래 진료 현황

구분		2019년	2020년	2021년	2022년	2023년
입원	환자 수(명)	11,032	11,719	11,050	10,986	12,007
	진료비(억 원)	1,012	1,171	1,141	1,201	1,180
	1인당 입원일수(일)	9.3	9.1	9.5	8.8	8.3
외래	환자 수(명)	589,805	614,460	574,741	707,023	656,072
	진료비(억 원)	2,781	3,078	3,044	3,391	3,510
	1인당 내원일수(일)	2.4	2.4	2.4	2.3	2.3

36 **위 자료에 대한 설명으로 옳은 것은?**

① 최근 5년간 전체 빈혈 환자 중 남자 환자의 비중이 가장 높은 해는 2019년이다.
② 2023년 여자 환자 중 외래 환자는 최소 97.5% 이상이다.
③ 최근 5년간 전체 빈혈 환자 진료비 중 여자 환자의 진료비는 매년 30% 이하이다.
④ 2021년의 외래환자 1인당 진료비는 2020년에 비해 적다.

37 **빈혈 환자 1인당 진료비가 가장 많은 해는 언제인가?**

① 2019년　② 2020년　③ 2021년　④ 2022년

38 위 자료를 바탕으로 만든 [그림]으로 옳지 않은 것은?

① 최근 5년간 빈혈 환자 성별 구성비

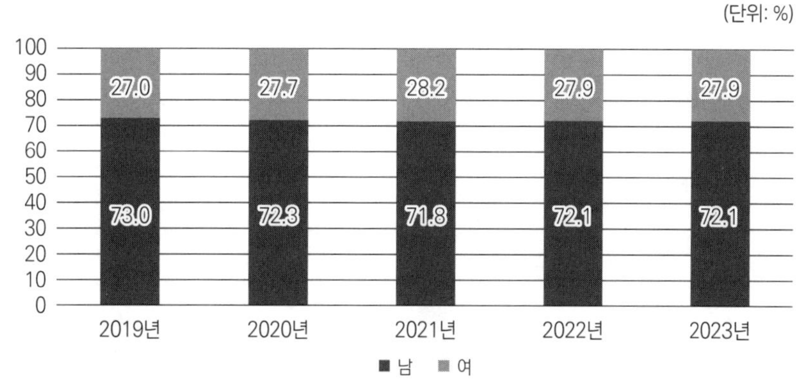

② 최근 5년간 성별 빈혈 환자 현황

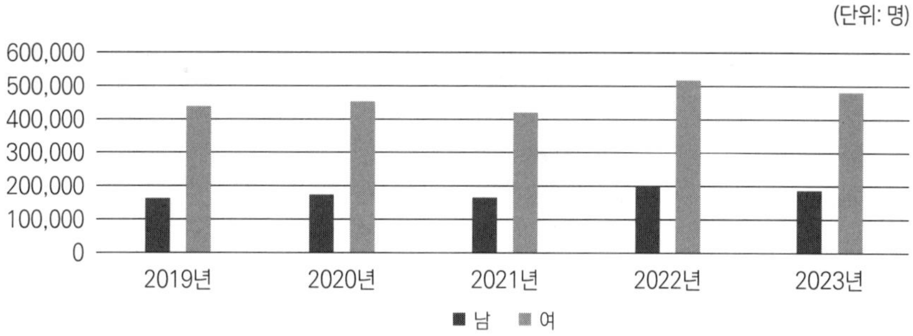

③ 최근 5년간 1인당 입원일수, 1인당 내원일수

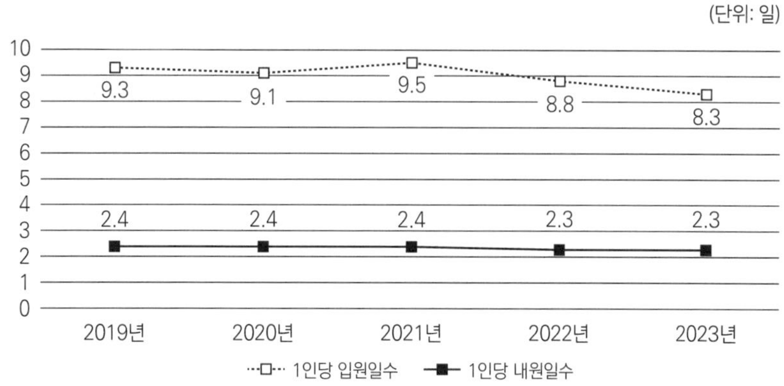

④ 최근 5년간 입원환자와 외래환자의 진료비 합계

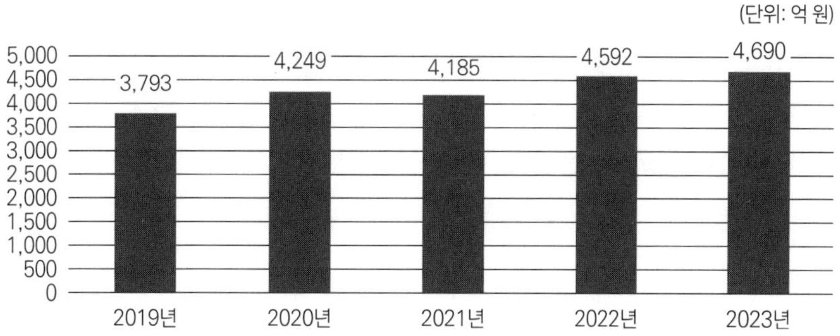

[39~40] 다음은 청소년 인터넷·스마트폰 과의존 현황에 관한 자료이다. 이어지는 질문에 답하시오.

[그림 1] 인터넷 과의존 현황

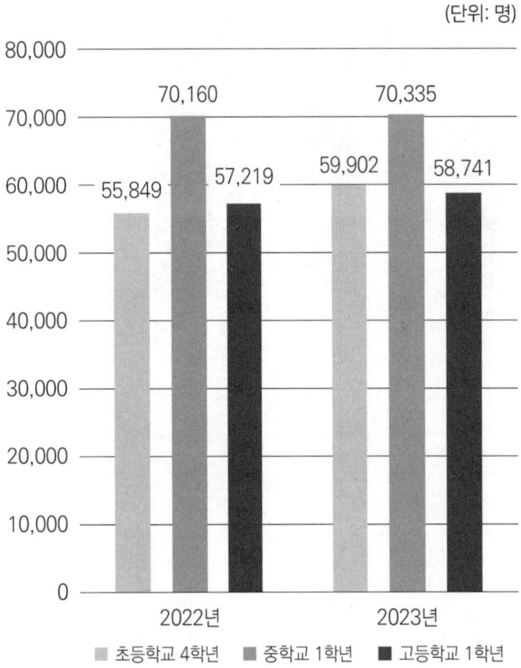

[그림 2] 스마트폰 과의존 현황

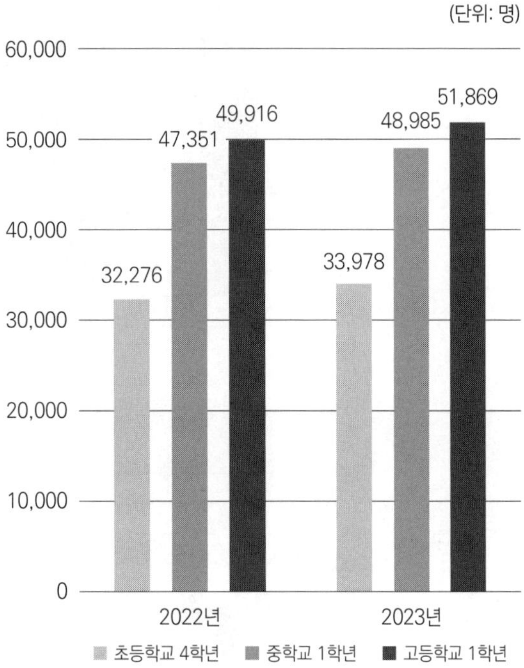

39 **위 자료에 대한 설명으로 옳은 것은?**

① 2023년 고등학교 1학년 중 과의존 증세 중 가장 많은 비중을 차지하는 것은 비디오게임이다.

② 전년 대비 2023년의 인터넷 과의존 증가율이 가장 높은 청소년 군은 중학교 1학년이다.

③ 2022년 중학교 1학년의 인터넷 과의존 인원 대비 스마트폰 과의존 인원의 비중은 2023년보다 작다.

④ 2022년 대비 2023년 인터넷 과의존과 스마트폰 과의존 인원은 초, 중, 고 전 학년에 걸쳐 증가하였다.

40 **각 학년의 2022년 대비 2023년 인터넷 과의존 인원 증가율이 각 학년의 2023년 대비 2024년 인터넷 과의존 인원 증가율과 동일할 때, 2024년 초등학교 4학년, 중학교 1학년, 고등학교 1학년의 인터넷 과의존 인원 평균으로 옳은 것은? (단, 인원 평균을 구할 때 소수점 아래 첫째 자리에서 반올림한다)**

① 63,223명 ② 65,020명 ③ 67,197명 ⑤ 69,001명

[41~43] 다음은 서울 난자동결 시술비용 지원사업에 관한 자료이다. 이어지는 물음에 답하시오.

○ 사업목적: 서울시의 초저출생 위기 극복을 위한 여성의 가임력 보존 및 미래 건강한 임신 준비를 지원하기 위함

○ 지원대상: 신청일 기준 주민등록상 6개월 이상 등록지가 서울시인 20~49세 여성

※ 20~29세의 경우 난소기능검사 AMH 수치가 3.5ng/mL 이하[단, 20~29세 중 항암치료, 난소질환 등 난소기능 저하 유발질환 진단자는 AMH 수치와 무관하게 지원(시술확인서 해당 상병기호 등 의사 소견 확인 및 검토)]

○ 지원내용: 난자채취를 위한 사전 검사비 및 시술비 50%, 최대 200만 원(생애 1회 지원, 난자동결 시술 완료자 신청)

※ 2023. 9. 1. 이후 시술 건부터 적용

※ 난자동결에 이르지 못한 경우 지원 불가하며, 보관료, 입원료, 난자동결 이후 진료비 등 난자채취와 상관없는 비용은 지원 제외

○ 지원방법: 신청자 본인 명의 계좌 이체

※ 신청자 본인 명의 외 계좌로 지급 불가

○ 신청자격 및 요건: 신청일 기준 자격요건을 충족하고 배제 사유가 없어야 하며, 최종지원금 수령 시까지 자격요건은 유지되어야 함

○ 선정기준 : 자격조건에 부합한 대상자 선정

지원규모	재원
총 650명	손해보험협의회 기부금(500명)
	서울시 예산(150명)

※ 서울시 예산의 경우 중위소득 180% 이하인 20~49세 난소기능저하(AMH 수치가 1.5ng/mL 이하)인 여성에 한해 지원

○ 거주요건: 신청일 기준 주민등록상 6개월 이상 등록지가 서울시인 여성

※ 외국 국적의 여성은 신청 불가

○ 대상연령: 20~49세

○ 기타 지원기준

- 사전 검사비는 시술일 기준 1년 이내만 지원
- 시술 회차에 상관없이 생애 1회 지원
- 2023. 8. 31. 이전 시술자, 시술 결과 난자동결에 이르지 못한 경우 지원 불가

○ 중복지원 금지 기준

- 보건복지부 사회보장제도 협의 결과에 따라 난임부부 시술비 지원사업 중복지원 불가[단, 난임부부 시술비 지원횟수(총 25회)가 소진된 대상자는 지원 가능하며 해당 사항에 대한 증빙서류 제출 필수]
- 기타 중앙정부 및 지자체 지원 유사·중복 사업 중복지원은 불가

○ 신청방법: 온라인 신청만 가능(직접 접수 및 우편접수 등 불가능)

○ 신청서 작성 시 유의사항
- 자격 요건에 관계없이 모든 제출서류 업로드(필수)
- 신청 시 기업정보 정확히 입력
※ 자격조회를 위한 정보로 주민등록상 정보와 다를 경우 지원 대상에서 제외될 수 있음
※ 서류검토 후 자격조회 및 서류검토 결과에 따른 적격/부적격 등 안내사항을 확인받을 수 있도록 연락처 기재 필요 (연락처 오기재로 인한 불이익은 본인에게 있음)

○ 선정 및 안내: 접수 완료 순으로 제출서류 심사 후 순차적으로 안내
※ 변동사항은 홈페이지 공지사항 게시판 안내

○ 확정 및 지원금 지급
- 지급절차

서류검사 및 심사	→	지급대상 확정 및 통보	→	지급

- 지급방법 및 시기: 월 2회(1일, 16일, 지급일이 토요일이나 공휴일인 경우 그다음 영업일에 지급)
※ 지원결정일로부터 가급적 1개월 이내에 지급 대상자에게 시술비 지급
※ 당해연도 시술비 지원 예산 부족으로 미지급분이 발생한 경우 다음 연도 예산 확보일로부터 1개월 이내에 지급 가능하며, 해당 사실을 대상자에게 사전 통보함

○ 설문조사 참여사항: 서울시 난자동결 시술비용 지원 대상자는 사업의 효과성 분석을 위한 설문조사에 필히 참여해야 함

○ 기타 유의사항
- 난자동결 시술비용 지원사업은 제출한 신청서 및 신청서류에 따라 자격을 조회하고 지원 여부를 확정함으로써 기입한 정보가 부정확하거나 확인이 불가한 경우에는 불이익을 받을 수 있으니 정확히 기입해야 함
- 보건복지부 사회보장제도 협의 결과에 따라 난임부부 시술비 지원사업과 같이 유사·중복성 있는 사업의 대상자는 지원이 불가
- 신청대상이 아님을 인지하고 지원금 지급을 받은 경우, 기타 부정수급에 해당하는 경우 부정수급액 환수 관련 법에 따라 지원금의 전액 또는 일부금액이 환수될 수 있으며, 관계 법령에 따라 제재조치를 받을 수 있음
- 제출한 서류는 일체 반환하지 않음

41 **위 자료에 대한 설명으로 옳지 않은 것은?**

① 2024년 4월 2일에 난자동결 시술을 완료한 자가 난자 보관료를 신청하는 경우 지원받을 수 없다.
② 서류검토 결과 부적격인 경우 담당자로부터 연락을 받을 수 있다.
③ 전체 지원 대상자의 약 23%는 AMH 수치가 1.5ng/mL 이하이다.
④ 16일이 토요일인 경우 지급일이 공휴일이 아니라면 18일이며, 지원금은 신청자 계좌로 입금된다.

42 **[보기]의 A~D 중 서울 난자동결 시술비용 지원사업의 지원 대상자에 해당하는 사람은? (단, 제시된 조건 외의 내용은 고려하지 않는다)**

| 보기 |

- A: 9개월 전부터 주민등록상 등록지가 서울인 A는 40세로 AMH 수치가 1.2ng/mL이다. A는 1년 전 정부에서 지원하는 난임부부 시술비를 20회 지원받았다.
- B: 1년 전 미국 유학을 마친 B는 32세로 AMH 수치가 3.6ng/mL이고, 주민등록상 등록지가 경기도 광주이지만 현재 서울에서 1년째 거주 중이다.
- C: 2년 전부터 서울에서 거주 중인 C는 27세의 일본 국적 여성이고 AMH 수치는 3.1ng/mL이다.
- D: D는 27세로 위암을 선고받았으나 다수의 항암치료와 수술로 완치판정을 받았다. D는 22개월 전부터 주민등록상 등록지가 서울이며, AMH 수치는 4.1ng/mL이다.

① A ② B ③ C ④ D

43 **다음은 서울시 난자동결 시술비용 지원사업 사이트 내 Q&A이다. 답변 ㉠~㉣ 중 옳지 않은 것은?**

Q&A

Q: 서울시 난자동결 시술비용 지원을 받는 대상자입니다. 해당 사업의 설문조사에 관련된 문자를 받았는데 꼭 참여해야 할까요?

A: ㉠ 네, 서울시 난자동결 시술비용 지원사업의 효과성 분석을 위해 사업 대상자에 해당하신다면 설문조사에 반드시 참여하셔야 합니다.

Q: 최대 지원금은 얼마인가요?

A: ㉡ 최대 200만 원 한도 내에서 난자채취를 위한 사전 검사비와 시술비의 50%를 지원합니다.

Q: 2023년 12월에 난자채취를 위한 사전 검사를 받았습니다. 지원 가능할까요?

A: ㉢ 시술일로부터 1년 이내의 사전 검사비에 한하여 지원받으실 수 있습니다.

Q: 2024년 시술비 지원 예산 부족으로 지원금을 지급받지 못하였습니다. 언제 지원받을 수 있나요?

A: ㉣ 사전 통보 없이 2025년 예산 확보일로부터 1개월 이내에 자동 지급됩니다.

① ㉠ ② ㉡ ③ ㉢ ④ ㉣

[44~45] 다음은 그 밖의 연장형 보육료 지원에 관한 자료이다. 이어지는 물음에 답하시오.

○ 그 밖의 연장형 보육료 지원: 그 밖의 연장형 보육 이용 영유아에 대한 보육료 지원을 통해 부모의 자녀 양육 부담 경감 및 원활한 경제활동 지원

○ 지원대상

- 그 밖의 연장형 보육료 지원대상은 만 0~2세 연장보육료, 만 3~5세 누리과정 보육료, 다문화 보육료 및 장애아 보육료(취학 전) 지원 아동을 원칙으로 함

※ 만 12세 이하 취학아동 중 법정 저소득층과 장애아동(복지카드소지자)에 대해서는 야간 연장 보육료에 한하여 지원 가능

- 야간 12시간 보육료, 24시간 보육료는 24시간 지정 어린이집을 이용하는 경우만 지원 가능
- 원장 겸 교사의 자녀에 대해서는 지원하지 않음

○ 지원내용

1) 야간 연장 보육료

- 야간 연장 보육료는 매월 최대 60시간 지원
- 보육시간: 평일(19:30~24:00), 토요일(15:30~24:00)
- 시간당 보육료(연령에 관계없이 동일)

일반 아동	장애 아동
4,000원	5,000원

※ 아침, 저녁 급식비는 기타 필요경비 지침에 따라 수납 가능

2) 야간 12시간 보육료

- 보육시간: 19:30~익일 07:30
- 주간에 어린이집을 이용하지 않는 아동이 야간에 이용하는 경우에만 지원 가능함
- 26일 기준 정부 지원 단가

만 0세	만 1세	만 2세	만 3세 이상
540천 원	475천 원	394천 원	280천 원

3) 24시간 보육료

- 2010년 3월부터는 24시간 지정 어린이집에서만 24시간 보육을 할 수 있으며, 24시간 보육료의 지원이 가능함
- 지원 대상: 부모가 야간에 경제활동에 종사하는 가정, 한부모 또는 조손가정 등의 아동으로 주간 보육도 이용하고 야간 보육이 불가피하다고 판단되는 아동에 대해 24시간 보육료 지원
- 26일 기준 정부 지원 단가

만 0세	만 1세	만 2세	만 3세 이상
810천 원	712.5천 원	591천 원	420천 원

4) 휴일(토요일 제외) 보육료

기준단가: 정부 지원 일 보육료 × 150%(지정 시설은 100% 지원)

※ 정부 지원 일 보육료: 26일 기준 정부 지원 단가 × (휴일 보육일 수/26일)

44 **위 자료에 대한 설명으로 옳지 않은 것은?**

① 야간 12시간 보육료와 24시간 보육료는 나이가 증가할수록 26일 기준 정부 지원 단가는 감소한다.

② 야간 연장 보육 시 아침, 저녁 급식을 무료로 지원한다.

③ 24시간 보육료의 26일 기준 정부 지원 단가는 야간 12시간 보육료의 1.5배이다.

④ 야간 연장 보육 시 일반 아동의 월 최대 지원 한도는 24만 원이다.

45 **다음 [상황]의 A가 지원받은 보육료는 총 얼마인가? (단, 26일 기준 정부 지원 단가는 2023년과 2024년에 동일하며, 계산 시 천 원 미만은 절사한다)**

[상황]

2023년에 A의 자녀는 만 2세로 지정 어린이집에서 40일간 24시간 보육을 하였으며, 보육기간 동안 휴일은 없었으며, 보육료를 지원받았다. 2024년에 A의 자녀는 주간에 어린이집을 이용하지 않으며, 지정 시설이 아닌 어린이집에서 다른 휴일은 없이 토요일, 일요일 각각 3일이 포함된 총 60일간 야간 12시간 보육을 하였으며, 보육료를 지원받았다.

① 1,570천 원 ② 1,620천 원 ③ 1,660천 원 ④ 1,690천 원

[46~48] 다음은 청년수당에 관한 자료이다. 이어지는 물음에 답하시오.

○ 청년수당: 서울에 거주하고 있는 만 19~34세 미취업 또는 단기 근로 청년에게 활동지원금(월 50만 원 최대 6개월)을 지급하고, 강점진단 종합지원, 멘토링, 취업지원 프로그램 제공 등 청년 니즈에 맞게 프로그램 연계를 지속 지원하는 사업

○ 지원대상자

1) 신청대상: 주민등록상 등록지가 서울시이고 최종학력 졸업 후 미취업 상태인 청년

2) 연령요건: 만 19~34세(출생일이 1989. 6. 1.~2005. 6. 30.인 자)

3) 소득요건: 중위소득 150% 이하

4) 기타 요건: 미취업자만 신청 가능. 단, 주 30시간 이하 또는 3개월 이하 단기근로자 신청 가능

※ 단, 주 30시간 이하 또는 3개월 이하 근로시간 확인이 가능한 별도의 증빙자료(예 근로계약서, 퇴직증명서 등) 제출 시만 인정

○ 신청제외대상

- 신청 시점 주민등록상 등록지가 서울시가 아닌 자
- 재학생 및 휴학생
  ※ 단, 방송통신대학·사이버대학·학점은행제는 이전 최종학력 졸업 증빙하여 신청 가능
- 고용보험에 가입되었으며, 3개월 초과 그리고 주 30시간 초과 근로하는 취업자
- 신청일 기준 해당 사업 참여자(서울시 「청년월세지원」, 서울시 「희망두배 청년통장」, 고용노동부 「청년내일채움공제」, 고용노동부 「국민취업지원제도」 1유형 및 2유형)
- 2017~2023년 서울시 청년수당 사업 참여자(생애 1회 지원)
- 중위소득 150% 초과 가구 청년
  ※ 2024년 5월 건강보험료 본인부담금(노인장기요양보험료 제외) 기준
- 기초생활수급자(생계·의료·교육·주거급여자) 및 차상위계층(신청 시점 기준)
- 실업급여 수급 중인 자(신청 시점 기준)
- 군복무자(사회복무요원 포함)

○ 신청방법

1) 신청기간: 2024. 6. 11.(화) 10시~2024. 6. 13.(목) 16시

2) 신청방법: 청년몽땅정보통 청년수당 신청 페이지에서 신청

3) 제출서류

- 필수: 최종학력 졸업증명서 또는 수료증 1부
  ※ 졸업예정자는 졸업 학점 이수 완료를 증빙할 성적증명서 또는 성적증명서+재학증명서를 대체 서류로 제출
- 선택: 근로계약서 1부 단기근로자만 제출

※ 모든 제출서류는 원본 서류를 스캔하여 업로드, '화면캡처본, 컴퓨터 화면을 찍은 사진 등'은 인정되지 않음

○ 세부일정

지급: 매달 15일부터 익월 10일까지의 활동기록서를 작성 및 10일에 제출 시 익월 29일 청년수당 지급(단, 29일이 주말/공휴일일 경우 직전 영업일에 지급)

※ 활동기록서 마감일까지 미제출 시 해당 월 수당 지급 중지(예외 없음)

※ 현금사용내역/단기근로 증빙자료를 매월 활동기록서 작성 기간에 제출(동일한 근로계약서를 기제출하였더라도 매월 제출)

○ 사용방법: 체크카드 사용이 원칙이며, 사업 목적에 부합한 범위에서 자유롭게 사용 가능

※ 현금 사용은 금지되며, 주거(전·월세비, 주거 관리비, 주거 관련 대출), 생활·공과금(전기·가스·수도요금, 통신비, 건강보험료), 교육(학자금 대출, 자격증·시험 응시료)에만 현금 사용 가능

※ 현금으로 사용(계좌이체)한 경우 항목에 적합한 증빙서류를 활동기록서 제출기간에 함께 제출해야 하며, 개별적으로도 증빙자료를 2024. 12. 31.까지 보관 바람

- 전·월세비: 전·월세 관련 계약서, 이체내역서
- 전기·가스·수도요금, 건강보험료, 통신비: 납부고지서, 이체내역서
- 주거 관련 대출, 학자금대출 납부: 대출 계약서류, 이체내역서
- 자격증·시험 응시료: 수험표 및 응시서류, 이체내역서

※ 추후 모니터링을 통해 부정 사용으로 적발될 시 청년수당 지급 중단 또는 환수 조치 예정

○ 유의사항

- 필수이행사항: 청년수당 참여자 사전교육(안내책자 다운로드), A은행 계좌 개설과 체크카드 발급
- 진로탐색 및 구직활동 등 사업 목적에 맞게 사용, 사업 목적에 벗어난 용도(유흥, 사행 목적, 상품권 구입, 예·적금 등 개인재산 축적 용도) 사용 제한
- 서울 외 지역에서도 사용 가능하나, 해외 결제 불가

46 **위 자료에 대한 설명으로 옳지 않은 것은?**

① 12월 29일이 일요일인 경우, 12월에 청년수당을 지급받는 날짜는 12월 27일이다.

② 청년수당 제도를 통해 멘토링 또는 취업지원 프로그램을 제공받을 수 있다.

③ 7월 21일에 현금으로 납부한 월세에 대해 청년수당을 지급받기 위해서는 9월 10일까지 계약서와 이체 내역서를 제출해야 한다.

④ 청년수당을 지급받기 위해서는 A은행 체크카드를 발급받고 계좌를 개설해야 한다.

47 다음 [상황]의 A~D 중 청년수당에 지원 가능한 사람은? (단, 제시된 조건 외의 내용은 고려하지 않는다)

[상황]

구분	출생일	소득	비고
A	1992년 5월 7일	중위소득 100%	주 25시간 근무
B	2000년 1월 5일	중위소득 90%	서울시 희망두배 청년통장 참여자
C	1986년 12월 23일	중위소득 140%	—
D	1995년 7월 4일	중위소득 130%	신청일 이후 제주에서 서울시로 주민등록상 거주지 이전

① A ② B ③ C ④ D

48 다음 중 청년수당 지급 중단 및 환수조치를 당할 수 있는 사람은?

① 중고 거래 목적으로 자격증 준비용 도서 구입을 위해 현금을 사용한 A
② 서울 외 지역에서의 자격증 응시료로 카드를 사용한 B
③ 학자금대출 납부를 위해 현금을 사용한 C
④ 진로탐색 검사비용을 위해 카드를 사용한 D

[49~51] 다음은 A구의 장난감도서관 사업에 관한 자료이다. 이어지는 물음에 답하시오.

○ 장난감도서관 사업: 영유아의 발달에 적합한 장난감을 대여해 주고, 가정의 경제적 부담을 절감하여 가정양육을 지원하는 사업

○ 대상: A구 관내 영유아가정 및 소재 직장인, 어린이집

○ 이용장소: 주민센터 2층 A구 장난감도서관

○ 이용시간

운영시간	• 평일 월~금: 오전 9시 30분~오후 6시 • 매주 화, 목 오후 8시 30분까지 연장운영 • 점심시간: 12:00~13:00(대여 및 이용 불가)
휴관일	매주 토요일, 일요일, 공휴일, 근로자의 날, 장난감 정기소독일(연 3회)

○ 이용방법

1) A구 육아종합지원센터 홈페이지 회원가입
2) A구 장난감도서관 또는 이동식 장난감도서관 방문 후 회원카드 발급/등본, 신분증(필요시 다둥이카드, 재직증명서) 지참
3) 연회비 결제

○ 이용료: 연회비 개인의 경우 10,000원, 기관의 경우 20,000원(카드결제 또는 계좌이체)

○ 대여기준

구분	대여기준	
	일반회원	기관회원
장난감 대여 수	대물 1개, 소물 1개 또는 소물 3개	10개
DVD 대여 수	2개	
대여 기간 및 연장	기본 14일(연장 신청 시 1회 7일 연장 가능)	
이용정지	총 연체일 30일 이상, 3개월 이내 3회 이상 연체 시 3개월 이용정지	
연체료	반납 일자 다음 날부터 실제 반납 일자까지 대여 물품 개수당 1일에 200원	

※ 대여 기간은 대여일 다음 날로부터 시작이며, 반납일이 휴관일인 경우 다음 영업일에 반납 가능하고 이 경우 연체료를 부과하지 않음
※ 장난감과 DVD는 모두 개별 바코드가 부여되며, 대여 수는 각각 카운팅함

○ 연회비 환불 기준

30일 이내, 대여횟수 없음	100%
30일 이내, 대여횟수 1회	50%
30일 이상 또는 대여횟수 2회 이상	환불 불가

○ 장난감 A/S 기준: 회원의 부주의와 조작 미숙으로 파손 시 A/S 비용의 해당하는 비율을 변상해야 하며, A/S가 불가한 경우 동일한 장난감으로 변상 또는 구매가격의 100%를 변상해야 함, 장난감 분실 시 구매가격의 해당하는 비율을 변상해야 함

대여횟수	변상기준
1~10회	구매가격 100% 변상 또는 A/S 비용의 100% 변상 또는 동일한 물품으로 변상
11~30회	구매가격의 80% 변상 또는 A/S 비용의 80% 변상
31~50회	구매가격의 50% 변상 또는 A/S 비용의 50% 변상
51회 이상	구매가격의 30% 변상 또는 A/S 비용의 30% 변상

※ 대여횟수 11회 이상 장난감의 구성물 분실의 경우 같은 구성물로 대체 가능

○ 유의사항
- 회원은 A구 장난감도서관의 규정 및 고지사항을 준수해야 함
- A구 장난감도서관에는 소지품(가방)과 음식물을 가지고 들어갈 수 없음
- 장난감 대여 후 파손되는 장난감은 회원 개인이 변상해야 함(A/S 변상기준에 따라 변상)
- 장난감 대여 시 운영 요원과 장난감의 상태 및 수량을 확인한 후 대여, 반납할 수 있음
- 모든 장난감은 실내에서만 놀이가 가능
- 건전지가 필요한 장난감은 개인적으로 건전지를 구입해서 사용해야 함
- 장난감의 바코드가 손상되지 않도록 주의해야 함
- A구 장난감도서관에서 대여한 장난감으로 일어나는 안전사고 및 대여실에서 일어나는 모든 안전사고의 책임은 보호자에게 있음
- 대여 물품은 A구의 재산이므로 타인에게 임대 또는 양도가 불가능하며 반드시 약속된 날짜에 반납해야 함
- 회원은 주소 및 연락처가 변경된 경우 바로 A구 장난감도서관에 고지해야 함
- 대여한 장난감이 작동되지 않는 경우 대여시간으로부터 1시간 이내에 A구 장난감도서관으로 전화접수 후 가지고 와야 함(다른 장난감으로 대여)
- 대여 후 1시간 이후에 접수된 것에 대해서는 A/S 기준에 근거하여 회원이 변상해야 함
- 대여용 또는 대여한 장난감은 A구 장난감도서관 내에서 가지고 놀 수 없음

49 위 자료에 대한 설명으로 옳지 않은 것은?

① 모든 장난감에는 바코드가 있다.
② 매주 37.5시간 동안 운영되며 운영시간 동안 대여 및 이용이 가능하다.
③ 대여한 장난감은 장난감도서관에서 이용 불가하다.
④ 일반회원의 경우 1회당 최대 5개의 장난감 및 DVD를 대여할 수 있다.

50 **다음 [상황]의 A가 지불해야 하는 연체료와 B가 지불해야 하는 변상액의 합은?**

[상황]

- A는 소물 장난감 3개를 6월 10일에 대여하였다. A는 대여기간을 연장하지 않고, 7월 3일에 반납하였다.
- B는 자신이 대여하기 전 대여횟수가 30회인 대물 장난감과 53회인 소물 장난감을 대여하였다. B가 장난감을 반납 시 운영 요원이 장난감의 상태 및 수량을 확인하였는데 대물 장난감은 고장이 났고, 소물 장난감은 분실하였다.

[표] 장난감별 구매가격 및 A/S 비용

구분	구매가격	A/S 비용
대물 장난감	55,000원	28,000원
소물 장난감	24,500원	12,000원

① 24,150원 ② 26,750원 ③ 32,550원 ④ 40,250원

51 **다음은 A구 육아종합지원센터 홈페이지 내 장난감도서관 관련 Q&A이다. 답변 ㉠~㉣ 중 옳지 않은 것은?**

Q&A

Q: 자녀를 위해 장난감을 대여하고 집에서 확인해 보니 작동이 되지 않네요. 어떻게 해야 할까요?

A: ㉠ 장난감 대여 시 운영 요원과 장난감의 상태를 확인하였으므로 A/S 변상기준에 따라 변상하셔야 합니다.

Q: 건전지가 필요한 장난감은 건전지가 포함되어 있나요?

A: ㉡ 건전지가 필요한 장난감에는 건전지가 미포함되어 있고, 대여 후 건전지를 구매하셔서 사용하셔야 합니다.

Q: 연회비를 납부 후 DVD를 5개 대여하였는데, 연회비를 환불받을 수 있나요?

A: ㉢ 가입 기간이 30일 이내더라도 대여횟수가 2회 초과이므로 연회비를 환불받으실 수 없습니다.

Q: 대여한 장난감은 최대 며칠 동안 이용이 가능한가요?

A: ㉣ 기본 14일이지만 1회에 한하여 7일 연장 가능하여 최대 21일 대여 가능합니다.

① ㉠ ② ㉡ ③ ㉢ ④ ㉣

[52~53] 다음은 공동육아방 이용에 관한 자료이다. 이어지는 물음에 답하시오.

1. 이용대상 및 정원
   - 만 5세 이하 영유아를 동반한 보호자에 한하여 이용 가능
   - 각 회차별 이용 가능 인원은 영유아 및 보호자 포함 24명
2. 이용 및 예약규정
   - 공동육아방의 운영시간은 월~토 10:00부터 17:30까지
     ※ 일요일, 법정공휴일, 대체휴무일, 근로자의 날은 휴관
   - 공동육아방 예약은 종합지원센터 홈페이지에서 전주 월요일 10시부터 당일 이용시간 전까지 가능
   - 이용하고자 하는 보호자 및 영유아 인원수에 맞게 예약해야 이용 가능
   - 공동육아방은 하루에 1회 이용할 수 있으며, 예약 시간 내 자유롭게 이용 가능
   - 이용시간

1회차	2회차	3회차
10:00~12:00	13:00~15:00	15:30~17:30

   - 공동육아방 이용자 인원이 정원보다 미달된 경우 중복으로 다음 회차의 이용이 가능
     ※ 중복 이용 시 점심시간 및 환경정비 시간에 이용이 불가능하며 모든 예약자 방문으로 인한 이용정원 초과 시 이용 불가
   - 점심시간(12:00~13:00) 및 환경정비 시간(15:00~15:30)에는 이용 불가
   - 예약하지 않은 방문자는 방문 시점에 이용정원이 차지 않은 경우에 한하여 이용 가능
     ※ 이용 중 사전예약자가 방문하여 정원 초과 시 이용 불가
   - 공동육아방의 놀이공간에서는 음식물 섭취가 불가능하며 영유아 간식 및 음료 섭취 시 수유실을 이용
   - 공동육아방 이용 시 반드시 방문기록을 작성해야 함
   - 공동육아방 이용 중 물품 및 놀잇감을 파손할 경우 동일제품으로 변상해야 함
3. 취소규정
   - 공동육아방 이용 취소는 이용일 하루 전 24시까지 종합지원센터 홈페이지에서 가능
   - 공동육아방 이용 예약 후 당일 취소 또는 불참 시 벌점 1점 부여
   - 누적벌점이 3점 이상일 경우 그날로부터 한 달간 이용이 제한, 이용 제한 기간 종료 후 벌점 1점 소멸
     ※ 매월 말일 누적벌점이 2점 이하일 경우 다음 달 1일 모두 소멸
   - 당일 취소 및 불참에 의한 벌점은 이용 영유아 기준으로 부과
   - 영유아의 갑작스런 질병에 의한 취소 또는 불참 시 이를 증빙할 수 있는 자료를 제출한 경우 벌점 부과하지 않음
   - 미세먼지 측정에 대하여 대기환경정보시스템 홈페이지를 통해 매일 아침 9시 기준, 민감군주의보 발령의 경우 당일 취소 가능

52 **위 자료에 대한 설명으로 옳지 않은 것은?**

① 영유아의 갑작스러운 질병으로 당일 취소를 하더라도 병원 진단서 제출 시 벌점이 부과되지 않는다.

② 11월 14일 목요일에 공동육아방을 예약하고자 하는 경우 해당 월 4일 10시부터 14일 이용 시간 전까지 예약할 수 있다.

③ 엄마, 아빠, 할아버지, 자녀 3명이 이용하는 경우 6명으로 예약해야 한다.

④ 2회차 이용자가 20명인 경우 1회차 이용자 중 4명은 최대 5시간 동안 이용할 수 있다.

53 **종합지원사이트 내 공동육아방 관련 Q&A이다. 답변 ㉠~㉣ 중 옳지 않은 것은?**

Q&A

Q: 공동육아방 내에서 취식이 가능한가요?

A: ㉠ 공동육아방 내 놀이공간에서는 음식물 섭취가 불가능합니다. 영유아의 취식은 수유실을 이용하시면 됩니다.

Q: 3월 9일에 불참으로 누적 벌점이 3점이 되었습니다. 모든 벌점 소멸 시기는 언제인가요?

A: ㉡ 4월 8일에 벌점 1점이 소멸되고, 5월 1일에 잔여 벌점 2점이 소멸됩니다.

Q: 제 아이디는 벌점 누적으로 인하여 이용 제한을 받았습니다. 배우자의 아이디로 이용 가능할까요?

A: ㉢ 예약자 기준으로 벌점이 부과되므로 이용이 가능합니다.

Q: 예약 없이 이용하고자 합니다. 이용이 가능할까요?

A: ㉣ 이용정원에 여유가 있는 경우 이용이 가능하지만 사전예약자가 방문하여 이용정원이 초과되는 경우 이용이 불가합니다.

① ㉠　　② ㉡　　③ ㉢　　④ ㉣

[54~56] 다음은 서울형 틈새 아이돌봄 3종 서비스에 관한 자료이다. 이어지는 물음에 답하시오.

○ 서울형 틈새 아이돌봄 3종 서비스: 정부지원 아이돌봄 서비스의 틈새를 보완하고, 서울지역 양육수요에 맞는 질 높은 아이돌봄 서비스(영아, 등·하원, 아픈 아이 전담)를 제공하는 제도

○ 영아 전담 아이돌봄 서비스

- 서비스 소개: 출산휴가 또는 육아휴직 후 직장으로 복귀하는 양육가정의 돌봄 공백을 해소하기 위해 영아 돌봄 경험이 많은 영아전담 돌보미가 서비스 제공
- 이용 대상: 서울시 양육공백 가정의 3개월 이상 36개월 이하 영아
- 시간당 이용요금

시간제 기본형	시간제 종합형	영아종일제	질병감염아동
11,630원	15,110원	11,630원	13,950원

※ 기준중위소득 기준의 75% 이하인 경우 85% 지원, 75% 초과 120% 이하인 경우 60% 지원, 120% 초과 150% 이하인 경우 20% 지원, 150% 초과인 경우 지원 없음(단, 계산 시 원 이하 절사)

- 서비스 종류: 시간제(기본형, 종합형), 영아종일제, 질병감염아동 지원

○ 등·하원 아이돌봄 서비스

- 서비스 소개: 어린이집, 유치원, 학교, 학원 등·하원이 필요한 아동 대상으로 등원 사전준비, 등하원 동행, 하원 후 놀이활동 등 등·하원 전담 아이돌보미가 서비스 제공
- 이용 대상: 등·하원 돌봄이 필요한 서울시 양육공백 가정의 만 12세 이하 아동
- 시간당 이용 요금

시간제 기본형	시간제 종합형
11,630원	15,110원

※ 기준중위소득 기준의 75% 이하인 경우 85% 지원, 75% 초과 120% 이하인 경우 60% 지원, 120% 초과 150% 이하인 경우 20% 지원, 150% 초과인 경우 지원 없음(단, 계산 시 원 이하 절사)

- 이용시간: 등원의 경우 오전 07~10시(3시간), 하원의 경우 오후 16~20시(4시간) 이용 가능

※ 등·하원 기준 시간 전후에도 서비스 이용 가능하지만 최대 이용시간은 동일함

- 서비스 종류: 시간제(기본형, 종합형)

○ 병원동행 아이돌봄 서비스

- 서비스 소개: 병원 내원이 필요한 아동 대상으로 병원동행 돌보미가 병원동행 및 가정 내 돌봄 서비스 제공
- 이용 대상: 복통 등 비전염성 질병감염, 예방접종·정기검진 등으로 병원 내원이 필요한 서울시 양육공백 가정의 만 12세 이하 아동
- 시간당 이용 요금

시간제 기본형	시간제 종합형	영아종일제
11,630원	15,110원	11,630원

※ 기준중위소득 기준의 75% 이하인 경우 85% 지원, 75% 초과 120% 이하인 경우 60% 지원, 120% 초과 150% 이하인 경우 20% 지원, 150% 초과인 경우 지원 없음(단, 계산 시 원 이하 절사)

※ 진료비, 약제비 등은 이용가정 자부담

- 서비스 종류: 시간제(기본형, 종합형), 영아종일제

○ 아이돌봄 서비스 이용 절차
1) 거주하는 주민자치센터에 신청 접수
2) 소득판별 후 적격 여부 통보
3) 아이돌봄 홈페이지 서비스 신청 등록
4) 서비스 연계

54 **위 자료에 대한 설명으로 옳지 않은 것은?**

① 등·하원 아이돌봄 서비스를 이용하여 등원 시 오전 6시부터 오전 10시까지 이용할 수 있다.
② 서울시 양육공백 가정의 만 7세 아동은 등·하원 아이돌봄 서비스와 병원동행 아이돌봄 서비스를 이용할 수 있다.
③ 질병감염아동으로 영아 전담 아이돌봄 서비스를 이용하는 경우 기준중위소득에 따라 시간당 최대 11,857원을 지원받을 수 있다.
④ 거주하는 주민자치센터에서 서비스를 신청할 수 있다.

55 **다음 [상황]의 A가 지불해야 하는 자기부담금은 얼마인가?**

[상황]

기준중위소득 기준의 85%인 A는 만 5세 자녀를 위해 10월에 등·하원 아이돌봄 서비스를 시간제 기본형으로 20일 동안 등원, 하원 최대 시간으로 이용하였다. 11월에는 자녀의 복통으로 병원동행 아이돌봄 서비스를 시간제 종합형으로 3일 동안 매일 5시간씩 이용하였고 진료비와 약제비가 25,750원이었다.

① 741,940원 ② 752,240원 ③ 767,690원 ④ 794,250원

56 **다음 중 서울형 틈새 아이돌봄 3종 서비스 이용 대상에 해당하지 않는 아동은?**

① 정기검진을 위해 병원 내원이 필요한 서울시 양육공백 가정의 만 10세 아동
② 등·하원 돌봄이 필요한 서울시 양육공백 가정의 만 3세 아동
③ 서울시 양육공백 가정의 15개월 영아
④ 전염성 질병에 감염되어 병원 내원이 필요한 서울시 양육공백 가정의 만 6세 아동

[57~58] 다음은 [근로자 휴양콘도]에 관한 자료이다. 자료를 보고 물음에 답하시오.

○ 사업목적

근로자 및 그 가족들의 여가 욕구 충족을 위해 휴양시설(콘도)을 저렴한 비용으로 이용할 수 있도록 지원하는 사업

○ 신청대상

구분	주말	성수기	평일	비고
대상자	모든 근로자 ※ 특수형태근로종사자 포함		- 모든 근로자 - 근로자를 사용하지 않는 중소기업사업주 - 워크숍, 체육행사, 단합행사 등을 개최하는 사업주, 부서장, 팀장, 동호회 회장 등	- 주말: 금, 토, 연휴, 공휴일 전일 - 평일: 일~목

○ 신청 절차

① 근로복지넷 홈페이지 → 서비스신청 → 근로자휴양콘도 클릭

② 인증서 로그인 후 신청서 작성

③ (공단) 근로자 고용정보의 임금 및 기업규모 확인 → (근로자) 확인 문자 전송

※ 임금 및 기업규모 등이 확인되지 않을 경우 또는 가점 대상자로 신청한 경우 관련 서류 요청 문자가 전송되며 서류를 팩스로 전송하여야 함

○ 이용 신청

주말	평일	성수기
이용일 전월 10일까지	이용일 7일 전까지	별도 공지

○ 이용 우선순위

① 이용가능점수가 높은 근로자

② 주말 선정박수가 적은 근로자

③ 나이가 많은 근로자

※ 근로자 신혼여행의 경우 최우선 선정

○ 이용자 선정

주말	평일
이용일 전월 15일(휴일인 경우 전날)	신청 후 7일 이내(최대 이용일 전날)

※ 이용우선순위를 기준으로 객실별(지역, 이용일, Type 동일) 이용순위를 정하며, 이용선정자가 취소하는 경우 후순위자를 자동 선발

○ 이용 및 변경 안내

- 문자 또는 이메일로 발송된 예약번호로 해당 콘도에서 체크인 후 이용
  - ※ '서비스신청 → 신청결과확인' 메뉴에서 결과 확인 가능
  - ※ A메일은 오류가 있어 타 메일 등록 요망
- 요금은 '서비스신청 → 휴양콘도 → 보유콘도 및 요금정보'에서 확인 가능
- 이용대상자로 선정된 후에는 이용일 및 이용지역 변경이 불가하며, 변경을 원할 경우 선정 취소

○ 취소 후 재신청

선정 후 취소 시 선정박수에는 포함되므로 이용 우선순위에 유의(평일 제외)

※ 기준년도 내 이용가능점수가 높은 근로자를 우선으로 자동선발하고, 차순위로 선정박수가 적은 근로자 순으로 선발하므로 선정 후 취소 시 차후 이용 우선순위에 영향을 미치니 유의 바람

○ 이용가능점수 배점기준

구분	항목	배점세부기준			
기본	월평균 소득	50점	40점	30점	20점
		기준임금 미만	기준임금 이상 110% 미만	기준임금 110% 이상 130% 미만	기준임금 130% 이상
	기업 규모	50점	40점	30점	0점
		50인 미만 일용근로자	50인 이상 99인 이하	100인 이상 299인 이하	300인 이상
가점	취약 계층	각 5점(해당년도 발급 증명서 제출)			
		• 기초생활수급자 • 북한이탈주민 • 다자녀(만 15세 이하 자녀 3명 이상)			

※ 기준임금: 2024년 3인 가구 기준 중위소득(4,714,657원)의 2/3(계산 시 만 원 미만 절사)

○ 이용가능점수 차감기준

선정박수 1박당 주말 10점, 평일 0점

※ 선정박수가 차감기준이므로 선정 취소에도 이용가능점수가 차감됨

57 **위 자료에 대한 설명으로 옳지 않은 것은?**

① 근로자 신혼여행의 경우 이용 우선순위에서 최우선으로 선정된다.

② 주말 이용대상자로 선정된 후 선정 취소 시 다음 신청에서 우선순위에 영향을 받을 수 있다.

③ 9월 28일 토요일에 근로자 휴양콘도를 이용하기 희망하는 사람들은 8월 10일 토요일까지 신청해야 하며 광복절인 8월 15일 목요일에 이용자가 선정된다.

④ 신청 후 가점 대상자의 경우 관련 서류를 팩스로 전송해야 한다.

58 **A는 월평균 소득이 4,000,000원이며, 근무하는 기업의 규모는 150명이다. A는 만 10세, 만 6세, 만 3세 자녀가 있다. A는 배우자, 자녀들과 함께 이용하기 위해 근로자 휴양콘도에 수요일부터 토요일까지 총 4박을 예약 후 선정되었으나, 개인 일정으로 인하여 예약 후 취소하였다. 이후 A가 선정될 수 있는 주말의 선정박수는?**

① 1박 ② 2박 ③ 3박 ④ 4박

[59~60] 다음은 희귀질환자 의료비 지원사업에 관한 자료이다. 이어지는 물음에 답하시오.

○ 희귀질환자 의료비 지원사업: 희귀질환자에게 의료비 지원을 통하여 대상자와 그 가족의 사회경제적, 심리적 안녕을 도모하고 국민건강 및 복지수준을 제고

○ 지원대상: 산정특례 등록자에 한하여 등록신청 및 지원이 가능하므로 반드시 희귀질환자 산정특례 등록 후 보건소에 신청

1) 요양급여비용 중 본인부담금(산정특례 등 건보가입자 혜택 적용 후 잔여비용)

가) 환자가구와 부양의무자가구의 소득 및 재산 기준을 만족하는 건강보험가입자

나) 요양급여비: 희귀질환자 의료비 지원사업 대상 질환 1,272개 및 그 합병증으로 인한 진료 시

다) 보조기기 구입비: 장애인 등록 법에 등록된 자로서 담당 의사의 진단서 또는 처방전을 발급받아 구입(대상질환 96개에 한함)

※ 장애인 보장구에 대한 보험급여기준에 따라 받은 급여비용 중 본인이 부담하여야 하는 금액을 지원

라) 인공호흡기 및 기침유발기 대여료: 국민건강보험공단에서 인공호흡기 및 기침유발기 대여료를 지원받는 대상자(대상질환 106개에 한함)

2) 간병비(월 30만 원)

가) 환자가구와 부양의무자가구의 소득 및 재산 기준을 만족하는 건강보험가입자 또는 의료급여수급권자 및 차상위 본인부담경감대상자

나) 장애정도가 심한 장애인 중 지체 또는 뇌병변 장애정도가 별도의 의학적 기준을 충족하는 자(대상질환 100개에 한함)

※ 기존 지체장애 1급 또는 뇌병변장애 1급 기준에 준함

3) 특수식이 구입비: 환자가구와 부양의무자 가구의 소득 및 재산 기준을 만족하는 건강보험가입자 또는 의료급여 수급권자 및 차상위 본인부담경감대상자

- 특수조제분유: 19세 이상, 28개 질환, 연간 360만 원 이내
- 저단백즉석밥: 19세 이상, 28개 질환, 연간 168만 원 이내
- 옥수수전분: 9개 질환, 연간 168만 원 이내

※ 옥수수전분의 경우 만 18세 미만 소아청소년은 소득재산조사 면제

○ 지원내용

- 비용 감면: 요양급여 중 본인부담금

※ 요양급여비, 만성신장병 요양비, 보조기기 구입비, 인공호흡기 및 기침유발기 대여료

- 현금급여: 간병비, 특수식이 구입비

○ 신청방법: 주소지 보건소에 방문하거나 희귀질환 헬프라인 누리집에서 온라인으로 신청

○ 구비서류

1) 환자 제출서류

- 최근 3개월 이내 발급된 진단서 1부
- 장애정도 확인 서류 사본 1부(해당자에 한함)
- 최근 3개월 이내 발급된 가족관계증명서(상세) 1부(환자를 기준으로 제출)
- 임대차계약서(해당자에 한함)

- 자동차보험계약서 1부(차세대사회보장정보시스템에서 조회가 안 되는 경우에 한하여 제출)
- 지원대상자(환자)의 통장사본 1부
- 건강보험 자격확인은 보건소에서 '행정정보공동이용'을 통해 확인(보건소에서 확인이 불가능한 경우 건강보험증 사본을 요청할 수 있음)

2) 부양의무자 제출서류
- 최근 3개월 이내에 발급된 가족관계증명서(상세) 1부(부양의무자를 기준으로 제출)
- 임대차계약서(해당자에 한함)
- 자동차보험계약서 1부(차세대사회보장정보시스템에서 조회가 안 되는 경우에 한하여 제출)

3) 부양의무자가구 중 소득재산조사 면제자 제출서류: 별도로 소득재산조사를 실시하지 않으며 아래의 서류만 제출
- 기초연금 수급자 증명서 사본 1부(해당자에 한하여 제출)
- 장애인 연금 수급자 증명서 사본 1부(해당자에 한하여 제출)
- 차상위 확인서 사본 1부(해당자에 한하여 제출)
- 한부모가족 증명서 사본 1부(해당자에 한하여 제출)

4) 보건소 담당자 확인서류
- 사회보장 자격확인(건강보험, 차상위 본인부담경감): 행정정보공동이용 우선 확인
- 국민기초생활수급자 증명서(의료급여 등): 행정정보공동이용 우선 확인
- 주민등록등본: 행정정보공동이용 우선 확인
- 소득·재산관계 서류(해당자에 한함): 차세대사회보장정보시스템 우선 확인
- 금융재산관계 서류(해당자에 한함): 차세대사회보장정보시스템 우선 확인

※ 보건소 담당자 확인서류는 보건소 담당자가 확인할 수 없는 경우 제출을 요구할 수 있음

59 **위 자료에 대한 설명으로 옳지 않은 것은?**

① 희귀질환자는 산정특례 등록 후에만 지원을 신청할 수 있다.

② 보조기기 구입비 지원대상자가 담당 의사 진단서를 발급받은 후 보조기기 구입 시 일부 자기부담금이 있다.

③ 옥수수전분 구입비를 지원받는 만 18세 미만 소아청소년은 소득재산조사를 면제받는다.

④ 인공호흡기 및 기침유발기 대여료는 국민건강보험공단에서 대여료를 지원받는 대상자에게만 제공된다.

60 **다음은 희귀질환자 의료비 지원사업 사이트 내 Q&A이다. 답변 ㉠~㉣ 중 옳지 않은 것은?**

> Q&A
>
> Q: 임대차계약서를 제출해야 한다고 전달받았는데 제출해야 할까요?
> A: ㉠ 네, 해당하는 환자에 한하여 임대차계약서를 제출해야 합니다.
> Q: 특수조제분유를 섭취해야 하는 16세 환자입니다. 저도 지원받을 수 있나요?
> A: ㉡ 특수조제분유의 경우 19세 이상에 한하여 지원받을 수 있습니다.
> Q: 보건소 담당자로부터 사회보장 자격확인 서류 제출을 요청받았습니다. 차세대사회보장정보시스템에서 확인이 불가능한 상황일까요?
> A: ㉢ 사회보장 자격확인 서류는 보건소 담당자가 차세대사회보장정보시스템에서 우선적으로 확인을 하지만 확인이 불가한 경우에 제출을 요청할 수 있습니다.
> Q: 기존 지체장애 1급인 경우 간병비를 지원받을 수 있나요?
> A: ㉣ 네, 월 30만 원을 지원받을 수 있습니다.

① ㉠ ② ㉡ ③ ㉢ ④ ㉣

실전모의고사 2회
법률 - 노인장기요양보험법

01 **다음은 「노인장기요양보험법」의 일부이다. 조문의 ㉠~㉢에 들어갈 말을 옳게 짝지은 것은?**

> 제1조(목적) 이 법은 고령이나 (㉠) 등의 사유로 일상생활을 혼자서 수행하기 어려운 노인등에게 제공하는 신체활동 또는 (㉡) 지원 등의 장기요양급여에 관한 사항을 규정하여 노후의 건강증진 및 생활안정을 도모하고 그 가족의 부담을 덜어줌으로써 (㉢)의 삶의 질을 향상하도록 함을 목적으로 한다.

	㉠	㉡	㉢
①	노인성 질병	가사활동	국민
②	노인성 질병	정신활동	노인
③	노인성 질환	가사활동	노인
④	노인성 질환	정신활동	국민

02 **「노인장기요양보험법」상 '노인등'에 해당하는 사람을 [보기]에서 모두 고르면 총 몇 명인가? (단, 제시된 내용 외에는 고려하지 않는다)**

| 보기 |

- 갑: 저는 45세로 장기요양보험의 가입자입니다.
- 을: 저는 55세로 장기요양급여의 수급자입니다.
- 병: 저는 50세의 이른 나이에도 불구하고 치매를 앓고 있습니다.
- 정: 저는 올해로 80세가 되었지만 질병을 가지고 있지는 않습니다.
- 무: 저는 65세로 여러 가지 질병을 가지고 있지만, 그중에 대통령령으로 정하는 노인성 질병은 없습니다.

① 2명　② 3명　③ 4명　④ 5명

03 **장기요양급여 제공의 기본원칙으로 옳은 것은?**

① 장기요양급여는 노인등의 심신상태나 건강 등이 악화되지 아니하도록 의료서비스와 별도로 이를 제공하여야 한다.

② 장기요양급여는 노인등이 가족과 함께 생활하면서 가정에서 장기요양을 받는 재가급여를 우선적으로 제공하여야 한다.

③ 장기요양급여는 노인등이 자신의 의사와 능력에 따라 최대한 자립적으로 신체활동을 수행할 수 있도록 제공하여야 한다.

④ 장기요양급여는 노인등의 심신상태·생활환경과 그 가족의 욕구·선택을 종합적으로 고려하여 필요한 범위 안에서 이를 적정하게 제공하여야 한다.

04 **보건복지부장관이 장기요양사업의 실태를 파악하기 위하여 3년마다 정기적으로 실시하는 조사의 대상으로 옳은 것을 [보기]에서 모두 고르면?**

| 보기 |

ㄱ. 장기요양인정에 관한 사항
ㄴ. 장기요양보험료의 부과·징수에 관한 사항
ㄷ. 장기요양요원의 근로조건, 처우 및 규모에 관한 사항
ㄹ. 수급자의 규모, 그 급여의 수준 및 만족도에 관한 사항
ㅁ. 장기요양사업에 관한 사항으로서 대통령령으로 정하는 사항

① ㄱ, ㄴ　② ㄱ, ㄷ, ㄹ　③ ㄷ, ㄹ, ㅁ　④ ㄱ, ㄴ, ㄷ, ㅁ

05 **다음 [그림]의 ㉠~㉢에 대한 설명으로 옳지 않은 것을 [보기]에서 모두 고르면?**

[그림]

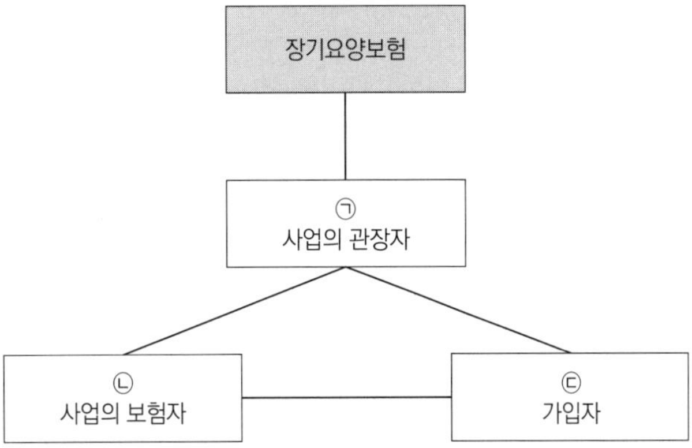

| 보기 |

ㄱ. ㉠은 장기요양기관 재무·회계기준을 정할 때에 장기요양기관의 특성 및 그 시행시기 등을 고려하여야 한다.
ㄴ. ㉠은 장기요양기관이 제공하는 장기요양급여 내용을 지속적으로 관리·평가하여 장기요양급여의 수준이 향상되도록 노력하여야 한다.
ㄷ. ㉡은 장기요양기관이 전문인 배상책임보험에 가입하지 않은 경우 그 기간 동안 해당 장기요양기관에 지급하는 장기요양급여비용의 일부를 감액하여야 한다.
ㄹ. 「외국인근로자의 고용 등에 관한 법률」에 따른 외국인근로자 등 대통령령으로 정하는 외국인이 신청하는 경우 보건복지부령으로 정하는 바에 따라 ㉢에서 제외할 수 있다.

① ㄱ, ㄴ ② ㄱ, ㄹ ③ ㄴ, ㄷ ④ ㄷ, ㄹ

06 **장기요양인정서 및 개인별장기요양이용계획서에 대한 설명으로 옳지 않은 것을 [보기]에서 모두 고르면?**

| 보기 |

ㄱ. 공단은 등급판정위원회가 장기요양인정 및 등급판정의 심의를 완료한 경우 30일 이내에 장기요양인정서를 작성하여 수급자에게 송부하여야 한다.
ㄴ. 장기요양인정서에는 장기요양등급, 장기요양급여의 종류 및 내용, 그 밖에 장기요양급여에 관한 사항으로서 보건복지부령으로 정하는 사항이 포함되어야 한다.
ㄷ. 공단은 장기요양인정서를 송부하는 때 장기요양급여를 원활히 이용할 수 있도록 연 한도액 범위 안에서 개인별장기요양이용계획서를 작성하여 이를 함께 송부하여야 한다.

① ㄴ　　② ㄱ, ㄷ　　③ ㄱ, ㄴ, ㄷ　　④ 없음

07 **장기요양인정에 대한 설명으로 옳은 것은?**

① 장기요양보험가입자 또는 그 피부양자가 아니면 장기요양인정을 신청할 수 없다.
② 장기요양인정의 유효기간은 최소 2년 이상으로서 대통령령으로 정하며, 유효기간의 산정방법과 그 밖에 필요한 사항은 보건복지부령으로 정한다.
③ 장기요양인정을 신청하는 자는 보건복지부령으로 정하는 바에 따라 장기요양인정신청서를 공단이 등급판정위원회에 자료를 제출하기 전까지 공단에 제출하여야 한다.
④ 수급자는 장기요양인정의 유효기간이 만료된 후 장기요양급여를 계속하여 받고자 하는 경우 공단에 장기요양인정의 갱신을 신청하여야 하며, 이 갱신 신청은 유효기간이 만료되기 전 30일까지 완료하여야 한다.

08 **다음 [사례]에서 갑과 을에 대한 공단의 처분으로 가능한 것은?**

> [사례]
>
> • 사례 1: 장기요양급여를 받을 수 있는 갑은 장기요양기관 A가 부정한 방법으로 장기요양급여 비용을 받는 데에 가담하였다.
>
> • 사례 2: 공단은 장기요양급여를 받고 있는 을이 거짓으로 장기요양인정을 받은 것으로 의심되어 소속 직원으로 하여금 을의 심신상태, 을에게 필요한 장기요양급여의 종류 및 내용, 그 밖에 장기요양에 관하여 필요한 사항으로서 보건복지부령으로 정하는 사항을 조사하게 하였다. 그러나 을은 정당한 사유 없이 조사에 응하지 않았다.

① 공단은 갑과 을에 대하여 각각 장기요양급여의 전부를 제공하지 아니하게 할 수 있다.

② 공단은 갑에 대하여 장기요양급여를 중단할 수 있고, 을에 대하여 장기요양급여의 일부를 제공하지 아니하게 할 수 있다.

③ 공단은 갑에 대하여 장기요양급여의 전부를 제공하지 아니하게 할 수 있고, 을에 대하여 1년의 범위에서 장기요양급여의 횟수를 제한할 수 있다.

④ 공단은 갑에 대하여 2년의 범위에서 장기요양급여의 횟수를 제한할 수 있고, 을에 대하여 장기요양급여의 일부를 제공하지 아니하게 할 수 있다.

09 **특별자치시장·특별자치도지사·시장·군수·구청장이 장기요양기관을 지정하려는 경우에 검토하여야 하는 사항으로 옳은 것을 [보기]에서 모두 고르면 총 몇 개인가?**

| 보기 |

ㄱ. 장기요양기관의 운영 계획
ㄴ. 장기요양기관을 운영하려는 자 및 그 기관에 종사하려는 자의 장기요양급여 제공 이력
ㄷ. 해당 지역의 노인인구 수, 치매 등 노인성질환 환자 수 및 장기요양급여 공급 등 지역 특성
ㄹ. 장기요양기관을 운영하려는 자 및 그 기관에 종사하려는 자가 「노인장기요양보험법」, 「사회복지사업법」 또는 「노인복지법」 등 장기요양기관의 운영과 관련된 법에 따라 받은 형사처벌의 내용

① 1개　② 2개　③ 3개　④ 4개

10 **장기요양기관으로 지정받을 수 없는 자를 [보기]에서 모두 고르면?**

| 보기 |

- 갑: 직계혈족 중에 피한정후견인이 있다.
- 을: 과거 파산선고를 받았지만 2년 전 복권되었다.
- 병: 금고 이상의 형의 집행유예를 선고받고 현재 그 유예기간 중에 있다.
- 정: 과거 금고 이상의 실형을 선고받았지만, 그 집행이 종료된 지 3년이 경과하였다.
- 무: 전문의에게 장기요양기관 설립·운영 업무에 종사하는 것이 적합하다고 인정받은 정신질환자이다.

① 갑, 병　② 병, 정　③ 을, 정, 무　④ 갑, 을, 병, 무

11 **장기요양기관의 장이 시설 및 인력 등 보건복지부령으로 정하는 중요한 사항을 변경하기 위한 행위로 가능한 것은?**

① 구청장의 변경지정을 받는다.
② 특별자치시장에게 변경신고를 한다.
③ 보건복지부장관에게 변경신고를 한다.
④ 국민건강보험공단의 변경지정을 받는다.

12 **「노인장기요양보험법」 제35조에 명시된 의무로 옳지 않은 것을 [보기]에서 모두 고르면?**

| 보기 |

ㄱ. 장기요양기관의 장은 장기요양급여를 제공한 수급자에게 장기요양급여에 대한 명세서를 교부하여야 한다.
ㄴ. 장기요양기관의 장은 장기요양급여 제공에 관한 자료를 기록·관리하여야 하며, 장기요양기관의 장 및 그 종사자는 장기요양급여 제공에 관한 자료를 거짓으로 작성하여서는 아니 된다.
ㄷ. 장기요양기관은 장기요양보험가입자 또는 그 피부양자로부터 장기요양급여신청을 받은 때 장기요양급여의 제공을 거부하여서는 아니 된다. 다만, 입소정원에 여유가 없는 경우 등 정당한 사유가 있는 경우는 그러하지 아니하다.
ㄹ. 장기요양기관의 장은 영리를 목적으로 금전, 물품, 노무, 향응, 그 밖의 이익을 제공하거나 제공할 것을 약속하는 방법으로 노인등을 장기요양기관에 소개, 알선 또는 유인하는 행위 및 이를 조장하는 행위를 하여서는 아니 된다.

① ㄷ　② ㄱ, ㄴ　③ ㄴ, ㄹ　④ ㄱ, ㄷ, ㄹ

13 **다음 [사례]의 ㉠에 들어갈 수 있는 말로 적절한 것을 [보기]에서 모두 고르면?**

> [사례]
>
> 장기요양기관에서 장기요양요원으로 근무하고 있는 갑은 (㉠)에 대하여 장기요양기관의 장에게 고충의 해소를 요청하였다. 그러나 갑의 요청에도 불구하고 장기요양기관의 장은 적절한 조치를 하지 않았고, 결국 갑은 장기요양기관을 지정한 군수에게 그 시정을 신청하였다. 신청을 받은 군수는 갑의 고충에 대한 사실확인을 위한 조사를 실시한 뒤 갑에 대하여 적절한 조치를 할 것을 장기요양기관의 장에게 통보하였다.

| 보기 |

ㄱ. 장기요양기관의 장이 자신에게 폭언을 하는 것
ㄴ. 수급자 및 그 가족이 자신에게 성희롱을 하는 것
ㄷ. 장기요양기관의 장이 자신에게 수급자의 가족만을 위한 행위를 요구하는 것
ㄹ. 수급자 및 그 가족이 자신에게 수급자의 생업을 지원하는 행위를 요구하는 것

① ㄱ, ㄴ ② ㄱ, ㄷ ③ ㄴ, ㄹ ④ ㄷ, ㄹ

14 **다음 [사례]에 대한 설명으로 옳은 것을 [보기]에서 모두 고르면?**

[사례]

○○특별자치시에 소재하고 있는 장기요양기관 A는 폐쇄회로 텔레비전의 설치·관리 및 영상정보의 보관기준을 위반하였고, ○○특별자치시장은 A에 대하여 6개월 이내의 범위에서 일정한 기간을 정하여 시정을 명하였다. 하지만 A가 시정명령마저도 고의로 이행하지 않자, ○○특별자치시장은 A에 대하여 3개월의 업무정지 처분을 내리게 되었다.

| 보기 |

ㄱ. A는 ○○특별자치시장으로부터 업무정지 처분을 받기 전 청문을 거쳤을 것이다.
ㄴ. ○○특별자치시장은 A를 이용하는 수급자가 다른 장기요양기관을 선택하여 이용할 수 있도록 하는 조치를 하여야 한다.
ㄷ. ○○특별자치시장은 A에서 수급자가 「노인장기요양보험법」 제40조 제1항 및 제3항에 따라 부담한 비용 중 정산하여야 할 비용이 있는 경우 이를 정산하여야 한다.
ㄹ. ○○특별자치시장은 A가 받는 행정처분의 내용을 우편 또는 정보통신망 이용 등의 방법으로 A를 이용하는 수급자 및 그 보호자에게 통보하는 조치를 하여야 한다.

① ㄱ, ㄴ ② ㄱ, ㄹ ③ ㄴ, ㄷ ④ ㄷ, ㄹ

15 **다음은 「노인장기요양보험법」의 일부이다. 조문의 ㉠~㉢에 들어갈 말을 옳게 짝지은 것은?**

> 제39조(장기요양급여비용 등의 산정) ① 보건복지부장관은 매년 급여종류 및 (㉠) 등에 따라 제45조에 따른 장기요양위원회의 심의를 거쳐 다음 연도의 재가 및 시설 급여비용과 특별현금급여의 지급금액을 정하여 고시하여야 한다.
> ② 보건복지부장관은 제1항에 따라 재가 및 시설 급여비용을 정할 때 대통령령으로 정하는 바에 따라 국가 및 지방자치단체로부터 장기요양기관의 (㉡)을 지원받았는지 여부 등을 고려할 수 있다.
> ③ 제1항에 따른 재가 및 시설 급여비용과 특별현금급여의 지급금액의 구체적인 산정방법 및 항목 등에 관하여 필요한 사항은 (㉢)으로 정한다.

	㉠	㉡	㉢
①	지역특성	설립비용	대통령령
②	지역특성	운영비용	보건복지부령
③	장기요양등급	설립비용	보건복지부령
④	장기요양등급	운영비용	대통령령

16 **다음 [사례]에 대한 설명으로 옳은 것은? (단, 갑은 의료급여수급권자가 아니며 제시된 내용 외에는 고려하지 않는다)**

> [사례]
>
> 장기요양인정 신청을 하였던 갑은 얼마 후 수급자로 판정되어, 202X년 3월부터 재가급여를 받고 있다. 갑은 202X년 3월에는 월 한도액의 범위 안에서 장기요양급여를 받았지만, 202X년 4월에는 월 한도액을 초과하여 장기요양급여를 받았다.

① 갑은 202X년 4월에 받은 모든 장기요양급여에 대한 비용 전부를 본인이 부담한다.

② 갑은 202X년 3월에 받은 모든 장기요양급여에 대한 본인부담금을 부담하지 않는다.

③ 갑은 202X년 4월에 월 한도액을 초과하여 받은 장기요양급여에 대한 비용 전부를 본인이 부담한다.

④ 갑이 보건복지부령으로 정하는 사유로 인하여 생계가 곤란한 자라면 갑의 본인부담금은 100분의 20의 범위에서 감경될 수 있다.

17 **장기요양위원회에 대한 설명으로 옳은 것을 [보기]에서 모두 고르면?**

> | 보기 |
>
> ㄱ. 위원장 1인, 부위원장 1인을 포함한 15인 이상 22인 이하의 위원으로 구성한다.
>
> ㄴ. 회의는 구성원 과반수의 출석으로 개의하고 출석위원 과반수의 찬성으로 의결한다.
>
> ㄷ. 위원장은 보건복지부차관이 되고, 부위원장은 위원 중에서 보건복지부장관이 지명한다.
>
> ㄹ. 위원장이 아닌 위원 중에서 '장기요양기관 또는 의료계를 대표하는 자'는 6인을 초과할 수 없다.

① ㄴ ② ㄱ, ㄷ ③ ㄴ, ㄹ ④ ㄱ, ㄷ, ㄹ

18 **장기요양사업의 관리운영기관인 국민건강보험공단이 관장하는 업무로 옳지 않은 것을 [보기]에서 모두 고르면 총 몇 개인가?**

| 보기 |

ㄱ. 노인성질환치료사업
ㄴ. 장기요양기관 및 장기요양전문인력 관리 방안
ㄷ. 재가 및 시설 급여비용의 지급과 특별현금급여의 심사 및 지급
ㄹ. 장기요양보험가입자 및 그 피부양자와 의료급여수급권자의 자격관리
ㅁ. 신청인 및 그 가족에 대한 정보제공·안내·상담 등 장기요양급여 관련 이용지원에 관한 사항
ㅂ. 장기요양급여비용의 지급기준을 개발하고 장기요양급여의 적정성을 검토하기 위한 장기요양기관의 설치 및 운영

① 2개 ② 3개 ③ 4개 ④ 5개

19 **국가와 지방자치단체가 국민건강보험공단이 부담하여야 할 비용의 전액을 부담하는 것으로 옳은 것을 [보기]에서 모두 고르면?**

| 보기 |

ㄱ. 의사소견서 발급비용
ㄴ. 방문간호지시서 발급비용
ㄷ. 장기요양인정서 발급비용
ㄹ. 장기요양보험가입자의 장기요양급여비용

① ㄷ ② ㄱ, ㄴ ③ ㄴ, ㄹ ④ ㄱ, ㄷ, ㄹ

20 다음 [사례]의 A~D 중에서 징역형에 처할 수 있는 자를 모두 고르면?

[사례]

- 사례 1: 과거 공표심의위원회에 종사하였던 A는 공표심의위원회에서 업무를 수행하던 중 알게 된 비밀을 누설하였다.
- 사례 2: 장기요양기관을 운영하고 있는 B는 수급자의 안전과 장기요양기관의 보안이라는 설치 목적과는 다른 목적으로 폐쇄회로 텔레비전을 임의로 조작하였다.
- 사례 3: 보건복지부장관이 장기요양기관 C에 장기요양급여의 제공 명세, 재무·회계에 관한 사항 등 장기요양급여에 관련된 자료의 제출을 명하였으나, C는 해당 자료제출 명령에 따르지 않았다.
- 사례 4: 장기요양기관의 장 D는 장기요양기관을 폐업하기 위해 폐업 예정일 전 30일까지 구청장에게 이를 신고하였으나, 폐업 신고를 하면서 장기요양급여 제공 자료를 국민건강보험공단으로 이관하지는 않았다.

① A, B ② C, D ③ A, B, C ④ B, C, D

※ 본 답안지는 실제와 다를 수 있습니다.

자름선

혼JOB 국민건강보험공단 봉투모의고사 OMR 답안지

성명(4자까지만 표기)			
ㄱ ㅏ ㄱ	ㄱ ㅏ ㄱ	ㄱ ㅏ ㄱ	ㄱ ㅏ ㄱ
ㄴ ㅑ ㄴ	ㄴ ㅑ ㄴ	ㄴ ㅑ ㄴ	ㄴ ㅑ ㄴ
ㄷ ㅓ ㄷ	ㄷ ㅓ ㄷ	ㄷ ㅓ ㄷ	ㄷ ㅓ ㄷ
ㄹ ㅕ ㄹ	ㄹ ㅕ ㄹ	ㄹ ㅕ ㄹ	ㄹ ㅕ ㄹ
ㅁ ㅗ ㅁ	ㅁ ㅗ ㅁ	ㅁ ㅗ ㅁ	ㅁ ㅗ ㅁ
ㅂ ㅛ ㅂ	ㅂ ㅛ ㅂ	ㅂ ㅛ ㅂ	ㅂ ㅛ ㅂ
ㅅ ㅜ ㅅ	ㅅ ㅜ ㅅ	ㅅ ㅜ ㅅ	ㅅ ㅜ ㅅ
ㅇ ㅠ ㅇ	ㅇ ㅠ ㅇ	ㅇ ㅠ ㅇ	ㅇ ㅠ ㅇ
ㅈ ㅡ ㅈ	ㅈ ㅡ ㅈ	ㅈ ㅡ ㅈ	ㅈ ㅡ ㅈ
ㅊ ㅣ ㅊ	ㅊ ㅣ ㅊ	ㅊ ㅣ ㅊ	ㅊ ㅣ ㅊ
ㅋ ㅐ ㅋ	ㅋ ㅐ ㅋ	ㅋ ㅐ ㅋ	ㅋ ㅐ ㅋ
ㅌ ㅒ ㅌ	ㅌ ㅒ ㅌ	ㅌ ㅒ ㅌ	ㅌ ㅒ ㅌ
ㅍ ㅔ ㅍ	ㅍ ㅔ ㅍ	ㅍ ㅔ ㅍ	ㅍ ㅔ ㅍ
ㅎ ㅖ ㅎ	ㅎ ㅖ ㅎ	ㅎ ㅖ ㅎ	ㅎ ㅖ ㅎ
ㄲ ㅘ ㄲ	ㄲ ㅘ ㄲ	ㄲ ㅘ ㄲ	ㄲ ㅘ ㄲ
ㄸ ㅙ ㄶ	ㄸ ㅙ ㄶ	ㄸ ㅙ ㄶ	ㄸ ㅙ ㄶ
ㅃ ㅚ ㄺ	ㅃ ㅚ ㄺ	ㅃ ㅚ ㄺ	ㅃ ㅚ ㄺ
ㅆ ㅝ ㄻ	ㅆ ㅝ ㄻ	ㅆ ㅝ ㄻ	ㅆ ㅝ ㄻ
ㅉ ㅞ ㄼ	ㅉ ㅞ ㄼ	ㅉ ㅞ ㄼ	ㅉ ㅞ ㄼ
ㅟ ㅀ	ㅟ ㅀ	ㅟ ㅀ	ㅟ ㅀ
ㅢ	ㅢ	ㅢ	ㅢ

수험번호(8자리)							
0	0	0	0	0	0	0	0
1	1	1	1	1	1	1	1
2	2	2	2	2	2	2	2
3	3	3	3	3	3	3	3
4	4	4	4	4	4	4	4
5	5	5	5	5	5	5	5
6	6	6	6	6	6	6	6
7	7	7	7	7	7	7	7
8	8	8	8	8	8	8	8
9	9	9	9	9	9	9	9

생년월일(연도/월/일)					
0	0	0	0	0	0
1	1	1	1	1	1
2	2	2	2	2	2
3	3	3	3	3	3
4	4	4	4	4	4
5	5	5	5	5	5
6	6	6	6	6	6
7	7	7	7	7	7
8	8	8	8	8	8
9	9	9	9	9	9

01	①	②	③	④	21	①	②	③	④	41	①	②	③	④	01	①	②	③	④
02	①	②	③	④	22	①	②	③	④	42	①	②	③	④	02	①	②	③	④
03	①	②	③	④	23	①	②	③	④	43	①	②	③	④	03	①	②	③	④
04	①	②	③	④	24	①	②	③	④	44	①	②	③	④	04	①	②	③	④
05	①	②	③	④	25	①	②	③	④	45	①	②	③	④	05	①	②	③	④
06	①	②	③	④	26	①	②	③	④	46	①	②	③	④	06	①	②	③	④
07	①	②	③	④	27	①	②	③	④	47	①	②	③	④	07	①	②	③	④
08	①	②	③	④	28	①	②	③	④	48	①	②	③	④	08	①	②	③	④
09	①	②	③	④	29	①	②	③	④	49	①	②	③	④	09	①	②	③	④
10	①	②	③	④	30	①	②	③	④	50	①	②	③	④	10	①	②	③	④
11	①	②	③	④	31	①	②	③	④	51	①	②	③	④	11	①	②	③	④
12	①	②	③	④	32	①	②	③	④	52	①	②	③	④	12	①	②	③	④
13	①	②	③	④	33	①	②	③	④	53	①	②	③	④	13	①	②	③	④
14	①	②	③	④	34	①	②	③	④	54	①	②	③	④	14	①	②	③	④
15	①	②	③	④	35	①	②	③	④	55	①	②	③	④	15	①	②	③	④
16	①	②	③	④	36	①	②	③	④	56	①	②	③	④	16	①	②	③	④
17	①	②	③	④	37	①	②	③	④	57	①	②	③	④	17	①	②	③	④
18	①	②	③	④	38	①	②	③	④	58	①	②	③	④	18	①	②	③	④
19	①	②	③	④	39	①	②	③	④	59	①	②	③	④	19	①	②	③	④
20	①	②	③	④	40	①	②	③	④	60	①	②	③	④	20	①	②	③	④

감독자 확인란	

개정 2판 1쇄 2025년 3월 6일

나만의 성장 엔진

www.honjob.co.kr

혼JOB

자소서 / 면접 / NCS · PSAT / 전공필기 / 금융논술 / 시사상식 / 자격증

최신개정판

혼JOB 국민건강보험공단 NCS+법률 봉투모의고사

실전모의고사 3회

[NCS 직업기초능력 + 국민건강보험법]

최신개정판

혼JOB 국민건강보험공단 봉투모의고사

실전모의고사 3회

[NCS 직업기초능력 + 국민건강보험법]

수험번호	
성명	

○ 실전모의고사 3회는 본 도서의 과년도 수록 문항 중 반드시 풀어 보아야 하는 문항과 출제 가능성이 높은 문항을 엄선하여 구성했습니다.

○ 시험 유의사항

1. 실전모의고사 3회는 다음과 같이 구성되어 있습니다. 정해진 시험 시간에 맞추어 풀어 보시기를 권장합니다.

과목	세부 영역	문항 수	시험 시간	시험 형식
NCS 직업기초능력	의사소통	20문항	60분	4지 선다형
	수리	20문항		
	문제해결	20문항		
직무시험(법률)	국민건강보험법	20문항	20분	

2. 국민건강보험법은 법률 제20505호(2024. 10. 22. 일부개정)를 기준으로 출제하였습니다. 실제 시험의 출제 기준은 채용 공고를 통해 확인하시기 바랍니다.
3. 본 실전모의고사 풀이 시 맨 마지막 페이지의 OMR 카드를 활용하시어 실전 감각을 높이시기 바랍니다.
4. 시험지의 전 문항은 무단 전재 및 배포를 금합니다. 이를 위반할 경우 관련 규정에 따라 처벌을 받을 수 있습니다.

실전모의고사 3회
NCS 직업기초능력

[01~02] 다음 글을 읽고 이어지는 물음에 답하시오.

(가) 만성 폐쇄성 폐질환(COPD)은 2019년 전 세계 사망 원인 3위에 해당하는 흔한 질환이며, 우리나라 65세 이상 남자 2명 중 1명(46.8%)이 COPD 환자이다. COPD는 기관지와 폐 조직에 만성적인 염증이 발생해서 생기는 병으로, 담배를 피우거나 일터에서의 유해가스 흡입, 실내외 공기 오염, 결핵과 같은 호흡기 감염 등이 원인이다. 염증 때문에 기관지는 좁아지고 폐 조직이 파괴되어 폐기종이 생기며, 기도가 좁아져서 숨을 쉴 때 공기가 잘 이동하지 못해 숨이 차게 된다. 감기 등 바이러스 감염이나 세균감염 등에 의하여 급격히 호흡기 증상이 악화되는 '급성악화'가 자주 발생하고, 정상인에 비해 폐암, 심혈관 질환 등 '동반질환'이 흔하여 COPD의 중증도와 예후에 영향을 미친다.

(나) 가장 특징적인 COPD 증상은 만성적이고 진행성인 호흡곤란, 기침, 가래이며, 기침과 가래가 수년 전부터 선행할 수 있지만 기침과 가래가 없는 경우도 있다. 경증의 COPD 환자는 일반적으로 증상이 없어서 진단이 늦어질 수 있으며, 중증 COPD의 경우 평상시에는 증상이 없지만 가파른 곳을 오르거나 심한 운동을 할 때 호흡곤란이 나타난다. COPD가 진행되면 숨이 차서 친구들과 걸을 때 뒤처지게 되고 중간에 쉬어 갈 정도로 호흡곤란을 호소하게 된다.

COPD는 폐기능 검사로 진단하는데 이는 호흡 능력을 쉽고 정확하게 측정할 수 있는 검사 방법이다. COPD 환자를 조기에 찾아내어서 치료하는 것이 중요하며, 그 이유는 호흡곤란이 생겨서 의사를 찾아오는 경우 상당히 병이 진행된 경우가 많기 때문이다. 흡연을 하고 있거나 흡연을 한 경험이 있는 40세 이상에서 기침, 가래, 호흡곤란 중 한 가지 이상의 증상을 보이면 COPD 위험군에 속하므로 질환을 조기에 발견하기 위하여 폐기능 검사를 반드시 받아야 한다.

(다) COPD의 가장 주된 원인은 흡연인데, 흡연력이 있는 경우 3배 이상 발생하며, 흡연량이 증가할수록 비례하여 발생한다. 현재 흡연뿐 아니라 금연한 지 오랜 시간이 지난 경우와 간접흡연 또한 COPD를 일으킬 수 있다. 담배를 전혀 피우지 않는 사람에게도 음식을 하거나 난방을 할 때 나오는 연기를 오랫동안 마시면 COPD가 생길 수 있고, 먼지가 많은 곳에서 일하거나 폐에 해로운 유해 가스를 오랫동안 마시는 경우에도 생길 수 있다. 이 밖에도 공해(미세먼지) 노출, 결핵을 포함한 과거 폐 감염, 소아 때 폐 성장 발육 지연, 소아 천식 등도 COPD의 원인이 될 수 있다.

(라) 흡연은 COPD의 가장 중요한 위험인자이므로 환자가 금연할 수 있도록 하고 작업장에서의 분진, 유해 가스에 노출되지 않도록 주의한다. 금연하면 폐기능이 일부 회복되어 호전되며 기침, 가래도 감소하고 생존율을 높일 수 있다. 그 밖의 비약물 요법으로는 속보·등산·수영 등의 유산소 운동이 증상을 개선시키고 삶의 질을 호전시키는 중요한 방법이다. 모든 병기의 COPD 환자들이 운동 프로그램을 통하여 운동 능력이 향상되고, 호흡곤란, 피로감 등의 증상이 완화될 수 있다.

약물 요법으로는 좁아진 기도를 넓혀주는 다양한 종류의 기관지 확장제, 항염증제와 객담 배출을 용이하게 하는 거담제 등이 있다. 기관지 확장제는 COPD 치료의 중심이며 효과 및 부작용 등을 고려할 때, 흡입 약제를 우선 사용한다. 모든 COPD 환자에게 인플루엔자 백신과 폐렴구균 백신 접종을 권장한다. COPD 치료의 목표는 불편감을 줄여 삶의 질을 개선하며 폐기능을 호전시키고, 나빠져 급히 입원하는 상황을 줄이는 것이다. 그리고 장기적으로는 생존기간을 향상시키는 것이므로 중단 없이 꾸준한 약물 치료와 추적이 필수적이다.

※ 출처: 국민건강보험공단 건강자료실 전문가칼럼

01 위 글을 읽고 각 문단의 내용을 요약한 것으로 적절하지 않은 것은?

① (가): 만성 폐쇄성 폐질환의 정의 및 사망률
② (나): 만성 폐쇄성 폐질환의 증상 및 진단
③ (다): 만성 폐쇄성 폐질환의 원인
④ (라): 만성 폐쇄성 폐질환의 치료

02 위 글의 내용과 일치하지 않는 것은?

① 만성 폐쇄성 폐질환의 증상으로 기침과 가래가 나타나지 않는 경우도 있다.
② 중증 만성 폐쇄성 폐질환 환자의 치료 방법으로 비약물 요법은 권장하지 않는다.
③ 만성 폐쇄성 폐질환 환자의 경우 정상인에 비해 폐암, 심혈관 질환 등이 흔하게 나타난다.
④ 흡연은 만성 폐쇄성 질환의 주된 원인이지만 비흡연자에게도 만성 폐쇄성 질환이 생길 수 있다.

[03~04] 다음은 발달재활서비스에 관한 자료이다. 이어지는 물음에 답하시오.

발달재활서비스: 성장기 장애아동의 인지, 의사소통, 적응행동, 감각·운동 등의 정신적·감각적 기능 향상과 행동발달을 위한 적절한 발달재활서비스 지원 및 정보 제공, 높은 발달재활서비스 비용으로 인한 장애아동 양육가족의 경제적 부담을 경감하고자 하는 서비스

1. 대상자
   1) 연령: 만 18세 미만 장애아동
   2) 장애유형: 시각·청각·언어·지적·자폐성·뇌병변 장애아동(중복 장애 인정)
   3) 소득기준: 기준 중위소득 180% 이하(소득별 차등 지원)
   4) 기타 요건
      ○ 「장애인복지법」상 등록 장애아동[단, 영·유아(만 6세 미만)의 경우 시각·청각·언어·지적·자폐성·뇌병변 장애가 예견되어 발달재활서비스가 필요하다고 인정한 발달재활서비스 의뢰서 및 검사자료로 대체 가능]
      ○ 발달재활서비스 의뢰서 및 검사자료는 신청일 기준 최근 6개월 이내 발급한 것을 인정
      ○ 장애 등록이 안 된 경우 읍·면·동에서 등록 유도
2. 지원 내용
   1) 언어, 청능, 미술심리재활, 음악재활, 행동, 놀이심리, 재활심리, 감각발달재활, 운동발달재활, 심리운동 등 발달재활서비스 제공
      ※ 의료행위인 물리치료와 작업치료 등 의료기관에서 행해지는 의료지원 불가
   2) 소득기준별 지원액

소득기준	바우처 지원액	본인부담금
기초생활수급자	월 22만 원	면제
차상위 계층	월 20만 원	월 2만 원
차상위 초과 기준 중위소득 65% 이하	월 18만 원	월 4만 원
기준 중위소득 65% 초과 120% 이하	월 16만 원	월 6만 원
기준 중위소득 120% 초과 180% 이하	월 14만 원	월 8만 원

※ 서비스는 월 8회 실시하는 것을 기준으로 하되, 시·군·구에서는 제공기관 지정 시 해당 지역의 시장가격, 전년도 바우처 가격, 타 지역 가격 등을 고려하여 적정 단가가 설정될 수 있도록 관리하고, 제공기관별 서비스 단가 내역을 공고

3. 바우처 지급 및 이용
   1) 본인부담금 납부와 상관없이 대상자로 결정되면 바우처가 생성되나, 본인부담금은 제공기관에 반드시 바우처 사용 전에 납부하여야 함
   2) 서비스 대상자는 월별 사용 계획에 따라 서비스를 이용하고, 서비스 후 국민행복카드를 활용하여 바우처를 이용하여 회당 결제

03 **위 자료에 대한 설명으로 옳지 않은 것은?**

① 청각 장애와 언어 장애를 모두 갖고 있는 장애아동도 지원받을 수 있다.
② 본인부담금을 제공기관에 납부한 뒤에 바우처가 생성된다.
③ 물리치료와 같이 의료기관에서 행해지는 의료지원은 불가하다.
④ 1회당 서비스 단가는 27,500원이다.

04 **다음 [대화]는 발달재활서비스에 관한 질문과 그에 대한 담당자의 답변이다. 위 글에 따를 때 [대화]의 밑줄 친 ㉠~㉣ 중 답변 내용이 적절하지 않은 것은?**

[대화]

Q: 장애아동이 지원받을 수 있는 발달재활서비스는 총 몇 종인가요?
A: ㉠ 장애아동이 지원받을 수 있는 발달재활서비스는 언어, 청능, 미술심리재활, 음악재활, 행동, 놀이심리, 재활심리, 감각발달재활, 운동발달재활, 심리운동 등으로 총 10종 이상입니다.
Q: 시각장애가 예견되는 만 4세 아동입니다. 발달재활서비스를 받을 수 있나요?
A: ㉡ 네, 6개월 이내에 발급한 것으로서 발달재활서비스가 필요하다고 인정한 발달재활서비스 의뢰서와 검사자료를 제출하면 지원받을 수 있습니다.
Q: 서비스 이용 시 바우처 사용은 어떻게 해야 하나요?
A: ㉢ 국민행복카드를 이용하여 월별 총 서비스 비용을 결제 후 사용 계획에 따라 서비스를 이용하시면 됩니다.
Q: 기중 중위소득이 140%인 가구의 장애아동이 발달재활서비스 이용 시 본인부담금은 얼마인가요?
A: ㉣ 기준 중위소득 120% 초과 180% 이하에 해당하므로 월별 본인부담금은 8만 원입니다.

① ㉠ ② ㉡ ③ ㉢ ④ ㉣

[05~07] 다음은 건강생활실천지원금 제도 중 예방형에 관한 자료이다. 이어지는 물음에 답하시오.

건강생활실천지원금: 국민의 건강상태를 제공하며, 개인이 주도적으로 건강생활을 실천하고 개선되는 정도에 따라 포인트를 지급하는 사업

1. 지원 대상: 시범사업 지역에 거주하는 만 20~64세 국민 중 국가건강검진 결과가 BMI 25.0kg/m^2 이상, 혈압 수축기 120mmHg 이상, 이완기 80mmHg 이상, 공복혈당 100mg/dL 이상인 자
   ※ 시범사업 지역은 총 17곳
2. 포인트 적립 기준: 포인트는 2년 동안 건강생활 실천(과정)에 따른 실천 포인트와 건강 개선(결과)에 따른 개선 포인트로 나누어 적립
3. 적립 포인트
   1) 실천 포인트

평가항목	평가 기준		적립 기준	
			적립	최대
걸음 수	1일 8,000~9,999보		1일당 80점	28,000점 (15,000점)
	1일 10,000보 이상		1일당 100점	
건강관리 프로그램 이수	주 1회 인정	대면	회당 1,000점	12,000점 (10,000점)
		비대면	회당 500점	

※ 적립 기준은 1년 기준으로 실천형에 해당하고, 괄호 내 기준은 개선형에 해당함

   2) 개선 포인트

구분	평가항목	평가 기준	적립 기준
1그룹	① BMI ② 혈압 ③ 공복혈당	①, ②, ③ 모두 1단계 이상 개선	15,000점 (30,000점)
		①, ②, ③ 모두 2단계 개선	20,000점 (50,000점)
2그룹		①이 1단계 이상 개선되고, ② 또는 ③ 중 하나가 1단계 이상 개선	15,000점 (30,000점)
		①이 2단계 개선되고, ② 또는 ③ 중 하나가 2단계 개선	20,000점 (50,000점)

※ 적립 기준은 2년 기준으로 실천형에 해당하고, 괄호 내 기준은 개선형에 해당함

4. 일반건강검진 결과에 따른 건강상태 단계

구분	안전범위	주의범위	위험범위
BMI	18.5~24.9kg/m^2	25~29.9kg/m^2 또는 18.5kg/m^2미만	30kg/m^2 이상
혈압	수축기 120mmHg 미만 이완기 80mmHg 미만	수축기 120~139mmHg 또는 이완기 80~89mmHg	수축기 140mmHg 이상 이완기 90mmHg 이상
공복혈당	100mg/dL 이하	101~125mg/dL	126mg/dL 이상

5. 주의 사항

○ 신청 시 실천형과 개선형 중 1개를 택해야 하며, 중도 변경 불가능함

○ 실천 포인트 적립 없이 건강개선 기준 충족 시 해당 포인트의 80% 적립[단, 건강생활 실천이 불가하여 별도로 정한 장애인(지체, 뇌병변, 시각, 청각, 언어, 지적, 자폐성, 정신, 신장, 심장, 호흡기, 간, 안면, 장루·요루, 뇌전증)에 해당되는 경우 100% 적립]

○ 국가, 공공기관, 의료기관, 사업장에서 제공하는 건강관리 프로그램(대면 및 비대면 서비스)만 건강관리 프로그램 이수 인정

○ 건강관리 프로그램 중 연박 프로그램에 참여하는 경우 참여 일수를 이수 횟수로 인정

○ 개선 포인트를 최대로 적립받을 수 있는 대상자는 참여 시작 시점에 건강위험요인(혈압, 공복혈당)이 모두 위험범위여야 함

○ 모바일 앱에 걸음 수가 연동되지 않은 경우, 걸음 수에 대한 실천 포인트 적립 불가

05 **위 자료에 대한 설명으로 옳지 않은 것은?**

① 실천형과 개선형 중 2년 동안 적립 가능한 최대 포인트는 개선형이 더 많다.

② 개선 포인트를 최대로 받기 위해서는 혈압과 공복혈당이 모두 위험범위에 해당해야 한다.

③ 신청 시 실천형과 개선형 중 가입한 유형은 변경할 수 없다.

④ 일부 지역에 거주하는 주민은 가입이 불가할 수 있다.

06 위 건강생활실천지원금 제도 중 예방형에 관한 질문에 대하여 담당자가 다음과 같이 답변하였을 때 빈칸 ㉮에 들어갈 말로 옳은 것은?

> Q: 안녕하세요. 저는 만 40세 남성입니다. 건강생활실천지원금 제도 중 예방형에 가입하였고, 그중 개선형, 2그룹을 선택하였습니다. 저는 가입 전 BMI는 35kg/m^2, 혈압은 수축기가 150mmHg, 이완기가 100mmHg였으며, 공복혈당은 130mg/dL이었습니다. 2년간 매일 9,500보를 걷고 식단 관리를 하여 2년 뒤에 BMI를 20kg/m^2, 혈압은 수축기가 138mmHg, 이완기가 85mmHg, 공복혈당은 100mg/dL가 되었습니다. 또한 공공기관에서 진행한 대면 건강관리 프로그램을 총 5회 참가했으며 그중 2회는 2박 3일 동안 진행되는 건강관리 프로그램이었습니다. 제가 적립받는 포인트는 총 몇 점인가요?
>
> A: 네, 걸음 수는 2년 동안 매일 9,500보를 걸으셔서 최대 적립 포인트인 30,000점, 건강관리 프로그램 이수로 9,000점이 적립되어 실천 포인트는 총 39,000점 적립됩니다. 또한 개선 포인트는 (㉮)

① BMI는 2단계 개선, 혈압은 1단계 개선, 공복혈당은 2단계 개선되어 20,000점이 적립됩니다.
② BMI는 2단계 개선, 혈압은 1단계 개선, 공복혈당은 2단계 개선되어 50,000점이 적립됩니다.
③ BMI, 혈압, 공복혈당 모두 1단계 이상 개선되어 15,000점이 적립됩니다.
④ BMI, 혈압, 공복혈당 모두 1단계 이상 개선되어 30,000점이 적립됩니다.

07 다음 [대화]는 위 건강생활실천지원금 제도 중 예방형에 관한 질문과 그에 대한 담당자의 답변이다. 답변 내용이 옳지 않은 것은?

> [대화]
>
> Q: 실천 포인트를 적립하지 않은 1그룹에 해당하는 비장애인입니다. BMI, 혈압, 공복혈당이 모두 2단계 상승한 경우 실천형과 개선형의 적립 점수 차이는 몇 점인가요?
>
> A: ㉠ <u>적립 포인트 차이는 30,000점입니다.</u>
>
> Q: 사업장이 아닌 비의료기관에서 진행하는 건강관리 프로그램 참여 시 실천 포인트가 적립되나요?
>
> A: ㉡ <u>아니요, 국가, 공공기관, 의료기관, 사업장에서 제공하는 건강관리 프로그램 참여 시에만 적립됩니다.</u>
>
> Q: 매일 10,000보 이상 걷고 있는데, 포인트가 적립되지 않습니다.
>
> A: ㉢ <u>모바일 앱에 걸음 수가 연동되지 않는 현상이므로 모바일 앱에 걸음 수를 연동해 주세요.</u>
>
> Q: BMI 28kg/m^2, 혈압 수축기 140mmHg, 이완기 90mmHg, 공복혈당이 90mg/dL인 35세입니다. 건강생활실천 지원금 제도에 가입 가능한가요?
>
> A: ㉣ <u>아니요, 공복혈당 기준 미달로 가입 제한됩니다.</u>

① ㉠ ② ㉡ ③ ㉢ ④ ㉣

[08~10] 다음은 청소년 방과 후 아카데미 운영 사업에 관한 자료이다. 이어지는 물음에 답하시오.

청소년 방과 후 아카데미 운영 사업: 방과 후 돌봄이 필요한 청소년에게 체험활동, 학습지원, 급식, 상담 등 종합서비스 제공, 청소년 활동·복지·보호·지도 등을 통해 청소년의 전인적 성장을 지원하고 가정의 사교육비 경감 및 양육 부담 완화에 기여

1. 지원 대상: 초등학교 4학년~중학교 3학년

구분		지원 대상
일반형	우선 순위	기초생활수급자, 차상위계층, 한부모·조손·다문화·장애 가정, 2자녀 이상 가정, 맞벌이 가정 등 방과 후 돌봄이 필요한 청소년
	기타	학교, 지역사회의 추천을 받아 청소년 방과 후 아카데미 지원협의회에서 승인받은 청소년
주말형		주말 돌봄 및 체험활동이 필요한 청소년

2. 지원 내용

1) 운영시간: 방과 후~21시, 주 5~6일 운영

2) 운영기간: 1~12월

3) 유형별 지원 내용

구분	지원 내용
일반형	• 일 4시수, 주 5~6일 운영(주중 및 토요일 운영 권장) • 주중 활동: 1주 20시수 이상(1주당 급식 5시수 의무, 그 외 프로그램의 편성은 기관 자율) • 주말 활동: 분기별 1회 이상(급식 5시수 이상)
주말형	• 일 5시수, 주말 1~2일(토~일) 운영(연간 80일 이상) • 학교 방학기간 중 평일 운영 가능(평일 운영 시 미리 공지)

※ 급식 1시수는 30분~1시간 내 탄력 운영 가능

※ 1시수는 휴식시간 포함한 60분임

3. 프로그램 운영 및 편성 기준

1) 일반형

○ 프로그램 운영(편성) 기준: 과정편성은 1일 최소 4시수 이상, 기관 상황에 따라 운영과정은 자율선택

○ 공통 운영과정: 급식, 귀가지도, 상담 등 기본적인 생활지원과정

○ 선택 운영과정: 지역의 특성 및 참여 청소년 수요에 따라 다음의 운영과정 선택

선택 운영과정	운영방식
체험·역량강화활동	• 특화: 역량개발, 진로체험, 동아리활동, 자원봉사, 지역사회프로그램 참여 등 • 일반: 보충학습, 교과학습 등
학습지원활동	• 특화: 보충학습, 교과학습 등 • 일반: 역량개발, 진로체험, 동아리활동, 자원봉사, 지역사회프로그램 참여 등

○ 캠프 개최: 연 1회 캠프 개최 권장(자율 운영)

○ 프로그램 편성 운영 시 참고사항

구분	주요 내용
수요조사 및 만족도조사	학기 초 청소년(학부모) 수요조사를 통하여 운영계획 수립, 반기별 1회 이상 수요조사 의무실시, 프로그램 분기별 및 사업 종료 후 만족도조사 실시
보호자 대상 프로그램	보호자 대상 프로그램(간담회, 가족통합프로그램)은 연 2회 이상 운영(화상회의 시스템을 활용한 비대면 프로그램 인정)
비대면 온라인 프로그램 운영 (주말형 제외)	• 운영자와 청소년이 쌍방향 의사소통이 가능한 프로그램으로 1주당 6시수 이내 자율 편성 가능 • 비대면 프로그램 참여 청소년의 급식지원(간편식, 도시락 등)

2) 주말형: 프로그램 운영(편성) 기준: 일 5시수 이상(급식 포함) 특성화된 프로그램 주제를 중심으로 청소년의 요구, 지역 특성, 시대적 상황 변화 등을 반영하여 자율운영

※ 지역 특성을 반영하여 프로그램 주제는 운영기간(연간, 반기, 분기)별로 변경 가능

※ 학기 초 청소년(학부모) 수요조사를 통하여 운영계획 수립, 프로그램 분기별 및 사업 종료 후 만족도 조사 실시

08 위 자료에 대한 설명으로 옳지 않은 것은?

① 맞벌이 가정으로 방과 후 돌봄이 필요한 중학교 1학년인 청소년은 일반형에 우선 선발될 수 있다.

② 비대면 온라인 프로그램은 1주당 6시수 이내로 편성 구성은 일반형과 주말형 모두 동일하다.

③ 학기 초에 수요조사를 통하여 운영계획을 수립한 후 만족도 조사를 실시한다.

④ 주말 돌봄이 필요한 초등학교 5학년인 청소년은 주말에 급식을 포함하여 1일 5시간 이상 연 80일 이상 지원받을 수 있다.

09 다음 [표]는 일반형 프로그램 운영방식의 예시이다. 프로그램 편성이 옳지 않은 요일은?

[표]

구분	월	화	수	목	금
공통 운영 과정	• 급식: 50분 • 귀가지도 및 상담: 10분	• 급식: 50분 • 귀가지도 및 상담: 10분	• 급식: 50분 • 귀가지도 및 상담: 10분	• 급식: 40분 • 귀가지도 및 상담: 20분	• 급식: 50분 • 귀가지도 및 상담: 10분
선택 운영 과정	• 역량 개발 및 진로 체험: 60분 • 자원봉사: 60분 • 교과학습: 60분	• 동아리 활동: 140분 • 보충학습: 60분	• 역량 개발 및 진로 체험: 60분 • 교과학습: 80분 • 보충학습: 80분	• 역량 개발 및 진로 체험: 50분 • 자원봉사: 100분 • 보충학습: 60분	• 동아리 활동: 100분 • 교과학습: 60분

※ 휴식시간을 포함한 시간임

① 월요일 ② 화요일 ③ 목요일 ④ 금요일

10 **다음 [대화]는 위 청소년 방과 후 아카데미 운영 사업에 관한 질문과 그에 대한 담당자의 답변이다. 답변 내용이 옳지 않은 것은?**

[대화]

Q: 일반형의 경우 캠프를 개최할 수 있다고 들었습니다. 맞나요?
A: ㉠ 네, 캠프는 매년 1회씩 개최합니다.
Q: 가족통합프로그램을 듣고 싶습니다. 가족통합프로그램은 언제 운영되나요?
A: ㉡ 네, 연 2회 이상 운영되고, 비대면 프로그램으로 운영될 수 있습니다.
Q: 주말형 프로그램은 청소년의 요구만을 반영하나요?
A: ㉢ 아닙니다. 청소년의 요구, 지역 특성, 시대적 상황 변화 등을 반영합니다.
Q: 주말형 프로그램은 방학기간에도 주말에 운영되나요?
A: ㉣ 꼭 주말에 운영되는 것은 아니고, 평일에 운영될 수 있습니다. 프로그램 운영 전에 미리 공지할 예정입니다.

① ㉠ ② ㉡ ③ ㉢ ④ ㉣

[11~12] 다음은 장애 입양아동 의료비 지원 사업에 관한 자료이다. 이어지는 물음에 답하시오.

장애 입양아동 의료비 지원 사업: 장애아동을 입양한 국내 입양가정에 의료비를 복권기금에서 지원하여 장애아동의 국내입양을 활성화하고, 건전한 양육이 이루어지도록 함

1. 지원대상: 다음에 해당하는 경우, 만 18세까지 지원
   ○ 입양 당시 장애인 등록을 한 아동
   ○ 「입양특례법」상 허가를 받은 입양기관에 의해 같은 법의 요건과 절차를 갖춰 장애아동을 국내 입양한 가정
   ○ 분만 시 조산, 체중미달, 분만장애 또는 유전 등으로 인해 입양 당시 질환을 앓고 있는 아동(단, 해당 아동이 지원을 받다가 완치된 경우 지급 중단)
   ○ 입양 후 선천적 요인으로 인한 장애가 발견되어 장애인 등록을 하거나 질환이 발생한 아동
   ※ 지원 중지일이 속하는 달의 급여는 전액 지급
   ※ 학교에 재학 중인(휴학생은 제외) 경우에는 졸업 시까지 지원(재학증명서 첨부)
   ※ 질환이 있는 아동의 지원대상 유무 판정 기준은 진단별 특성에 적합한 대학 병원급 전문의의 소견서(또는 진단서)를 첨부하여 담당 의사와 협의 후 결정
2. 지원내용: 양육자가 부담한 진료, 상담, 재활 및 치료(심리치료 포함)에 소요되는 비용(급여 및 비급여 부분 포함하며 아래와 같음)을 연간 260만 원 내에서 지원
   ○ 의료급여 또는 요양비에 대한 본인부담금
   ○ 요양급여 또는 요양비에 대한 본인부담금
   ○ 진료, 상담, 재활 및 치료에 드는 비용 중 본인부담금
   ○ 장애인 보조기구에 대한 의료비도 연간 의료비 지원 한도액의 50% 이내에서 지원
   ※ 장애인 보조기구는 장애인 보조기구 품목지정 등에 관한 규정을 따름
3. 서비스 신청방법: 거주하고 있는 시·구청 문의 및 신청
4. 구비서류
   ○ 입양아동 양육보조금 신청서
   ○ 입양 사실 확인서
   ○ 통장 사본
   ○ 장애아동임을 증명하는 서류
   ○ 치료비 영수증

11 **위 자료에 대한 설명으로 옳지 않은 것은?**

① 장애 입양아동 의료비 지원 사업에 지원하기 위해 제출해야 하는 서류의 종류는 총 5종이다.
② 장애 입양아동 의료비 지원 사업은 거주하고 있는 시청 또는 구청에 문의 후 신청할 수 있다.
③ 입양 당시 유전으로 인해 앓고 있던 질환이 완치된 경우 만 18세 이전이라도 지급을 중단한다.
④ 장애 입양아동 의료비 지원 사업은 지자체 예산으로 지원한다.

12 **위 장애 입양아동 의료비 지원 사업에 관한 질문에 대하여 담당자가 다음과 같이 답변하였을 때 빈칸 ㉠에 들어갈 말로 옳지 않은 것은?**

> Q: 안녕하세요. 저는 만 12세의 장애아동을 입양한 사람입니다. 저희 아이는 입양 당시 장애인 등록을 하였고, 제가 거주하고 있는 시청을 통해 장애 입양아동 의료비 지원 사업을 신청하였습니다. 제가 지급받을 수 있는 의료비 항목은 어떤 것들이 있나요?
> A: 네, 지원되는 항목은 (㉠)입니다.

① 의료급여 또는 요양비에 대한 본인부담금
② 연간 260만 원 내의 장애인 보조기구에 대한 의료비
③ 요양급여 또는 요양비에 대한 본인부담금
④ 진료, 심리상담을 포함한 상담, 재활 및 치료 비용 중 본인부담금

[13~15] 다음 보도자료를 읽고 이어지는 물음에 답하시오.

정부는 11월 22일(수) 오후 2시 정부서울청사에서 제7차 마약류대책협의회를 개최하고, 회의 종료 직후 관계부처 합동브리핑을 통해 「마약류 관리 종합대책」을 발표하였다. 이번 대책은 ① 불법 마약류 집중단속, ② 의료용 마약류 관리체계 개편, ③ 치료·재활·예방 인프라 확충 등 3대 분야와 9개 추진과제로 구성되었으며, 주요 핵심과제는 다음과 같다.

〈국경단계 마약류 밀반입 차단〉

□ 입국여행자 대상 검사율을 2배 이상으로 상향한다. 또한 옷 속에 숨긴 소량의 마약 검출을 위해 밀리미터파 신변검색기*를 내년에 전국 모든 공항만에 도입하고, 우범국 발(發) 여행자에 대해 전수검사를 재개한다. 특히, 전수검사 시점을 입국심사 이후에서 이전으로 앞당겨 항공편에서 내리는 즉시 기내수하물과 신변 검사를 실시한다.

* 개인 동의 없이도 신속히 전신을 검사(개인당 3초)할 수 있는 스캔 장비

□ 특송화물, 국제우편 등 국제화물에 대해 검사체계를 개선한다. 고위험국 발(發) 화물은 일반 화물과 구분하여 집중검사를 실시하고, 우범국 발(發) 우편물은 검사 건수를 50% 이상 상향한다.

□ 이를 위해 밀수단속 전담조직인 '마약밀수 특별대책 추진단'을 운영하여 통관·감시, 마약밀수 조사, 첨단장비 지원 등을 체계적이고 유기적으로 대응한다.

〈의료용 마약류 관리체계 개편〉

□ 마취제·수면제 등 의료용 마약류의 처방제도를 개선하고, 사후단속을 강화하여 오남용으로 인한 중독 예방관리를 철저히 한다.

□ 먼저, 예방관리 차원에서 의사가 처방 시 준수해야 하는 처방·투약금지 기준을 강화(처방량·횟수제한, 성분 추가)하고, 처방 시 환자 투약이력 확인을 의무화한다. 의료인 중독판별을 제도화하여 중독판정된 의료인 면허를 취소한다. 목적 외 투약·제공 시 의료인 자격정지처분 신설을 추진하고, 과징금 전환을 제한하는 한편, 징벌적 과징금 등 부과체계도 개선한다. (㉠   ) 사후단속 차원에서 '① 마약류통합관리시스템(AI 접목)의 자동 탐지·분석으로 오남용 사례 자동 추출 → ② 기획·합동점검 → ③ 수사의뢰·착수 → ④ 의료인·환자 처벌' 등 범정부(검·경·식약·복지) 합동대응으로 강력단속한다.

〈치료·재활 인프라 확대〉

□ 권역별*로 마약류 중독치료가 원활히 이루어질 수 있도록 치료보호기관을 확충('24, 25개 → '25, 30개소 목표)하고, 운영 활성화를 위한 운영비, 성과보상 등을 지원할 예정이다. 또한 치료보호에 건강보험 적용을 추진하여, 중독자 치료 접근성을 높이고 중독치료 수가를 개선한다.

* 서울, 경기, 인천, 강원, 대전·충청, 대구·경북, 부산·경남, 광주·전라, 제주 등 9개

□ 중독재활센터는 현재 3곳(서울·부산·대전)에서 내년 전국 17개소로 확대 설치한다. 24시간 상담 콜센터를 운영하여, 언제 어디서나 도움이 되는 재활 지원을 추진한다.

※ 24시간 마약류 예방·중독·치료 상담 콜센터: ☎ 1899 – 0893

국무조정실장은 "범부처가 마약류 확산에 총력 대응한 결과, 올해 9개월('24. 1.~9.)간 마약류 사범 단속은 20,230명, 압수량은 822.7kg으로 전년 동기 대비 각각 48%, 45% 증가하는 등 가시적인 성과를

보이고 있다"고 밝혔다. (㉠) "정부는 내년 마약류 대응 예산안을 올해(238억 원) 대비 2.5배 확대한 602억 원으로 편성하였으며, 마약류 확산 대응에 총력을 다할 것임을 거듭 강조드린다"며, "정부는 마약청정국 지위를 회복하고, 우리 미래세대 아이들이 일상에서 마약을 접하지 못하도록, 최선의 노력을 다해 나가겠다"고 밝혔다.

※ 출처: 보건복지부

13 위 보도자료의 제목으로 가장 적절한 것은?

① 마약청정국의 지위를 회복하기 위한 요건
② 마약류 범죄의 강력한 단속과 처벌의 필요성
③ 불법 마약류 집중단속을 위한 마약류 관리 대책 마련
④ 마약으로부터 국민을 보호하기 위한 마약류 관리 종합대책 마련

14 위 보도자료의 「마약류 관리 종합대책」의 내용과 일치하지 않는 것은?

① 중독재활센터를 17개소로 확대 설치하고 운영 시간을 24시간으로 확대한다.
② 마약류 중독자의 치료 접근성을 높이기 위해 치료보호에 건강보험 적용을 추진한다.
③ 오남용으로 인한 중독 예방관리를 위해 의료용 마약류 처방 시 환자의 투약이력 확인을 의무화한다.
④ 마약류 밀반입을 차단하기 위해 우범국 발(發) 여행자에 대해 항공편에서 내리는 즉시 전수검사를 재개한다.

15 위 보도자료의 빈칸 ㉠에 공통으로 들어갈 단어로 가장 적절한 것은?

① 예컨대 ② 아울러 ③ 그러나 ④ 그러므로

[16~17] 다음은 당뇨병환자 변경 및 해지 신청서 양식이다. 이어지는 물음에 답하시오.

[당뇨병환자 변경 및 해지 신청서 양식]

<table>
<tr><td rowspan="2">㉮ 수진자</td><td>성명</td><td></td><td>주민(외국인)등록번호</td><td></td></tr>
<tr><td>전화번호(자택)</td><td></td><td>휴대전화번호</td><td></td></tr>
<tr><td colspan="5"></td></tr>
<tr><td rowspan="2">㉯ 변경</td><td>변경 항목</td><td colspan="2">변경 전</td><td>변경 후</td></tr>
<tr><td></td><td colspan="2"></td><td></td></tr>
<tr><td colspan="5"></td></tr>
<tr><td rowspan="2">㉰ 해지</td><td>해지 사유</td><td colspan="3">[ ] 본인신청
[ ] 판정오류
[ ] 직권( )</td></tr>
<tr><td>해지 일자</td><td colspan="3"></td></tr>
<tr><td colspan="5">본인은 위와 같이 건강보험 당뇨병환자 등록 신청의 변경(해지)을 신청합니다.
년 월 일</td></tr>
<tr><td>㉱ 신청인</td><td colspan="4">(서명 또는 인)</td></tr>
<tr><td>수진자와의 관계</td><td></td><td>전화번호</td><td colspan="2"></td></tr>
<tr><td colspan="5">국민건강보험공단 이사장 귀하</td></tr>
<tr><td colspan="5"></td></tr>
<tr><td>제출 서류</td><td colspan="4">1. 수진자와의 관계를 입증할 수 있는 서류(가족이 신청한 경우에 한함)
- 주민등록표등본, 가족관계증명서 등
2. 판정오류의 경우 입증할 수 있는 서류
- 의사소견서 등</td></tr>
<tr><td colspan="5"></td></tr>
<tr><td colspan="5">작성 방법</td></tr>
<tr><td colspan="5">㉮ 수진자 정보(성명, 주민·외국인 등록번호, 전화번호)를 기재합니다.
㉯ 등록 내역의 변경이 있을 경우 작성합니다.
㉰ 건강보험 당뇨병환자 등록을 해지하는 경우에 해지 사유에 [∨] 표시를 하고, 판정오류의 경우 입증할 수 있는 서류를 제출합니다.
㉱ 신청인은 다음에 해당하는 사람이어야 합니다.
- 수진자(당뇨병환자)
- 가족: 배우자, 직계혈족 및 형제자매, 생계를 같이하는 직계혈족의 배우자, 생계를 같이하는 배우자의 직계혈족 및 배우자의 형제자매</td></tr>
</table>

16 **얼마 전 당뇨병환자로 진단받은 후 건강보험에 당뇨병환자 등록을 해 두었던 A는 해당 진단이 오진이었다는 사실을 알게 되었다. 위 당뇨병환자 변경 및 해지 신청서 양식에 따를 경우, A가 당뇨병환자 등록 해지 신청을 위해 신청서에 기입하여야 하는 정보가 아닌 것은?**

① 수진자의 휴대전화번호
② 당뇨병환자 등록을 해지하려는 이유
③ 당뇨병환자 등록상 변경을 원하는 항목
④ 당뇨병환자 등록 해지를 신청하는 날짜

17 **위 당뇨병환자 변경 및 해지 신청서 양식에 따를 때, 다음 중 당뇨병환자 변경 및 해지 신청을 할 수 있는 사람으로만 묶인 것을 고르면?**

① 수진자의 딸, 수진자의 오빠
② 수진자, 수진자와 따로 살고 있는 수진자의 장모
③ 수진자, 수진자와 따로 살고 있는 수진자의 며느리
④ 수진자의 전남편, 수진자와 생계를 같이하는 수진자의 사위

[18~20] 다음은 만 0~5세 보육료지원사업에 관한 자료이다. 이어지는 물음에 답하시오.

만 0~5세 보육료지원사업: 어린이집을 이용하는 영유아의 보육료를 지원하여 양육의 부담을 덜고, 가정의 경제를 돕는 사업

1. 지원 대상
  1) 만 0~2세반 보육료
    ○ 지원 대상: 어린이집을 이용하는 영아(만 0~2세)로, 국적과 주민등록번호를 유효하게 보유하고 있는 자[단, 재외국민으로 등록·관리되는 자(재외국민 출국자는 제외)는 보육료 지원 대상에 포함]
  2) 만 3~5세반 보육료
    ○ 지원 대상: 어린이집을 이용하는 유아(만 3~5세)로, 국적과 주민등록번호를 유효하게 보유하고 있는 자[단, 만 6세 아동이 초등학교 취학유예 시 1차에 한하여 지원(초·중등교육법령에서 정한 절차에 따라 질병 등의 사유로 취학유예를 한 경우)]
    ○ 보육료 지원은 3년을 초과할 수 없으며, 3년을 초과한 경우 전액 본인이 부담해야 함(단, 상위반으로 편성된 경우 포함)

2. 지원제외 대상
  ○ 아동복지시설(생활시설) 재원 중인 아동
  ○ 가정위탁보호 중인 입양대상 아동
  ○ 유치원을 이용하여 유아학비를 지원받고 있는 아동
  ○ 특수교육 및 특수교육 관련 서비스를 지원받고 있는 아동
    ※ 단, 장애 영유아 어린이집에 배치된 장애아동에게 순회교육을 실시할 경우 보육료 지원 가능
  ○ 가정·농어촌·장애아동 양육수당을 지원받고 있는 아동
  ○ 영아수당(현금)을 지원받고 있는 아동
  ○ 종일제 아이돌봄서비스를 지원받고 있는 아동
  ○ 해외에 체류하는 아동(출국일 포함 91일째 되는 날 보육료 지원 자격 중지)
  ○ 주 3회 이상 정기적으로 타 사설 기관(영어유치원 등) 이용 후 오후에 등원하는 아동
  ○ 다른 기관을 주 보육·교육 기관으로 이용하는 아동

3. 지원 기준 금액

연령	기본 보육	야간	24시
만 0세반	499,000원	499,000원	748,500원
만 1세반	439,000원	439,000원	658,500원
만 2세반	364,000원	364,000원	546,000원
만 3~5세반	260,000원 (280,000원)	260,000원 (280,000원)	390,000원 (420,000원)

※ 만 3~5세반 중 3월 이후 입학한 아동의 경우 괄호 안 금액을 지원

※ 상위반 또는 하위반에 편성된 아동에 대해서는 편성된 반 지원 기준 금액으로 보육료 지원(단, 어린이집에서는 부모에게 해당 내용을 반드시 안내해야 함)

4. 실질 지원 금액

1) 입·퇴소 아동

○ 입소 또는 퇴소한 달의 보육료는 '일할계산'하여 지급(출석일수가 0일인 경우 미지원)

○ 입소 아동: 입소일로부터 입소월 말일까지 모두 출석으로 인정하여 보육료 지원

※ 단, 3월 신규 입소 시 2일이 토요일인 경우 3월 2일까지 보육료 자격 신청 완료한 아동에 한하여 4일 입소한 아동의 입소일은 2일로 지정 가능

○ 퇴소 아동: 퇴소월 1일부터 퇴소일까지 모두 출석으로 인정하여 보육료 지원

※ 입소나 퇴소 아동은 입소일이나 퇴소일을 포함한 3일 이내(공휴일 제외) 보육통합정보시스템에 입소 및 퇴소 내용을 입력해야 함

○ 실질 지원 금액＝지원 기준 금액×(실질 보육일수/보육 가능일수)

※ 단, 원 단위 미만 절사

2) 계속 재원 중인 아동

○ 계속 재원 중인 아동은 출석일수를 3개 구간으로 구분하여 지원(출석일수가 0일인 경우 미지원)

○ 실질 지원 금액

출석일수가 11일 이상	출석일수가 6~10일	출석일수가 1~5일
지원 기준 금액의 100%	지원 기준 금액의 50%	지원 기준 금액의 25%

18 위 자료에 대한 설명으로 옳지 않은 것은?

① 2월에 입소하여 어린이집에 기본 보육으로 계속 재원 중인 만 4세 아동의 출석일수가 8일인 경우 실질 지원 금액은 13만 원이다.

② 3월 이후에 입학한 만 3~5세반의 아동의 경우 3월 이전 입학한 아동보다 지원 기준 금액이 더 높다.

③ 6월 보육 가능일수가 25일이고, 6월 5일에 퇴소한 아동의 경우 지원 기준 금액의 20%를 지원받는다.

④ 3월 2일에 보육료 자격 신청을 완료하고, 3일에 입소한 아동의 경우 입소일을 2일로 지정할 수 있다.

19 **다음 [보기]의 A~F 중 만 0~5세 보육료지원사업에 지원 가능한 아동은 총 몇 명인가?**

| 보기 |

- 시간제 아이돌봄 서비스를 지원받고 있는 만 4세 아동 A
- 질병으로 인하여 초등학교 취학을 유예한 만 6세 아동 B
- 주 2회 정기적으로 영어유치원 이용 후 오후에 등원하는 만 3세 아동 C
- 순회교육을 미실시한 장애 영유아 어린이집에 재원 중인 만 2세 장애아동 D
- 어린이집을 이용하는 재외국민으로 등록된 만 1세 아동 E
- 가정위탁보호 중인 입양 대상인 만 5세 아동 F

① 3명　② 4명　③ 5명　④ 6명

20 **위 만 0~5세 보육료지원사업에 관한 질문에 대하여 담당자가 다음과 같이 답변하였을 때 빈칸 ㉠에 들어갈 말로 옳지 않은 것은?**

Q: 안녕하세요. 제 아이는 만 2세로, 만 0~5세 보육료지원사업 지원 대상자입니다. 2023년 2월 10일 금요일에 어린이집에 입소했으며, 현재 계속 재원 중입니다. 제 아이가 24시간 동안 보육하는 만 3~5세반에 편성되었습니다. 제 아이가 상위반에 편성되었는데 보육료 지원에 있어서 큰 문제는 없을까요?

A: 네, 큰 문제는 없습니다. 다만, (㉠)

① 어린이집에서는 부모에게 반편성에 대한 내용을 반드시 안내해야 합니다.
② 만 5세까지 지원받을 수 있으므로 2027년 2월까지 지원받을 수 있습니다.
③ 출석일수가 11일 이상인 경우 매월 390,000원을 지원받을 수 있습니다.
④ 2월 14일 이내에 보육통합정보시스템에 입소 내용을 입력해야 합니다.

[21~23] 다음은 국내 장애아동 현황이다. 이어지는 물음에 답하시오.

[표] 국내 장애아동 현황

(단위: 명)

구분	2022년		2023년		2024년	
	남아	여아	남아	여아	남아	여아
시각장애	120	90	110	105	105	100
청각장애	150	180	165	170	155	165
지체장애	280	250	275	260	280	255
언어장애	1,120	880	1,250	850	1,400	920
자폐장애	360	320	470	390	520	460
합계	3,750		4,045		4,360	

※ 장애아동 중 자폐장애의 65%(2019년), 75%(2020년), 70%(2021년)는 언어장애를 동반함
※ 단, 자폐 · 언어장애 이외에 다른 장애는 중복하여 나타나지 않는다고 가정함
※ 위 [표]의 언어장애는 중복장애 없이 언어장애만을 가지고 있는 아동 수임

21 위 자료에 대한 설명으로 옳은 것은?

① 2023년과 2024년에 시각장애를 가진 남아 수는 전년 대비 감소한 반면, 여아 수는 증가하였다.
② 조사기간 동안 매년 시각장애 아동과 청각장애 아동을 더한 수는 지체장애 아동 수보다 많다.
③ 2023년 자폐아동 중 언어장애를 동반하는 아동 수는 전년 대비 200명 이상 증가하였다.
④ 자폐장애 없이 언어장애만을 가진 남아 수와 여아 수의 차이는 2023년이 가장 크다.

22 위 자료에 따르면 자폐장애 아동 중 일부는 언어장애를 동반한다고 하였다. 그렇다면 연도별 언어장애를 겪는 아동은 몇 명인가?

	2022년	2023년	2024년
①	1,558명	1,455명	1,634명
②	2,442명	2,745명	3,006명
③	2,752명	2,650명	2,820명
④	2,752명	2,100명	1,820명

23 위 자료를 토대로 작성할 수 없는 것은? (단, 장애의 종류는 [표]에 있는 것만 존재한다고 가정한다)

① 전체 장애아동 중 지체장애를 가진 여아 비율
② 전체 장애아동 중 2개 이상의 장애를 동반한 아동의 비율
③ 자폐장애아동 중 언어장애를 동반하지 않은 남아 수
④ 2023년과 2024년의 전년 대비 전체 장애아동 증감률과 증감 인원수

[24~25] 다음은 한의약 산업에 관한 자료이다. 이어지는 물음에 답하시오.

[표] 한의약 산업 업체 수, 종사자 수, 매출액

(단위: 개, 명, 억 원)

구분	2015년	2017년	2019년	2021년
업체 수	29,131	29,293	29,479	29,450
종사자 수	98,400	106,400	108,500	115,400
매출액	80,226	82,044	94,282	103,630

[그림] 한의약 산업 종사자 중 여성 비중

(단위: %)

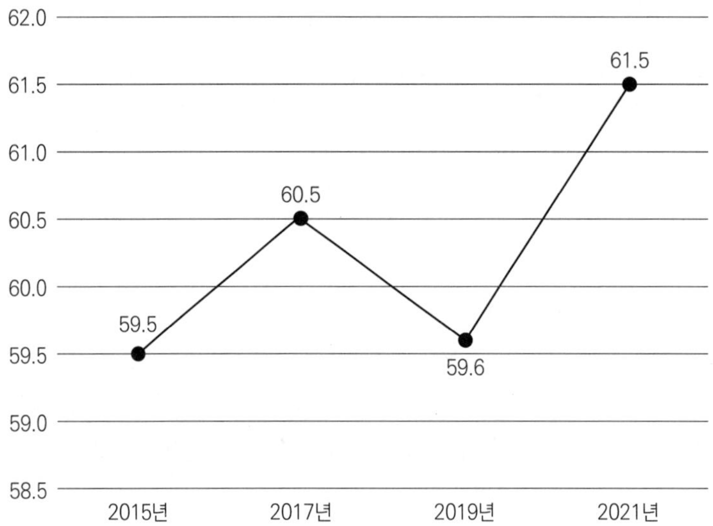

24 다음은 위 자료를 바탕으로 작성한 [보고서]의 일부이다. [보고서]의 빈칸 ㉠~㉣에 들어갈 숫자로 옳지 않은 것은?

> [보고서]
>
> 조사기간 중 한의약 산업 업체 수는 2019년에 가장 많았으며, 직전 조사년도 대비 186개 증가했다. 2021년 한의약 산업 종사자 중 여성 비중은 2015년 대비 2%p 증가했으며, 한의약 산업 여성 종사자 수는 2015년에 (㉠)명, 2017년에 (㉡)명, 2019년에 (㉢)명, 2021년에 (㉣)명이다.

① ㉠: 58,548　② ㉡: 64,372　③ ㉢: 66,466　④ ㉣: 70,971

25 **위 자료를 바탕으로 작성한 [그림]으로 옳지 않은 것은? (단, 계산 시 소수점 아래 둘째 자리에서 반올림한다)**

① 직전 조사년도 대비 한의약 산업 업체 수의 증가량

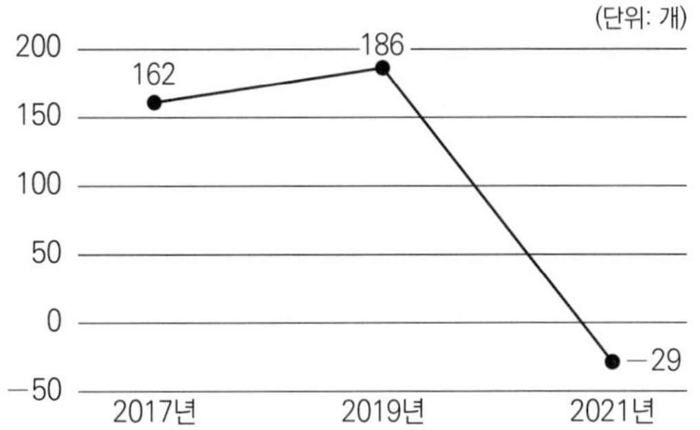

② 한의약 산업 남성 종사자 수

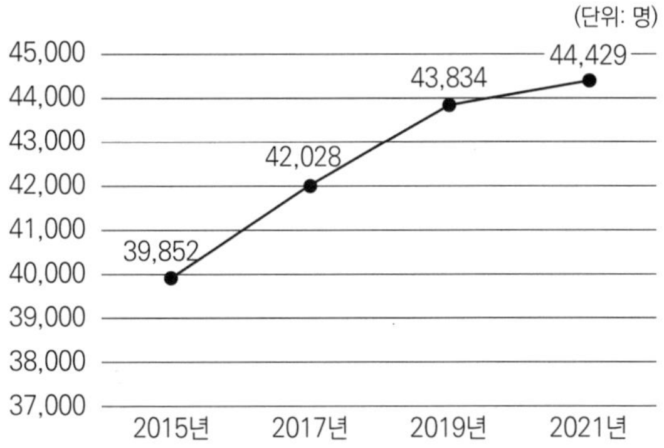

③ 한의약 산업 업체 1개당 매출액

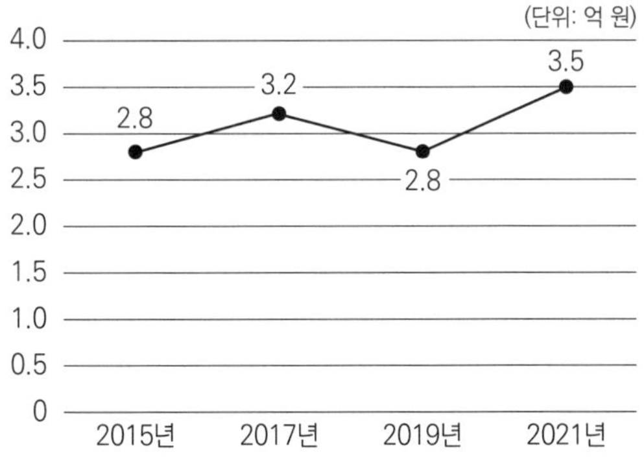

④ 직전 조사년도 대비 한의약 산업 남성 종사자 비중의 증가량

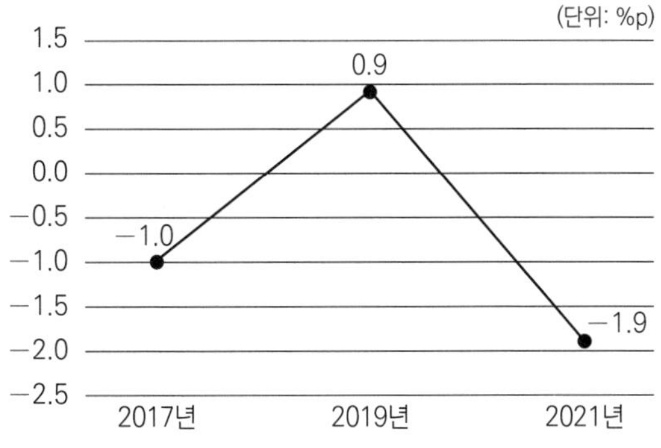

[26~27] 다음은 마약 취급자, 마약류관리자 및 처방의사에 관한 자료이다. 이어지는 물음에 답하시오.

[표 1] 마약 취급자

(단위: 명)

구분		2019년	2020년	2021년	2022년
합계		44,638	44,855	45,900	46,541
수출입업자		52	52	50	48
제조업자		61	62	67	63
원료사용자		65	69	64	63
도매업자		1,696	1,829	1,937	1,977
취급의료업자	의료기관	16,153	16,291	16,667	16,947
	동물병원	3,269	3,391	3,491	3,527
소매업자		22,408	22,138	22,552	22,887
학술연구자		934	1,023	1,072	1,029

[표 2] 마약류관리자 및 처방의사

(단위: 명)

구분	2019년	2020년	2021년	2022년
마약류관리자	2,430	3,126	3,164	3,177
처방의사	105,646	107,709	109,021	111,461

26 **위 자료에 대한 설명으로 옳지 않은 것은?**

① 2020~2022년 동안 학술연구자의 전년 대비 증가량이 가장 많은 해는 2020년이다.
② 조사기간 중 제조업자가 가장 많은 해에 수출입업자 대비 원료사용자 비율은 128%이다.
③ 2020~2022년 동안 매년 마약류관리자와 처방의사는 전년 대비 증가했다.
④ 매년 취급의료업자 중 의료기관 비중은 84% 이상이다.

27 **2020~2022년 동안 처방의사 전년 대비 증가율이 가장 높은 해의 처방의사 전년 대비 증가율과 소매업자 전년 대비 증가율이 가장 높은 해의 소매업자 전년 대비 증가율의 합은 몇 %p인가? (단, 소수점 아래 둘째 자리에서 반올림한다)**

① 4.1%p ② 4.3%p ③ 4.5%p ④ 4.7%p

[28~30] 다음은 연령별 의료보장 적용인구에 관한 자료이다. 이어지는 물음에 답하시오.

[표] 연령별 의료보장 적용인구

(단위: 천 명)

구분	남성	여성	전체
만 15세 미만	2,200	2,000	4,200
만 15~19세	2,500	2,300	4,800
만 20~29세	3,700	3,300	7,000
만 30~39세	3,800	3,500	7,300
만 40~49세	4,400	4,100	8,500
만 50~59세	4,500	4,200	8,700
만 60~64세	1,800	1,900	3,700
만 65세 이상	3,600	4,700	8,300
전체	26,500	26,000	52,500

※ 의료보장 적용인구=건강보험 적용인구+기초수급 적용인구+의료급여 적용인구

※ 생산가능인구: 만 15세부터 64세까지의 인구

28 위 자료에 대한 설명으로 옳지 않은 것을 [보기]에서 모두 고르면?

| 보기 |

ㄱ. 만 60세 미만 의료보장 적용인구수는 남성이 여성보다 많다.

ㄴ. 전체 의료보장 적용인구의 85%가 건강보험 적용인구라면, 기초수급 적용인구는 7,875천 명이다.

ㄷ. 전체 의료보장 적용인구에서 만 나이 기준 20·30대가 차지하는 비율은 30% 이상이다.

ㄹ. 만 64세 이하 의료보장 적용인구수는 남성이 여성보다 1,600명 더 많다.

① ㄱ, ㄷ ② ㄱ, ㄹ ③ ㄴ, ㄷ ④ ㄴ, ㄷ, ㄹ

29 **위 자료를 바탕으로 연령별 남성과 여성의 의료보장 적용인구수의 차이를 나타낸 [그림]으로 옳은 것은? (단, 적용인구수의 차이는 남성 의료보장 적용인구수에서 여성 의료보장 적용인구수를 차감한 값이다)**

①

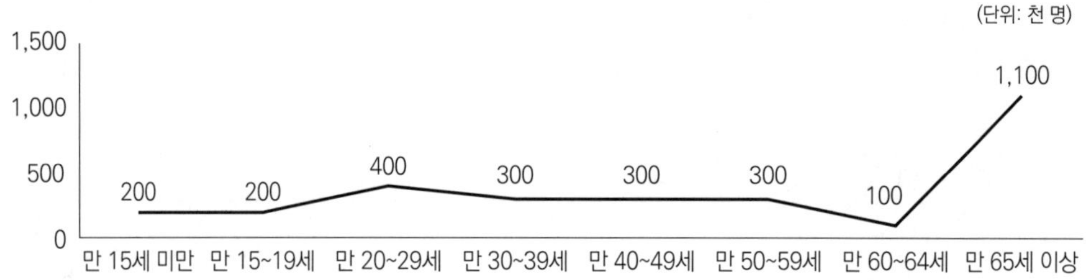

②

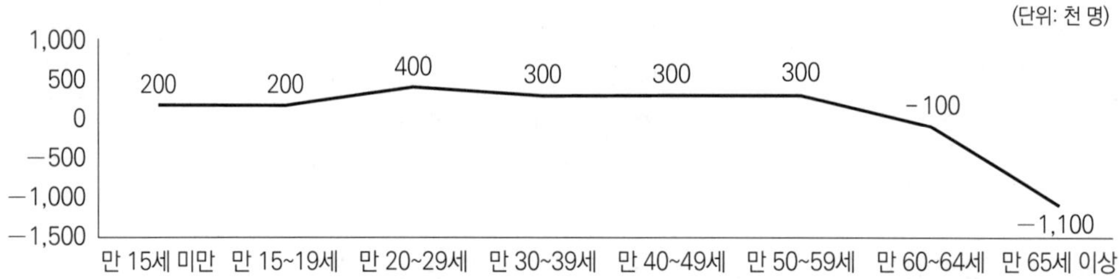

③

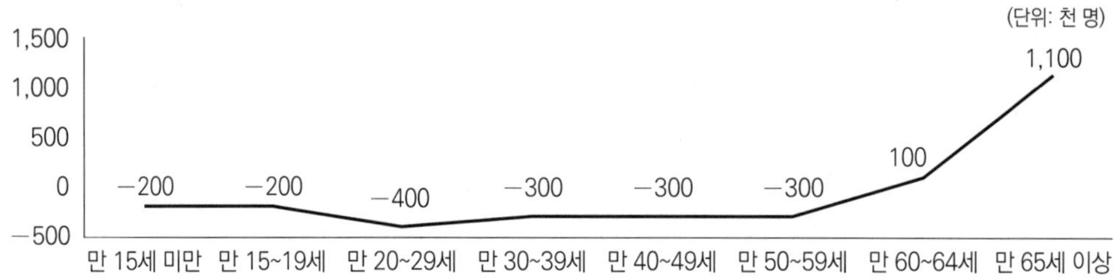

④

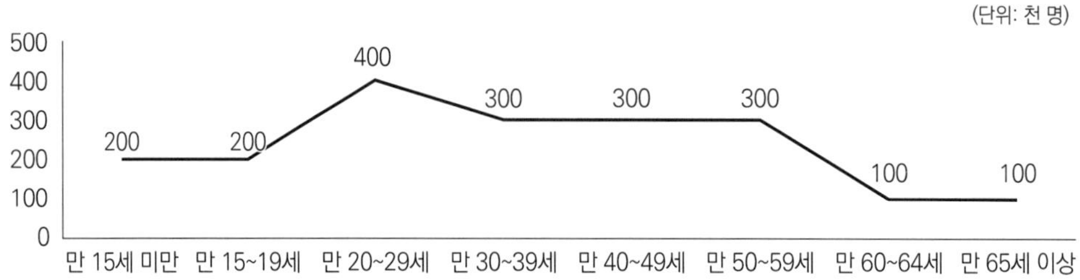

30 **다음 [보고서]는 위 자료를 토대로 작성한 글의 일부이다. 위 자료에 따를 때 [보고서]의 빈칸 ㉠~㉣에 들어갈 값이 바르게 짝지어진 것은?**

[보고서]

만 60세 이상 의료보장 적용인구수는 (㉠)천 명으로, 이 중 남성은 (㉡)%이고, 여성이 (㉢)%이다. 또한 만 60세 이상 의료보장 적용인구수는 의료보장 적용 생산가능인구수 대비 (㉣)%이다.

	㉠	㉡	㉢	㉣
①	8,300	40	60	27
②	12,000	40	60	30
③	12,000	45	55	27
④	12,000	45	55	30

[31~32] **다음은 2024년 영아 사망자 수 및 사망률을 생존 기간에 따라 신생아기와 신생아후기로 나누어 살펴본 자료이다. 이어지는 물음에 답하시오.**

[표] 2024년 생존 기간별 영아 사망자 수 및 사망률

(단위: 명, %, 출생아 천 명당 명)

구분	신생아기(생후 28일 미만)			신생아후기(생후 28일 이상)			출생아 수
	사망자 수		사망률	사망자 수		사망률	
		구성비			구성비		
전국	533	100.0	1.6	398	100.0	1.2	326,822
서울	71	13.3	1.2	55	13.8	0.9	58,074
부산	33	6.2	1.7	24	6.0	1.3	19,152
대구	41	7.7	2.8	17	4.3	1.2	14,400
인천	46	8.6	(㉠)	18	4.5	0.9	20,087
광주	10	1.9	1.1	14	3.5	1.5	9,105
대전	16	3.0	1.7	13	3.3	1.4	9,337
울산	13	2.4	1.6	10	2.5	1.2	8,149
세종	2	0.4	0.5	6	1.5	(㉡)	3,703
경기	137	25.7	1.6	116	29.1	1.3	88,175
강원	8	1.5	1.0	5	1.3	0.6	8,351
충북	13	2.4	1.2	14	3.5	1.3	10,586
충남	27	5.1	1.9	25	6.3	1.7	14,380
전북	20	3.8	(㉢)	11	2.8	1.1	10,001
전남	12	2.3	1.1	18	4.5	1.6	11,238
경북	42	7.9	2.6	18	4.5	1.1	16,079
경남	34	6.4	1.6	30	7.5	1.4	21,224
제주	8	1.5	1.7	4	1.0	0.8	4,781

※ 신생아기 사망률은 출생아 천 명당 신생아기 사망자 수, 신생아후기 사망률은 출생아 천 명당 신생아후기 사망자 수로, 각각 소수점 둘째 자리에서 반올림함

31 위 자료의 빈칸 ㉠~㉢에 들어갈 값을 옳게 짝지은 것은? (단, 소수점 아래 둘째 자리에서 반올림한다)

	㉠	㉡	㉢
①	1.8	1.6	2.0
②	1.8	2.6	3.0
③	2.3	1.6	2.0
④	2.3	2.6	3.0

32 위 자료를 본 김 과장은 이 대리에게 다음과 같은 업무 지시를 내렸다. [김 과장의 업무 지시]에 따를 때, 이 대리가 방문해야 하는 지역을 옳게 나열한 것은?

[김 과장의 업무 지시]

지역별 영아 사망자 수 및 사망률은 해당 지역의 보건 수준을 파악할 수 있는 대표적인 지표입니다. 더욱이 출산율이 나날이 감소하는 시점에서 영아 사망률을 낮추는 것은 앞으로의 인구 정책을 수립하는 데 있어서도 매우 중요한 일입니다. 이 대리는 2024년 신생아기 사망률, 신생아 후기 사망률이 높은 지역 순으로 순위를 매겨 보세요. 이때 공동 순위가 나오는 경우 공동 순위 지역 수에 맞춰 그다음 순위를 매깁니다. 예를 들어, 공동 1위 지역이 3곳일 경우 1위 다음 순위는 4위입니다. 이후 각각의 순위가 모두 9위 이내인 지역을 방문하여, 해당 지역의 보건정책 담당자를 만나 대책을 세워 보세요.

① 서울, 대구, 인천, 강원, 충남
② 부산, 대전, 경기, 충남, 경남
③ 광주, 울산, 충북, 경북, 제주
④ 인천, 세종, 경기, 전북, 전남

[33~34] 다음은 휴학경험에 대한 자료이다. 이어지는 물음에 답하시오.

[그림] 휴학경험자 및 휴학률

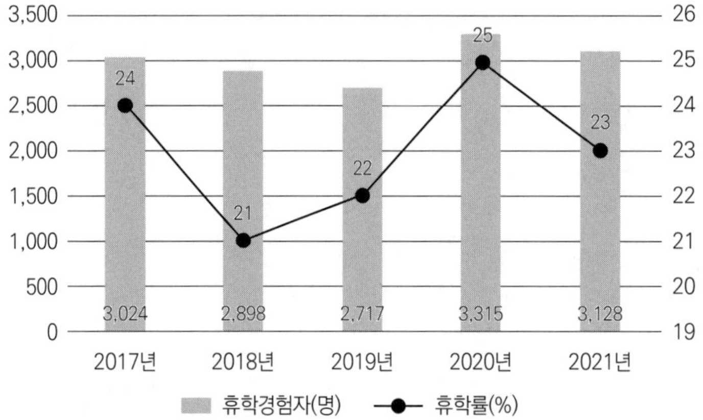

※ 휴학률은 조사대상 중 휴학경험자의 비율임

[표] 휴학 사유별 휴학경험자의 비중

(단위: %)

구분	2017년	2018년	2019년	2020년	2021년
경제적 부담	8.5	7.4	9.2	7.7	7.5
업무	42.5	41.8	42.2	40.0	40.8
결혼	15.3	16.2	18.2	17.5	18.6
건강	5.4	6.2	5.9	6.3	6.6
군입대	7.2	8.1	7.5	8.3	6.9
기타	21.1	20.3	17.0	20.2	19.6

33 **다음은 위 자료를 토대로 작성한 [보고서]의 일부이다. 빈칸 ㉠에 들어갈 숫자를 구하면?**

> [보고서]
>
> 조사기간 중 휴학률이 가장 높은 해는 2020년으로 이 해에 휴학경험자의 휴학 사유 중 가장 높은 비중을 차지하는 것은 '업무'이다. 또한 같은 해 조사대상 중 '업무'로 인한 휴학경험자의 비중은 (㉠)%이다.

① 10　　② 12　　③ 14　　④ 16

34 위 자료를 바탕으로 다음 [그림]을 작성하였다. [그림]의 제목으로 가장 적절한 것은?

[그림]

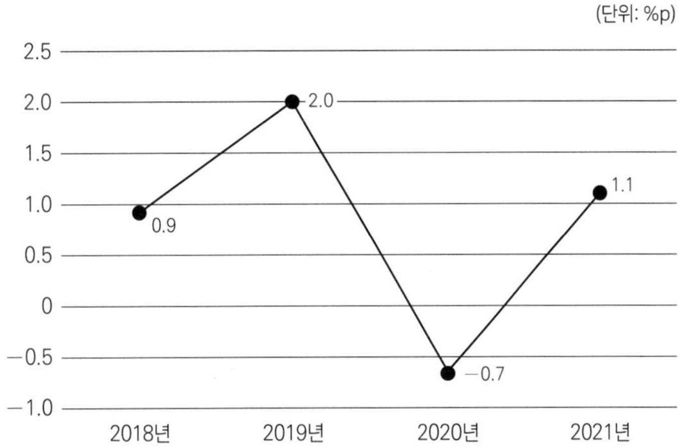

① ‘경제적 부담’으로 인한 휴학경험자 비중과 ‘건강’으로 인한 휴학경험자 비중의 차이
② ‘군입대’로 인한 휴학경험자 비중의 2017년 대비 증가량
③ ‘결혼’으로 인한 휴학경험자 비중의 전년 대비 증가량
④ 휴학률의 전년 대비 증가량

[35~36] 다음은 2017년과 2020년의 어린이 식생활 안전지수에 관한 자료이다. 이어지는 물음에 답하시오.

[표 1] 2017년 어린이 식생활 안전지수

(단위: 점)

구분		전국	대도시	중소도시	농어촌
어린이 식생활 안전지수	평균	73.3	73.5	73.1	73.6
	최고	82.3	82.1	82.3	81.9
	최저	60.0	61.1	60.8	60.0
안전분야	평균	32.4	32.1	32.1	32.8
	최고	38.2	37.8	37.5	38.2
	최저	21.3	23.5	21.3	25.5
영양분야	평균	26.3	26.5	26.6	26.4
	최고	32.9	32.1	32.7	32.9
	최저	19.3	20.0	21.5	19.3
인지실천분야	평균	14.6	14.8	14.5	14.4
	최고	15.6	15.6	15.3	15.0
	최저	13.6	14.0	13.8	13.6

[표 2] 2020년 어린이 식생활 안전지수

(단위: 점)

구분		전국	대도시	중소도시	농어촌
어린이 식생활 안전지수	평균	70.4	71.0	70.6	70.0
	최고	79.1	77.0	76.5	79.1
	최저	59.4	62.7	62.4	59.4
안전분야	평균	33.4	33.8	33.6	33.1
	최고	37.5	37.5	37.1	37.5
	최저	24.9	29.1	29.5	24.9
영양분야	평균	23.1	23.1	23.3	23.0
	최고	29.2	29.1	28.8	29.2
	최저	17.6	18.8	17.6	19.4
인지실천분야	평균	13.9	14.0	13.8	13.9
	최고	15	14.7	14.5	15.0
	최저	12.9	13.1	12.9	13.1

※ 어린이 식생활 안전지수는 안전분야, 영양분야, 인지실천분야로 구분함

35 **위 자료에 대한 설명으로 옳지 않은 것은?**

① 2020년 중소도시 어린이 식생활 안전지수 3분야 중 최고점과 최저점의 차이가 가장 큰 분야는 안전분야이다.

② 2020년 평균 어린이 식생활 안전지수의 2017년 대비 감소율은 대도시, 중소도시, 농어촌 중 농어촌이 가장 크다.

③ 2017년 대도시, 중소도시, 농어촌 중 어린이 식생활 안전지수 최고점이 가장 낮은 곳은 3분야 모두 다르다.

④ 대도시, 중소도시, 농어촌 중 2017년 인지실천분야 최고점과 최저점이 모두 전국보다 낮은 곳은 없다.

36 **2020년 대도시의 어린이 식생활 안전지수 검사 대상은 520명이다. 중소도시 검사 대상은 A명, 전체 검사 대상 중 농어촌의 비중은 B%일 때, A+B의 값은?**

① 558 ② 564 ③ 570 ④ 582

[37~38] 다음은 남자, 여자 수술 현황에 관한 자료이다. 이어지는 물음에 답하시오.

[표 1] 남자 수술 현황

(단위: 명, 건, 일, 백만 원)

항목	2020년	2021년	2022년	2023년	2024년
수술인원	655,380	670,309	702,764	668,191	701,591
수술건수	778,567	792,274	838,279	811,554	871,083
입원일수	4,003,000	4,098,328	4,214,469	4,052,507	4,307,234
급여일수	8,678,385	8,981,710	9,407,073	9,147,783	9,886,893
진료비	2,351,736	2,654,295	3,004,333	3,191,283	3,570,867
급여비	2,055,033	2,318,142	2,616,573	2,774,598	3,111,224

[표 2] 여자 수술 현황

(단위: 명, 건, 일, 백만 원)

항목	2020년	2021년	2022년	2023년	2024년
수술인원	896,442	910,121	962,860	930,396	979,949
수술건수	1,062,422	1,078,111	1,157,982	1,142,111	1,226,411
입원일수	6,628,935	6,676,774	6,930,413	6,540,316	6,891,212
급여일수	12,375,213	12,640,565	13,406,455	12,827,943	13,815,637
진료비	2,926,923	3,240,471	3,698,636	3,829,096	4,227,620
급여비	2,511,130	2,775,975	3,156,383	3,261,617	3,605,559

37 **위 자료에 대한 설명으로 옳지 않은 것은?**

① 남자와 여자의 수술건수 차이가 가장 큰 해는 2024년이다.

② 2022년 여자 진료비의 전년 대비 증가율은 12% 이상이다.

③ 남자 수술인원당 입원일수가 가장 적은 해는 2022년이다.

④ 급여비가 가장 많은 해와 가장 적은 해의 급여비 차이는 여자가 남자보다 38,328백만 원 더 많다.

38 **위 자료를 바탕으로 작성한 [그림]으로 옳지 않은 것은? (단, 각 단위에 맞춰 소수점 아래 둘째 자리에서 반올림한다)**

① 여자 입원일수의 전년 대비 증가율

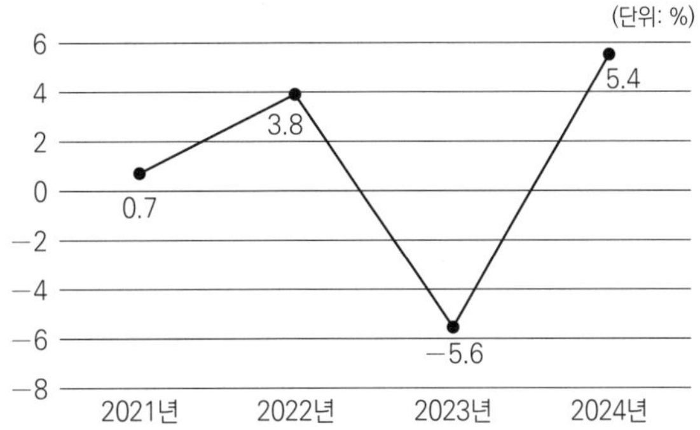

② 남자 급여일수 대비 입원일수 비율

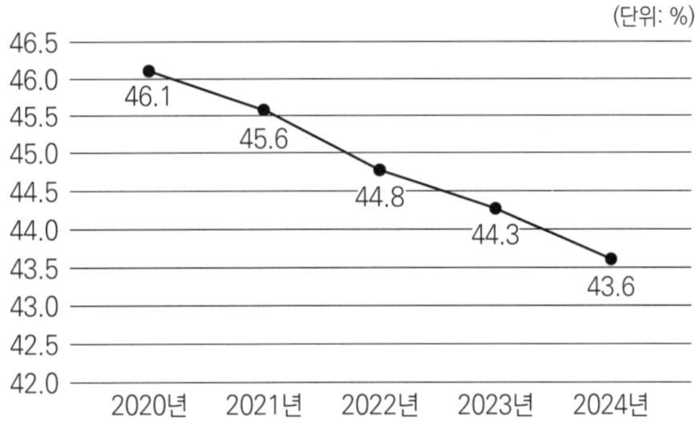

③ 여자 급여일 1일당 급여비

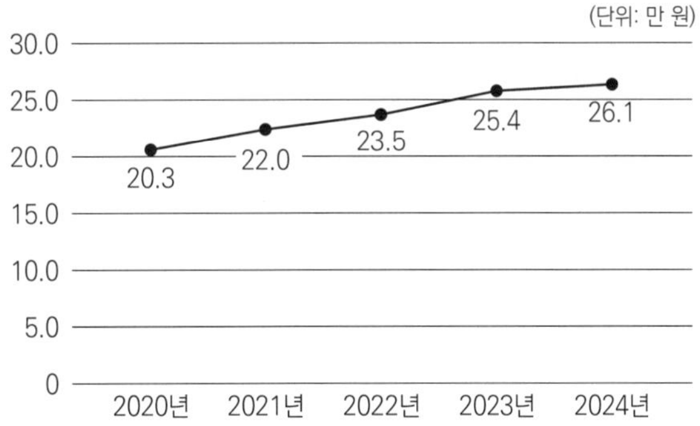

④ 전체 수술인원

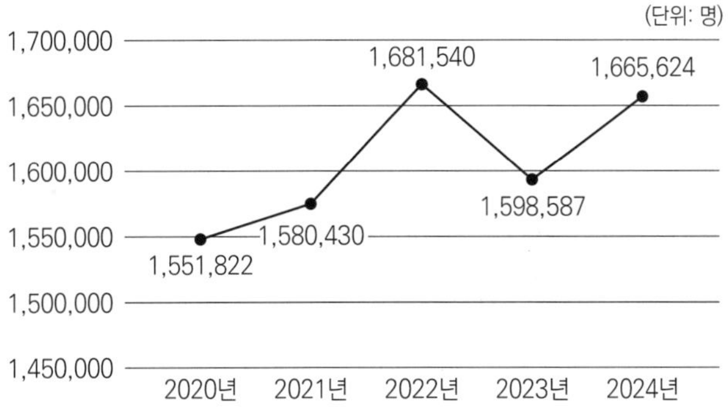

[39~40] 다음은 의료기관별 입원환자 및 외래환자에 관한 자료이다. 이어지는 물음에 답하시오.

[표 1] 의료기관별 입원환자

(단위: 백 명)

구분	2017년	2018년	2019년	2020년	2021년
전체	94,900	96,636	102,565	89,293	91,595
상급종합병원	18,333	19,473	19,466	17,782	19,472
종합병원	30,987	31,475	33,651	28,539	29,505
병원	27,710	28,384	29,196	24,604	23,543
의원	10,847	9,426	10,147	8,592	7,789
기타	7,023	7,878	10,105	9,776	11,286

[표 2] 의료기관별 외래환자

(단위: 천 명)

구분	2017년	2018년	2019년	2020년	2021년
전체	925,584	942,260	962,975	840,712	894,136
상급종합병원	39,140	39,872	41,275	38,956	47,383
종합병원	67,228	69,866	72,005	66,370	77,784
병원	63,776	64,683	65,060	54,762	63,329
의원	549,952	561,967	568,961	484,226	504,042
기타	205,488	205,872	215,674	196,398	201,598

39 **위 자료에 대한 설명으로 옳지 않은 것은?**

① 매년 기타를 제외한 의료기관별 입원환자 수 순위와 외래환자 수 순위를 산정할 때 각 순위가 일치하는 연도가 있는 의료기관은 없다.

② 2018~2021년 동안 전체 외래환자의 전년 대비 증가량이 가장 큰 해는 2021년이다.

③ 입원환자 중 기타의 비중이 가장 높은 해는 2020년이다.

④ 기타를 제외하고 2021년 입원환자의 전년 대비 증가율이 가장 높은 의료기관은 상급종합병원이다.

40 **종합병원의 외래환자 대비 입원환자 비율이 가장 높은 해와 가장 낮은 해의 차이는 몇 %p인가? (단, 계산 시 소수점 아래 둘째 자리에서 반올림한다)**

① 0.7%p ② 0.9%p ③ 1.0%p ④ 1.2%p

[41~43] 다음은 치과 임플란트 급여 안내에 대한 자료이다. 이어지는 물음에 답하시오.

[치과 임플란트 급여 안내]

1. 목적: 건강보험 보장성 강화의 일환으로 노인의 저작기능 개선을 통한 건강증진 및 삶의 질 향상을 도모하기 위함
2. 대상자: 아래 두 기준을 모두 만족하는 자
   1) 만 65세 이상 건강보험가입자 또는 피부양자
   2) 적응증: 부분 무치악 환자(완전 무치악 제외)
3. 급여보장범위
   1) 급여적용 개수: 1인당 평생 2개
      ※ 치과의사의 의학적 판단하에 불가피하게 시술을 중단하는 경우 급여적용 개수에 포함되지 않음
   2) 상·하악 구분 없이 모든 치식 부위에 급여 적용
   3) 부분틀니와 중복급여 허용
4. 제외 대상
   1) 완전 무치악 환자에게 시술하는 경우
   2) 상악골을 관통하여 관골에 식립하는 경우
   3) 일체형 식립 재료로 시술하는 경우
   4) 보철수복 재료를 비귀금속도재관 이외로 시술하는 경우
5. 본인 부담률
   1) 건강보험가입자: 요양급여비용 총액의 30%(단, 본인부담상한제 제외)
   2) 차상위 대상자: 희귀난치성질환자는 요양급여비용 총액의 10%, 만성질환자는 요양급여비용 총액의 20%(단, 본인부담상한제 제외)
6. 진료단계

진단 및 치료계획	→	고정체(본체) 식립술	→	보철수복

7. 치과 임플란트 유지관리
   ○ 보철 장착 후 3개월 이내인 경우: 진찰료만 급여항목으로 산정
   ○ 보철 장착 후 3개월 초과하는 경우
      1) 보철수복과 관련된 유지관리는 비급여
      2) 치과 임플란트 주위 치주질환 등으로 처치 및 수술을 시행한 경우에는 급여항목으로 산정

8. 급여신청방법 및 절차

1) 치과 병·의원에서 진료 후, 치과 임플란트 급여 대상자 판정

2) '요양기관 정보마당'을 통해 치과 임플란트 시술을 받을 예정인 치과 병·의원에서 환자 대신 대리 등록

※ 요양기관에서 확인한 '건강보험 치과 임플란트 대상자 등록 신청서'를 공단에 제출하여 등록 신청이 가능하며, 의료급여 수급권자의 등록신청은 관할 보장기관에서만 가능

3) 등록신청 접수 및 등록결과 통보

4) 치과 병·의원에서 '요양기관 정보마당 → 치과치료 → 임플란트 → 임플란트 대상자 자격조회' 화면에서 등록 여부 확인 후 시술

41 위 자료에 대한 설명으로 옳지 않은 것은?

① 보철장착 후 4개월 차의 보철수복 유지관리는 비급여 대상이다.

② 치과 병·의원에서 진료 후, 치과 임플란트 급여 대상자를 판정한다.

③ 차상위 대상자가 아닌 건강보험가입자의 경우 본인 부담률은 30%이다.

④ 보철장착 후 2개월 차의 보철수복 유지관리는 급여 대상이다.

42 다음 [보기]의 A~D 중 치과 임플란트 급여를 지원받을 수 있는 사람은?

| 보기 |

- 만 70세인 A는 부분 무치악으로 2개의 치아에 대한 치과 임플란트 급여 지원을 받았으나 치과 임플란트 시술 중 치과의사의 의학적 판단으로 해당 2개 치아에 대한 시술을 중단하였다. 이후 A는 다른 1개의 부분 무치악 치아에 대하여 보철수복 재료를 비귀금속도재관으로 하여 시술하려고 한다.
- 만 66세이고 이전에 치과 임플란트 급여를 지원받은 적이 없는 B는 부분 무치악으로 상악골을 관통하여 관골에 식립하는 치과 임플란트를 보철수복 재료를 비귀금속도재관으로 하여 시술을 하려고 한다.
- 만 65세이고 이전에 치과 임플란트 급여를 지원받은 적이 없는 C는 부분 무치악으로 보철수복 재료를 지르코니아로 하여 치과 임플란트 시술을 하려고 한다.
- 만 72세이고 이전에 치과 임플란트 급여를 지원받은 적이 없는 D는 완전 무치악으로 부분틀니 제작과 보철수복 재료를 비귀금속도재관으로 한 치과 임플란트 시술을 하려고 한다.

① A　　② B　　③ C　　④ D

43 다음은 치과 임플란트 급여 안내에 대한 Q&A이다. 답변 ㉠~㉣ 중 옳지 않은 것은?

Q: 치과 임플란트 급여 등록 시 제출해야 하는 서류가 있나요? A: ㉠ 네. 요양기관에서 확인한 건강보험 치과 임플란트 대상자 등록 신청서를 공단에 제출해야 합니다.
Q: 차상위 대상자인 만 80세의 부분 무치악이고, 만성질환자입니다. 치과 임플란트 시술에 대한 요양급여비용 총액이 150만 원 나왔는데 본인 부담금은 얼마인가요? A: ㉡ 본인 부담률은 20%이므로 30만 원입니다.
Q: 치과 임플란트 급여 등록 확인은 어떻게 할 수 있나요? A: ㉢ 치과 병·의원에서 '요양기관 정보마당 → 치과치료 → 임플란트 대상자 자격조회' 화면에서 등록 여부 확인이 가능합니다.
Q: 보철을 장착한 지 4개월 차입니다. 치과 임플란트 주위에 생긴 치주질환으로 수술을 받고자 하는데 비급여 대상인가요? A: ㉣ 아니요, 보철 장착 후 3개월을 초과하여 치과 임플란트 주위 치주질환으로 수술을 시행한 경우 급여항목으로 산정됩니다.

① ㉠ ② ㉡ ③ ㉢ ④ ㉣

[44~45] 다음은 긴급복지 의료지원에 관한 자료이다. 이어지는 물음에 답하시오.

1. 긴급복지 의료지원: 수술 또는 입원이 필요한 중한 질병 또는 부상으로 당해 의료비를 감당하기 곤란한 사람에게 의료비 및 약제비를 지원함으로써 위기상황에서 벗어날 수 있도록 하는 지원 사업
2. 지원대상: 수술 또는 입원이 필요한 중한 질병 또는 부상을 당해 발생한 의료비를 감당하기 곤란한 자
   ※ 퇴원 3일 전까지 시·군·구청장에게 의료지원을 요청한 자에 한함
   ※ 의료지원 요청 후 사망한 자도 지원대상에 포함됨
   ※ 동일 상병에 대해 지원을 받은 이력이 있는 경우, 이전 지원 종료 후 2년 경과 시 재지원 가능함
3. 선정기준
   1) 소득기준: 기준 중위소득 75% 이하
      ※ 기준 중위소득 75% 이하 기준

1인 가구	2인 가구	3인 가구	4인 가구	5인 가구
1,558,419원	2,592,116원	3,326,112원	4,050,723원	4,748,016원

   2) 재산기준: 지역별 재산 기준금액은 다음과 같음
      - 대도시: 2억 4,100만 원 이하(주거용 재산 공제 한도액 적용 시 3억 1,000만 원 이하)
      - 중소도시: 1억 5,200만 원 이하(주거용 재산 공제 한도액 적용 시 1억 9,400만 원 이하)
      ※ 재산의 의미: 일반재산+금융재산+보험, 청약저축, 주택청약 종합 저축−주거용 재산 공제 한도액−부채
   3) 금융재산기준: 600만 원 이하
4. 서비스 내용
   1) 지원 결정된 질병 또는 부상에 대해 의료기관 등에서 입원일부터 퇴원일까지 제공한 각종 검사, 치료 등 의료서비스 및 약제비 지원
   2) 300만 원의 범위 내에서 의료기관 등이 긴급지원대상자에게 제공한 의료서비스 비용 중 약제비, 본인부담금 및 비급여 항목에 대하여 지원함
   ※ 입원 또는 그에 준하는 정도의 질병이나 부상에 따른 입원진료 및 당일 외래수술 지원(수술에 준하는 시술이 포함되며, 외래진료는 입원 및 수술진료와 연계되는 경우에 한하여 지원)
   ※ 간병비, 의료소모품 구입비, 보조기 또는 의료기기 구입비, 제증명료, 보호자 식대, 구급차 이용료, 비급여 도수치료비/증식치료비/추나요법, 비급여 식대, 비급여 입원료는 지원하지 않음

44 **위 자료에 대한 설명으로 옳지 않은 것은?**

① 퇴원 3일 전까지 시장에게 의료지원을 요청한 자는 지원받을 수 있다.

② 대도시의 경우 주거용 재산 공제 한도액은 최대 6,400만 원이다.

③ 수술에 준하는 시술은 지원 대상이다.

④ 의료지원 요청 후 사망한 경우에도 지원받을 수 있다.

45 **다음 A와 B의 [대화]에서 빈칸 ㉠에 들어갈 내용으로 옳지 않은 것은?**

[대화]

A: 저희 가구는 3인 가구입니다. 배우자가 질병으로 입원하였는데 의료비를 감당하기 어려워 긴급복지 의료지원을 신청하고자 합니다.

B: 3인 가구이시므로 소득은 3,326,112원 이하여야 하고, 재산은 대도시의 경우 2억 4,100만 원 이하, 중소도시의 경우 1억 5,200만 원 이하여야 하며, 금융재산은 600만 원 이하여야 합니다.

A: 모두 만족합니다. 지원 내용은 어떻게 되나요?

B: 300만 원의 범위 내에서 의료기관 등이 제공한 의료서비스 비용에 해당하며, (㉠)는 제외됩니다.

① 보조기 구입비

② 보호자 식대

③ 수술진료와 연계된 외래진료

④ 비급여 입원료

[46~47] 다음 글을 읽고 이어지는 물음에 답하시오.

노인장기요양보험은 고령이나 노인성 질병 등의 사유로 일상생활을 혼자서 수행하기 어려운 노인 등에게 신체 활동 또는 가사 활동 지원 등의 장기요양급여를 제공하여 노후의 건강 증진 및 생활 안정을 도모하고 그 가족의 부담을 덜어 줌으로써 국민의 삶의 질을 향상하도록 함을 목적으로 시행하는 사회보험제도이다. 노인장기요양보험의 급여 종류에는 노인요양시설급여, 재가노인복지시설급여, 재가급여·시설급여, 복지용구급여, 특별현금급여 등이 있다.

이 중에서 복지용구급여란 심신 기능이 저하되어 일상생활을 영위하는 데 지장이 있는 노인장기요양보험 대상자에게 일상생활·신체 활동 지원 및 인지 기능의 유지·기능 향상에 필요한 용구로서 보건복지부장관이 정하여 고시하는 것을 구입하거나 대여하여 주는 것을 말한다. 수급자가 복지용구에 대해 구입 또는 대여 방식 중 하나를 선택하여 이용할 수 있는데, 일반대상자는 복지용구 구입·대여 금액의 15%, 의료급여자·차상위 감경대상자는 9%, 보험료 감경대상자는 6%, 기초생활수급자는 0%를 부담하면 된다.

복지용구의 구입·대여 금액은 다음 [표]와 같다.

[표] 복지용구 구입·대여 금액

복지용구	구입 금액	대여 금액	복지용구	구입 금액	대여 금액
성인용 보행기	100,000원	60,000원	전동침대	500,000원	330,000원
안전손잡이	30,000원	20,000원	수동침대	250,000원	180,000원
간이변기	20,000원	10,000원	이동욕조	60,000원	40,000원
자세전환용구	70,000원	50,000원	목욕리프트	80,000원	50,000원
수동휠체어	150,000원	110,000원	배회감지기	120,000원	70,000원

한편, 시설급여를 이용하는 경우에는 복지용구를 구입하거나 대여하는 것이 불가능하며, 의료기관에 입원한 기간 동안에는 전동침대, 수동침대, 이동욕조, 목욕리프트를 구입하거나 대여하는 것이 불가능하다.

46 **다음은 국민건강보험공단 홈페이지 [Q&A 게시판]에 올라온 질문과 답변이다. 위 글에 따를 때, 밑줄 친 ㉠~㉣ 중 옳지 않은 것은 모두 몇 개인가? (단, 언급하지 않은 내용은 고려하지 않는다)**

[Q&A 게시판]

Q: 복지용구급여를 이용해서 복지용구를 구입하거나 대여하는 경우에는 복지용구급여를 이용하지 않고 구입 혹은 대여하는 경우보다 어느 정도 저렴한가요?

A: ㉠ 일반대상자는 복지용구 구입·대여 금액의 15%, 의료급여자·차상위경감대상자는 9%, 보험료 감경대상자는 6%, 기초생활수급자는 0%의 금액을 절약하실 수 있습니다.

Q: 저는 복지용구급여 대상자인데요. 복지용구를 구입할지, 아니면 대여할지를 제 마음대로 선택할 수 있나요?

A: ㉡ 네, 수급자께서 구입 또는 대여 방식 중 하나를 선택하여 이용할 수 있습니다.

Q: 복지용구급여 일반대상자가 성인용 보행기와 안전손잡이를 대여하는 데 총 얼마의 비용이 드나요?

A: ㉢ 성인용 보행기 85,000원, 안전손잡이 25,500원으로, 총 110,500원의 비용을 부담하시면 됩니다.

Q: 저와 제 친구 둘 다 복지용구급여 대상자인데요. 저는 기초생활수급자이고, 제 친구는 차상위 감경대상자입니다. 제가 자세전환용구를 구입하는 것이 저렴한가요, 친구가 이동욕조를 대여하는 것이 저렴한가요?

A: ㉣ 친구분께서 이동욕조를 대여하시는 쪽이 저렴합니다.

① 1개 ② 2개 ③ 3개 ④ 4개

47 **다음 [복지용구 이용 신청 내역]에 근거할 때, 급여 대상자 A~E가 구입·대여할 수 있는 복지용구에 대한 A~E의 본인 부담액 합계를 구하면?**

[복지용구 이용 신청 내역]

급여 대상자	대상자 분류	복지용구	구입·대여	비고
A	일반대상자	간이변기	구입	–
B	일반대상자	전동침대	대여	의료기관 입원
C	의료급여자	배회감지기	대여	–
D	보험료 감경대상자	수동휠체어	구입	시설급여 이용
E	기초생활수급자	목욕리프트	구입	–

① 9,300원 ② 18,300원 ③ 21,300원 ④ 58,800원

[48~49] 다음은 A지역 청소년 교통비 지원 사업에 관한 자료이다. 이어지는 물음에 답하시오.

○ 지원대상: A지역에 거주하는 만 13~23세 청소년

※ 신청일 기준 주민등록상 A지역에 거주해야 함(단, 거주기간은 제한 없음)

※ 교통카드로 A지역 대중교통을 이용한 실적이 있는 청소년

○ 지원내용: 상반기, 하반기 각각 최대 6만 원 한도 내에서 A지역 대중교통 실사용의 100% 지원

○ 지급방법

- 만 14세 이상 청소년이 본인 명의 지역화폐를 등록한 경우 청소년의 지역화폐로 지급
- 만 13세 또는 휴대폰이 없거나 지역화폐 애플리케이션을 설치할 수 없는 휴대폰을 사용하는 청소년은 대리인의 지역화폐로 지급
- 신청자 거주지역 지역화폐로 지급이 원칙임(단, 생활권 편의 등 지원금 신청자 요청 시 타 지역의 지역화폐로 지급 가능)

○ 유의사항

- 청소년 본인의 인증서, 교통카드가 필요함(분실 또는 교체 카드를 포함하여 교통카드는 최대 2장까지 등록 가능함)
- 거주지 인증은 최초 가입 시 1회 진행해야 함
- 반기 실적은 이월되지 않으며 한도 내에서 지급함
- 재원 한도 내 지급으로 재원 소진 시 최대 지원금액이 변경될 수 있음
- A지역 대중교통 탑승 실적이 없는 경우 지원금 지급 불가함
- 보호자의 카드 및 현금으로 대중교통을 이용한 내역은 지원금 지급 불가함
- 중앙부처 및 지방자치단체에서 시행하는 사업에서 교통비를 지원받은 경우 중복 지원 불가함

48 위 자료에 대한 설명으로 옳지 않은 것은?

① 요청 시 타 지역의 지역화폐로 지급받을 수 있다.
② 만 13세 청소년의 경우 대리인의 지역화폐로 지급된다.
③ 주민등록상 타 지역에 거주한 채 A지역 대중교통을 이용하는 만 18세 청소년은 A지역으로 주민등록상 전입을 하더라도, 전입 이전의 교통비는 지원받을 수 없다.
④ 교통카드 분실을 대비하여 교통카드를 최대 2장까지 등록할 수 있다.

49 주민등록상 거주 지역이 A지역인 만 16세 U가 다음 [상황]에서 지원받을 수 있는 교통비는 얼마인가? (단, U가 이용한 버스와 지하철은 1회 기준 요금만 지불하였으며, 환승은 하지 않았다)

[상황]

• 상반기: A지역 버스 68회, B지역 지하철 25회
• 하반기: A지역 지하철 52회, B지역 버스 23회, A지역 버스 36회

※ 하반기 A지역 지하철 이용 횟수 중 10회는 현금으로 지불함

[표] 1회 교통비

A지역 버스	A지역 지하철	B지역 버스	B지역 지하철
800원	750원	1,000원	900원

① 112,600원 ② 114,400원 ③ 114,700원 ④ 120,000원

[50~51] 다음은 학교 밖 청소년 건강검진에 관한 자료이다. 이어지는 물음에 답하시오.

1. 학교 밖 청소년 건강검진 신청 대상 및 방법
   1) 신청대상: 9세 이상 18세 이하 학교 밖 청소년(단, 19세인 학교 밖 청소년은 국가건강검진과 중복되지 않은 경우 실시)
   2) 신청방법: 신청서, 개인정보 수집·이용 및 제공 동의서를 작성하여 제출
2. 학교 밖 청소년 건강검진 대상자 선정 및 통보
   1) 선정: 학교 밖 청소년 지원센터는 대상자 선정 후 공단에 대상자 명단을 통보
   2) 통보: 공단은 자료 오류 검증을 거친 후 최종 대상자를 확정하고, 대상자에게 학교 밖 청소년 건강검진 대상자로 선정되었음을 알림톡으로 통보

      ※ 건강보험공단 홈페이지에서 본인인증 로그인 후 학교 밖 청소년 건강검진 대상자 확인 가능
3. 학교 밖 청소년 건강검진표 발송
   1) 발송: 학교 밖 청소년 건강검진 신청서 접수일로부터 30일 이내에 건강검진표 및 안내문을 신청지 주소로 우편 발송
   2) 재발송: 건강검진표 분실 시 가까운 공단 지사를 방문하거나 고객센터에 전화로 신청하면 검진확인서를 받을 수 있음
4. 검진기관 확인 및 예약
   1) 검진기관 확인: 건강검진표에 동봉된 안내문에 주소지 인근 학교 밖 청소년 건강검진기관이 수록되어 있으며, 공단 홈페이지의 검진기관 찾기에서 검색 가능
   2) 예약: 본인이 받고자 하는 일정에 따라 미리 검진을 예약하면 편리하게 검진을 받을 수 있음
5. 건강검진 실시
   1) 주기: 학교 밖 청소년 건강검진은 3년을 주기로 실시
   2) 항목
      - 기본검진: 상담 및 진찰, 신체 계측, 요검사, 혈액검사, 구강검진, 영상검사
      - 선택검진: 상담, 매독, HIV, 클라미디아, 임질
      - 확진검사: 상담, 고혈압, 당뇨병, 신장질환, 이상지질혈증, C형간염, 매독

        ※ 확진검사는 검진결과 질환 의심 판정을 받은 항목에 대해서만 실시함
6. 건강검진 결과 통보

   우편발송: 건강검진을 받은 날로부터 15일 이내에 검진기관에서 문진표에 기재한 주소지로 발송함

50 **위 자료에 대한 설명으로 옳지 않은 것은?**

① 건강검진 신청 시 신청서와 개인정보 수집·이용 및 제공 동의서를 작성해야 한다.
② 19세인 학교 밖 청소년도 학교 밖 청소년 건강검진 대상자일 수 있다.
③ 9세인 학교 밖 청소년은 일생 동안 학교 밖 청소년 건강검진을 최대 3회 받을 수 있다.
④ 건강검진표 분실 시 고객센터에 전화로 신청하여 검진확인서를 받을 수 있다.

51 **다음 [상황]의 학교 밖 청소년 A와 B가 건강검진 시 받은 검진 수의 합은? (단, '상담'과 '상담 및 진찰'은 검진 수에서 제외한다)**

[상황]
13세인 학교 밖 청소년 A는 기본검진 결과 고혈압과 당뇨병 질환 의심을 판정받았고, 18세인 학교 밖 청소년 B는 기본검진과 HIV를 제외한 선택검진을 받았다.

① 14가지　② 15가지　③ 16가지　④ 17가지

[52~54] 다음은 유아학비 지원에 관한 자료이다. 이어지는 물음에 답하시오.

1. 유아학비 지원: 국·공립 및 사립유치원에 재원하는 유아를 대상으로 보호자의 소득수준에 관계없이 전 계층에 유아학비를 지원하여 실질적 교육기회 보장을 지원하는 사업
2. 지원대상: 국·공립 및 사립유치원에 다니는 만 3~5세 유아
   ※ 유치원 조기 입학을 희망하여 만 3세반에 취원한 유아도 지원
   ※ 취학을 유예하는 경우, 유예한 1년에 한하여 만 5세 유아 무상교육비 지원(취학유예 통지서 제출해야 함)
   ※ 지원기간은 3년을 초과할 수 없음
   ※ 유아학비 지원자격이 있고 사립유치원에 다니는 법정저소득층(기초생활수급자, 차상위계층, 한부모 가정) 유아에 대하여 추가로 저소득층 유아학비 지원
3. 제외대상
   - 대한민국 국적을 가지지 않은 유아
   - 가정 양육수당 및 어린이집 보육료를 지원받고 있는 유아
   - 유치원 이용시간에 아이돌봄서비스 등과 중복지원 불가
   - 해외 체류 기간이 31일째 되는 날 유아학비 지원자격 중지
4. 서비스 내용
   - 만 3~5세 교육비: 국·공립 월 100,000원, 사립 월 280,000원
   - 만 3~5세 방과 후 과정비: 국·공립 월 50,000원, 사립 월 70,000원
   - 저소득층 추가 지원: 사립 월 최대 200,000원 범위 내(단, 만 3~5세 방과 후 과정비를 포함한 금액임)
5. 주의 사항
   - 자격 중지 후 유아학비를 다시 지원받기 위해서는 재신청 필요
   - 기존에 보육료, 양육수당 등 다른 복지서비스의 지원자격을 보유하고 있는 경우에는 반드시 유아학비로 변경 신청해야 지원 가능하며, 지원금은 신청일로부터 산정되고 소급지원 불가
   - 유아학비는 신청일 기준으로 지급하며, 유아학비 신청과 동시에 보육료는 즉시 지원 중단되며, 양육수당은 변경신청일 기준에 따라 지원 중단됨
   - 소급지원이 불가하므로 신청 시 충분히 숙지하고 신청하여 불이익이 발생하지 않도록 유의해야 함
   - 신청 후 학부모 인증 신청에 따라 교육청에서 유치원으로 지원금액이 입금됨

52 위 자료에 대한 설명으로 옳지 않은 것은?

① 유아학비 지원 중 자격이 중지된 경우 재신청을 해야 한다.
② 유아학비는 양육수당과 중복으로 지원받을 수 있다.
③ 저소득층 유아의 경우 최대 월 48만 원을 지원받을 수 있다.
④ 지원금은 교육청에서 유치원으로 직접 입금된다.

53 다음 [상황]의 갑의 자녀가 지원받을 수 있는 최대 금액은?

[상황]
저소득층이 아닌 갑은 만 2세 자녀를 두었고 자녀를 조기 입학시켜 만 3세반에 취원하였다. 갑의 자녀는 국립유치원에 재원 중이며 방과 후 과정 수업도 듣고 있다.

① 460만 원　② 540만 원　③ 630만 원　④ 720만 원

54 다음 [보기]의 A~D 중 유아학비를 지원받을 수 있는 사람은?

| 보기 |

- A: 부모가 대한민국으로 이민을 왔으나 유아 본인은 대한민국 국적을 가지고 있지 않다.
- B: 유아학비 지원 중 해외 체류 기간이 40일째가 되었다.
- C: 유치원 이용시간에 아이돌봄서비스를 이용 중이다.
- D: 만 5세 때 1년을 취학 유예하였다.

① A　② B　③ C　④ D

[55~57] 다음은 A도서관의 청구기호에 관한 자료이다. 이어지는 물음에 답하시오.

1. 분류기호: 자료의 주제를 아라비아 숫자로 변환한 기호

000 총류	010 서지학 020 도서관학 030 백과사전	040 일반논문 050 정기간행 060 일반학회	070 신문잡지 080 전집총서 090 향토자료
100 철학	110 평이상학 120 인간학 130 철학세계	140 경학 150 동양철학 160서양철학	170 논리학 180 심리학 190 윤리학
200 종교	210 지교종교 220 불교 230 기독교	240 도교 250 천도교 260 신도	270 인도종교 280 회교 290 기타종교
300 사회과학	310 통계학 320 경제학 330 사회학	340 정치학 350 행정학 360 법학	370 교육학 380 민속학 390 군사학
400 순수과학	410 수학 420 물리학 430 화학	440 천문학 450 지학 460 광물학	470 생명과학 480 식물학 490 동물학
500 기술과학	510 의약학 520 농수산학 530 공업일반	540 건축공학 550 기계공학 560 전기공학	570 화학공학 580 제조업 590 가정학
600 예술	610 건축학 620 조각 630 공예	640 서예 650 회화 660 사진	670 음악 680 연극영화 690 오락운동
700 어학	710 한국어 720 중국어 730 일본어	740 영어 750 독일어 760 프랑스어	770 스페인어 780 이탈리아 790 기타제어
800 문학	810 한국문학 820 중국문학 830 일본문학	840 영문학 850 독일문학 860 프랑스	870 스페인 880 이탈리아 890 기타문학
900 역사지리	910 아시아사 920 유럽사 930 아프리카	940 북미사 950 남미사 960 호주사	970 남극사 980 지리관광 990 전기족보

2. 도서기호: 저자기호와 저작기호를 조합한 기호
   1) 저자명을 기호화하는 방법으로 저자의 성을 표기
   2) 저자명의 이름의 첫 글자의 자음, 모음을 숫자로 표기
      - 자음기호

ㄱ, ㄲ – 1	ㄴ – 19	ㄷ, ㄸ – 2	ㄹ – 29	ㅁ – 3	ㅂ, ㅃ – 4	ㅅ, ㅆ – 5
ㅇ – 6	ㅈ, ㅉ – 7	ㅊ – 8	ㅋ – 87	ㅌ – 88	ㅍ – 89	ㅎ – 9

- 모음기호(초성이 ㅊ이 아닌 글자)

ㅏ	ㅐ(ㅑ, ㅒ)	ㅓ(ㅔ, ㅕ, ㅖ)	ㅗ(ㅘ, ㅙ, ㅚ, ㅛ)	ㅜ(ㅝ, ㅞ, ㅟ, ㅠ)	ㅡ(ㅢ)	ㅣ
2	3	4	5	6	7	8

- 모음기호(초성이 ㅊ인 글자)

ㅏ(ㅐ, ㅑ, ㅒ)	ㅓ(ㅔ, ㅕ, ㅖ)	ㅗ(ㅘ, ㅙ, ㅚ, ㅛ)	ㅜ(ㅝ, ㅞ, ㅟ, ㅠ, ㅡ, ㅢ)	ㅣ
2	3	4	5	6

3) 저작기호: 도서명의 첫 자음을 표기

3. 권차기호: 시리즈 물이 있는 경우에만 붙이는 기호로 'v.' 뒤에 해당 권차를 표기

4. 복본기호: 동일한 도서를 여러 권 보유하고 있는 경우에만 붙이는 기호로 'c.' 뒤에 권수를 표기

55 청구기호를 토대로 알 수 없는 것은?

① 해당 도서 보유 권수
② 저자의 이름
③ 자료의 주제
④ 시리즈의 여부

56 다음 [상황]의 도서에 해당하는 청구기호로 옳은 것은?

[상황]

한국어 관련 도서로, 저자는 김경백이고, 제목은 '한국어 쉽게 익히기'이다. 해당 도서는 4권까지 있는 시리즈 물 중 하나로 권차는 2권이고, A도서관에 해당 도서는 3권 보유 중이다.

① 710김14ㅎv.2c.3
② 700김14ㅎv.4
③ 710김13ㅎc.3
④ 700김13ㅎv.4c.2

57 청구기호 '810고84ㅅc.5'에 대한 설명으로 옳지 않은 것은?

① 저자의 이름은 '고철수'일 수 있다.
② 해당 도서는 한국문학에 관한 도서이다.
③ 해당 도서명은 '사신'일 수 있다.
④ 해당 도서는 A도서관에 5권 보유 중이다.

[58~60] 다음은 시간제 보육에 관한 자료이다. 이어지는 물음에 답하시오.

1. 시간제 보육: 가정양육 시에도 지정된 제공기관에서 시간단위로 보육서비스를 이용하고 이용한 시간만큼 보육료를 지불하는 보육서비스
2. 지원 내용

구분	독립반	통합반
제공기관	시간제 보육 제공기관으로 지정된 어린이집, 육아종합지원센터	시간제 보육 제공기관으로 지정된 어린이집
이용대상	6개월 이상 36개월 미만 영아	6개월 이상 영유아
지원대상	6개월 이상 36개월 미만 가정양육수당 수급 중인 영아	6개월 이상 가정양육수당 수급 중인 영유아
지원시간	월 80시간	
운영시간	9:00~18:00	
이용시간	1시간 단위 예약	월 단위 예약
보육료 지원액	시간당 3천 원	시간당 4천 원
보육료 본인부담액	시간당 1천 원	시간당 1천 원

※ 통합반의 경우 별도로 지정된 어린이집에서만 제공함
※ 양육수당 수급아동이 아닌 경우 전액 본인 부담
※ 양육수당 수급아동의 자격이 변경된 경우
  - 15일 이전 변경 신청: 해당 월의 변경신청일 이전까지 이용 건에 한하여 지원, 변경신청일 이후 이용 건에 한하여 전액 본인 부담
  - 16일 이후 변경 신청: 해당 월 말까지 이용한 건에 한하여 지원

3. 제출서류: 시간제 보육 이용신청서, 운영규정서약서, 가족관계증명서, 신분증
4. 개별준비물: 기저귀, 개별침구, 간식
   ※ 독립반의 경우 급·간식이 제공되지 않으며, 이용 부모 요청 시 전액 부담으로 제공 가능, 통합반의 경우 급·간식비는 어린이집에 유선 문의
5. 이용료 결제: 이용 시마다 국민행복카드로 결제되며, 예약한 시간을 기준으로 자동 계산
   ※ 기존 아이행복카드 사용 가능
6. 유의사항
   1) 예약취소 및 변경에 따라 벌점 부과
      - 이용 전

독립반	통합반
4일 전~3일 전: −1점	예약일~2일 전: 벌점 없음
2일 전~1일 전: −2점	1일 전: −1점

- 서비스 이용 당일

구분	독립반	통합반
예약 당일 예약 시간 전	−3점	−2점
예약 시간 내	−4점	−2점
미이용	−5점	−3점
예약 시간 초과 이용	−7점	−4점

2) 당월 누적 벌점이 −7점 이상인 경우, 익월 사전 예약 내역 취소 및 익월 예약이 불가
3) 벌점은 해당 월에만 적용되며, 이월되지 않음
4) 아동의 질병 등 부득이한 사유로 예약을 취소해야 할 경우 증빙서류(진단서, 처방전, 영수증 등) 제출 시 벌점 부과 없이 취소 가능함

58 위 자료에 대한 설명으로 옳지 않은 것은?

① 독립반을 운영하는 모든 어린이집은 통합반을 운영할 수 있다.
② 기존 아이행복카드를 이용하여 결제할 수 있다.
③ 양육수당 수급아동이 아닌 경우 통합반과 독립반의 시간당 본인부담액 차이는 1천 원이다.
④ 신청 시 제출해야 하는 서류는 4개이다.

59 다음 [상황]의 A의 아동이 10월에 보유하고 있는 벌점은?

[상황]

A는 시간제 보육 중 독립반을 이용하는 아동의 부모이다. 8월에 A의 아동은 미이용 1회, 9월에 이용 2일 전 취소 1회, 1일전 취소 2회, 10월에 A의 아동이 장염으로 인하여 예약 당일 예약 시간 전에 취소하였으며 진단서를 제출하였다.

① 0점 ② −3점 ③ −11점 ④ −14점

60 다음 [상황]의 B가 지불해야 하는 10월분 본인부담금은?

[상황]

B는 자녀를 가정양육 중이며, 통합반을 신청하여 이용 중이다. 10월 매주 월요일, 화요일, 목요일, 금요일, 4시간씩 신청하였고, B의 자녀의 자격이 변경되어 10월 11일에 변경신청하였다.

[표] 10월 달력

일	월	화	수	목	금	토
1	2	3	4	5	6	7
8	9	10	11	12	13	14
15	16	17	18	19	20	21
22	23	24	25	26	27	28
29	30	31				

① 72천 원 ② 186천 원 ③ 264천 원 ④ 308천 원

실전모의고사 3회
법률 - 국민건강보험법

01 **건강보험정책심의위원회가 의결하는 사항으로 옳지 않은 것은?**

① 요양급여의 기준
② 직장가입자의 보험료율
③ 국민건강보험종합계획에 관한 사항
④ 건강보험에 관한 주요 사항으로서 대통령령으로 정하는 사항

02 **가입자 자격의 취득·변동·상실 시기가 4월 2일인 사람을 [보기]에서 모두 고르면?**

| 보기 |

- 갑: 이전까지 지역가입자였으나 4월 2일부터 사립학교 직원으로 근무하게 되었다.
- 을: 전기차 부품업체에서 근로자로 근무하고 있었으나 4월 1일에 해당 업체가 휴업을 하게 되었다.
- 병: 직장가입자인 남편의 피부양자로 있었으나 남편이 직장을 퇴사하여 4월 1일에 피부양자 자격을 잃었다.
- 정: 이전까지 지역가입자였으나 4월 1일에 유공자등 의료보호대상자가 되어 4월 2일에 건강보험 적용배제신청을 하였다.

① 병 ② 갑, 을 ③ 병, 정 ④ 갑, 을, 정

03 **국민건강보험공단의 설립등기에 포함하여야 하는 사항으로 명시된 것을 [보기]에서 모두 고르면?**

| 보기 |

ㄱ. 목적과 명칭
ㄴ. 분사무소의 소재지
ㄷ. 이사장의 주민등록번호
ㄹ. 예산 및 결산에 관한 사항
ㅁ. 설립등기의 변경에 관한 사항

① ㄱ, ㅁ ② ㄱ, ㄴ, ㄷ ③ ㄴ, ㄷ, ㄹ ④ ㄱ, ㄴ, ㄹ, ㅁ

04 **다음은 국민건강보험공단 직원 간의 [대화]이다. 갑~정 중 옳지 않은 발언을 한 사람을 모두 고르면?**

[대화]

- 갑: 얼마 전 상임이사 A가 국적을 미국으로 바꾸었다고 하니 당연퇴임이 되었겠어요.
- 을: A는 우리 공단 이사장님께서 임명한 임원일 텐데 아쉽게 되었네요.
- 병: 비상임이사 B는 며칠 전에 직무상 의무를 위반했다고 하던데, 기획재정부장관이 B를 해임할 수도 있겠군요.
- 정: 임원들은 직무상 의무를 위반한 경우뿐만 아니라 고의나 과실 여부와 관계없이 공단에 손실이 생기게 한 경우에도 해임될 수 있으니 항상 조심해야 해요.

① 갑, 을 ② 갑, 정 ③ 을, 병 ④ 병, 정

05 **선별급여에 대한 설명으로 옳지 않은 것을 [보기]에서 모두 고르면?**

| 보기 |

ㄱ. 경제성이 낮아도 가입자와 피부양자의 건강회복에 잠재적 이득이 있는 등 보건복지부령으로 정하는 경우에는 선별급여로 지정하여 실시할 수 있다.

ㄴ. 국민건강보험공단은 선별급여에 대하여 주기적으로 요양급여의 적합성을 평가하여 요양급여 여부를 다시 결정하고, 요양급여의 기준을 조정하여야 한다.

ㄷ. 선별급여 중 자료의 축적 또는 의료 이용의 관리가 필요한 경우에는 보건복지부장관이 해당 선별급여의 실시 조건을 사전에 정하여 이를 충족하는 요양기관만이 해당 선별급여를 실시할 수 있다.

ㄹ. 제42조의2 제1항에 따라 선별급여를 실시하는 요양기관은 해당 선별급여의 평가를 위하여 필요한 자료를 제출하여야 하며, 보건복지부장관은 요양기관이 자료를 제출하지 아니할 경우 해당 선별급여의 실시를 제한할 수 있다.

① ㄷ ② ㄱ, ㄴ ③ ㄴ, ㄹ ④ ㄱ, ㄷ, ㄹ

06 **요양급여비용의 산정에 대한 설명으로 옳지 않은 것을 [보기]에서 모두 고르면?**

| 보기 |

ㄱ. 요양급여비용은 보건복지부장관과 의약계를 대표하는 사람들의 계약으로 정한다.
ㄴ. 요양급여비용에 대한 계약이 체결되면 그 계약은 공단과 각 요양기관 사이에 체결된 것으로 본다.
ㄷ. 요양급여비용이 정해지면 보건복지부장관은 그 요양급여비용의 명세를 지체 없이 고시하여야 한다.
ㄹ. 요양급여비용의 계약이 그 직전 계약기간 만료일이 속하는 연도의 6월 30일까지 체결되지 않은 경우 보건복지부장관이 심의위원회의 의결을 거쳐 정한다.

① ㄱ ② ㄱ, ㄹ ③ ㄴ, ㄷ ④ ㄴ, ㄷ, ㄹ

07 **부당이득의 징수에 대한 설명으로 옳지 않은 것은?**

① 공단은 부당한 방법으로 보험급여를 받은 사람에 대하여 그 보험급여에 해당하는 금액의 5배 이하를 징수한다.
② 사용자의 거짓 보고로 보험급여가 실시된 경우 공단은 사용자에게 보험급여를 받은 사람과 연대하여 징수금을 내게 할 수 있다.
③ 요양기관이 가입자로부터 부당한 방법으로 요양급여비용을 받은 경우 공단은 해당 요양기관으로부터 이를 징수하여 가입자에게 지체 없이 지급하여야 한다.
④ 공단은 부당한 방법으로 보험급여 비용을 받은 요양기관이 「약사법」 제21조 제1항을 위반하여 개설·운영하는 약국인 경우 해당 약국 개설자에게 약국과 연대하여 징수금을 납부하게 할 수 있다.

08 **다음 글의 빈칸 ㉠~㉣에 들어갈 숫자를 모두 합하면 얼마인가?**

건강보험심사평가원의 임원은 원장, 이사 (㉠)명, 감사 (㉡)명으로 구성된다. 이 중 비상임이사는 (㉢)명인데, 대통령령으로 정하는 바에 따라 추천한 관계 공무원 (㉣)명도 비상임이사에 포함된다.

① 27 ② 28 ③ 29 ④ 30

09 **다음 [사례]에서 갑이 부담하여야 하는 월 보험료액은 얼마인가? (단, 직장가입자의 보험료율은 7.09%이고, 보수 외 소득월액 산정 시 대통령령으로 정하는 금액은 2,000만 원이며, 보건복지부령으로 정하는 바에 따른 평가는 생략한다)**

> [사례]
>
> 무역회사 직원인 직장가입자 갑은 지난해까지 서울에 있는 본사에서 근무를 하다, 올 초부터는 베트남 하노이 지사로 발령을 받아 현재는 그곳에서 업무에 종사하고 있다. 갑의 피부양자로는 국내에 거주하는 남편 을과 아들 병, 딸 정이 있다. 갑의 보수월액은 400만 원이고, 보수 외 소득으로는 이자소득과 사업소득이 있는데 이자소득은 연 1,000만 원, 사업소득은 연 2,200만 원이다.

① 70,900원　② 106,350원　③ 141,800원　④ 212,700원

10 **다음 [사례]에서 갑에게 부과될 가산금은 얼마에 상당하는 금액인가?**

> [사례]
>
> 마케팅회사 A를 운영하고 있는 갑은 대통령령으로 정하는 사유에 해당되어 직장가입자가 될 수 없는 자신의 후배 을을 국민건강보험공단에 직장가입자라고 거짓으로 신고하였다. 직장가입자로 신고되기 전 지역가입자였던 을은 매월 10만 원의 건강보험료를 부담해 오고 있었지만, 직장가입자로 처리된 이후 을에게 부과된 월 보험료액은 6만 원으로 내려갔다. 을이 직장가입자로 처리되기 시작한 지 5개월 뒤 공단은 이 사실을 알고 A의 사용자인 갑에게 가산금을 부과하기로 하였다.

① 2만 원　② 3만 원　③ 4만 원　④ 5만 원

11 **다음은 국민건강보험공단 직원 갑, 을의 [대화]이다. [대화]의 밑줄 친 ㉠~㉣ 중 옳지 않은 것을 고르면?**

[대화]

- 갑: 이번에 ○○회사 연체금 징수는 어떻게 되어 가고 있나요?
- 을: 네, ○○회사는 부당한 방법으로 보험급여를 받은 보조기기 판매회사로서, 체납된 부당이득 징수금이 300,000원입니다.
- 갑: 그래요? 연체 일수는 어떻게 되나요?
- 을: 오늘 기준으로 납부기한이 지난 날부터 20일이 경과하였고 ㉠ 연체금은 6,000원입니다.
- 갑: 만약 ○○회사의 연체 일수가 30일이 된다면 ㉡ 연체금은 9,000원이겠군요.
- 을: ○○회사의 경우 납부기한 후 30일이 지난 날부터는 매 1일이 경과할 때마다 ㉢ 체납금액의 3천분의 1에 해당하는 금액을 징수하게 됩니다.
- 갑: ○○회사가 아무리 오랫동안 체납한다고 하더라도 ㉣ 총 연체금이 체납금액의 5%를 넘길 수는 없어요.

① ㉠　② ㉡　③ ㉢　④ ㉣

12 **체납처분 및 결손처분에 대한 설명으로 옳지 않은 것을 [보기]에서 모두 고르면?**

| 보기 |

ㄱ. 보험료 징수에 대한 소멸시효가 완성된 경우 공단은 재정운영위원회의 의결 없이 보험료를 결손처분할 수 있다.

ㄴ. 공단은 징수할 가능성이 없다고 인정되는 경우로서 대통령령으로 정하는 경우에 해당하여 결손처분을 하였으나 압류할 수 있는 다른 재산이 있는 것을 발견한 때에는 지체 없이 그 처분을 취소하고 체납처분을 하여야 한다.

ㄷ. 공단은 공익목적을 위하여 필요한 경우에 종합신용정보집중기관에 결손처분한 금액의 총액이 500만 원 이상인 자의 결손처분액에 관한 자료를 제공하여야 한다.

ㄹ. 보험료에 대한 체납처분이 끝나고 체납액에 충당될 배분금액이 그 체납액에 미치지 못하는 경우 공단은 재정운영위원회의 의결을 받아 보험료를 결손처분할 수 있다.

① ㄱ, ㄷ　② ㄴ, ㄹ　③ ㄱ, ㄴ, ㄷ　④ ㄴ, ㄷ, ㄹ

13 「국민건강보험법」상 이의신청 및 심판청구에 대한 설명으로 옳지 않은 것은?

① 피부양자의 자격에 관한 처분에 이의가 있는 자는 공단에 이의신청을 할 수 있다.

② 이의신청은 원칙상 처분이 있음을 안 날부터 90일 이내에 문서로 하여야 하며, 처분이 있은 날부터 180일을 지나면 제기하지 못한다.

③ 공단 또는 심사평가원의 처분에 이의가 있는 자와 이의신청 또는 심판청구에 대한 결정에 불복하는 자는 행정소송을 제기할 수 있다.

④ 이의신청에 대한 결정에 불복하여 심판청구를 하려는 자는 대통령령으로 정하는 심판청구서를 반드시 건강보험분쟁조정위원회에 제출하여야 한다.

14 서류의 보존에 대한 설명으로 옳은 것을 [보기]에서 모두 고르면?

| 보기 |

ㄱ. 사용자는 3년간 자격 관리 및 보험료 산정 등 건강보험에 관한 서류를 보존하여야 한다.

ㄴ. 요양기관은 요양급여가 끝난 날부터 5년간 요양급여비용의 청구에 관한 서류를 보존하여야 한다.

ㄷ. 약국 등 보건복지부령으로 정하는 요양기관은 요양급여가 끝난 날부터 3년간 처방전을 보존하여야 한다.

ㄹ. 가입자의 위임을 받아 공단에 요양비의 지급을 직접 청구한 준요양기관은 요양비를 지급받은 날부터 5년간 요양비 청구에 관한 서류를 보존하여야 한다.

① ㄱ, ㄴ　　② ㄱ, ㄷ　　③ ㄴ, ㄹ　　④ ㄷ, ㄹ

15 **다음 [사례]에 따를 때 옳지 않은 설명을 [보기]에서 모두 고르면?**

[사례]

- 사례 1: 요양기관 갑은 속임수를 사용하여 가입자에게 요양급여비용을 부담하게 하였다가 당국으로부터 적발되었다. 이에 보건복지부장관은 갑에 대하여 업무정지를 명하려고 하였으나, 갑을 이용하는 사람들에게 심한 불편을 줄 수 있다고 판단하여 가입자에게 속임수로 요양급여비용을 부담하게 한 금액의 5배에 해당하는 금액을 과징금으로 부과·징수하였다.
- 사례 2: 의약품공급자 을은 과거 「약사법」 제47조 제2항을 위반하여 보건복지부장관으로부터 해당 위반과 관련된 약제 A에 대해 요양급여비용 상한금액 감액 처분을 받았다. 1년 뒤 을이 약제 A에 대해 동일한 위반을 저지르자 보건복지부장관은 다시 약제 A의 요양급여비용 상한금액을 감액하였고, 2년 뒤 을이 약제 A에 대해 또다시 동일한 위반을 저지르자 보건복지부장관은 1년간 약제 A의 요양급여 적용을 정지하려고 하였다. 하지만 약제 A의 요양급여 적용 정지가 환자 진료에 불편을 초래하는 등 공공복리에 지장을 줄 것이라고 예상되어 약제 A에 대한 요양급여비용 총액의 100분의 200에 해당하는 금액을 과징금으로 부과·징수하였다.

| 보기 |

ㄱ. 갑으로부터 징수한 과징금은 공단이 요양급여비용으로 지급하는 자금 용도로 사용할 수 있다.
ㄴ. 갑으로부터 징수한 과징금은 「응급의료에 관한 법률」에 따른 응급의료기금의 지원 용도로 사용할 수 없다.
ㄷ. 갑으로부터 징수한 과징금은 「재난적의료비 지원에 관한 법률」에 따른 재난적의료비 지원사업에 대한 지원 용도로 사용할 수 있다.
ㄹ. 을로부터 징수한 과징금은 공단이 요양급여비용으로 지급하는 자금 용도나 「응급의료에 관한 법률」에 따른 응급의료기금의 지원 용도로 사용할 수 없다.

① ㄱ　② ㄴ　③ ㄱ, ㄹ　④ ㄴ, ㄷ

16 **다음 [사례]에 대한 설명으로 옳은 것은?**

> [사례]
>
> 요양기관 A는 서류를 변조한 뒤 요양급여비용 1,000만 원을 거짓으로 청구하여 행정처분을 받았다. A의 이번 거짓 청구로 인해 A의 위반 행위, 처분 내용, 명칭·주소, 대표자 성명, 그 밖에 다른 요양기관과의 구별에 필요한 사항으로서 대통령령으로 정하는 사항이 공표되었다.

① A의 요양급여비용 총액은 5,000만 원 이상이다.
② A의 위반사실을 공표한 주체는 공단 이사장이다.
③ A가 요양급여비용 거짓 청구로 받은 행정처분은 업무정지이다.
④ A가 공표대상자로 선정되기 전 A에 소명자료 제출이나 의견 진술 기회가 주어졌다.

17 **「국민건강보험법」상 재외국민 및 외국인에 대한 규정으로 옳지 않은 것을 [보기]에서 모두 고르면?**

| 보기 |

ㄱ. 정부는 외국 정부가 사용자인 사업장의 근로자의 건강보험에 관하여는 외국 정부와 한 합의에 따라 이를 따로 정하여야 한다.
ㄴ. 국내체류 외국인이 외국의 법령에 따라 요양급여에 상당하는 의료보장을 받을 수 있어 사용자가 가입 제외를 신청한 경우 해당 외국인은 가입자가 될 수 없다.
ㄷ. 「주민등록법」에 따라 등록한 국내체류 재외국민이 직장가입자의 배우자이고 「국민건강보험법」 제5조 제3항에 따른 피부양자 자격 인정 기준에 해당하며 「국민건강보험법」 제109조 제3항 제1호에 따른 국내 거주기간 요건을 충족하면 해당 재외국민의 신청 여부와 관계없이 피부양자가 된다.

① ㄱ　② ㄱ, ㄷ　③ ㄴ, ㄹ　④ ㄱ, ㄴ, ㄷ

18 **임의계속가입자 제도에 대한 설명으로 옳은 것은?**

① 임의계속가입자의 보험료는 공단 이사장이 정하여 고시하는 바에 따라 그 일부를 경감할 수 있다.

② 임의계속가입자의 보수월액은 보수월액보험료가 산정된 최근 3개월간의 보수월액을 평균한 금액이다.

③ 임의계속가입자가 된 후 최초 보험료를 그 납부기한부터 2개월이 지난 날까지 내지 않으면 자격이 박탈된다.

④ 사용관계가 끝난 사람 중 가입자로서의 자격을 유지한 기간이 보건복지부령으로 정하는 기간 동안 통산 1년 이상인 사람이 신청할 수 있다.

19 **국민건강보험공단이 다른 곳에 위탁할 수 있는 업무를 [보기]에서 모두 고르면 총 몇 개인가?**

| 보기 |

ㄱ. 보험료의 징수 업무
ㄴ. 보험료의 수납에 관한 업무
ㄷ. 징수위탁보험료등의 징수 업무
ㄹ. 보험료납부의 확인에 관한 업무
ㅁ. 보험급여비용의 지급에 관한 업무
ㅂ. 징수위탁보험료등의 수납에 관한 업무
ㅅ. 징수위탁보험료등 납부의 확인에 관한 업무

① 2개 ② 3개 ③ 4개 ④ 5개

20 **「국민건강보험법」상 징역형을 받을 수 있는 경우를 [보기]에서 모두 고르면?**

| 보기 |

ㄱ. 가입자의 보수를 거짓으로 신고한 사용자
ㄴ. 거짓으로 요양급여비용을 청구한 대행청구단체 종사자
ㄷ. 부당한 방법으로 타인으로 하여금 보험급여를 받게 한 사람
ㄹ. 요양비 명세서나 요양 명세를 적은 영수증을 내주지 아니한 준요양기관 대표자

① ㄱ, ㄴ ② ㄱ, ㄹ ③ ㄴ, ㄷ ④ ㄷ, ㄹ

※ 본 답안지는 실제와 다를 수 있습니다.

자름선

혼JOB 국민건강보험공단 봉투모의고사 OMR 답안지

성명(4자까지만 표기)

ㄱ	ㅏ	ㄱ	ㄱ	ㅏ	ㄱ	ㄱ	ㅏ	ㄱ	ㄱ	ㅏ	ㄱ
ㄴ	ㅑ	ㄴ	ㄴ	ㅑ	ㄴ	ㄴ	ㅑ	ㄴ	ㄴ	ㅑ	ㄴ
ㄷ	ㅓ	ㄷ	ㄷ	ㅓ	ㄷ	ㄷ	ㅓ	ㄷ	ㄷ	ㅓ	ㄷ
ㄹ	ㅕ	ㄹ	ㄹ	ㅕ	ㄹ	ㄹ	ㅕ	ㄹ	ㄹ	ㅕ	ㄹ
ㅁ	ㅗ	ㅁ	ㅁ	ㅗ	ㅁ	ㅁ	ㅗ	ㅁ	ㅁ	ㅗ	ㅁ
ㅂ	ㅛ	ㅂ	ㅂ	ㅛ	ㅂ	ㅂ	ㅛ	ㅂ	ㅂ	ㅛ	ㅂ
ㅅ	ㅜ	ㅅ	ㅅ	ㅜ	ㅅ	ㅅ	ㅜ	ㅅ	ㅅ	ㅜ	ㅅ
ㅇ	ㅠ	ㅇ	ㅇ	ㅠ	ㅇ	ㅇ	ㅠ	ㅇ	ㅇ	ㅠ	ㅇ
ㅈ	ㅡ	ㅈ	ㅈ	ㅡ	ㅈ	ㅈ	ㅡ	ㅈ	ㅈ	ㅡ	ㅈ
ㅊ	ㅣ	ㅊ	ㅊ	ㅣ	ㅊ	ㅊ	ㅣ	ㅊ	ㅊ	ㅣ	ㅊ
ㅋ	ㅐ	ㅋ	ㅋ	ㅐ	ㅋ	ㅋ	ㅐ	ㅋ	ㅋ	ㅐ	ㅋ
ㅌ	ㅒ	ㅌ	ㅌ	ㅒ	ㅌ	ㅌ	ㅒ	ㅌ	ㅌ	ㅒ	ㅌ
ㅍ	ㅔ	ㅍ	ㅍ	ㅔ	ㅍ	ㅍ	ㅔ	ㅍ	ㅍ	ㅔ	ㅍ
ㅎ	ㅖ	ㅎ	ㅎ	ㅖ	ㅎ	ㅎ	ㅖ	ㅎ	ㅎ	ㅖ	ㅎ
ㄲ	ㅘ	ㄲ	ㄲ	ㅘ	ㄲ	ㄲ	ㅘ	ㄲ	ㄲ	ㅘ	ㄲ
ㄸ	ㅙ	ㄶ	ㄸ	ㅙ	ㄶ	ㄸ	ㅙ	ㄶ	ㄸ	ㅙ	ㄶ
ㅃ	ㅚ	ㄺ	ㅃ	ㅚ	ㄺ	ㅃ	ㅚ	ㄺ	ㅃ	ㅚ	ㄺ
ㅆ	ㅝ	ㄻ	ㅆ	ㅝ	ㄻ	ㅆ	ㅝ	ㄻ	ㅆ	ㅝ	ㄻ
ㅉ	ㅞ	ㄼ	ㅉ	ㅞ	ㄼ	ㅉ	ㅞ	ㄼ	ㅉ	ㅞ	ㄼ
	ㅟ	ㅀ		ㅟ	ㅀ		ㅟ	ㅀ		ㅟ	ㅀ
	ㅢ			ㅢ			ㅢ			ㅢ	

수험번호(8자리)

0	0	0	0	0	0	0	0
1	1	1	1	1	1	1	1
2	2	2	2	2	2	2	2
3	3	3	3	3	3	3	3
4	4	4	4	4	4	4	4
5	5	5	5	5	5	5	5
6	6	6	6	6	6	6	6
7	7	7	7	7	7	7	7
8	8	8	8	8	8	8	8
9	9	9	9	9	9	9	9

생년월일(연도/월/일)

0	0	0	0	0	0
1	1	1	1	1	1
2	2	2	2	2	2
3	3	3	3	3	3
4	4	4	4	4	4
5	5	5	5	5	5
6	6	6	6	6	6
7	7	7	7	7	7
8	8	8	8	8	8
9	9	9	9	9	9

01	① ② ③ ④	21	① ② ③ ④	41	① ② ③ ④	01	① ② ③ ④
02	① ② ③ ④	22	① ② ③ ④	42	① ② ③ ④	02	① ② ③ ④
03	① ② ③ ④	23	① ② ③ ④	43	① ② ③ ④	03	① ② ③ ④
04	① ② ③ ④	24	① ② ③ ④	44	① ② ③ ④	04	① ② ③ ④
05	① ② ③ ④	25	① ② ③ ④	45	① ② ③ ④	05	① ② ③ ④
06	① ② ③ ④	26	① ② ③ ④	46	① ② ③ ④	06	① ② ③ ④
07	① ② ③ ④	27	① ② ③ ④	47	① ② ③ ④	07	① ② ③ ④
08	① ② ③ ④	28	① ② ③ ④	48	① ② ③ ④	08	① ② ③ ④
09	① ② ③ ④	29	① ② ③ ④	49	① ② ③ ④	09	① ② ③ ④
10	① ② ③ ④	30	① ② ③ ④	50	① ② ③ ④	10	① ② ③ ④
11	① ② ③ ④	31	① ② ③ ④	51	① ② ③ ④	11	① ② ③ ④
12	① ② ③ ④	32	① ② ③ ④	52	① ② ③ ④	12	① ② ③ ④
13	① ② ③ ④	33	① ② ③ ④	53	① ② ③ ④	13	① ② ③ ④
14	① ② ③ ④	34	① ② ③ ④	54	① ② ③ ④	14	① ② ③ ④
15	① ② ③ ④	35	① ② ③ ④	55	① ② ③ ④	15	① ② ③ ④
16	① ② ③ ④	36	① ② ③ ④	56	① ② ③ ④	16	① ② ③ ④
17	① ② ③ ④	37	① ② ③ ④	57	① ② ③ ④	17	① ② ③ ④
18	① ② ③ ④	38	① ② ③ ④	58	① ② ③ ④	18	① ② ③ ④
19	① ② ③ ④	39	① ② ③ ④	59	① ② ③ ④	19	① ② ③ ④
20	① ② ③ ④	40	① ② ③ ④	60	① ② ③ ④	20	① ② ③ ④

감독자 확인란	

개정 2판 1쇄 2025년 3월 6일

나만의 성장 엔진

www.honjob.co.kr

혼JOB

자소서 / 면접 / NCS · PSAT / 전공필기 / 금융논술 / 시사상식 / 자격증

최신개정판

혼JOB 국민건강보험공단 NCS + 법률 봉투모의고사

실전모의고사 4회

[NCS 직업기초능력 + 노인장기요양보험법]

최신개정판

혼JOB 국민건강보험공단 봉투모의고사

실전모의고사
4회
[NCS 직업기초능력 + 노인장기요양보험법]

수험번호	
성명	

○ 실전모의고사 4회는 본 도서의 과년도 수록 문항 중 반드시 풀어 보아야 하는 문항과 출제 가능성이 높은 문항을 엄선하여 구성했습니다.

○ 시험 유의사항

1. 실전모의고사 4회는 다음과 같이 구성되어 있습니다. 정해진 시험 시간에 맞추어 풀어 보시기를 권장합니다.

과목	세부 영역	문항 수	시험 시간	시험 형식
NCS 직업기초능력	의사소통	20문항	60분	4지 선다형
	수리	20문항		
	문제해결	20문항		
직무시험(법률)	노인장기요양보험법	20문항	20분	

2. 노인장기요양보험법은 법률 제20587호(2024. 12. 20. 일부개정)를 기준으로 출제하였습니다. 실제 시험의 출제 기준은 채용 공고를 통해 확인하시기 바랍니다.
3. 본 실전모의고사 풀이 시 맨 마지막 페이지의 OMR 카드를 활용하시어 실전 감각을 높이시기 바랍니다.
4. 시험지의 전 문항은 무단 전재 및 배포를 금합니다. 이를 위반할 경우 관련 규정에 따라 처벌을 받을 수 있습니다.

실전모의고사 4회
NCS 직업기초능력

[01~02] 다음 보도자료를 읽고 이어지는 물음에 답하시오.

강한 외부 충격으로 인해 발생하는 골절과 달리, '골다공증 골절'은 뼛속의 골다공증으로 인해 뼈가 약해진 상태에서 작은 충격만 받아도 뼈가 부러지는 '취약골절'이다. 전 세계적으로 취약골절은 매 3초마다 발생하는 것으로 추산된다. 골다공증은 골량의 감소와 미세구조의 이상을 특징으로 하는 전신적인 골격계 질환으로 골절 위험을 증가시키는 질환이다. 골다공증은 대부분 무증상이며, 골절 발생 후 발견되는 경우가 많아 골절 예방을 위해 적극적인 골다공증 조기 검사와 치료가 필요하다.

골다공증 골절은 골절 이후 높은 재골절률, 장해 발생 및 사망률 등 심각한 결과를 초래한다. 또한 심각한 삶의 질 저하, 의료비용 및 사회비용 증가의 원인이 되는 대표적인 중증 노인성 질환으로, 초고령사회 진입을 앞둔 우리나라에 심각한 문제로 떠오르고 있다. 이미 고령화사회로 진입한 선진국들은 골다공증 골절의 수술적 치료뿐만 아니라 이후 재활 및 요양 관리 등에 천문학적 사회경제적 비용을 지불하고 있다. 우리나라도 향후 고령화 추세를 고려할 때 사회경제적 부담은 가중될 것으로 사료된다.

뼈가 약해진 골다공증 골절 환자는 일반인에 비해 골절 발생 위험이 증가하며, 골다공증 골절은 한 번만 발생하는 것이 아니라 지속적인 재골절로 이어진다. 따라서 초기 골다공증 관리에 실패하여 골절이 발생한 환자들에게 재골절 예방의 중요성이 대두되고 있다.

골절 및 재골절 예방의 가장 효과적인 방법 중 하나는 적극적인 골다공증 치료다. '골흡수 억제제', '골형성 촉진제' 등 골절 발생 위험성을 줄이는 효과적인 약물들이 다양하게 개발돼 사용되고 있다. 이러한 약물들은 골절 경험이 있거나 없는 환자 모두에게서 골절 위험을 감소시키는 효과를 보이고 있다.

남성의 골다공증은 여성에 비해 흔하지는 않으나, 골절로 인한 사망률은 더 높아서 특히 우려되는데, 환경적 요인이 중요한 역할을 하므로 적극 관리해야 한다. 약물치료는 골절을 예방하는 가장 효과적인 방법인 경우가 많기 때문이다. 또한 골다공증 약물치료와 함께 골절 이후의 재활 치료를 포함한 운동요법, 낙상위험 방지, 식이 및 영양관리가 매우 중요하다. 특히 칼슘과 비타민 D를 중심으로 하는 식이요법*, 적당한 근력운동의 지속 등 생활습관을 개선하여 골밀도를 높이면 튼튼한 뼈와 함께 건강하고 활기찬 노후를 보낼 수 있다.

골다공증 골절을 한 번 경험한 환자들은 재골절 위험이 크므로 별도의 재발 방지 대책이 필요하다. 선진국에서는 재골절 위험을 줄이기 위해 골절 고위험군을 별도로 관리하는 '재골절 예방 프로그램'과 같은 정책 서비스를 시행하는 경우가 많다는 점을 참고하여 우리나라도 보다 적극적인 골절 및 재골절 예방 정책이 필요하다.

국민건강보험공단 이사장은 "이번 「골다공증 및 골다공증 골절 팩트시트 2023」 발간으로 골다공증 골절이 예방 가능한 건강 문제임을 환기하고, 예방정책의 초석을 다지는 뜻깊은 계기가 되기를 희망한다."라며, "공단은 앞으로도 여러 공공·민간 기관들과 더욱 폭넓은 협력으로 국민의 건강증진과 권익향상을 위해 노력하겠다."라고 밝혔다.

* ① 칼슘: 800~1,000mg의 칼슘을 섭취하는 것이 권장되며, 대표적으로 우유, 멸치, 해초, 두부 등의 식품이 칼슘의 주요 공급원임
  ② 비타민 D: 피부가 햇빛에 노출되면 자연적으로 합성되지만, 대부분 시간을 실내에서 보내거나 겨울에 자외선 차단제를 사용하는 사람들은 매일 약 800IU 이상의 비타민 D를 보충하는 것을 고려

※ 출처: 국민건강보험공단

01 위 보도자료를 통해 알 수 있는 내용이 아닌 것은?

① 골다공증의 원인과 증상
② 골다공증 골절의 심각성
③ 골다공증 재골절 예방의 중요성
④ 재골절 예방을 위한 정책적 노력의 필요성

02 위 보도자료의 내용과 일치하는 것은?

① 골다공증 발생률 및 골절로 인한 사망률은 여성에 비해 남성이 높다.
② 골다공증 골절 치료에 효과적인 약물에는 '골흡수 억제제', '골형성 촉진제' 등이 있다.
③ 골다공증 골절은 골다공증으로 약해진 뼈가 외부의 강한 충격에 의해 부러지는 질환이다.
④ 칼슘과 비타민 D를 중심으로 하는 식이요법과 적당한 근력 운동은 골밀도를 높이는 데 도움이 된다.

[03~05] 다음은 다문화가정 방문교육 서비스에 관한 자료이다. 이어지는 물음에 답하시오.

다문화가정 방문교육 서비스: 집합교육 참여가 어려운 다문화가정에 방문하여 한국어 교육, 부모 교육, 자녀생활 교육을 제공하고 다문화가정의 정착과 자녀 양육을 돕는 서비스

1. 지원 대상

1) 한국어교육 서비스: 최초 입국 5년 이하 결혼이민자, 중도입국자녀(단, 입국 5년 이상이 경과한 경우라도 임신, 출산, 가족돌봄 등 타당한 사유가 있는 경우 지자체장과 협의하에 서비스 지원 가능)

※ 중도입국자녀는 외국에서 태어나 성장 후 국내로 입국한 다문화가정 자녀로 한정

※ 신청 시 센터교육 중 성평등·인권교육, 가정폭력 피해예방교육 이수 시 우선 연계

2) 부모교육 서비스: 생애주기별 각 1회 지원(총 3회 지원)

① 임신·출산·영아기(임신 중~생후 12개월 이하)

② 유아기(12개월 초과~48개월 이하)

③ 아동기(48개월 초과~만 12세 이하)

3) 자녀생활 서비스: 만 3세~12세 이하 다문화가정 자녀·중도입국자녀

※ 서비스 지원이 어렵다고 판단되는 장애아동의 경우, 외부 전문기관으로 연계

※ 대기자가 많은 지역의 경우, 만 5세 이상 아동 우선 지원

※ 만 12세를 초과하더라도 초등학교 재학 중인 다문화가정 자녀·중도입국자녀도 지원 가능

※ 중도입국자녀는 자녀생활 서비스와 한국어교육 서비스 중 1개 서비스만 제공 가능

2. 지원 내용

한국어교육 서비스	• 한국어교육 1~4단계 • 어휘, 문법, 화용, 문화
부모교육 서비스	• 자녀양육 지원을 위한 부모교육(부모성장, 부모-자녀관계형성, 영양·건강관리, 학교·가정생활지도) • 가족상담 및 정서 지원 서비스 • 기타 한국생활에 필요한 정보 제공
자녀생활 서비스	• 인지영역: 독서코칭, 숙제지도, 발표토론지도 • 자아·정서·사회영역: 자아·정서·사회성 발달을 위한 지도 • 문화역량강화 영역: 문화인식, 정체성 확립, 공동체 인식 지도 • 시민교육영역: 기본 생활습관, 건강 및 안전, 가정생활, 진로지도

3. 지원 방법

1) 운영시간: 주 2회 회당 2시간 서비스 제공(단, 2시간 중 20분 이내 휴게시간 준수)

2) 서비스 제공 기간

○ 한국어교육 서비스, 자녀생활 서비스: 12개월 동안 총 80회 원칙

○ 부모교육 서비스: 1회차당 6개월 총 40회 원칙(총 3회차 지원)

※ 특별한 사유(3자녀 이상의 다자녀 가정, 가족 구성원 중 장애가 있는 가정, 기초생활수급 대상 가정, 한부모 가정 등)가 인정되는 경우, 시·군·구청장 승인 후 추가 1회(최대 6개월, 40회) 연장 가능(단, 부모교육 서비스 제외)

3) 수업 방법: 개별 또는 그룹수업으로 진행

○ 개별: 지도자와 대상가정 1:1 수업

○ 그룹: 2가정 이상, 최대 3인을 1개 반으로 그룹화하여 수업

※ 지역 특성에 맞춰 센터 등 지역 거점공간을 활용한 수업 실시 가능

※ 자녀생활 서비스 그룹수업은 아동연령, 발달상태 등을 고려하여 비슷한 수준으로 구성
※ 쌍둥이의 경우 1가정 1개 반으로 자녀생활 서비스 그룹수업 진행 가능

4) 서비스 만족도 조사 및 모니터링
○ 센터별 대상자 서비스 만족도 조사 후 취합하여 한국건강가정진흥원에 보고(연 1회)
○ 센터는 방문교육서비스대상자에 대해 서비스 기간 중 1회 이상 모니터링 실시

03 **위 자료에 대한 설명으로 옳지 않은 것은?**

① 한국어교육 서비스 신청 시 성평등·인권교육과 가정폭력 피해예방교육을 이수한 경우 우선 연계를 받을 수 있다.
② 다문화가정 방문교육 서비스 이용 시 휴게시간을 제외하고 주당 최소 3시간 20분의 서비스를 제공받는다.
③ 부모교육 서비스를 이용 중인 한부모 가정은 시·군·구청장 승인을 받는다면 서비스 연장이 가능하다.
④ 자녀생활 서비스 지원이 어려운 장애아동의 경우 외부 전문기관으로 연계하여 지원한다.

04 **위 다문화가정 방문교육 서비스에 관한 질문에 대하여 담당자가 다음과 같이 답변하였을 때 빈칸 ㉠에 들어갈 말로 가장 적절한 것은?**

Q: 제 아이는 만 10세의 중도입국자녀입니다. 현재 숙제지도와 발표토론지도 수업을 그룹으로 진행 중입니다. 추후에 들을 수 있는 수업은 무엇이 있나요?
A: 자아·정서·사회성 발달을 위한 지도, (㉠)가 있습니다.

① 한국어 교육 2단계, 기본 생활습관, 진로지도
② 가족상담 및 정서 지원 서비스
③ 문화인식, 정체성 확립 지도
④ 한국생활에 필요한 정보 제공, 공동체 인식 지도

05 **다음 [보기]의 A~D 중 다문화가정 방문교육 서비스 지원이 불가한 사람은?**

| 보기 |

- A: 최초 입국 3년 차인 결혼이민자입니다. 한국어교육 서비스를 제공받고 싶습니다.
- B: 만 13세로 초등학교에 재학 중인 다문화가족 자녀입니다. 자녀생활 서비스를 제공받고 싶습니다.
- C: 30개월 아이가 있는 결혼이민자입니다. 부모교육 서비스를 제공받고 싶습니다.
- D: 한국에서 태어나 외국에서 성장 후 국내로 입국한 중도입국자녀입니다. 한국어교육 서비스를 제공받고 싶습니다.

① A ② B ③ C ④ D

[06~07] 다음은 청년 마음건강 지원 사업에 관한 자료이다. 이어지는 물음에 답하시오.

청년 마음건강 지원 사업: 청년의 심리건강 회복을 통해 삶의 질을 높이고 건강한 사회 구성원이 될 수 있도록 지원하는 사업

1. 지원 대상: 만 19~34세 청년[단, 소득(재산)기준은 없음]
   ※ 우선 지원 대상: 1순위: 자립준비청년(아동권리보장원에서 연계 의뢰한 자 포함), 2순위: 정신건강복지센터에서 연계 의뢰한 청년

2. 신청방법
   ○ 주민등록상 거주지 읍·면·동 주민센터에 직접 방문 신청(신청 시 A형, B형 선택)
   ○ 본인, 친족(배우자, 8촌 이내의 친척, 4촌 이내의 인척), 법정대리인, 담당 공무원(직권 신청)이 신청 가능
   ○ 발급 대상자가 심신미약 또는 심신상실 등 경우 발급 대상자 동의 생략 가능, 발급 담당 공무원이 직권 신청하는 경우 시·군·구청장에게 보고
   ○ 연중 신청 가능하며 지역 여건에 따라 분기별, 반기별로 모집할 수 있음
   ○ 신청 서류: 사회보장급여(사회서비스이용권) 신청(변경)서, 사회서비스 이용자 준수사항 안내 확인 동의서

3. 처리 절차
   1) 초기상담 및 서비스 신청: 읍·면·동 주민센터에서 서비스 신청을 접수
   2) 대상자 통합조사 및 심사: 읍·면·동 주민센터에서 서비스에 대한 조사 및 심사 진행
   3) 대상자 확정: 시·군·구에서 서비스 지급을 위한 대상자 결정
   4) 서비스 지원: 청년 마음건강 지원 사업 등록기준 고시에 따라 사업장 주 소재지 관할 시·군·구에 등록된 기관에서 대상자에게 서비스 지급

4. 서비스 가격(10회 기준)

유형	제공인력	서비스 가격
A형	정신건강전문요원, 임상심리사, 전문상담교사, 청소년상담사, 상담 분야를 전공(심리·상담학과 등)하고 실무경력(학사 2년 이상, 석사 1년 이상)이 있는 자	60만 원
B형	정신건강전문요원, 임상심리사 1급, 상담 분야를 전공(심리·상담학과 등)하고 실무경력(학사 4년 이상, 석사 3년 이상, 박사 1년 이상)이 있는 자	70만 원

※ 자립준비청년은 본인 부담금 면제, 그 외는 10% 본인 부담금 책정

5. 서비스 내용
   ○ 전문심리상담 등 맞춤형 서비스를 제공
   ○ 사전·사후검사: 각 1회 90분 제공(서비스 제공 횟수에 포함)
   ○ 전문심리상담 서비스(일대일 맞춤형 서비스): 주 1회 회당 50분 제공하며, 총 8회
   ○ 종결상담: 1회 제공(전문심리상담 서비스의 마지막 상담 시 진행)
   ○ 검사비용이 회당 비용보다 적을 경우 추가 상담 등 서비스 추가 제공
   ○ 서비스 제공 횟수 및 시간은 사전 계약서에 반영함

○ 이용자가 원할 경우에는 제공기관과 합의 과정을 거쳐 서비스 제공 횟수나 시간 연장 가능(단, 제공기관과 별도 계약 필요, 추가 금액은 전액 본인 부담)
○ 서비스는 지원 대상자가 제공기관에 방문하여 진행됨

6. 유의 사항
○ 서비스 제공 기간은 기본 3개월을 기준으로 주 1회, 월 최대 4회 제공하며 서비스 개시일로부터 연속해서 제공하는 것이 원칙임(단, 재판정이 필요한 경우 최대 12개월 지원)
○ 이용자의 사정 등으로 부득이하게 원칙과 달리 서비스 제공 기간을 정하고자 하는 경우에는 이용자와 제공기관 간 협의를 통해 조정 후 제공 가능(단, 계약서 반영 필요)
○ 중도에 계약을 해지하고 제공기관을 변경한 이용자에 대해서는 변경계약 시점부터 바우처 잔여기간만큼 연속적으로 서비스 제공

06 **위 자료에 대한 설명으로 옳은 것은?**

① 자립준비청년이 A형을 이용한다면 본인부담금은 6만 원이다.
② 서비스 제공기간 동안 검사 및 상담을 위해 기관에 총 11회 방문해야 한다.
③ 전공이 상담학과이고 학사 4년, 석사 4년, 박사 2년의 실무경력이 있는 심리상담사와 상담 시 정부지원금은 63만 원이다.
④ 서비스 지원 시 대상자 거주지 관할 시·군·구에 등록된 기관에서 대상자에게 서비스를 지급한다.

07 **다음 [Q&A]는 청년 마음건강 지원 사업에 관한 질문과 그에 대한 담당자의 답변이다. 답변 내용이 옳지 않은 것은?**

[Q&A]

Q: 기본 서비스 제공 횟수를 모두 소진하고 추가로 서비스를 제공받고 싶습니다.
A: ㉠ 이용자가 원하는 경우 제공기관과 합의 과정을 거쳐 서비스 제공 횟수 연장이 가능합니다. 단, 제공기관과 별도의 계약이 필요하며, 추가 금액은 전액 본인 부담입니다.
Q: 6촌 친척을 대신하여 청년 마음건강 지원 사업에 신청하고 싶습니다. 대리 신청이 가능한가요?
A: ㉡ 네, 배우자, 8촌 이내의 친척, 4촌 이내의 인척이라면 대리 신청이 가능합니다.
Q: 청년 마음건강 지원 사업을 신청하고 싶습니다. 소득 기준은 따로 없나요?
A: ㉢ 네, 소득 및 재산 기준은 따로 없으며, 만 19세 이상 만 34세 이하의 청년이라면 누구든지 신청 가능합니다.
Q: 제가 휠체어를 이용 중이라 이동이 불편합니다. 서비스를 월 2회 제공받을 수 있나요?
A: ㉣ 네, 별도의 계약서 반영 필요 없이 이용자와 제공기간 간의 협의를 통해 조정하신다면 가능합니다.

① ㉠ ② ㉡ ③ ㉢ ④ ㉣

[08~09] 다음은 청소년 한부모 자립지원 촉진수당 지원 사업에 관한 자료이다. 이어지는 물음에 답하시오.

청소년 한부모 자립지원 촉진수당 지원 사업: 청소년 한부모가 사회의 편견을 극복하고, 자녀를 양육하면서 자립기반을 마련할 수 있도록 자립지원 촉진수당을 지원하는 사업

1. 지원 내용: 청소년 한부모 가구당 지원액 월 100,000원 / 1년 단위 지원
   ※ 1년 이상 지원 가능
2. 지원 대상 가구: 아래 두 조건을 모두 만족하는 가구
   1) 기준 중위소득 60% 이하 청소년 한부모 가구
   2) 신청일 기준 최근 1년 내 학업(초·중·고·대학교·대학원 등 학교 재학, 검정고시 학습, 비인가 대안학교 학습)·직업훈련·취업활동 등을 통해 자립활동에 참여한 실적이 있는 가구
      ※ 자녀 연령은 무관하고, 신청일 기준 최근 1년 내의 자립활동은 소급하여 지원이 가능하나, 보장기간 내의 자립활동만 인정
3. 지원 시 확인 사항
   1) 지원 대상 가구에 대한 기본 확인 사항
      ○ 직접 양육하는 경우: 가족관계등록부를 통하여 청소년 한부모 사실을 확인할 수 있는 가구로서 주민등록등본상 동거 및 직접 양육 확인
         ※ 지원 대상 가구의 모 또는 부와 자녀가 생계와 주거를 같이 하는 경우(주민등록상 주소와 세대가 동일한 경우) 지원가구로 선정하는 것이 원칙이며, 예외적인 경우에 별도 주민등록이 되어 있더라도 한부모 가족으로 지원할 수 있음
      ○ 위탁 양육하는 경우: 가족관계등록부를 통하여 청소년 한부모 사실을 확인할 수 있는 가구로서 주민등록등본상 분리되어 있을 때에는 자녀를 사회보장정보시스템을 통하여 가정위탁 또는 아동지원시설에 위탁사실 여부를 확인
         ※ 아동지원시설에 아동을 위탁하여 실제 양육하는 상태가 아니면 해당 기간 동안에는 지원 불가
   2) 자립활동 관련 확인 사항
      ○ 자립을 위해 학업(「초·중등교육법」상 학생, 「평생교육법」상 학생, 검정고시를 통한 학력인정을 받고자 하는 검정고시학원 등록자, 대안학교 등록자, 「고등교육법」에 의한 학생 등)을 지속하는 자에 대한 증빙서류
         ※ 청소년 한부모 본인의 고교생 교육비 또는 검정고시 학습지원과 같은 청소년 한부모 자립지원 사항이나 국민기초생활보장 수급권자에 대한 교육급여 사항을 지원하고 있을 때에는 해당 서류를 생략할 수 있음
      ○ 취업훈련 등을 위한 학원 등록 시 학원 등록(수강기간 포함)을 증빙할 수 있는 관련 서류를 제출하도록 하여 확인
      ○ 취업자[회사, 인턴, 아르바이트(1일 3시간 이상 월 10일 이상) 등]는 취업 중임을 확인할 수 있는 재직(근로) 증명서, 급여입금통장 확인
4. 지원 방법
   ○ 가구 단위로 지원을 하며 지원 사유가 발생한 달에는 전액 지급, 자립활동이 1개월 내 최소 10일 이상일 경우에 한하여 인정하되, 10일 미만일 경우 불인정
   ○ 1개월 동안 10일 이상 자립활동을 한 경우 최초 3개월 지원(자립활동한 달 포함)
   ○ 최초 지원(3개월)이 종료된 다음 달에 자립활동 여부 확인 후 3개월간(자립활동 여부를 확인한 달 포함)은 확인을 생략하고 지원

○ 3개월이 경과한 후 추가 지원 여부 결정을 위해 자립활동 여부 및 관련 증빙서류 재확인
○ 최초 6개월이 경과한 후 자립활동 여부 및 관련 증빙서류 재확인
○ 자립활동은 1년 단위 기준으로 지원하되 총 지원기간이 다음 연도를 넘어갈 경우 12월에 남은 지원기간에 대한 지원금을 일시 지급 가능
○ 최근 1년 내 자립활동에 대해 소급하여 사후 지원할 경우 일시금 지급 가능

08 **위 자료에 대한 설명으로 옳지 않은 것은?**

① 지원자가 자녀를 직접 양육하지만 자녀와 별도로 주민등록이 되어 있는 경우 지원할 수 없다.
② 총 지원기간이 다음 연도로 넘어가는 경우 12월에 남은 지원기간에 대한 지원금을 일시 지급할 수 있다.
③ 자녀의 연령에 무관하며, 보장기간 내의 자립활동만을 인정하여 지원한다.
④ 1년간 최대 120만 원을 지원받을 수 있다.

09 **다음 [상황]의 A의 자립활동 여부를 확인하는 달을 바르게 짝지은 것은?**

[상황]

36개월 자녀를 키우며, 기준 중위소득이 55%인 청소년 한부모 A는 2024년 1월부터 4월까지 연속해서 4개월 동안 매월 20일 이상 취업활동을 하였다. 5월부터 취업활동을 중단하고 7월부터 10월까지 3개월간 검정고시 준비를 위해 검정고시 학원에 등록하였다.

① 1월, 3월 ② 1월, 4월 ③ 1월, 3월, 5월 ④ 1월, 4월, 6월

[10~12] 다음 보도자료를 읽고 이어지는 물음에 답하시오.

식품의약품안전처(이하 식약처)는 끓였던 음식이라도 실온에 방치할 경우 클로스트리디움 퍼프린젠스 식중독(이하 퍼프린젠스 식중독)이 발생할 수 있으니, 대량 조리한 음식은 나누어 식힌 뒤 냉장보관하는 등 각별히 주의해 줄 것을 당부했다. 퍼프린젠스 식중독의 발생 현황을 보면 최근 5년간 총 47건의 식중독 사고로 1,655명의 환자가 발생하였고, 음식 관리에 소홀하기 쉬운 봄, 가을, 겨울 순으로 발생이 많았다.*

퍼프린젠스 식중독 발생 장소는 음식점이 총 27건 1,061명으로 가장 많았고, 학교 외 집단급식소가 7건 331명, 학교 집단급식소가 5건 143명, 기타 장소가 8건 120명으로 나타났다. 발생 원인은 돼지고기 등 육류 음식으로 인한 식중독이 8건 666명으로 가장 많았고, 도시락 등 복합조리 식품이 3건 294명, 곡류가 2건 31명, 채소류가 2건 26명이었다. 참고로 퍼프린젠스 식중독에 걸리면 일반적으로 식사 후 6~24시간의 잠복기 후에 묽은 설사나 복통 등 가벼운 장염 증상이 나타난다.

퍼프린젠스 식중독은 일반적으로 봄철과 가을철에 많이 발생하지만 가열온도 미준수 등 부적절한 열처리나 보관·유통 등 관리 소홀 시 추운 겨울에도 발생할 수 있어 주의가 요구된다. 퍼프린젠스 식중독은 국, 고기찜 등을 대량으로 끓이고 그대로 실온에 방치할 경우 서서히 식는 과정에서 살아남은 '퍼프린젠스 아포**(spore)'가 깨어나 증식하여 발생할 수 있다. (   ) 많은 양의 도시락을 조리·배달하는 음식점이나 급식소에서 국, 고기찜 등을 대량으로 조리하고 그대로 실온에서 장시간 보관한 후 충분히 재가열하지 않을 경우 퍼프린젠스 식중독이 발생할 수 있다. 참고로 최근 같은 업체의 도시락을 먹은 대전지역 9개 유·초등학교 학생 50여 명이 식중독 의심 증상을 보여 일부 환자에서 신속검사를 실시한 결과 퍼프린젠스 식중독균이 다수 검출되었으며 현재 원인·역학조사가 진행 중에 있다.

식약처는 "음식 조리·보관 시 주의를 기울이면 식중독은 충분히 예방할 수 있으며, 급식소나 대량 조리 음식점 등에서는 조리 순서와 조리식품 보관방법, 보관온도를 준수해 달라"고 강조했다.

* 최근 5년간('16~'20) 계절별 퍼프린젠스 식중독 발생: 봄(3~5월) 24건 771명 > 가을(9~11월) 7건 501명 > 겨울(12~2월) 9건 293명 > 여름(6~8월) 7건 90명

** 아포는 퍼프린젠스균이 생존하기 어려운 환경에서 형성하는 것으로 끓여도 죽지 않고 휴면상태로 있다가 세균이 자랄 수 있는 환경이 되면 아포에서 깨어나 다시 증식하므로 대량으로 조리 후 서서히 식힌 음식은 재가열 후 섭취 필요

〈붙임〉 퍼프린젠스 식중독 관련 Q&A

Q1. 클로스트리디움 퍼프린젠스균은?

A1. 클로스트리디움 퍼프린젠스균은 산소가 없는 조건과 43~47℃에서 잘 자라는 혐기성 세균으로 토양, 하천 등 자연환경, 사람과 동물의 장, 분변 및 식품에 널리 분포하는 세균입니다. 클로스트리디움 퍼프린젠스균은 열에 약해 75℃ 이상에서 사멸됩니다.

Q2. 왜 가열해도 퍼프린젠스 식중독이 생기는 것인가요?

A2. 국, 고기찜 등을 대량으로 끓이고 그대로 실온에 방치할 경우 솥 내부 음식물은 산소가 적은 상태가 되고, 실온에 방치하여 서서히 식게 되면 가열과정에서 살아남은 퍼프린젠스 아포가 깨어나 증식하여 식중독의 원인이 될 수 있습니다.

Q3. 퍼프린젠스 식중독 증세는 왜 생기나요?

A3. 식품에 퍼프린젠스균이 오염되어 증식하면서 생긴 독소 또는 오염된 식품을 통해 균을 섭취하게 되면 소장에서 증식하며 독소를 만들어 설사, 복통 등의 식중독 증세를 나타내게 됩니다.

Q4. 퍼프린젠스 식중독을 주의해야 할 식품은 어떤 것이 있나요?
A4. 쇠고기, 닭고기, 건조식품, 조리된 식품에 의한 식중독이 많이 보고되며, 조리 후 오랜 시간 방치한 식품을 먹고 발생하는 경우가 많습니다.
Q5. 퍼프린젠스 식중독 예방법은 무엇인가요?
A5. 육류 등의 식품은 중심부 온도가 75℃ 이상이 되도록 충분히 조리하고, 조리된 음식은 먹기 전까지 60℃ 이상으로 보관하거나 5℃ 이하에서 보관하고, 남은 음식은 냉장 또는 냉동보관하였다가 75℃ 이상에서 다시 가열한 후 섭취하여야 합니다.

※ 출처: 식품의약품안전처

10 **위 보도자료의 내용과 일치하지 않는 것은?**

① 최근 5년간 퍼프린젠스 식중독이 가장 적게 발생한 계절은 겨울이다.
② 퍼프린젠스 식중독은 집단급식소나 음식점 등에서 주로 발생하였다.
③ 퍼프린젠스 식중독의 잠복기는 퍼프린젠스균에 오염된 식품 섭취 후 6~24시간이다.
④ 국을 대량으로 조리하고 그대로 실온에서 장시간 보관한 후 충분히 재가열하지 않을 경우 퍼프린젠스 식중독이 발생할 수 있다.

11 **위 보도자료를 바탕으로 '퍼프린젠스 식중독 예방 요령'을 작성한다고 할 때 그 내용이 적절하지 않은 것은?**

① 조리 시: 육류 등은 중심부 온도가 75℃ 이상이 되도록 완전히 조리한다.
② 조리음식 냉각 시: 산소를 차단하고 가급적 빨리 식힌다.
③ 보관 시: 따뜻하게 먹는 음식은 60℃ 이상, 차갑게 먹는 음식은 5℃ 이하에서 보관한다.
④ 섭취 시: 보관 음식 섭취 시 독소가 파괴되도록 75℃ 이상으로 재가열 후 섭취한다.

12 **위 보도자료의 빈칸에 들어갈 단어로 가장 적절한 것은?**

① 그러나 ② 한편 ③ 따라서 ④ 요컨대

[13~14] 다음은 국민건강보험공단에서 실시하고 있는 임신·출산 관련 지원 정책에 대해 안내하고 있는 자료이다. 이어지는 물음에 답하시오.

임신·출산 지원 안내문

■ 임신·출산 의료비 지급
- 출산 친화적인 환경을 조성하고자, 임신·출산 관련 진료비에 사용할 수 있는 이용권(국민행복카드)을 건강보험에서 지급하는 제도
- 신청 방법: 산부인과 병(의)원에서 '건강보험 임신·출산 진료비 지급 신청서'를 발급받아 카드사(은행) 또는 국민건강보험공단에 방문하거나 전화, 홈페이지, 모바일을 통해 신청
- 지급 대상: 건강보험 가입자, 피부양자
- 지급 금액: 임신 1회당 일태아 100만 원, 다태아 140만 원(분만 취약지의 경우 20만 원 추가)
- 이용 기간: 유·출산일(분만 예정일)로부터 1년까지
- 이용 범위: 임신·출산과 관련한 진료에 따른 본인부담금(급여·비급여 비용) 및 그에 따른 처방된 약제·치료재료 구입 비용(급여·비급여 비용) 결제

■ 자연분만 본인부담금 면제
다만, 자연분만을 시도하였으나 제왕절개 시술을 시행한 경우, 분만을 위해 입원하였으나 분만이 이루어지지 않은 경우는 해당되지 아니함

■ 영구 피임수술을 받은 자에 대한 난관, 정관복원술 보험 적용

■ 영유아 건강검진 지원
- 대상: 생후 14일부터 71개월까지 총 11회(구강검진 3회 포함) 실시
- 시기: 1차 검진(생후 14~35일), 2차 검진(생후 4~6개월), 3차 검진(생후 9~12개월), 4차 검진(생후 18~29개월), 5차 검진(생후 30~36개월), 6차 검진(생후 42~53개월), 7차 검진(생후 54~65개월), 8차 검진(생후 66~71개월)
  ※ 4차 검진, 6차 검진, 7차 검진에는 구강검진이 포함됨
- 검진비용: 전액 공단에서 부담
- 검진기관: 공단 홈페이지에서 검색(찾기 서비스 → 영유아검진기관)

13 **위 자료에서 설명하고 있는 정책에 따른 지원을 받을 수 없는 사람은? (단, A~D는 모두 건강보험 가입자이며, 언급되지 않은 내용은 고려하지 않는다)**

① 분만 취약지인 ○○군에서 이란성 쌍둥이를 출산한 여성 A
② 열흘 전 자연분만을 통해 출생하여 건강검진을 받으려는 신생아 B
③ 자연분만을 하기 위해 산부인과를 찾았으나 태아의 머리가 너무 커 제왕절개 시술로 출산한 여성 C
④ 5년 전 둘째 아이 출생 후 영구 피임수술을 받았으나 셋째 아이를 낳기 위해 정관복원술을 받은 남성 D

14 **다음은 국민건강보험공단 [민원상담 게시판]에 올라온 질문과 이에 대한 답변이다. 위 자료에 근거할 때, ㉠~㉣ 중 옳지 않은 답변을 모두 고르면? (단, 질문자는 모두 건강보험 가입자이며, 언급되지 않은 내용은 고려하지 않는다)**

[민원상담 게시판]

Q: 제가 일주일 전에 분만 취약지역에서 네쌍둥이를 출산했는데요. 임신·출산 의료비를 얼마나 지급받을 수 있나요?

A: ㉠ 다태아 출산이므로 기본 140만 원을 지급받으실 수 있고, 여기에 네쌍둥이에 대한 분만 취약지 지원금 80만 원을 추가로 받으실 수 있습니다.

Q: 임신·출산 의료비 지급 신청을 하려고 하는데요. 건강보험 임신·출산 진료비 지급 신청서는 어디서 발급받을 수 있나요?

A: ㉡ 카드사(은행) 또는 국민건강보험공단에 방문하거나 전화, 홈페이지, 모바일을 통해 발급 신청을 하신 후 발급받으실 수 있습니다.

Q: 제가 4개월 전에 딸아이를 출산했는데요. 영유아 건강검진 지원을 받을 수 있다고 들었습니다. 총 몇 회의 지원이 가능한가요?

A: ㉢ 생후 14일부터 71개월까지 건강검진 11회, 구강검진 3회로, 총 14회의 지원을 받으실 수 있습니다.

Q: 제가 제왕절개 시술을 하려고 산부인과에 갔는데 의사 선생님이 자연분만을 권유해서 결국 자연분만으로 아들을 출산했습니다. 자연분만 본인부담금 면제 지원을 받을 수 있나요?

A: ㉣ 네, 자연분만으로 자녀를 출산하셨으므로, 자연분만 본인부담금 면제 혜택을 받으실 수 있습니다.

① ㉠ ② ㉡, ㉢ ③ ㉡, ㉣ ④ ㉠, ㉡, ㉢

[15~16] 다음은 국민건강보험공단 임시조직 규정이다. 이어지는 물음에 답하시오.

국민건강보험공단 임시조직 규정

제00조(정의) 임시조직이란 특정 사업을 수행하기 위하여 「직제규정」으로 정한 조직과는 별도로 한시적으로 업무를 수행하는 조직을 말한다.

제00조(설치 사유) 임시조직은 다음 각 호의 어느 하나에 해당하는 경우에 설치할 수 있다.

1. ㉠ 지속적으로 특정 사업을 수행하여야 하는 경우
2. 그 밖에 전문적·기술적인 사업의 특성 등으로 「직제규정」에 따른 조직으로는 사업 수행 또는 사업 목적 달성이 곤란한 경우

제00조(임시조직 운영 원칙) ① 본부, 건강보험연구원 또는 국민건강보험공단 인재개발원에 설치하는 임시조직에는 지역본부 및 지사 인력을 임용할 수 없다. 다만, 지역본부 및 지사 인력을 제외하고 사업 목적을 달성할 수 없는 경우에는 그러하지 아니하다.

② 임시조직 인력에 대해서는 그 설치 목적 외의 업무를 ㉡ 분장할 수 없다.

③ 임시조직의 운영 기간은 6개월 이내로 한다. 다만, 사업 목적 달성에 장기간을 요하는 등 필요한 경우에는 6개월을 초과하여 운영할 수 있다.

제00조(임시조직 해산 등) ① 임시조직의 장은 다음 각 호의 사유가 발생하면 이사장에게 사업 추진 실적에 관하여 보고한 후 그 ㉢ 결재를 받아 임시조직을 해산한다.

1. 임시조직의 운영 기간이 종료된 경우
2. 임시조직의 사업 목표가 상실되거나 달성된 경우
3. 그 밖에 사업 추진 실적 ㉣ 미진, 목표 달성 곤란 등 경영 정책상 해산이 필요한 경우

제00조(임시조직심의위원회) ① 조직관리부서장은 임시조직의 설치, 변경 및 해산에 관한 사항을 심의하기 위하여 필요할 때마다 임시조직심의위원회(이하 이 조에서 "위원회"라 한다)를 구성·운영할 수 있다.

② 위원회는 위원장을 포함한 7명 이내의 위원으로 구성한다. 이 경우 위원장 및 위원은 다음 각 호의 사람으로 한다.

1. 위원장: 조직관리부서장
2. 당연직 위원: 관련 부서장 3명
3. 그 밖의 위원: 위원장이 지명하는 3명 이내의 직원. 이 경우 조직관리부서에 속하지 아니한 직원은 해당 직원이 속한 부서의 장의 추천을 받아 지명한다.

③ 위원회의 회의는 재적 위원 과반수의 출석으로 개의하고, 출석 위원 과반수의 찬성으로 의결한다.

④ 그 밖에 위원회의 운영에 필요한 사항은 조직관리부서장이 정한다.

15 **다음 [보기]는 위 규정을 읽은 후 사원들이 보인 반응이다. A~D사원 중 규정을 바르게 이해한 사원은 모두 몇 명인가?**

| 보기 |

- A사원: 6명으로 구성된 임시조직심의위원회가 열리기 위해서는 최소한 3명의 위원이 출석해야 해.
- B사원: 임시조직심의위원회에 조직관리부서에 속하지 않은 직원이 있다면, 그 직원은 조직관리부서장의 추천을 받았을 거야.
- C사원: 본부에 설치된 임시조직 중 해산된 조직이 있다면, 그 임시조직의 장은 이사장에게 사업 추진 실적에 관해 보고했을 거야.
- D사원: 지역본부 직원이 들어오지 않고서는 사업의 목적을 이룰 수 없다면, 인재개발원에 만들어지는 임시조직에도 지역본부 인력을 임용할 수 있어.

① 1명　② 2명　③ 3명　④ 4명

16 **위 규정 ㉠~㉣ 중 문맥상 어휘의 사용이 적절하지 않은 것은?**

① ㉠　② ㉡　③ ㉢　④ ㉣

[17~18] 다음은 치매검사비 지원사업에 관한 자료이다. 이어지는 물음에 답하시오.

치매검사비 지원사업: 치매 조기검진을 통해 치매를 예방하고 진행을 완화하며 이에 대한 검사비 부담을 경감하고 경제적 지원을 강화하는 지원사업

1. 대상자 선정 기준
   1) 협약병원에서 진단검사 또는 감별검사가 필요한 자
   2) 치매 치료관리비 지원사업의 대상자 선정기준 중에서 연령기준(만 60세 이상)과 소득기준(기준 중위소득 120% 이하)을 충족하는 자
      ※ 장애인의료비 지원 대상자는 검진비 지원 제외(대상자가 협약병원에 장애인의료비 지원을 직접 신청)
   3) 기타 보건소장이 치매 예방 및 관리를 위하여 치매 조기검진이 필요하다고 인정하는 자
      ※ 시·군·구별로 자체 기준을 정하여 지자체 예산으로 시행 가능. 단, 사회보장위원회 협의를 거친 후 시행
2. 구비서류
   1) 치매검사비 지원 신청서
   2) 필요시 아래의 경우에 따라 각 서류 제출
      ○ 대상자가 주민등록주소지 관할 치매안심센터에 등록되어 있지 않은 경우, 최근 3개월 이내에 발급한 주민등록등·초본을 제출해야 함
      ○ 보호자로 등록되지 않은 가족의 소득을 판단해야 할 경우, 행정정보 공동이용 사전동의서를 제출해야 함
      ○ 기초생활수급권자의 건강생활지원비에서 차감내역을 지원할 경우, 대상자 본인 명의의 통장 사본을 제출해야 함(해약계좌, 압류계좌, 타행이체거래불가계좌, 행복지킴이통장 제출 불가)
3. 검사비 지원 절차
   ○ 대상자의 주민등록주소지 관할 치매안심센터에서 검사비 지원 원칙
   ○ 대상자가 주민등록주소지 관할 치매안심센터에 미등록된 경우에도 주민등록주소지 관할 치매안심센터에서 검사비 지원
4. 비용 지원 범위
   ○ 진단검사: 상한 15만 원
   ○ 감별검사: 의원·병원·종합병원급은 상한 8만 원, 상급종합병원은 상한 11만 원
   ※ 비급여항목을 제외한 급여항목의 본인부담비용만을 지원범위 내 실비 지원
   ※ 검사비 지원은 대상자별로 1회 지원이 원칙이나 사전검사 결과와 대상자의 가정환경 및 소득수준, 보건소 관내 예산 상황을 고려하여 추가지원 가능
   ※ 의료급여수급권자 중 기초생활수급권자의 건강생활지원비(6,000원)에서 검사비용이 차감된 경우, 치매안심센터는 협약병원을 통해 차감내역 확인 후 추가지원 가능
5. 검사결과 통보 및 검진비용 청구·지급 절차
   ○ 협약병원의 검사결과 통보 및 검진비용 청구는 월별로 실시
   ○ 검사비용 지원 여부와 상관없이 치매안심센터에서 검사의뢰된 자의 결과 및 진료내역을 모두 통보
   ○ 대상자별로 진료일자, 지원받을 금액, 검사의뢰한 치매안심센터명 등을 첨부하여 비용을 지급할 치매안심센터에 직접 청구

6. 유의사항
- ○ 치매안심센터에서 직접 수행하는 진단검사는 소득판정 없이 무료검사 가능
- ○ 감별검사 항목을 진단검사 명목으로 청구할 수 없음
- ○ 협약병원 비용 청구 및 지급 시 본인부담금 10원 미만(의원, 보건소 외래 등은 100원 미만) 절사
- ○ 의료급여수급권자 중 건강생활지원비가 차감된 대상자의 차감내역 통보
- ○ 치매안심센터의 검진비용 지급은 협약병원이 비용청구를 한 시점에서 30일 이내에 지급
- ○ 예산의 조기집행 및 집행현황 파악을 위하여 협약병원과 협약 시 사후 일괄 지급하는 방법은 지양

17 **위 자료에 대한 설명으로 옳지 않은 것은?**

① 치매안심센터에서 직접 수행하는 진단검사는 소득에 상관없이 무료로 검사할 수 있다.
② 치매안심센터에서 검사의뢰된 자의 결과 및 진료내역을 모두 통보해야 한다.
③ 주민등록주소지 관할 치매안심센터에 등록되어 있지 않은 경우 최근 3개월 이내에 발급한 주민등록등·초본을 제출해야 한다.
④ 치매안심센터의 협의를 거친 후 시의 자체 기준을 정하여 지자체 예산으로 시행 가능하다.

18 **다음 [대화]는 치매검사비 지원사업에 관한 질문과 그에 대한 담당자의 답변이다. 답변 내용이 옳지 않은 것은?**

[대화]

Q: 저는 기초생활수급권자이며, 검사비용이 건강생활지원비에서 차감되었습니다. 검사비용을 추가 지원받을 수 있나요?
A: ㉠ 네, 의료급여수급권자 중 기초생활수급권자의 건강생활지원비에서 검사비용이 차감된 경우라면, 치매안심센터에서 협약병원을 통해 차감내역을 확인 후 추가지원 가능합니다.
Q: 검사비용이 건강생활지원비에서 차감되었습니다. 제가 추가로 제출해야 할 것이 있을까요?
A: ㉡ 대상자 본인 명의의 통장 사본 1부를 제출해야 하며, 행복지킴이통장은 제출 가능합니다.
Q: 협약병원과 보건소에서의 본인부담금 계산 방법이 다른가요?
A: ㉢ 네, 협약병원의 경우 본인부담금은 10원 미만 절사하여 지불해야 하며, 보건소의 경우 본인부담금은 100원 미만 절사하여 지불해야 합니다.
Q: 의료기관급별 진단검사와 감별검사의 지원 비용의 상한 금액이 다를 수 있나요?
A: ㉣ 진단검사의 경우 의료기관급에 무관하게 상한 금액은 15만 원이지만 감별검사의 경우 의료기관급에 따라 의원·병원·종합병원급은 8만 원, 상급종합병원은 11만 원까지 지급할 수 있습니다.

① ㉠　　② ㉡　　③ ㉢　　④ ㉣

[19~20] 다음 보도자료를 읽고 이어지는 물음에 답하시오.

70대 이상 인구의 10명 중 1명 이상은 중증도 이상의 만성콩팥병1) 환자로 연령대가 높아질수록 증가하고 있으나, 노인 만성콩팥병 또는 말기신부전 환자에 대한 국내 진료지침은 아직 개발되지 않았다. 이에 한국보건의료연구원은 노인 만성콩팥병 환자의 투석치료와 보존적 치료, 복막투석과 혈액투석 간의 임상효과 비교와 투석치료의 사전 계획 여부가 생존에 미치는 영향 등 '노인 만성콩팥병 환자에서 투석 예후요인 및 임상효과 분석' 연구 수행 결과를 발표했다.

투석치료와 보존적 치료2)의 임상적 안전성과 효과성 확인을 위해 60세 이상 노인을 대상으로 한 21편의 문헌을 분석한 결과, 투석치료가 보존적 치료에 비해 전체 생존율은 유의하게 높았으며, 사망 위험은 유의하게 낮았다. 투석치료군의 생존율은 1년 시점 85%, 2년 시점 73%, 3년 시점 58%였으며, 보존적 치료군의 생존율은 1년 시점 69%, 2년 시점 43%, 3년 시점 25%로 모든 시점에서 보존적 치료군의 생존율이 낮게 나타났고, 생존기간도 투석치료군 38개월, 보존적 치료군 20개월로 보존적 치료군이 낮게 나타났다. 사망 위험은 전반적으로 보존적 치료군 대비 투석치료군이 유의하게 낮았으며, 삶의 질적인 측면에서도 정신적 영역 및 증상·문제 영역에서 투석치료가 보존적 치료보다 더 나을 수 있다는 근거를 확인했다.

만성콩팥병 노인 환자에서 계획되지 않은 투석치료3)와 계획된 투석치료의 보정된 사망 위험 분석 결과, 1년 이내에는 두 군 간에 사망 위험 차이가 없었으나, 초고령 대상 문헌 결과에서는 계획되지 않은 투석치료의 사망 위험이 계획된 투석치료에 비해 3.98배 높았고, 1년 이상에서는 계획되지 않은 투석치료의 사망 위험이 계획된 투석치료에 비해 1.98배 유의하게 높았다.

한편, 계획되지 않은 투석치료를 받은 경우 생존에 유의한 영향을 미치는 요인으로는 연령, 저칼륨혈증4), 투석 이후 동정맥루 수술5) 여부로 확인되었는데, 고연령일수록 사망 위험이 높았으며, 저칼륨혈증에서 혈중칼륨수치가 증가할수록, 동정맥루를 만들어 투석을 지속한 경우 사망 위험이 유의하게 낮은 것으로 나타났다. 또한 계획되지 않은 복막투석에 비해 계획되지 않은 혈액투석의 사망 위험이 유의하게 높게 나타났다.

복막투석과 혈액투석이 만성콩팥병 노인 환자에게 미치는 영향을 분석한 결과, 혈액투석이 복막투석보다 더 좋은 생존율을 나타내는 관련성을 보였지만, 근거수준이 낮고 두 치료법 간 효과 차이를 입증하는 근거가 불명확하여 명확한 결론을 내리기 어려웠다.

연구책임자 신○○ 교수(동국대학교 의과대학)와 양○○ 교수(연세대학교 원주의과대학)는 "이번 연구를 통해 노인 말기신부전 환자에게 투석치료를 적극적으로 시행하는 것이 생존율이 유의하게 좋고, 삶의 질에서도 차이가 없어 보존적 치료보다 투석치료가 더 나을 수 있다는 결과를 제시한 첫 연구라는 점에서 중요한 의미가 있다."라며, "다만, 초고령 환자나 연명의료결정법에 따른 말기 또는 임종기의 환자에서는 투석치료를 결정함에 있어 보다 신중할 필요가 있다."라고 밝혔다.

공동 연구책임자 한국보건의료연구원 박○○ 연구위원은 "국내 노인 만성콩팥병 환자의 투석치료에 대해 과학적 근거를 바탕으로 의사 결정하는 것이 중요하며, 이를 위해 연구원과 전문학회 간 임상적 및 방법론적으로 협력하여 근거기반 임상진료지침을 조속히 개발하는 것이 필요하다."라고 말했다.

1) 만성콩팥병: 신장 기능의 감소가 있거나 소변검사에서 혈뇨나 단백뇨와 같은 신장 손상이 3개월 이상 지속되는 질환

2) 보존적 치료: 말기신부전 환자에서 투석이나 이식을 시행하지 않고 환자의 삶의 질에 중점을 두면서 적절한 돌봄과 치료를 제공하는 것

3) 계획되지 않은 투석치료: 사전 계획에 따라 투석을 결정하고 필요한 조치를 취하지 못했으나, 임상적으로 투석이 급하게 필요한 상황에서 중심정맥도관 삽관을 통해 시행되는 투석
4) 저칼륨혈증: 혈액 검사에서 혈청 칼륨 농도가 정상치의 하한치인 3.5mmol/L 미만인 경우
5) 동정맥루 수술: 혈액투석을 할 수 있도록 동맥과 정맥을 연결하는 수술

※ 출처: 한국보건의료연구원

19 위 보도자료의 내용과 일치하지 않는 것은?

① 계획되지 않은 투석치료를 받은 경우 동정맥루 수술을 하지 않는 것이 사망 위험을 낮출 수 있다.
② 60세 이상 노인을 대상으로 할 때, 투석치료가 보존적 치료에 비해 생존율 및 생존기간이 모두 높다.
③ 만성콩팥병 노인 환자의 계획되지 않은 투석치료의 사망 위험은 복막투석에 비해 혈액투석이 더 높다.
④ 초고령 만성콩팥병 환자의 계획되지 않은 투석치료의 1년 이내 사망 위험은 계획된 투석치료에 비해 3.98배 높다.

20 위 보도자료를 읽고 다음과 같이 [대화]를 나누었을 때, 빈칸 ㉠에 들어갈 내용으로 적절하지 않은 것은?

[대화]

A: 연령대가 높아질수록 만성콩팥병 환자가 증가하고 있기 때문에 노인 만성콩팥병 또는 말기신부전 환자에 대한 국내 진료지침이 필요해.
B: 그래서 치료 방법에 따른 임상 효과와 치료의 사전 계획 여부가 생존에 미치는 영향을 연구한 거지.
A: 맞아. 이번 연구 결과를 통해 (㉠)는 것을 알게 되었어.

① 초고령 환자에서는 투석치료를 결정함에 있어 보다 신중할 필요가 있다
② 국내 노인 만성콩팥병 환자의 생존율을 높일 수 있는 투석치료 방법을 조속히 개발하는 것이 필요하다
③ 노인 만성콩팥병 환자의 투석치료에 대해 과학적 근거를 바탕으로 의사 결정하는 것이 중요하다
④ 생존율과 삶의 질을 고려할 때 노인 말기신부전 환자에게 투석치료를 적극적으로 시행하는 것이 낫다

[21~22] 다음은 일반건강검진 구강검진 인원에 관한 자료이다. 이어지는 물음에 답하시오.

[표 1] 일반건강검진 구강검진 대상인원

(단위: 명)

구분	2020년	2021년	2022년	2023년	2024년
충북	591,352	646,711	711,033	706,472	745,844
충남	766,373	848,875	932,360	922,814	969,523
전북	637,362	689,161	751,183	738,001	778,967
전남	659,173	714,757	779,594	758,921	805,722
경북	975,680	1,052,312	1,155,887	1,125,078	1,183,597
경남	1,199,860	1,304,857	1,439,792	1,415,451	1,487,757

[표 2] 일반건강검진 구강검진 수검인원

(단위: 명)

구분	2020년	2021년	2022년	2023년	2024년
충북	243,935	266,792	286,378	257,864	281,620
충남	242,551	272,933	285,257	256,996	272,689
전북	232,778	247,353	262,875	233,490	264,463
전남	150,875	157,666	171,929	145,647	158,265
경북	232,201	250,152	270,881	229,941	247,464
경남	308,548	328,814	364,561	327,316	366,607

※ 수검률: 수검인원/대상인원 × 100

21 위 자료에 대한 설명으로 옳지 않은 것은?

① 충남의 일반건강검진 구강검진 대상인원 중 미수검인원이 가장 많은 해는 2024년이다.

② 2024년 일반건강검진 구강검진 수검인원의 2020년 대비 증가율이 가장 큰 지역은 전북이다.

③ 2025년 경남의 일반건강검진 구강검진 대상인원은 전년과 동일하다면 수검률이 30%가 되기 위해서는 수검인원이 전년 대비 75,000명 이상 증가해야 한다.

④ 일반건강검진 구강검진 수검인원이 가장 적은 해가 경남과 동일한 지역은 3개 지역이다.

22 **위 자료를 바탕으로 작성한 [그림]으로 옳지 않은 것은? (단, 소수점 아래 둘째 자리에서 반올림한다)**

① 전남의 일반건강검진 구강검진 수검률

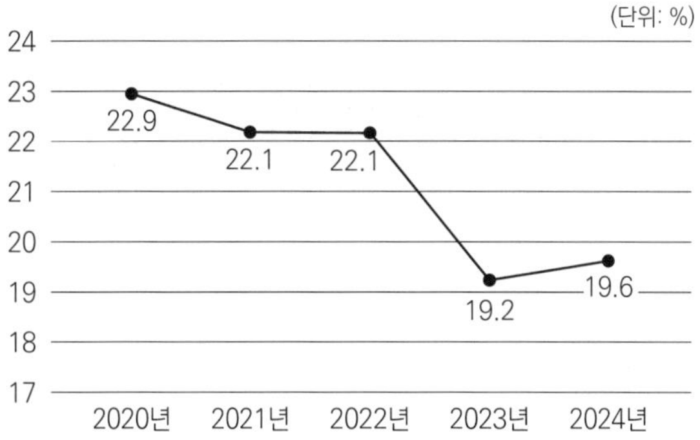

② 충북과 충남의 일반건강검진 구강검진 수검인원 차이의 절댓값

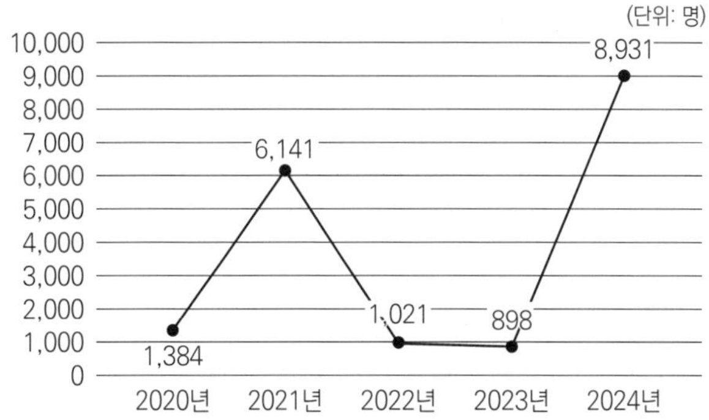

③ 경북의 일반건강검진 구강검진 대상인원 전년 대비 증가량

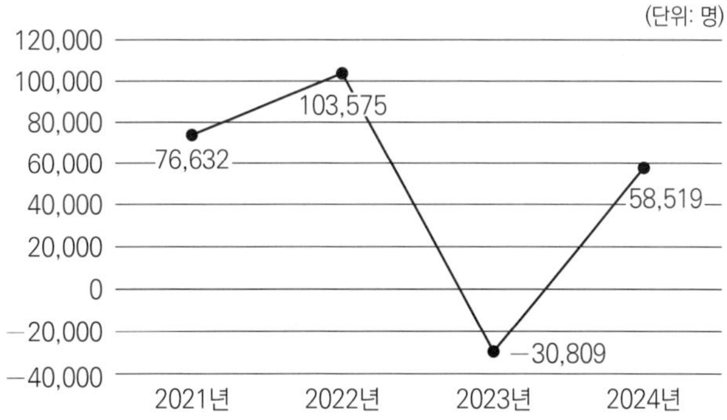

④ 전북의 일반건강검진 구강검진 대상인원

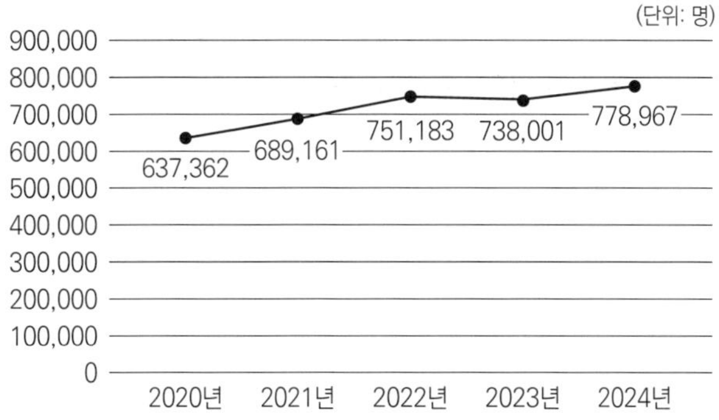

[23~24] 다음은 도시별 중증외상 발생 현황에 관한 자료이다. 이어지는 물음에 답하시오.

[표] 도시별 중증외상 발생 현황

(단위: 명)

구분	2018년		2019년		2020년	
	발생 건수	발생률	발생 건수	발생률	발생 건수	발생률
전국	10,024	19.5	9,115	17.8	8,435	16.4
서울	1,020	10.6	912	9.5	849	8.9
부산	605	17.8	559	16.5	501	14.9
대구	295	12.1	343	14.1	285	11.8
인천	354	11.9	369	12.6	328	11.2
광주	146	10.0	131	9.0	166	11.5
대전	248	16.4	269	18.3	148	10.1
울산	164	14.2	193	16.8	171	15.1
세종	38	11.5	51	15.6	42	12.1

※ 발생률: 인구 십만 명당 발생건수

23 **위 자료에 대한 설명으로 옳지 않은 것은?**

① 전국 중증외상 발생 건수 중 8개 도시의 비중이 가장 큰 해는 2019년이다.

② 중증외상 발생 건수가 가장 적은 도시는 매년 동일하다.

③ 2019년 중증외상 발생률의 전년 대비 증가율이 가장 큰 도시는 울산이다.

④ 중증외상 발생 건수가 매년 증가한 도시는 없다.

24 **2020년 전국 인구 중 2020년 중증외상 발생 건수 상위 3개 도시의 인구 합의 비중은 몇 %인가? (단, 계산 시 소수점 아래 둘째 자리에서 반올림한다)**

① 29.6% ② 30.8% ③ 31.7% ④ 32.4%

[25~26] 다음은 화장실 사용 후 비누 이용 손씻기에 대한 설문조사 자료이다. 이어지는 물음에 답하시오.

[표 1] 화장실 사용 후 비누 이용 손씻기에 대한 설문조사 결과(남학생)

(단위: 명, %)

구분	2019년		2020년		2021년		2022년	
	대상자 수	실천율	대상자 수	실천율	대상자 수	실천율	대상자 수	실천율
중1	5,126	84.8	5,098	90.2	5,156	87.6	4,747	85.9
중2	5,039	84.2	4,823	87.0	5,326	86.9	4,736	85.3
중3	5,236	84.2	4,909	87.4	5,104	84.4	4,700	86.3
고1	4,782	84.3	4,602	87.0	4,456	85.9	4,236	86.5
고2	4,662	83.7	4,631	86.6	4,478	84.8	4,164	85.7
고3	4,996	82.1	4,290	84.5	3,881	85.8	3,814	84.6

[표 2] 화장실 사용 후 비누 이용 손씻기에 대한 설문조사 결과(여학생)

(단위: 명, %)

구분	2019년		2020년		2021년		2022년	
	대상자 수	실천율	대상자 수	실천율	대상자 수	실천율	대상자 수	실천율
중1	4,612	81.7	4,907	90.3	4,860	89.1	4,493	88.7
중2	4,626	81.7	4,741	89.3	4,909	88.2	4,610	88.0
중3	4,745	82.4	4,483	89.6	4,660	88.4	4,729	88.7
고1	4,491	85.8	4,305	91.7	4,005	90.0	4,225	90.6
고2	4,382	87.0	4,276	92.1	4,169	90.9	3,818	91.5
고3	4,606	86.5	3,883	92.5	3,844	92.8	3,578	92.2

25 위 자료에 대한 설명으로 옳지 않은 것은?

① 매년 여학생 대상자 수가 전년 대비 감소한 학년은 2개 학년이다.
② 2022년 남학생 대상자 중 2019년 대비 감소율이 가장 높은 학년은 고3이다.
③ 2021년 여학생 대상자의 실천율의 2019년 대비 증가량이 가장 큰 학년은 중1이다.
④ 2020년 대상자 중 중학생 비중은 54% 이상이다.

26 2022년 화장실 사용 후 비누 이용 손씻기에 대한 설문조사에 참여한 중·고등학생의 비누 이용 손씻기 실천율은 몇 %인가? (단, 실천자 수 계산 시 소수점 아래 첫째 자리에서 반올림한다)

① 85.9% ② 87.7% ③ 89.3% ④ 91.2%

[27~28] 다음은 지역별 공중위생영업소 현황에 관한 자료이다. 이어지는 물음에 답하시오.

[표 1] 지역별 공중위생영업소 현황

(단위: 개)

구분	2017년	2018년	2019년	2020년	2021년	2022년
전국	234,069	238,816	244,113	243,815	255,092	262,053
서울	40,373	40,826	41,179	41,485	42,074	42,707
부산	17,273	17,606	17,924	18,106	18,414	18,675
대구	12,064	12,245	12,346	12,428	12,624	12,951
인천	11,644	11,936	12,205	12,527	12,887	13,304
광주	7,732	7,881	8,046	8,180	8,326	8,608
대전	7,439	7,445	7,558	7,610	7,811	7,950
울산	5,731	5,854	6,023	6,101	6,206	6,337

[표 2] 지역별 공중위생영업소 중 숙박업 현황

(단위: 개)

구분	2017년	2018년	2019년	2020년	2021년	2022년
전국	30,957	30,644	30,497	29,679	30,049	29,733
서울	3,192	3,083	2,954	2,804	2,656	2,515
부산	2,184	2,126	2,105	2,076	2,029	1,976
대구	941	897	847	778	735	706
인천	1,277	1,296	1,305	1,324	1,337	1,335
광주	767	724	687	666	657	636
대전	839	802	783	731	673	589
울산	752	742	745	722	685	653

27 위 자료에 대한 설명으로 옳은 것은?

① 대전 공중위생영업소 중 숙박업 비중이 가장 작은 해는 2021년이다.

② 공중위생영업소 중 숙박업 수 하위 2개 지역의 합이 가장 적은 해는 2020년이다.

③ 2021년 공중위생영업소가 많은 지역일수록 공중위생영업소 중 숙박업도 많다.

④ 2022년 공중위생영업소가 2017년 대비 가장 많이 증가한 지역은 서울이다.

28 위 자료를 바탕으로 작성한 [그림]으로 옳지 않은 것은? (단, 소수점 아래 둘째 자리에서 반올림한다)

① 2020년 지역별 공중위생영업소의 전년 대비 증가율

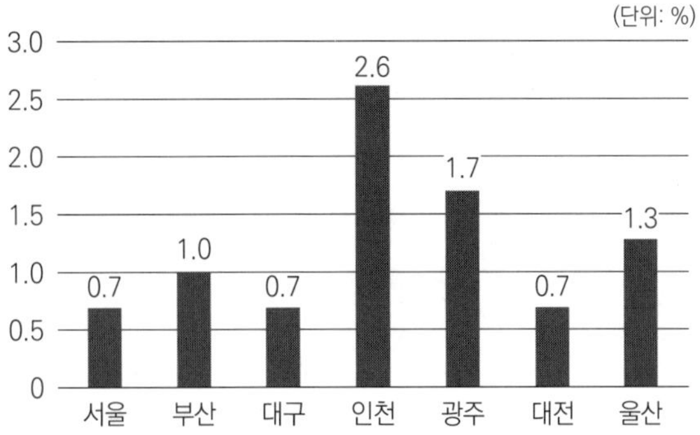

② 2018년 지역별 공중위생영업소 수

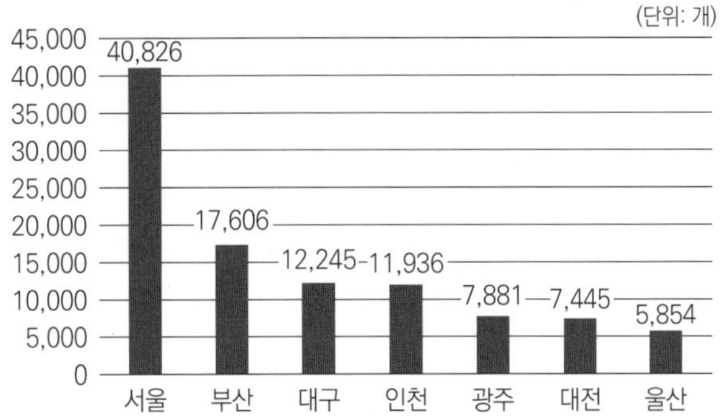

③ 2019년 지역별 공중위생영업소 중 숙박업의 전년 대비 증감량

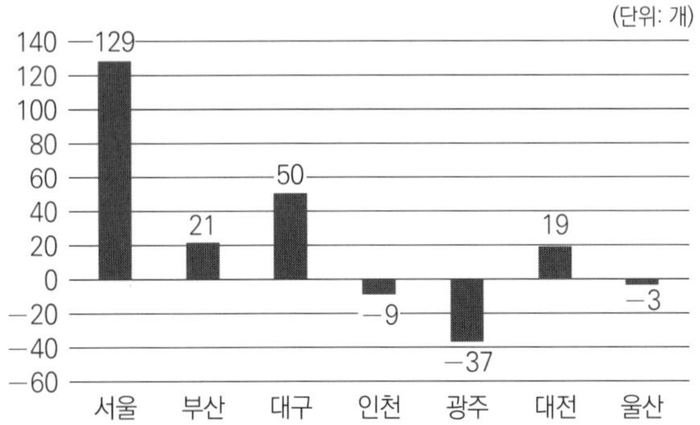

④ 2022년 공중위생영업소 중 숙박업의 전국 대비 지역별 비중

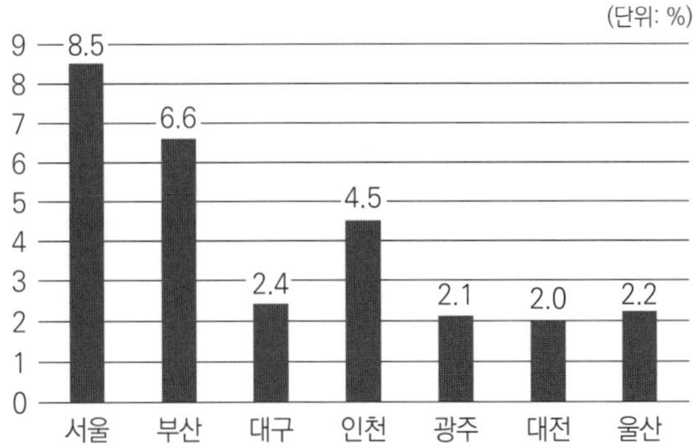

[29~30] 다음은 급성심장정지 발생 현황에 관한 자료이다. 이어지는 물음에 답하시오.

[표] 연령대별 급성심장정지 발생 건수

(단위: 건)

구분	2016년	2017년	2018년	2019년	2020년	2021년
20세 미만	756	721	707	714	649	655
20대	738	761	773	805	834	913
30대	1,287	1,189	1,275	1,239	1,227	1,206
40대	2,613	2,503	2,524	2,389	2,378	2,402
50대	4,797	4,516	4,493	4,532	4,402	4,409
60대	4,862	4,869	5,044	5,253	5,538	5,946
70대	6,960	6,727	6,999	6,966	7,261	7,317
80세 이상	7,803	7,960	8,708	8,877	9,358	10,387

[그림] 성별 급성심장정지 발생 건수

(단위: 건)

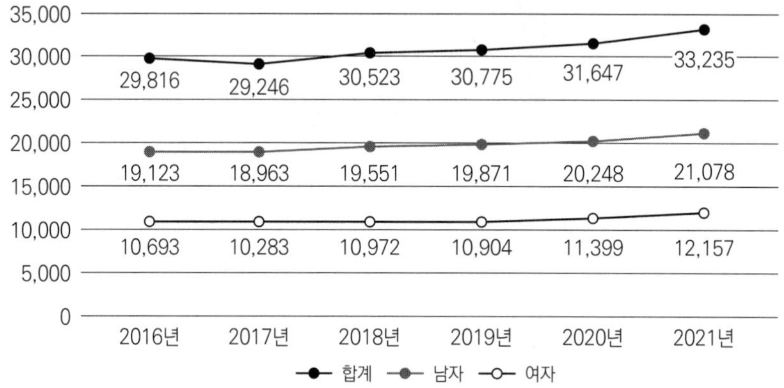

29 **위 자료에 대한 설명으로 옳지 않은 것은?**

① 2021년 남자 급성심장정지 발생 건수 대비 여자 급성심장정지 발생 건수 비율은 전년 대비 증가했다.

② 2022년 급성심장정지 발생 건수 중 남자는 전년 대비 5% 감소, 여자는 전년 대비 8% 증가했을 때, 전체 건수는 전년 대비 90건 이상 감소했다.

③ 2017~2021년 동안 매년 급성심장정지 발생 건수가 전년 대비 증가한 연령대는 3개이다.

④ 2020년 급성심장정지 발생 건수의 2017년 대비 증가율은 남자가 여자보다 낮다.

30 **2023년 전체 급성심장정지 발생 건수는 2021년 대비 1,765건 증가했다. 2023년 전체 급성심장정지 발생 건수 중 20세 미만, 30대, 50대의 비중은 각각 2019년과 동일하고, 20대, 40대, 60대, 70대의 비중은 각각 2018년과 동일하다고 할 때, 2023년 80세 이상의 급성심장정지 발생 건수는? (단, 급성심장정지 발생 비중 계산 시 소수점 아래 둘째 자리에서 반올림한다)**

① 9,760건　② 9,805건　③ 9,882건　④ 10,080건

[31~32] 다음은 2024년 국민기초생활보장 수급자 현황을 생애주기별로 나누어 살펴본 자료이다. 이어지는 물음에 답하시오.

[표 1] 2024년 생애주기별 국민기초생활보장 전체 수급자 현황

(단위: 명, %)

구분	전체	영유아기	학령기	청소년기	청년기	중년기	노년기
인구수	51,826,059	2,415,349	2,852,684	4,166,182	14,094,116	20,647,320	7,650,408
수급자 수	1,653,781	28,371	101,574	237,971	165,452	577,157	543,256
수급자 비율	3.2	1.2	3.6	5.7	1.2	2.8	7.1

[표 2] 2024년 생애주기별 국민기초생활보장 여성 수급자 현황

(단위: 명, %)

구분	전체	영유아기	학령기	청소년기	청년기	중년기	노년기
인구수	25,959,930	1,176,994	1,385,893	2,000,273	6,778,710	10,240,300	4,377,760
수급자 수	908,475	13,755	49,360	117,463	91,501	277,187	359,209
수급자 비율	3.5	1.2	3.6	5.9	1.3	2.7	8.2

31 **위 자료를 근거로 2024년 국민기초생활보장 수급자 현황에 대해 추론한 내용으로 옳은 것은?**

① 남성의 노년기 인구 중 수급자 비율은 6% 이상이다.

② 인구 대비 수급자 비율이 세 번째로 높은 생애주기는 중년기이다.

③ 전체 수급자 중에서 남성 수급자가 차지하는 비중은 40% 미만이다.

④ 여성 수급자 중에서 영유아기와 학령기 수급자가 차지하는 비중은 10% 미만이다.

32 이몽룡 사원은 위 자료를 토대로 2024년 남성의 생애주기별 국민기초생활보장 수급자 수를 [그림]으로 그렸다. 이몽룡 사원이 그린 [그림]으로 옳은 것은?

①
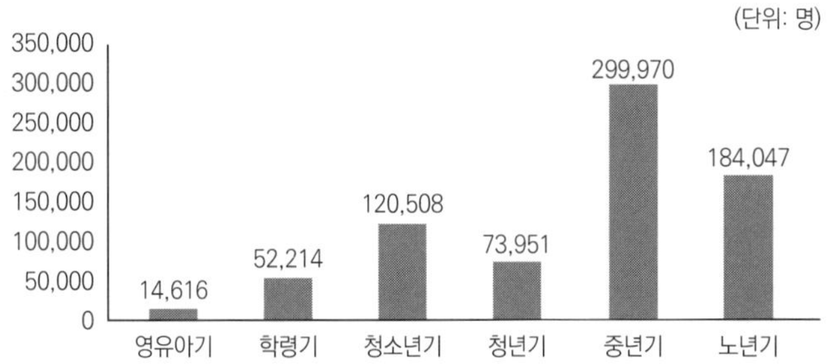

②
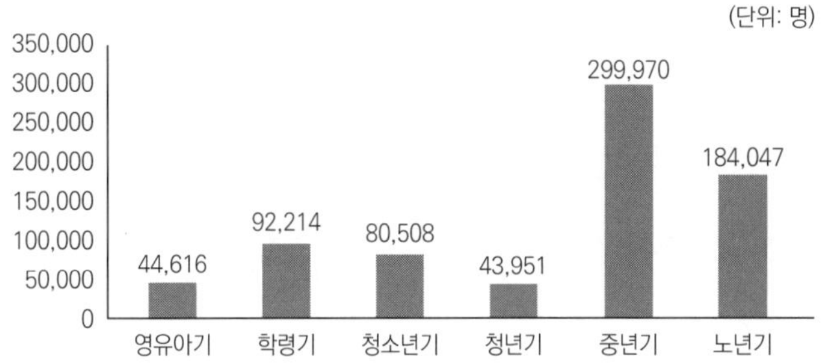

③
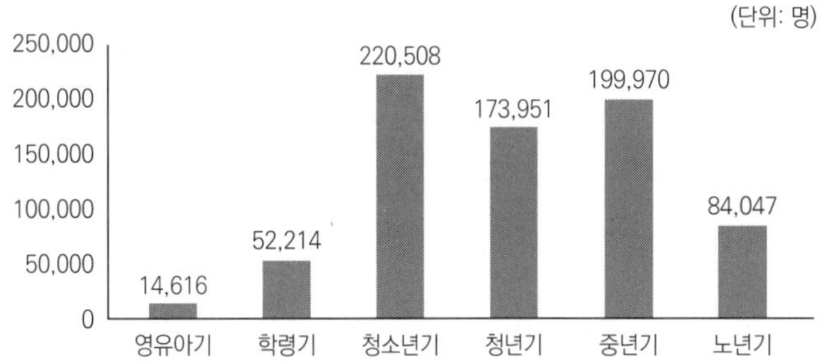

④
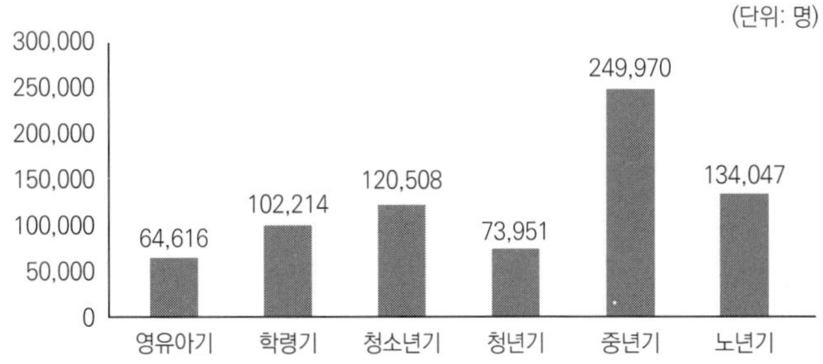

[33~34] 다음은 2014~2021년의 보호대상아동에 관한 자료이다. 이어지는 물음에 답하시오.

[표 1] 2014~2021년 보호대상아동 발생 유형

(단위: 명)

구분	2014년	2015년	2016년	2017년	2018년	2019년	2020년	2021년
계	6,926	6,020	4,994	4,503	4,583	4,125	3,918	4,047
학대, 부모빈곤, 실직	3,944	3,668	2,965	2,866	3,139	2,778	2,726	2,865
비행, 가출, 부랑	708	512	508	360	314	227	231	473
미혼부모, 혼외자	1,989	1,534	1,226	930	855	847	623	464
유기	235	285	282	321	264	261	320	237
미아	50	21	13	26	11	12	18	8

※ 보호대상아동의 발생 유형은 위 5개 유형으로만 구분됨

[표 2] 2014~2021년 보호대상아동 보호 유형

(단위: 명)

구분	2014년	2015년	2016년	2017년	2018년	2019년	2020년	2021년
계	6,926	6,020	4,994	4,503	4,583	4,125	3,918	4,047
시설보호	3,748	3,257	2,900	2,682	2,887	2,421	2,449	2,739
가정위탁	2,289	2,265	1,688	1,582	1,447	1,417	1,294	1,199
입양	772	478	393	239	243	285	174	104
소년소녀가정	117	20	13	0	6	2	1	5

※ 보호대상아동의 보호 유형은 위 4개 유형으로만 구분됨

33 위 자료를 토대로 A사원은 상사에게 다음 [보고서]의 내용을 전달하였다. [보고서]의 빈칸 ㉠~㉢에 들어갈 수를 옳게 짝지은 것은?

[보고서]

- 2014년 '학대, 부모빈곤, 실직'으로 인해 발생한 보호대상아동 중 적어도 (㉠)명은 '시설보호'를 통해 보호되고 있음
- 2016년 '비행, 가출, 부랑'으로 인해 발생한 보호대상아동은 그해 '유기'로 발생한 보호대상아동보다 (㉡)명 많음
- 2015~2021년 동안 보호대상아동이 전년 대비 매해 감소한 발생 유형은 (㉢)개 항목임

	㉠	㉡	㉢
①	766	226	1
②	766	236	3
③	2,136	226	3
④	2,136	236	1

34 A사원은 상사로부터 다음과 같은 업무 지시를 받았다. 위 자료에 근거할 때, [상사의 지시 사항]에 따라 A사원이 그려야 할 [그림]으로 옳은 것은?

> [상사의 지시 사항]
>
> A사원님, 2019년 대비 2021년의 보호 유형별 보호대상아동 수의 증감률을 막대 그래프로 그려서 보내 주세요. 증감률을 계산할 때에는 소수점 아래 둘째 자리에서 반올림하시면 됩니다.

①
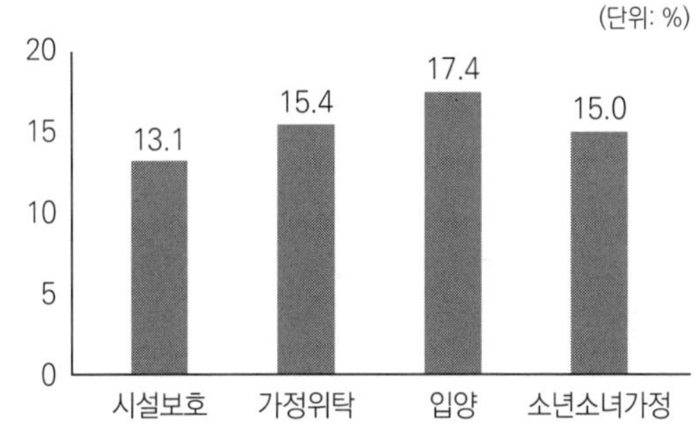

②
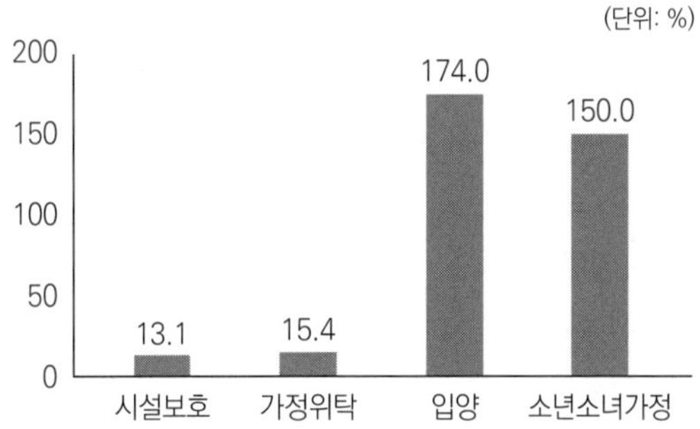

③
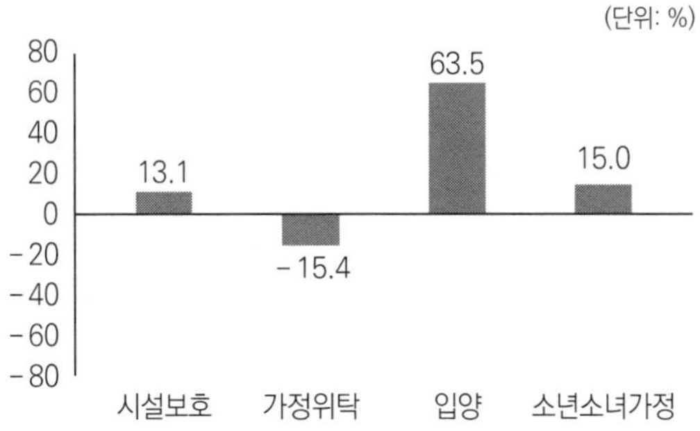

④
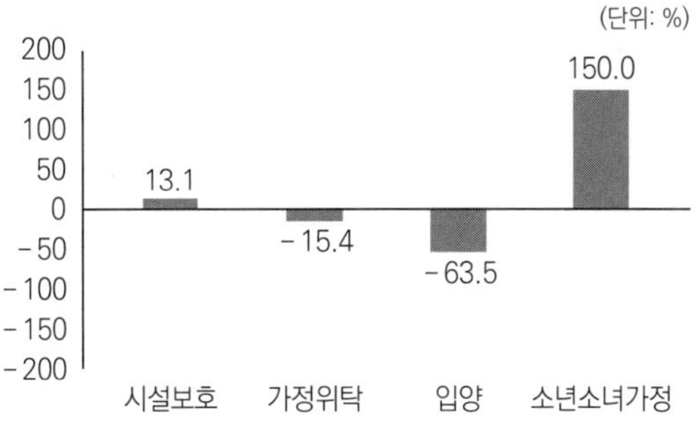

[35~36] 다음은 공연단체 현황에 관한 자료이다. 이어지는 물음에 답하시오.

[표 1] 공연단체 수

(단위: 개)

구분	2017년	2018년	2019년	2020년	2021년
서울	982	1,025	1,053	716	910
경기	362	470	401	336	466
강원	88	108	86	99	98
충청	158	193	223	173	242
전라	194	273	244	198	220
경상	488	563	556	416	505
제주	21	26	20	15	25

[표 2] 공연횟수

(단위: 회)

구분	2017년	2018년	2019년	2020년	2021년
서울	47,801	50,981	45,469	21,900	26,411
경기	7,506	9,844	12,821	3,361	4,377
강원	1,574	1,652	1,697	1,678	2,145
충청	3,023	5,278	5,583	2,127	2,818
전라	4,015	5,483	4,591	2,431	2,897
경상	9,266	10,962	8,440	5,313	5,662
제주	291	199	135	98	270

[표 3] 관객 수

(단위: 명)

구분	2017년	2018년	2019년	2020년	2021년
서울	10,310,631	10,181,278	10,006,068	3,428,566	4,329,659
경기	2,003,078	2,274,583	1,876,469	382,730	544,824
강원	580,305	610,983	615,699	198,032	123,232
충청	887,781	761,501	921,973	170,190	328,823
전라	1,113,875	1,185,511	1,159,960	143,105	1,168,597
경상	2,218,675	3,226,921	2,825,373	599,726	648,406
제주	85,902	50,954	27,449	8,350	27,195

35 위 자료에 대한 설명으로 옳지 않은 것은?

① 서울의 공연단체 1개당 공연횟수가 가장 많은 해는 2017년이다.
② 관객 수가 가장 많은 해가 2019년인 지역은 2개이다.
③ 2021년 제주의 공연횟수는 2018년 대비 35% 이상 증가했다.
④ 2020년에 공연단체 수가 전년 대비 감소한 지역은 6개이다.

36 다음은 제주의 1인당 공연 관람비용이다. 제주의 공연횟수 1회당 관객 수가 가장 많은 해와 가장 적은 해의 제주 공연단체 1개당 공연매출의 합은 얼마인가? (단, 관객의 관람비용은 공연단체의 공연매출과 동일하며, 공연단체 1개당 공연매출 계산 시 소수점 아래 첫째 자리에서 반올림한다)

[표] 제주의 1인당 공연 관람비용

2017년	2018년	2019년	2020년	2021년
10,000원	10,500원	12,000원	11,000원	12,500원

① 47,029,047원
② 47,154,124원
③ 47,187,072원
④ 47,204,347원

[37~38] 다음은 2024년 하반기 장애인 학대·학대의심 신고현황에 관한 자료이다. 이어지는 물음에 답하시오.

[그림 1] 2024년 하반기 장애인 학대 · 학대의심 신고 접수건수

(단위: 건)

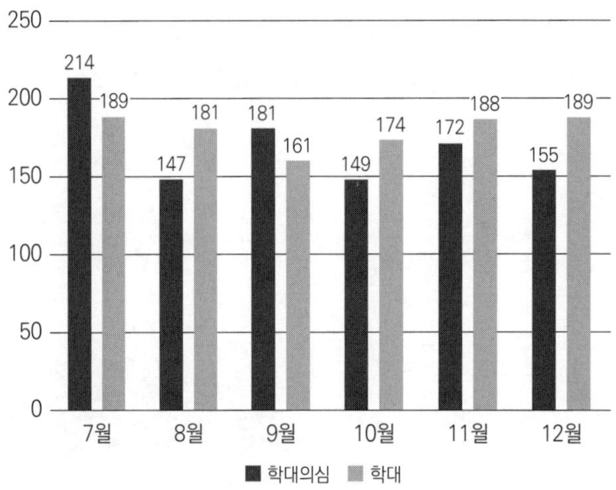

[그림 2] 2024년 하반기 전체 장애인 학대 · 학대의심 신고 접수경로별 비중

(단위: %)

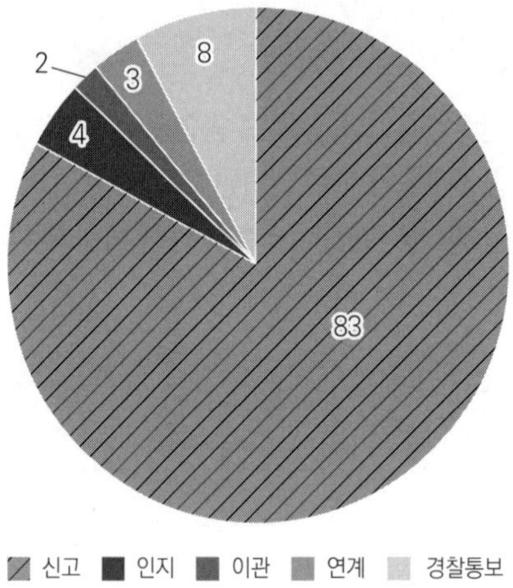

37 **2024년 하반기 장애인 학대·학대의심 신고 접수경로가 신고인 경우와 이관인 경우의 접수건수 차이는?**

① 1,701건 ② 1,706건 ③ 1,711건 ④ 1,716건

38 위 자료를 바탕으로 다음과 같은 [그림]을 작성하였다. [그림]의 제목으로 가장 적절한 것은?

[그림]

(단위: 건)

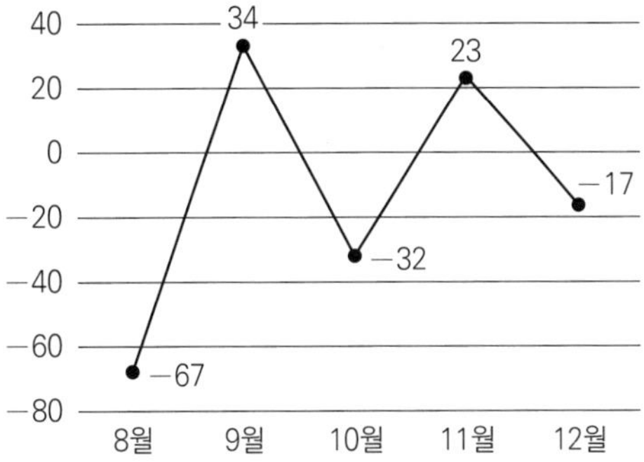

① 8~12월 중 장애인 학대의심 접수건수와 학대 접수건수의 차이

② 8~12월 중 장애인 학대·학대의심 신고 접수건수의 전월 대비 증가량

③ 8~12월 중 장애인 학대의심 신고 접수건수의 전월 대비 증가량

④ 8~12월 중 장애인 학대 신고 접수건수의 전월 대비 증가량

[39~40] 다음은 5개 암 발생자 수 및 조발생률에 관한 자료이다. 이어지는 물음에 답하시오.

[표 1] 5개 암 발생자 수

(단위: 명)

구분		2016년	2017년	2018년	2019년	2020년
남자	위	20,712	20,222	20,007	19,890	17,869
	대장	16,978	16,985	16,911	17,354	16,485
	간	11,927	11,716	11,833	11,631	11,150
	췌장	3,434	3,779	4,059	4,178	4,324
	폐	18,131	18,989	19,754	20,519	19,657
여자	위	10,090	9,904	9,495	9,830	8,793
	대장	11,638	11,704	11,397	12,072	11,392
	간	4,070	3,990	4,050	4,118	4,002
	췌장	3,337	3,371	3,636	3,976	4,090
	폐	8,182	8,540	9,231	9,722	9,292

[표 2] 5개 암 조발생률

구분		2016년	2017년	2018년	2019년	2020년
남자	위	81.1	79.1	78.1	77.7	69.8
	대장	66.5	66.4	66.0	67.8	64.4
	간	46.7	45.8	46.2	45.4	43.6
	췌장	13.4	14.8	15.8	16.3	16.9
	폐	71.0	74.3	77.1	80.2	76.8
여자	위	39.4	38.6	36.9	38.2	34.2
	대장	45.4	45.6	44.3	46.9	44.3
	간	15.9	15.6	15.7	16.0	15.6
	췌장	13.0	13.1	14.1	15.5	15.9
	폐	31.9	33.3	35.9	37.8	36.1

※ 남자(여자) 조발생률: 남자(여자) 발생자 수/남자(여자) 인구 × 100,000

39 **위 자료에 대한 설명으로 옳지 않은 것은?**

① 위암 조발생률의 남자 대비 여자 비율이 가장 높은 해는 2019년이다.

② 조사기간 동안 남자와 여자의 폐암 발생자 수 차이는 매년 9,000명 이상이다.

③ 조사기간 동안 남자와 여자의 암 발생자 수가 가장 많은 암은 매년 다르다.

④ 2019년 여자 암 발생자 수의 전년 대비 증가율이 가장 높은 암은 대장암이다.

40 **2020년 전립선암 발생자 수는 16,815명, 자궁경부암 발생자 수는 2,998명일 때, 2020년 전립선암 남자 조발생률과 자궁경부암 여자 조발생률의 합은? (단, 조발생률 계산 시 소수점 아래 둘째 자리에서 반올림한다)**

① 77.4명　② 79.6명　③ 80.8명　④ 81.2명

[41~42] 다음은 중증질환 산정특례 제도에 관한 자료이다. 이어지는 물음에 답하시오.

○ 중증질환 산정특례 제도: 진료비 부담이 높고 장기간 치료가 요구되는 중증질환으로 진료 시 건강보험 본인부담률을 경감시켜 주는 제도

○ 질환별 산정특례 경감 혜택

구분	본인부담률	적용기간
암	5%	5년
희귀질환	10%	5년
중증난치질환	10%	5년
중증치매	10%	5년
결핵	0%	결핵 치료기간
잠복결핵	0%	1년(6개월 연장 가능)
중증화상	5%	1년
뇌혈관질환	5%	최대 30일(입원)
심장질환	5%	최대 30일(복잡선천성 심기형 및 심장이식 60일)
중증외상	5%	최대 30일(입원)

※ 뇌혈관질환, 심장질환, 중증외상은 산정특례 등록을 별도로 하지 않고 상황 발생 시 특례 적용

○ 산정특례 적용범위

- 산정특례 등록 질환으로 인한 외래 또는 입원진료(단, 등록 질환과 의학적 인과관계가 명확한 합병증 진료까지 가능)
- 요양급여비용 일부를 부담하는 항목만 해당

  ※ 100분의 100 전액본인부담, 선별급여, 예비급여, 비급여 항목 등 제외

○ 산정특례 적용 시작일

- 확진일부터 30일 이내 신청 시: 확진일부터 적용
- 확진일부터 30일 경과 후 신청 시: 신청일부터 적용

※ 진단 확진 이전에 발생한 검사 및 진료비는 산정특례 적용 제외

○ 산정특례 신청절차

1) 산정특례 질환으로 진단 확진
2) 산정특례 등록신청서 작성 및 접수

   ※ 발급받은 산정특례 등록신청서에 등록 대상자 서명 후 요양기관 또는 공단에 제출

3) 등록 결과 통보(이메일 또는 모바일 애플리케이션 알림)
4) 진료 시 특례 적용

41 위 자료에 대한 설명으로 옳지 않은 것은?

① 산정특례 등록신청서 제출 전 등록 대상자 서명을 해야 한다.

② 등록 질환과 의학적 인과관계가 명확하지 않은 합병증 진료까지 적용받을 수 있다.

③ 잠복결핵 환자의 경우 경감혜택 적용기간이 최대 1년 6개월이다.

④ 본인부담금이 없는 질환은 2개이다.

42 위 자료를 토대로 할 때 다음 [상황]의 빈칸 ㉠~㉢에 들어갈 숫자의 합은?

[상황]

A는 복잡선천성 심기형 심장질환을 9월 2일에 확진받았고, 10월 10일에 산정특례 신청을 하였다. A는 (㉠)월 (㉡)일부터 산정특례 경감 적용이 시작되며, 적용 기간은 (㉢)일이다.

① 41 ② 71 ③ 80 ④ 91

[43~45] 다음은 가사·간병 방문 지원 사업에 관한 자료이다. 이어지는 물음에 답하시오.

가사·간병 방문 지원 사업

1. 사업목적: 일상생활과 사회활동이 어려운 저소득층을 위한 가사·간병서비스를 지원함으로써 취약계층의 생활 안정을 도모하고 가사·간병 방문 제공인력의 사회적 일자리 창출
2. 지원 대상: 만 65세 미만의 기준중위소득 70% 이하 계층 중 아래에 해당하는 사람으로 가사·간병 서비스가 필요한 자
   1) 장애 정도가 심한 장애인
   2) 6개월 이상 치료를 요하는 중증질환자
   3) 희귀난치성 질환자
   4) 소년소녀가정, 조손가정, 한부모가정
   5) 의료급여수급자 중 장기입원 사례관리 퇴원자
   6) 기타 위에 준하는 경우로 시·군·구청장이 가사·간병 서비스가 필요하다고 별도로 인정한 자(부상으로 인한 장기치료자 등)
3. 지원 내용
   1) 신체수발 지원: 목욕, 대소변, 옷 갈아입히기, 세면, 식사 등 보조
   2) 간병지원: 체위 변경, 간단한 재활운동 보조 등
   3) 가사지원: 쇼핑, 청소, 식사 준비, 양육 보조 등
   4) 일상생활 지원: 외출 동행, 말벗, 생활상담 등
4. 지원 기간 및 시간
   1) 지원 기간: 바우처 자격 결정일로부터 1년(단, 재판정 절차를 통해 1년 단위로 연장 가능, C형은 연장 불가)
   2) 지원 시간: 월 24시간, 월 27시간, 월 40시간
5. 서비스 비용

지원 형태(지원 시간)	대상자	서비스 비용	정부 지원금
A형(월 24시간)	생계·의료·주거·교육급여 수급자 및 차상위계층	월 374,400원	100%
	기준중위소득 70% 이하		94%
B형(월 27시간)	생계·의료·주거·교육급여 수급자 및 차상위계층	월 421,200원	97%
	기준중위소득 70% 이하		94%
C형(월 40시간)	의료급여수급자 중 장기입원 사례관리 퇴원자	월 624,000원	100%

※ 본인 부담금은 서비스 비용에서 정부 지원금을 제외한 나머지 금액임

43 위 자료에 대한 설명으로 옳지 않은 것은?

① 지원 내용은 크게 신체수발, 간병, 가사, 일상생활 지원으로 총 4가지이다.
② 서비스 지원 기간은 1년으로 1년 단위로 연장 가능하나 월 40시간을 지원받는 서비스는 연장 불가하다.
③ 대상자가 의료급여수급자 중 장기입원 사례관리 퇴원자의 경우 정부 지원금은 월 586,560원이다.
④ 가사·간병 방문 지원 사업은 지원 형태에 따라 지원 시간이 다르다.

44 다음 [보기]의 A~D 중 가사·간병 방문 지원 사업의 지원 대상에 해당하는 사람은?

| 보기 |

• 기준중위소득이 65%인 A는 만 68세의 의료급여수급자 중 장기입원 사례관리 퇴원자로 가사 서비스가 필요하다.
• 기준중위소득이 65%인 B는 만 15세로 한부모가정에 해당하며 가사 서비스가 필요하다.
• 기준중위소득이 50%인 C는 만 44세로 5개월의 치료를 필요로 하는 중증질환자로 간병 서비스가 필요하다.
• 기준중위소득이 60%인 D는 만 36세로 교통사고로 인한 장기치료자로 구청장이 간병 서비스가 필요하다고 별도로 인정하였다.

① A, B ② A, C ③ B, D ④ C, D

45 다음 [상황]의 빈칸 ㉠과 ㉡에 들어갈 금액 간의 차액은?

[상황]

기준중위소득이 60%인 만 48세인 U는 7개월 동안 치료를 받아야 하는 중증질환자이다. 이에 가사 및 간병 서비스가 필요함을 느낀 U는 치료를 받는 동안 가사·간병 방문 지원 사업에 신청하려고 한다. U는 검색 결과 A형을 지원한 경우 (㉠)을 정부로부터 지원받고, B형을 지원한 경우 (㉡)을 정부로부터 지원받는다는 것을 알게 되었다.

① 304,242원 ② 305,476원 ③ 306,710원 ④ 307,944원

[46~47] 다음은 출산전후휴가(유산·사산휴가 포함) 급여 지원에 관한 자료이다. 이어지는 물음에 답하시오.

출산전후휴가(유산·사산휴가 포함) 급여 지원: 임신 중 여성근로자의 건강을 보호하고, 출산으로 인한 여성근로자의 이직을 방지하는 지원 사업

1. 출산전후휴가
   1) 대상: 임신 중인 여성
   2) 지원내용: 사업주는 임신 중인 여성 근로자에게 90일(다태아의 경우 120일)의 보호 휴가를 부여해야 하며, 출산 후 45일(다태아의 경우 60일) 이상 확보되어야 함

   ※ 최초 60일(다태아의 경우 75일)은 유급

2. 유산·사산휴가
   1) 대상: 임신 중 유산 및 사산한 여성
   2) 지원내용: 임신 중 유산·사산한 여성 근로자가 청구하는 경우 임신 기간에 따라 유산·사산휴가를 부여해야 함

임신 기간	휴가일
11주 이내	유산·사산일부터 5일
12주 이상 15주 이내	유산·사산일부터 최대 10일
16주 이상 21주 이내	유산·사산일부터 최대 30일
22주 이상 27주 이내	유산·사산일부터 최대 60일
28주 이상	유산·사산일부터 최대 90일

3. 출산전후(유산·사산)휴가 급여
   1) 대상: 임신 중인 여성, 임신 중 유산 및 사산한 여성
   2) 지원내용: 아래 기준에 따라 고용센터에서 출산전후(유산·사산)휴가 급여 지급

구분	최초 60일 (다태아의 경우 75일)	마지막 30일 (다태아의 경우 45일)
우선지원대상 기업	• 정부: 월 210만 원 한도에서 통상임금을 출산전후휴가 급여로 지급 • 사업주: 통상임금의 부족분이 있는 경우 부족분 지급	정부가 통상임금 지급(최대 210만 원)
대규모 기업	사업주가 통상임금 지급	정부가 통상임금 지급(최대 210만 원)

   3) 지원요건
   - 근로기준법의 출산전후(유산·사산)휴가를 사용했을 것
   - 휴가가 끝난 날 이전 피보험 단위기간이 180일 이상일 것
   - 휴가 시작일 이후 1개월부터 휴가 종료일 이후 12개월 이내에 신청

46 위 자료에 설명으로 옳지 않은 것은?

① 임신 중인 여성 근로자는 최소 90일의 출산전후휴가를 받을 수 있다.
② 다태아의 경우 출산전후휴가 중 최초 75일은 유급휴가에 해당한다.
③ 휴가 종료일 이후 12개월 이내에 신청한 경우 출산전후(유산·사산)휴가 급여를 지급받을 수 있다.
④ 임신기간이 20주인 여성 근로자가 유산 시 유산일 다음 날부터 최대 30일의 유산·사산휴가를 받을 수 있다.

47 다음 [상황]을 토대로 정부가 A와 B에게 지급해야 하는 출산전후(유산·사산)휴가 급여는 총 얼마인가?

[상황]

- A는 대규모 기업에 근무하는 여성 근로자이다. A는 단태아를 임신하여 출산전후(유산·사산)휴가를 사용하였고, 통상임금은 300만 원이다. A는 휴가 시작일 2개월 이후에 출산전후(유산·사산)휴가 급여를 신청하였다. A의 휴가가 끝난 날 이전 피보험 단위기간은 200일이다.
- B는 우선지원대상 기업에 근무하는 여성 근로자이다. B는 다태아를 임신하여 출산전후(유산·사산)휴가를 사용하였고, 통상임금은 150만 원이다. B는 휴가 종료일 5개월 이후에 출산전후(유산·사산)휴가 급여를 신청하였다. B의 휴가가 끝난 날 이전 피보험 단위기간은 120일이다.

① 210만 원 ② 610만 원 ③ 810만 원 ④ 1,410만 원

[48~49] 다음은 정규직 전환 지원에 관한 자료이다. 이어지는 물음에 답하시오.

1. 사업목적

   기간제 근로자 등을 정규직으로 전환한 사업주에게 임금증가 보전금·간접노무비 등을 지원하여 비정규직 근로자의 처우 개선 및 고용안정 도모

2. 지원대상

   사업 참여를 승인받은 우선지원대상기업과 중견기업의 사업주로서 해당 사업장에 6개월 이상 고용되고 고용기간이 2년을 초과하지 아니한 기간제·파견·사내하도급 근로자 및 특수형태업무종사자를 정규직으로 전환 또는 직접 고용한 경우

3. 지원요건

   ① 정규직 전환 후 해당 근로자의 임금이 최저임금액 이상

   ② 정규직 전환일로부터 1개월 이상 고용 유지

   ③ 정규직 전환 후 정년까지의 기간이 2년 미만인 근로자가 아닐 것

   ④ 상시근로자 수가 5인 미만인 사업장이 아닐 것

4. 지원 제외

   - 사업주의 배우자, 4촌 이내의 혈족·인척
   - 외국인(단, 체류자격 중 거주, 영주, 결혼이민자는 지원대상에 포함)
   - 고용보험에 가입되어 있지 않은 근로자
   - 최저임금법 제5조 제2항에 따라 최저임금액 미만의 임금을 지급받기로 한 근로자

5. 지원 내용

   임금증가 보전금, 간접노무비를 최대 1년간 지원

   ※ 임금증가액 20만 원 이상: 월 50만 원(임금증가 보전금 20만 원+간접노무비 30만 원)

   ※ 임금증가액 20만 원 미만: 월 30만 원(간접노무비 30만 원)

6. 인원 한도

   기간제 근로자의 정규직 전환에 대한 지원인원은 사업 최초 참여신청서 제출일이 속한 달의 직전년도 말일을 기준으로 전체 피보험자 수의 30%(소수점 이하 버림, 5인 이상 10인 미만 사업자의 경우 3인)를 한도로 하며, 최대 100명을 초과할 수 없음

   ※ 지원금 신청년도에 설립된 신규사업장의 경우는 회사설립일로부터 고용안정장려금 지원사업 참여 신청서를 제출한 날이 속하는 달의 직전 달까지의 전체 평균 피보험자수의 30%(5인 이상 10인 미만 사업장의 경우 3인)를 한도로 하되, 최대 100명을 초과할 수 없음

   ※ 해당 사업장에 대한 누적 지원인원은 이 인원 한도를 초과할 수 없음

   ※ 파견·사내하도급 근로자 및 특수형태업무종사자를 정규직으로 전환 또는 직접 고용한 경우는 지원인원 한도 없음

48 **위 [정규직 전환 지원]에 관한 설명으로 옳지 않은 것은?**

① 임금증가액에 따라 임금증가 보전금을 지원받지 못할 수도 있다.
② 파견 근로자를 정규직으로 전환한 경우 지원인원에 제한이 없다.
③ 상시근로자 수가 5인 이상인 사업장은 지원을 받을 수 있다.
④ 고용보험에 가입되어 있지 않은 근로자는 지원대상에 포함된다.

49 **다음 [상황]의 빈칸 ㉠과 ㉡에 들어갈 숫자의 합은?**

[상황]
• 임금증가액이 25만 원인 경우 최대 (㉠)만 원을 지원받을 수 있다. • 기간제 근로자의 정규직 전환으로 인하여 최초 참여신청서 제출일이 속한 달의 직전년도 말일에 전체 피보험자 수가 146명인 경우 지원인원 한도는 (㉡)명이다.

① 403 ② 404 ③ 643 ④ 644

[50~51] 다음은 발달 장애인 주간 활동 서비스에 관한 자료이다. 이어지는 물음에 답하시오.

발달 장애인 주간 활동 서비스

1. 사업목적
   1) 발달 장애 학생에게 방과 후 활동 서비스를 제공하여 의미 있는 여가활동 및 성인기 자립준비 지원
   2) 다양한 참여 프로그램으로 방과 후 돌봄 사각지대를 해소하고, 부모의 원활한 사회·경제적 활동 지원
2. 지원 대상: 만 6세 이상 18세 미만 지적 및 자폐성 장애인
3. 지원 내용 및 지원시간
   1) 지원 내용: 이용자가 원하는 지역 내 방과 후 활동 제공기관에 등록 후 소그룹을 구성하여 방과 후 활동 서비스 이용
   2) 지원시간: 월 최대 44시간
   ※ 월~금(13~21시) 일일 최대 3시간, 토요일(9~18시), 방학기간(9~18시), 일요일·공휴일 제외
4. 지원 가격: 시간당 기준 단가는 14,800원이며, 본인 부담금 없음(단, 이용자 그룹 규모별 차등 단가 지급함)

그룹 구성인원	2인 그룹	3인 그룹	4인 그룹
시간당 기준 단가(1인)	14,800원	13,320원	11,840원

5. 신청
   1) 본인, 친족 및 기타 관계인, 사회복지전담 공무원, 지역 발달 장애인 지원센터 소속직원이 서비스 대상자의 주민등록상 주소지 읍·면·동 주민센터에서 신청 가능
   2) 제출서류

신청자 제출	• 사회보장급여(사회서비스이용권) 신청(변경)서 • 바우처 카드 발급 신청서 • 장애 정도를 확인할 수 있는 서류(공무원이 그 내용을 확인할 수 없거나 신청서 기재사항과 공부상의 내용이 다른 경우) • 장애 정도 심사 시 '심사규정'에서 정하는 서류(장애 정도 심사 대상자의 경우)
읍·면·동 주민센터에서 직접 확인	• 주민등록등본 • 장애등록 현황(장애 유형 및 장애 정도) • 수급권자 또는 「국민기초생활 보장법」상 차상위계층 여부, 건강보험 자격득실확인서

6. 기타 유의사항
   1) 온종일교실, 청소년 방과 후 아카데미, 장애인 거주시설 입소자 등 다른 복지서비스 이용자 제외
   2) 18세 이상 재학생의 경우 재학증명서 제출 시 방과 후 활동서비스 이용 가능
   3) 수급자격 유효기간은 1년이며 만 18세 도래 시까지 자동 갱신됨
   4) 만 18세 생일 전일이 포함된 당월 말일까지 바우처 사용 가능
   5) 일반 중·고등학교 및 특수학교(중·고등학교에 해당하는 학급)에 재학 중이나 만 18세가 도래하여 수급자격이 중지된 경우 읍·면·동에 재학증명서를 제출하여 수급자격 갱신됨

50 위 자료에 대한 설명으로 옳지 않은 것은?

① 신청 시 건강보험 자격득실확인서는 신청자가 직접 제출하지 않아도 된다.
② 수급자격은 1년간 유효하며, 만 18세가 되기 전까지 매년 직접 갱신해야 한다.
③ 방학기간은 9시부터 18시까지 지원하며 일요일과 공휴일은 제외된다.
④ 지역 발달 장애인 지원센터 소속직원이 대리 신청 가능하다.

51 다음 [상황]의 A~C가 5월에 발달 장애인 주간 활동 서비스를 마지막으로 받는 날은 언제인가?

[상황]

만 12세인 A~C는 모두 지적 장애인이다. A~C는 발달 장애인 주간 활동 서비스를 신청하였고, 5월부터 평일에 매일 3시간씩 그룹으로 발달 장애인 주간 활동 서비스를 받기로 하였다. A~C는 모든 지원시간을 빠르게 활용하되, 마지막 날은 3시간 이하로 서비스를 받을 계획이다.

[5월 달력]

일	월	화	수	목	금	토
1	2	3	4	5 어린이날	6	7
8	9	10	11	12	13	14
15	16	17	18	19	20	21
22	23	24	25	26	27	28
29	30	31				

① 5월 19일 ② 5월 20일 ③ 5월 23일 ④ 5월 24일

[52~53] 다음은 비만 아동 건강관리 서비스에 대한 자료이다. 이어지는 물음에 답하시오.

1. 사업목적: 경도 이상 비만 아동과 부모에게 건강교육, 운동처방 및 운동지도 등을 통해 체질 개선, 질병 예방 등 건강한 성장 지원
2. 서비스 대상: 비만 지수가 20% 이상인 만 5~12세의 비만 아동

※ 1) 비만지수=[(실측 체중－신장별 표준체중)/신장별 표준체중]×100
2) 비만지수 확인 가능한 검사 결과지(확인서) 제출 필수
3) 소득기준은 따로 없음
4) 문화체육관광부 스포츠 바우처와 중복지원 불가

3. 서비스 내용

1) 아동의 특성에 따라 적절한 운동 프로그램을 처방하고 운동지도 주 1~2회(회당 60분)
2) 필요시마다 비만 관련 건강 교육, 영양교육, 정보제공, 상담

구분	서비스 내용	서비스 횟수
필수 서비스	1. 운동 프로그램 • 운동처방: 대상아동 개인에게 알맞은 맞춤 운동처방, 필요시 프로그램 진행 도중 변경 가능 • 운동지도: 처방된 운동계획에 따라 제공인력의 직접 지도하에 정기적인 운동 실시 2. 교육 및 상담 서비스(필요에 따라 주기적 제공) • 건강 교육(비만 관련) 및 정보 제공 • 영양교육 및 정보 제공: 음식조절, 식단구성 등 • 설문조사 및 상담: 영양조사, 식사습관, 신체활동, 건강 증진행동 등 3. 기초검사(서비스 시작, 종료 시점 및 기타 필요시 제공)	—
선택 서비스 (택 1)	1. 학교 연계형(집합형) • 학교와의 연계하에 방과후 교실 형태의 운동 위주의 서비스 제공/학교 교사에 의한 바우처 결제관리 • 학교와의 연계가 어려울 경우, 별도의 시설에서 집합형태로 서비스 제공	주 2회 이상 (월 8회, 회당 60분)
	2. 가정 방문형 • 가정방문, 운동지도 및 생활습관지도 • 체육전문가 중심(20시간 이상 비만 관리 교육 이수)	주 1회 이상 (월 4회, 회당 60분)
	3. 혼합형 • 학교 연계형과 가정 방문형의 혼합 • 학교 연계형과 가정 방문형을 적절하게 혼합하여 횟수 조정	혼합 비율에 따라 횟수 조정(회당 60분)
	4. 영양관리 강화형 • 운동지도(집합 혹은 재가), 월 1회 이상 영양지도(가정방문)/영양사에 의한 영양지도 및 맞춤형 식단 제공	• 집합: 주 2회 이상 (월 8회, 회당 60분) • 재가: 주 1회 이상 (월 4회, 회당 60분)
	5. 기타 지자체 신규 개발형 • 서비스 모델 변형 또는 지자체의 자체개발 서비스 모델	서비스 제공 형태에 따라 별도 적용

52 다음 [보기]의 A~D 중 비만 아동 건강관리 서비스 대상자는?

| 보기 |

구분	나이	실측 체중	신장별 표준체중	비고
A	만 8세	32kg	25kg	—
B	만 10세	40kg	32kg	문화체육관광부 스포츠 바우처 사용 중
C	만 13세	36kg	32kg	—
D	만 9세	33kg	30kg	—

① A　② B　③ C　④ D

53 다음은 비만 아동 건강관리 서비스 담당자 A와 이용자의 부모 B의 [대화]이다. [대화]의 빈칸 ㉠에 들어갈 숫자로 옳은 것은?

[대화]

A: 안녕하세요. 비만 아동 건강관리 서비스 담당자 A라고 합니다.

B: 네, 안녕하세요.

A: 비만 아동 건강관리 서비스 이용 시 필수 서비스와 선택 서비스를 모두 이용하실 수 있습니다.

B: 네, 모집 공고를 확인하여 알고 있습니다. 선택 서비스는 혼합형으로 하되 비율은 학교 연계형 월 횟수의 50%, 가정 방문형 월 횟수의 50%로 진행하고 싶습니다.

A: 네, 알겠습니다. 그렇다면 학교 연계형 월 횟수의 50%, 가정 방문형 월 횟수의 50%로 진행하도록 하겠습니다. 또한 비만 아동 건강관리 서비스를 처음 이용하셔서 기초검사와 교육 및 상담 서비스로 각각 1회, 운동 프로그램으로 1회 진행하여, 이번 달에 총 (㉠)분이 진행될 예정입니다.

B: 네, 알겠습니다.

① 480　② 500　③ 520　④ 540

[54~55] 다음은 숙련기술 장려를 위한 지원에 관한 자료이다. 이를 읽고 이어지는 물음에 답하시오.

1. 사업 목적

숙련기술 장려 활성화로 숙련기술자의 경제적·사회적 지위향상을 도모하고, 우수숙련기술인이 존중받는 능력 위주의 사회 풍토를 조성

2. 사업 내용

우수숙련기술인 선정: 훈련기술의 중요성을 알리고, 숙련기술인에게는 자부심을 고취시키기 위해 매년 대한민국 명장 등 선정 및 홍보

구분	인원(년)	선정대상	지원내용
대한민국 명장	30명 이내	1) 대통령령으로 정하는 직종에 15년 이상 종사한 사람 2) 최고의 숙련기술을 보유한 사람으로서 숙련기술 발전 등에 기여한 사람 ※ 1), 2) 중 하나에 해당하는 자	• 일시장려금 20백만 원 • 계속종사장려금 지급 • 증서 및 명장패 수여 등 • 정기근로감독 3년 면제 (1명 이상 선정된 중소기업)
우수숙련기술자	100명 이내	1) 고용노동부장관이 정하는 생산업무 분야에 7년 이상 종사한 사람 2) 숙련기술을 보유한 사람 ※ 1), 2) 중 하나에 해당하는 자	• 일시장려금 2백만 원 • 증서 수여 • 정기근로감독 3년 면제 (2명 이상 선정된 중소기업)
숙련기술전수자	10명 이내	대통령령으로 정하는 분야에서 15년 이상 종사한 숙련기술자로서 숙련기술을 전수하려는 사람	• 숙련기술전수지원금 • 증서 수여
숙련기술 장려 모범 사례	5개 업체 이내	숙련기술 장려를 위해 임금체계 개편 · 직무재설계, 인사제도 개선, 학습조직 구축 등의 사업을 하는 사업체	• 현판 수여 • 정기근로감독 3년 면제
이달의 기능한국인	12명 이내	직업계 고등학교 등 졸업 후 산업현장에서 10년 이상 종사하고 사회적으로도 성공한 CEO로서 숙련기술 향상에 기여한 사람	증서, 휘장, 흉상패, 현판 등 수여

54 위 자료에 대한 설명으로 옳지 않은 것은?

① 숙련기술 장려 모범 사례를 제외하고 연 최대 154명에게 지원한다.

② 대한민국 명장을 위한 일시장려금으로 지급되는 총액은 연 최대 6억 원이다.

③ 고용노동부장관이 정하는 생산업무 분야에서 7년 이상 종사한 사람은 우수숙련기술자 선정 대상이다.

④ 숙련기술 장려 모범 사례에 해당하는 경우 정기근로감독이 3년 면제된다.

55 다음 [보기]의 A~D 중 숙련기술 장려를 위한 지원 선정대상에 해당하지 않는 사람 및 업체는?

| 보기 |

- A: 숙련기술을 보유한 자로 고용노동부장관이 정하는 생산업무 분야에 3년 종사한 자
- B: 직업계 고등학교 졸업 후 산업현장에서 15년 종사하고 사회적으로도 성공한 CEO로서 숙련기술 향상에 기여한 자
- C: 대통령령으로 정하는 직종에 18년간 종사한 자
- D: 업체 발전을 위해 인사제도를 개선한 사업체

① A　　② B　　③ C　　④ D

[56~57] 다음은 발달장애인 부모상담지원사업에 관한 자료이다. 이어지는 물음에 답하시오.

1. 발달장애인 부모상담지원사업: 발달장애인 부모에게 발달장애인의 양육과 부양에 따른 심리적 부담 완화 및 가족기능 향상 도모를 위한 전문 심리상담을 지원

2. 지원대상: 지적·자폐성 장애인으로 등록된 자녀의 부모 및 보호자를 지원
   ※ 지적장애 또는 자폐성 장애를 부장애로 가진 경우도 포함
   ※ 발달장애인 자녀의 부모 동시 지원 가능
   ※ 우선적으로 부모를 지원하는 것이 원칙이나, 발달장애인과 거주를 같이하면서 부모를 대신하여 발달장애인을 돌보는 보호자(2촌 이내)도 이용 가능

3. 선정기준: 지원대상 선정 기타 요건은 다음과 같음
   - 자녀가 영유아(만 6세 미만)인 경우, 장애등록이 되어 있지 않더라도 발달장애(지적·자폐성)가 의심된다는 발달재활서비스 의뢰서 또는 최근 6개월 이내 발행된 의사소견서(진단서)로 대체 가능
   - 연령은 신청일을 기준으로 판정하되 대상자로 선정된 후 사업기간 중 만 6세 도래 시에는 만 6세가 되는 달까지 지원

4. 지원 제외 대상자
   - 다른 법령(또는 국가 예산)에 따라 발달장애인 부모상담지원사업과 유사한 서비스를 받고 있는 자
   - 장애 등록한 재외동포를 포함한 외국인

5. 서비스 내용
   - 발달장애인 부모 및 보호자에게 개별·집단 상담을 제공
   - 대상자 1인당 기본 12개월간 지원
   - 대상자는 서비스 제공기관과 서비스 제공(이용) 계획 수립을 통해 이용 기간을 결정할 수 있음
   - 대상자와 서비스 제공인력 상담 실시
   - 심리·정서 검사를 통한 욕구 확인 선행
   - 서비스 이용자에게 서비스 지원 연장이 필요하다고 판단되는 경우 1회(최대 12개월)에 한하여 지원 연장 가능
     ※ 단, 대상자의 요청, 상담사 의견, 심리·정서 검사 등 확인 절차 필요하며, 서비스종료 전에 신청해야 함
   - 지원 대상자로 선정되어 서비스를 제공받은 후, 서비스가 종료된 자는 종료일로부터 2년간 서비스 재이용이 불가능함
     ※ 단, 연장 이용하지 않은 자 중 지자체의 판단에 따라 예외적으로 필요한 경우에 한하여 종료일로부터 2년 이후 1회(최대 12개월) 재이용 가능
   - 지원 대상자로 선정된 후 정당한 사유 없이 2개월 이상 연속 사용하지 않은 경우, 시·군·구청장은 대상자에게 사전 안내 후 중지 가능
   - 사전 안내를 받은 지원 대상자가 정당한 사유를 증명하기 위해서는 소명자료를 첨부하여 결과를 통지받은 날로부터 60일 이내에 이의신청서를 작성하여 읍·면·동 주민센터 및 시·군·구청에 제출해야 함
   - 서비스 중지 대상자도 중지일로부터 2년간 서비스 재이용이 불가함

56 **위 자료에 대한 설명으로 옳지 않은 것은?**

① 정당한 사유 없이 2개월 이상 연속 사용하지 않은 경우 시·군·구청장이 지원 중지 후 정지를 안내한다.

② 대상자 1인당 기본적으로 12개월을 지원한다.

③ 장애등록이 되어 있지 않았으나 발달장애가 의심되는 경우 최근 6개월 이내에 발행한 의사 소견서를 대체하여 신청할 수 있다.

④ 국가예산으로 진행하는 발달장애인 부모상담지원과 유사한 서비스는 발달장애인 부모상담 지원사업과 중복지원되지 않는다.

57 **다음 [상황]의 A가 발달장애인 부모상담지원사업을 지원받는 기간은 총 몇 개월인가?**

[상황]

A의 자녀는 지적 장애인으로 2018년 4월 9일 생이다. A는 발달장애인 부모상담지원사업에 2020년 7월 1일에 신청하였다. 서비스 종료 후 A는 지자체의 판단에 따라 예외적으로 서비스가 필요한 경우로 인정받았다.

① 21개월 ② 22개월 ③ 23개월 ④ 24개월

[58~60] 다음은 사업자등록번호 부여 방법이다. 이어지는 물음에 답하시오.

> 사업자등록번호 부여 방법
>
> 1. 자동 부여 일련번호코드: 첫 번째, 두 번째, 세 번째 숫자
>   101~999까지의 숫자 중 사용 가능한 번호를 순차적으로 부여
>   ※ 번호가 순서대로 부여되지 않을 수 있음
> 2. 개인법인구분코드: 네 번째, 다섯 번째 숫자
>   - 개인 과세사업자: 01~79까지의 숫자 중 번호 부여
>   - 개인 면세사업자: 90~99까지의 숫자 중 번호 부여
>   - 종교단체: 89 부여
>   - 아파트관리사무소, 기타 개인단체, 다단계판매원: 80 부여
>   - 영리법인 본점: 81, 86, 87, 88 부여
>   - 영리법인 지점: 85 부여
>   - 비영리법인의 본점·지점: 82 부여
>   - 국가/지방단체: 83 부여
>   - 외국 법인의 본점·지점, 연락사무소: 84 부여
> 3. 등록·지정 순서 구분 일련번호코드: 여섯 번째, 일곱 번째, 여덟 번째, 아홉 번째 숫자
>   과세사업자, 면세사업자, 기타 사업자별로 등록일자 또는 지정일자 순으로 0001~9999 부여
>   ※과세사업자, 면세사업자가 아닌 경우 모두 기타 사업자로 구분한다.
> 4. 검증코드: 열 번째 숫자
>   오류를 검증하기 위한 검증코드로, 검증코드를 제외한 9개 숫자를 모두 더한 값이 3으로 나누어떨어지면 1, 아니면 0을 부여

58 **다음 [상황]의 A가 부여받은 사업자등록번호로 가능한 것은?**

> [상황]
>
> A는 개인 과세사업자로, 과세사업자 중 100번째로 번호를 부여받았다.

① 1017901001
② 3128901001
③ 4577903000
④ 8527901000

59 **사업자등록번호 '5458637840' 중 변경할 수 있는 개인법인구분코드로 옳은 것은? (단, 검증코드는 변경하지 않는다)**

① 81 ② 85 ③ 87 ④ 88

60 **사업자등록번호 '8728367110'에 대한 설명으로 옳지 않은 것은?**

① 기타 사업자 중 6,711번째로 지정 또는 등록하였다.
② 국가/지방단체이다.
③ 872번째로 부여받은 사업자등록번호이다.
④ 검증코드는 옳다.

실전모의고사 4회
법률 - 노인장기요양보험법

01 **장기요양기본계획에 포함되어야 하는 사항으로 옳은 것을 [보기]에서 모두 고르면?**

| 보기 |

ㄱ. 장기요양인정에 관한 사항
ㄴ. 장기요양요원의 처우에 관한 사항
ㄷ. 연도별 장기요양급여 대상인원 및 재원조달 계획
ㄹ. 연도별 장기요양기관 및 장기요양전문인력 관리 방안
ㅁ. 수급자의 규모, 그 급여의 수준 및 만족도에 관한 사항

① ㄴ, ㅁ　② ㄱ, ㄷ, ㄹ　③ ㄴ, ㄷ, ㄹ　④ ㄱ, ㄴ, ㄷ, ㅁ

02 **장기요양보험료에 대한 설명으로 옳지 않은 것은?**

① 공단은 장기요양보험료와 건강보험료를 통합하여 고지하고 징수하여야 하나, 징수한 장기요양보험료와 건강보험료를 각각의 독립회계로 관리하여야 한다.
② 장기요양보험의 특성을 고려하여 「국민건강보험법」에 따라 경감 또는 면제되는 비용을 달리 적용할 필요가 있는 경우에는 경감 또는 면제되는 비용의 공제 수준을 달리 정할 수 있다.
③ 장애인 또는 이와 유사한 자로서 대통령령으로 정하는 자가 장기요양보험가입자 또는 그 피부양자인 경우 수급자로 결정되지 못한 때 장기요양보험료의 전부 또는 일부를 감면할 수 있다.
④ 장기요양보험료는 「국민건강보험법」에 따라 산정한 보험료액에서 같은 법에 따라 경감 또는 면제되는 비용을 공제한 금액에 건강보험료율 대비 장기요양보험료율의 비율을 곱하여 산정한 금액으로 한다.

03 **다음은 공단 직원 갑과 민원인 을의 [대화]이다. [대화]의 밑줄 친 ㉠~㉣ 중 옳지 않은 것을 모두 고르면?**

[대화]

- 갑: 안녕하세요. 무엇을 도와드릴까요?
- 을: 장기요양인정 신청을 하려면 의사소견서가 필요하다고 들었는데요. 한의사에게 발급받은 소견서도 괜찮은가요?
- 갑: ㉠ 네, 의사가 발급하는 소견서, 한의사가 발급하는 소견서 모두 가능합니다.
- 을: 그렇다면 의사소견서는 언제 제출하면 되나요?
- 갑: ㉡ 장기요양인정신청서를 제출하실 때 첨부하셔야 하며, 그 뒤로는 제출이 불가능합니다.
- 을: 그래요? 그런데 거동이 많이 불편해서 의료기관을 방문하기가 힘든데요. 이 경우에도 반드시 제출해야 하나요?
- 갑: ㉢ 그렇지 않습니다. 거동이 현저하게 불편하시거나 도서·벽지 지역에 거주하셔서 의료기관을 방문하기 어려우시다면 의사소견서를 제출하시지 않을 수도 있습니다.
- 을: 신청서를 제출하면 공단 직원이 찾아와서 조사를 한다던데, 어떤 점들을 조사하는 것인가요?
- 갑: ㉣ 신청인의 심신상태, 신청인에게 필요한 장기요양급여의 종류 및 내용, 그 밖에 장기요양에 관하여 필요한 사항으로서 보건복지부령으로 정하는 사항을 조사합니다.
- 을: 그렇군요. 안내해 주셔서 감사합니다.

① ㉡　　② ㉠, ㉢　　③ ㉡, ㉣　　④ ㉠, ㉢, ㉣

04 **장기요양 등급판정에 대한 설명으로 옳지 않은 것은?**

① 장기요양인정 신청인은 장기요양인정에 대한 조사가 완료된 때 조사결과서, 신청서, 의사소견서 등 심의에 필요한 자료를 등급판정위원회에 제출하여야 한다.

② 등급판정위원회는 신청인이 신청자격요건을 충족하고 6개월 이상 동안 혼자서 일상생활을 수행하기 어렵다고 인정하는 경우 등급판정기준에 따라 수급자로 판정한다.

③ 공단은 장기요양급여를 받고 있는 자가 부정한 방법으로 장기요양인정을 받은 것으로 의심되는 경우 장기요양인정 신청 시 조사했던 사항을 다시 조사하여 그 결과를 등급판정위원회에 제출하여야 한다.

④ 등급판정위원회는 신청인이 신청서를 제출한 날부터 30일 이내에 등급판정을 완료하여야 하지만, 기간 이내에 완료할 수 없는 부득이한 사유가 있는 경우 30일 이내의 범위에서 이를 연장할 수 있다.

05 **공단이 장기요양인정서를 작성할 경우 장기요양급여의 종류 및 내용을 정하는 때 고려하여야 할 사항으로 옳은 것을 [보기]에서 모두 고르면 총 몇 개인가?**

| 보기 |

ㄱ. 수급자와 그 가족의 욕구 및 선택
ㄴ. 수급자의 장기요양등급 및 생활환경
ㄷ. 해당 지역의 노인인구수 및 장기요양급여 수요 등 지역 특성
ㄹ. 시설급여를 제공하는 경우 장기요양기관이 운영하는 시설 현황
ㅁ. 시설급여를 제공하는 경우 장기요양기관이 운영과 관련된 법에 따라 받은 행정처분의 내용

① 2개 ② 3개 ③ 4개 ④ 5개

06 **장기요양인정 신청 등을 대리할 수 있는 사람으로 적절한 것을 [보기]에서 모두 고르면?**

| 보기 |

- 갑: 85세의 노모를 모시고 사는 주부로, 어머니가 거동이 불편하여 장기요양등급의 변경신청을 직접 할 수 없게 되자, 그 신청을 대리하려고 한다.
- 을: A지역을 관할하는 사회복지전담공무원으로, A지역에 거주하는 주민이 정신질환으로 장기요양인정의 신청을 직접 할 수 없다는 이웃의 이야기를 듣고, 직권으로 그 신청을 대리하려고 한다.
- 병: B지역을 관할하는 치매안심센터의 상담원으로, B지역에 거주하는 치매환자가 장기요양인정의 갱신신청을 직접 할 수 없다고 하자, 그 치매환자 가족의 동의를 받아 그 신청을 대리하려고 한다.
- 정: C지역을 관할하는 사회복지전담공무원으로, D지역에 거주하는 자신의 아버지가 뇌혈관성질환으로 장기요양인정의 갱신신청을 직접 할 수 없게 되자, 아버지의 동의 없이 자신이 그 신청을 대리하려고 한다.
- 무: 서울특별시 E구에서 병원을 운영하고 있는 의사로, E구 구청장의 지정을 받아 신체적 이유로 장기요양인정의 신청을 직접 할 수 없는 데다가 연락이 닿는 가족이나 친족, 그 밖의 이해관계인조차 없어 신청을 하지 못하고 있는 E구 거주 환자의 신청을 대리하려고 한다.

① 갑 ② 갑, 을, 병 ③ 갑, 정, 무 ④ 을, 병, 정, 무

07 장기요양급여의 종류에 대한 설명으로 옳지 않은 것은?

① 방문요양은 장기요양요원이 수급자의 가정 등을 방문하여 신체활동 및 가사활동 등을 지원하는 장기요양급여이다.

② 시설급여는 장기요양기관에 장기간 입소한 수급자에게 신체활동 지원 및 심신기능의 유지·향상을 위한 교육·훈련 등을 제공하는 장기요양급여이다.

③ 주·야간보호는 장기요양요원이 하루 중 일정한 시간 동안 수급자의 가정 등을 방문하여 신체활동 지원 및 심신기능의 유지·향상을 위한 교육·훈련 등을 제공하는 장기요양급여이다.

④ 기타재가급여는 수급자의 일상생활·신체활동 지원 및 인지기능의 유지·향상에 필요한 용구(소프트웨어 포함)를 제공하거나 가정을 방문하여 재활에 관한 지원 등을 제공하는 장기요양급여로서 대통령령으로 정하는 것이다.

08 다음 조문의 빈칸 ㉠~㉢에 들어갈 용어를 옳게 짝지은 것은?

> 제27조(장기요양급여의 제공) ① 수급자는 제17조 제1항에 따른 (㉠)와 같은 조 제3항에 따른 (㉡)가 도달한 날부터 장기요양급여를 받을 수 있다.
>
> ② 제1항에도 불구하고 수급자는 돌볼 가족이 없는 경우 등 대통령령으로 정하는 사유가 있는 경우 신청서를 제출한 날부터 (㉠)가 도달되는 날까지의 기간 중에도 장기요양급여를 받을 수 있다.
>
> ③ 수급자는 장기요양급여를 받으려면 장기요양기관에 (㉠)와 (㉡)를 제시하여야 한다. 다만, 수급자가 (㉠) 및 (㉡)를 제시하지 못하는 경우 장기요양기관은 공단에 전화나 인터넷 등을 통하여 그 자격 등을 확인할 수 있다.
>
> ④ 장기요양기관은 제3항에 따라 수급자가 제시한 (㉠)와 (㉡)를 바탕으로 (㉢)를 작성하고 수급자의 동의를 받아 그 내용을 공단에 통보하여야 한다.

	㉠	㉡	㉢
①	장기요양인정서	개인별장기요양이용계획서	장기요양급여 제공 계획서
②	장기요양인정서	장기요양급여 제공 계획서	개인별장기요양이용계획서
③	개인별장기요양이용계획서	장기요양인정서	장기요양급여 제공 계획서
④	장기요양급여 제공 계획서	개인별장기요양이용계획서	장기요양인정서

09 「노인장기요양보험법」상 급여외행위를 [보기]에서 모두 고른 것은?

| 보기 |

ㄱ. 수급자만을 위한 행위
ㄴ. 수급자의 가족만을 위한 행위
ㄷ. 수급자의 생업을 지원하는 행위
ㄹ. 수급자 가족의 일상생활에 지장이 없는 행위

① ㄱ, ㄴ　② ㄱ, ㄹ　③ ㄴ, ㄷ　④ ㄷ, ㄹ

10 「노인장기요양보험법」상 인권교육에 대한 설명으로 옳은 것은?

① 보건복지부장관은 지정을 받은 인권교육기관이 부정한 방법으로 지정을 받은 경우 업무정지를 명할 수 있다.
② 인권교육의 대상·내용·방법, 인권교육기관의 지정, 인권교육기관의 지정취소·업무정지 처분의 기준 등에 필요한 사항은 대통령령으로 정한다.
③ 장기요양기관 중 대통령령으로 정하는 기관을 운영하는 자는 해당 기관을 이용하고 있는 장기요양급여 수급자에게 인권교육을 실시하여야 한다.
④ 보건복지부장관으로부터 지정을 받은 인권교육기관은 보건복지부장관의 승인을 받아 인권교육에 필요한 비용을 교육대상자로부터 징수할 수 있다.

11 **장기요양기관의 폐업, 휴업, 지정 갱신 등에 관한 설명으로 옳은 것을 [보기]에서 모두 고르면?**

| 보기 |

ㄱ. 장기요양기관 A를 2023년 12월 31일에 폐업하고자 하는 경우 A의 장은 2023년 12월 1일까지 이를 특별자치시장·특별자치도지사·시장·군수·구청장에게 신고하여야 한다.

ㄴ. 장기요양기관 B를 2023년 11월 15일부터 휴업하고자 하는 경우 B의 장은 2023년 10월 16일까지 이를 특별자치시장·특별자치도지사·시장·군수·구청장에게 신고하여야 한다.

ㄷ. 지정 유효기간이 2023년 12월 10일인 장기요양기관 C가 2023년 9월 11일까지 지정 갱신 신청을 하지 않는다면 특별자치시장·특별자치도지사·시장·군수·구청장은 이 사실을 공단에 통보하여야 한다.

ㄹ. 지정 유효기간이 2024년 1월 31일인 장기요양기관 D가 지정 유효기간이 끝난 후에도 계속하여 그 지정을 유지하려는 경우 D의 장은 2023년 11월 2일까지 특별자치시장·특별자치도지사·시장·군수·구청장에게 지정 갱신을 신청하여야 한다.

① ㄱ ② ㄴ, ㄷ ③ ㄷ, ㄹ ④ ㄱ, ㄴ, ㄹ

12 **다음 [사례]에서 관할 지방자치단체장이 A에 내릴 수 있는 행정처분으로 옳은 것은?**

[사례]

갑이 운영하고 있는 장기요양기관 A의 직원 을은 수급자 병에게 폭언을 하여 병의 정신건강에 상당한 해를 끼쳤다. 을은 이전에도 종종 수급자들에게 과격한 언어를 사용하여 수급자들의 불만이 있었지만, 갑은 이 문제를 해결하기 위해 주의를 기울이거나 감독을 하는 등의 노력을 전혀 보이지 않았다. 결국 이러한 사실이 적발되어 A는 6개월의 업무정지 명령을 받게 되었다. 그런데 A는 이 업무정지 기간 중 개인적으로 부탁을 한 일부 수급자들에게 장기요양급여를 제공하였다.

① 6개월 범위의 업무정지
② 장기요양기관 지정 취소
③ 2억 원 이하의 과징금 부과
④ 장기요양급여비용의 일부 감액

13 「노인장기요양보험법」상 과징금을 부과할 수 있는 경우로 옳지 않은 것은?

① 장기요양기관이 지정기준에 적합하지 않아 업무정지명령을 하려고 하나 그 업무정지가 해당 장기요양기관을 이용하는 수급자에게 심한 불편을 줄 우려가 있는 경우

② 장기요양기관이 정당한 사유 없이 장기요양급여를 거부하여 업무정지명령을 하려고 하나 그 업무정지에 대해 보건복지부장관이 정하는 특별한 사유가 있다고 인정되는 경우

③ 장기요양기관이 영리를 목적으로 수급자의 본인부담금을 면제하여 업무정지명령을 하려고 하나 그 업무정지에 대해 보건복지부장관이 정하는 특별한 사유가 있다고 인정되는 경우

④ 장기요양기관 종사자가 수급자에게 성적 수치심을 주는 성희롱 행위로서 보건복지부령으로 정하는 경우에 해당하는 행위를 하여 업무정지명령을 하려고 하나 그 업무정지가 해당 장기요양기관을 이용하는 수급자에게 심한 불편을 줄 우려가 있는 경우

14 다음 [사례]에 대한 설명으로 옳지 않은 것을 [보기]에서 모두 고르면?

> [사례]
>
> 장기요양기관 A를 운영하고 있는 갑은 을에게 A를 양도하고자 한다. A는 장기요양급여를 거부하였다는 이유로 3개월 전 행정제재처분을 받은 이력이 있으며, 현재 을은 이 사실을 모르고 있다.

| 보기 |

ㄱ. 갑은 행정제재처분을 받은 사실을 행정제재처분의 절차가 종료되기 전까지 을에게 알려야 한다.

ㄴ. 갑이 을에게 행정제재처분에 관한 사실을 알리고 을이 A를 양수하는 경우, 행정제재처분의 효과는 을에게 승계된다.

ㄷ. 을이 행정제재처분에 관한 사실을 모른 채 A를 양수하고, 양수 시 이를 알지 못하였음을 증명하는 경우, 행정제재처분의 효과는 을에게 승계되지 않는다.

① ㄱ ② ㄱ, ㄴ ③ ㄴ, ㄷ ④ ㄱ, ㄴ, ㄷ

15 **재가 및 시설 급여비용의 청구 및 지급에 대한 설명으로 옳지 않은 것을 [보기]에서 모두 고르면?**

| 보기 |

ㄱ. 공단은 장기요양기관의 장기요양급여평가 결과에 따라 장기요양급여비용을 가산하여 지급할 수는 있지만 감액하여 지급할 수는 없다.
ㄴ. 공단은 장기요양기관으로부터 재가 또는 시설 급여비용의 청구를 받은 경우 이를 심사하여 그 내용을 장기요양기관과 수급자에게 통보하여야 한다.
ㄷ. 장기요양기관은 지급받은 장기요양급여비용 중 보건복지부장관이 정하여 고시하는 비율에 따라 그 일부를 장기요양요원에 대한 인건비로 지출하여야 한다.
ㄹ. 공단은 장기요양급여비용을 심사한 결과 수급자가 이미 낸 본인부담금이 심사에 따라 통보한 본인부담금보다 더 많으면 두 금액 간의 차액을 장기요양기관에 지급할 금액에서 공제하여 수급자에게 지급하여야 한다.

① ㄱ, ㄴ　② ㄱ, ㄷ　③ ㄴ, ㄹ　④ ㄷ, ㄹ

16 **국민건강보험공단이 장기요양급여 또는 장기요양급여비용에 상당하는 금액을 징수하는 경우로 옳은 것을 [보기]에서 모두 고르면?**

| 보기 |

ㄱ. 월 한도액 범위를 초과하여 장기요양급여를 받은 경우
ㄴ. 부정한 방법으로 재가 및 시설 급여비용을 청구하여 이를 지급받은 경우
ㄷ. 거짓으로 다른 사람으로 하여금 장기요양급여를 받게 한 자가 장기요양급여를 받은 경우
ㄹ. 장기요양급여를 받은 자가 고의로 사고를 발생시켜 장기요양인정을 받은 것으로 의심되어 재조사한 결과 고의로 사고를 발생시킨 것이 맞는 것으로 확인된 경우

① ㄱ, ㄴ　② ㄴ, ㄷ　③ ㄱ, ㄴ, ㄹ　④ ㄱ, ㄷ, ㄹ

17 **장기요양사업과 관련하여 공단의 정관에 포함·기재하여야 하는 사항으로 옳은 것을 [보기]에서 모두 고르면?**

| 보기 |

ㄱ. 장기요양급여
ㄴ. 장기요양보험료
ㄷ. 장기요양사업에 관한 조사·연구 및 홍보
ㄹ. 장기요양사업과 관련하여 보건복지부장관이 위탁한 업무
ㅁ. 장기요양보험가입자 및 그 피부양자와 의료급여수급권자의 자격관리

① ㄱ, ㄴ ② ㄱ, ㄴ, ㄷ ③ ㄷ, ㄹ, ㅁ ④ ㄱ, ㄴ, ㄹ, ㅁ

18 **장기요양등급판정위원회에 대한 설명으로 옳지 않은 것을 [보기]에서 모두 고르면?**

| 보기 |

ㄱ. 위원장 1인을 포함하여 20인의 위원으로 구성한다.
ㄴ. 회의는 구성원 과반수의 출석으로 개의하고 출석위원 과반수의 찬성으로 의결한다.
ㄷ. 위원의 임기는 3년으로 하되 한 차례만 연임할 수 있으며, 공무원인 위원의 임기는 재임기간으로 한다.
ㄹ. 「노인장기요양보험법」에 정한 것 외에 위원회의 구성·운영, 그 밖에 필요한 사항은 보건복지부령으로 정한다.

① ㄱ, ㄴ ② ㄱ, ㄹ ③ ㄴ, ㄷ ④ ㄷ, ㄹ

19 **「노인장기요양보험법」상 심사청구 및 재심사청구에 대한 설명으로 옳지 않은 것은?**

① 장기요양인정, 장기요양등급, 장기요양급여 등 공단의 처분에 이의가 있는 자는 공단에 심사청구를 할 수 있다.

② 심사청구에 대한 결정에 불복하는 사람은 그 결정통지를 받은 날부터 90일 이내에 장기요양심사위원회에 재심사를 청구할 수 있다.

③ 심사청구는 원칙상 그 처분이 있음을 안 날부터 90일 이내에 문서로 하여야 하며, 처분이 있은 날부터 180일을 경과하면 이를 제기하지 못한다.

④ 공단의 처분에 이의가 있는 자와 심사청구 또는 재심사청구에 대한 결정에 불복하는 자는 「행정소송법」으로 정하는 바에 따라 행정소송을 제기할 수 있다.

20 **다음 [보기]의 A~C가 벌칙에 처해진다고 할 때, 그 처벌이 가장 가벼운 자부터 순서대로 나열한 것은?**

| 보기 |

- 부정한 방법으로 장기요양급여비용을 청구한 장기요양기관 종사자 A
- 장기요양기관으로부터 알선비를 받기로 약속하고 수급자를 장기요양기관에 알선해 준 브로커 B
- 보건복지부장관으로부터 장기요양급여에 관련된 자료를 제출하도록 명령을 받고 거짓으로 자료를 제출한 의료기관 대표자 C

① A, B, C　② B, C, A　③ C, A, B　④ C, B, A

※ 본 답안지는 실제와 다를 수 있습니다.

자름선

혼JOB 국민건강보험공단 봉투모의고사 OMR 답안지

성명(4자까지만 표기)

초성	중성	종성
ㄱ	ㅏ	ㄱ
ㄴ	ㅑ	ㄴ
ㄷ	ㅓ	ㄷ
ㄹ	ㅕ	ㄹ
ㅁ	ㅗ	ㅁ
ㅂ	ㅛ	ㅂ
ㅅ	ㅜ	ㅅ
ㅇ	ㅠ	ㅇ
ㅈ	ㅡ	ㅈ
ㅊ	ㅣ	ㅊ
ㅋ	ㅐ	ㅋ
ㅌ	ㅒ	ㅌ
ㅍ	ㅔ	ㅍ
ㅎ	ㅖ	ㅎ
ㄲ	ㅘ	ㄲ
ㄸ	ㅙ	ㄶ
ㅃ	ㅚ	ㄺ
ㅆ	ㅝ	ㄻ
ㅉ	ㅞ	ㄼ
	ㅟ	ㅀ
	ㅢ	

(×4 글자 칸)

수험번호(8자리)

⓪	⓪	⓪	⓪	⓪	⓪	⓪	⓪
①	①	①	①	①	①	①	①
②	②	②	②	②	②	②	②
③	③	③	③	③	③	③	③
④	④	④	④	④	④	④	④
⑤	⑤	⑤	⑤	⑤	⑤	⑤	⑤
⑥	⑥	⑥	⑥	⑥	⑥	⑥	⑥
⑦	⑦	⑦	⑦	⑦	⑦	⑦	⑦
⑧	⑧	⑧	⑧	⑧	⑧	⑧	⑧
⑨	⑨	⑨	⑨	⑨	⑨	⑨	⑨

생년월일(연도/월/일)

⓪	⓪	⓪	⓪	⓪	⓪
①	①	①	①	①	①
②	②	②	②	②	②
③	③	③	③	③	③
④	④	④	④	④	④
⑤	⑤	⑤	⑤	⑤	⑤
⑥	⑥	⑥	⑥	⑥	⑥
⑦	⑦	⑦	⑦	⑦	⑦
⑧	⑧	⑧	⑧	⑧	⑧
⑨	⑨	⑨	⑨	⑨	⑨

번호	답	번호	답	번호	답	번호	답
01	① ② ③ ④	21	① ② ③ ④	41	① ② ③ ④	01	① ② ③ ④
02	① ② ③ ④	22	① ② ③ ④	42	① ② ③ ④	02	① ② ③ ④
03	① ② ③ ④	23	① ② ③ ④	43	① ② ③ ④	03	① ② ③ ④
04	① ② ③ ④	24	① ② ③ ④	44	① ② ③ ④	04	① ② ③ ④
05	① ② ③ ④	25	① ② ③ ④	45	① ② ③ ④	05	① ② ③ ④
06	① ② ③ ④	26	① ② ③ ④	46	① ② ③ ④	06	① ② ③ ④
07	① ② ③ ④	27	① ② ③ ④	47	① ② ③ ④	07	① ② ③ ④
08	① ② ③ ④	28	① ② ③ ④	48	① ② ③ ④	08	① ② ③ ④
09	① ② ③ ④	29	① ② ③ ④	49	① ② ③ ④	09	① ② ③ ④
10	① ② ③ ④	30	① ② ③ ④	50	① ② ③ ④	10	① ② ③ ④
11	① ② ③ ④	31	① ② ③ ④	51	① ② ③ ④	11	① ② ③ ④
12	① ② ③ ④	32	① ② ③ ④	52	① ② ③ ④	12	① ② ③ ④
13	① ② ③ ④	33	① ② ③ ④	53	① ② ③ ④	13	① ② ③ ④
14	① ② ③ ④	34	① ② ③ ④	54	① ② ③ ④	14	① ② ③ ④
15	① ② ③ ④	35	① ② ③ ④	55	① ② ③ ④	15	① ② ③ ④
16	① ② ③ ④	36	① ② ③ ④	56	① ② ③ ④	16	① ② ③ ④
17	① ② ③ ④	37	① ② ③ ④	57	① ② ③ ④	17	① ② ③ ④
18	① ② ③ ④	38	① ② ③ ④	58	① ② ③ ④	18	① ② ③ ④
19	① ② ③ ④	39	① ② ③ ④	59	① ② ③ ④	19	① ② ③ ④
20	① ② ③ ④	40	① ② ③ ④	60	① ② ③ ④	20	① ② ③ ④

감독자 확인란	

개정 2판 1쇄 2025년 3월 6일

나만의 성장 엔진

www.honjob.co.kr

혼JOB

자소서 / 면접 / NCS · PSAT / 전공필기 / 금융논술 / 시사상식 / 자격증

최 신 개 정 판

혼JOB 국민건강보험공단 NCS + 법률 봉투모의고사

정답 및 해설

정답 및 해설 - 기출복원 하프 모의고사

NCS 직업기초능력

정답표

01	02	03	04	05	06	07	08	09	10
②	③	③	③	③	②	④	④	②	③
11	**12**	**13**	**14**	**15**	**16**	**17**	**18**	**19**	**20**
①	③	②	②	③	③	②	③	②	②
21	**22**	**23**	**24**	**25**	**26**	**27**	**28**	**29**	**30**
④	②	②	①	④	②	③	①	②	④

01

정답 ②

① (X) 건강보험 본인확인 의무화 시행 시 본인확인이 가능한 수단을 안내하고 있으나, 이는 보도자료의 주된 작성 목적이 아닌 건강보험 본인확인 의무화 제도 시행과 관련한 구체적인 설명이다.

② (O) 보도자료는 건강보험 본인확인 의무화 제도의 시행을 알리는 데 목적이 있으므로 '병·의원 이용 시 건강보험 악용 사례를 막고자 개정된 「국민건강보험법」의 시행을 안내하기 위함'이 보도자료의 작성 목적이다.

③ (X) 건강보험 본인확인 의무화 제도를 시행하게 된 추진 배경이다.

④ (X) 건강보험 자격을 도용한 경우 받게 될 처벌 내용을 구체적으로 안내하고 있다.

02

정답 ③

① (X) 19세 미만 사람에게 요양급여를 실시하는경우 기존과 같이 주민등록번호 등을 제시하여 진료를 받을 수 있다고 하였다.

② (X) 각종 자격증은 전자신분증에 해당하지 않는다고 하였으므로 국가 공인 자격증이라도 신분증을 대신할 수 없다.

③ (O) 본인확인을 하기 어려운 정당한 사유가 있는 경우에는 본인확인을 하지 않을 수 있다고 하였다.

④ (X) 신분증 사본(캡처, 사진 등)은 전자신분증에 해당하지 않으므로 사용이 불가하다고 하였다.

03

정답 ③

① (X) 의료급여수급권자와 건강보험 차상위 계층은 본인부담금이 없다고 하였다.

② (X) 충치치료, 치아홈메우기, 방사선 촬영 등 선택진료 항목의 비용은 본인이 부담해야 한다고 하였다.

③ (O) 서비스 대상은 2024년 7월 1일부터 1·4학년으로 확대되고, 2025년에는 1·2·4·5학년으로 확대된다고 하였다. 2024년에 3학년인 아동은 2025년에는 4학년이 되므로 2025년에는 아동치과주치의 건강보험 시범사업 대상자에 포함된다.

④ (X) 구강건강리포트는 치과의원에서 제공하며, 공단 홈페이지와 모바일 앱에서도 확인이 가능하다고 하였다.

04

정답 ③

① (X) '요컨대'는 '중요한 점을 말하자면, 여러 말 할 것 없이'라는 의미로 앞의 내용을 요약할 때 사용하는 표현이다.

② (X) '게다가'는 '거기에다가'가 줄어든 말로 앞의 내용에 이어 뒤의 내용을 자연스럽게 부연할 때 사용하는 표현이다.

③ (O) '반면'은 '뒤에 오는 말이 앞의 내용과 상반됨'을 의미할 때 사용하는 표현이다. 빈칸 앞의 내용은 시범사업의 대상 지역이 한정되었다는 내용이며, 빈칸 뒤의 내용은 시범사업의 대상 지역이 확대되었다는 내용으로 서로 상반되는 상황이므로 빈칸에는 '반면'이 들어가는 것이 가장 적절하다.

④ (X) '그리고'는 이어지는 단어나 구, 문장을 병렬적으로 연결할 때 쓰는 표현이다.

05

정답 ③

① (O) '가입 제외자'에서 재택 근무자는 가입 제외된다고 하였다.

② (O) '지원대상'에서 정규직 취업일 현재 대학 휴학 중인 자는 제외된다고 하였다.

③ (X) '지원대상'에서 지식서비스산업의 경우 고용보험 피보험자 수가 5인 미만 기업이더라도 참여 가능하다고 하였다.
④ (O) '지원내용'에서 청년 본인이 2년간 300만 원을 적립한다고 하였으므로 매월 300/24=125,000원을 적립해야 한다.

06

정답 ②

① (O) '지원대상'에 따르면 지원대상은 만 15~34세의 중소기업 등에 정규직으로 신규 취업한 청년이지만, 군 의무복무 기간과 연동하여 최장 만 39세까지 가능하다고 하였다.
② (X) '지원대상'에서 정규직 취업일 현재 최종학교 졸업 후 고용보험 총 가입기간이 12개월 이하인 경우 청년내일채움공제 가입이 가능하다고 하였다. 하지만 3개월 이하 단기 가입이력은 총 가입기간에서 제외한다고 하였다.
③ (O) '신청방법'에 따르면 워크넷 - 청년공제 홈페이지에서 참여 신청 → 운영기관의 자격심사에 따른 워크넷 승인 완료 → 청년공제 청약 홈페이지에서 청약 신청이라고 하였다.
④ (O) '신청기한'에서 반드시 정규직 채용일로부터 6개월 이내에 청년공제 청약 홈페이지에서 청약 신청을 완료해야 한다고 하였다.

07

정답 ④

① (O) '지원내용의 2) 기업'에서 30인 미만 기업의 경우 기업지원금을 2년 동안 4회에 걸쳐 총 300만 원 지원받아 적립한다고 하였으므로 정부에서 지원받는 기업지원금은 1회에 300/4=75만 원이다.
② (O) '지원내용의 2) 기업'에서 200인 이상 기업의 경우 기업이 기업기여금의 100%를 기업부담금으로 적립한다고 하였으므로 2년간 300만 원이다.
③ (O) '지원내용의 2) 기업'에서 50인 이상 199인 미만 기업의 경우 기업이 기업기여금의 50%를 기업부담금으로 적립한다고 하였으므로 2년간 300/2=150만 원이다.
④ (X) '지원내용의 2) 기업'에서 30인 이상 49인 미만 기업의 경우 기업기여금의 80%는 기업지원금을 2년 동안 4회에 걸쳐 지원받아 적립한다고 하였으므로 1회에 300×0.8/4=60만 원이다.

08

정답 ④

① (O) 5문단에서 탄수화물 섭취 비율이 55% 미만(남자)인 경우 당뇨병 조절이 잘되는 것으로 나타났다고 하였다.
② (O) 3문단에서 당뇨병 유병자의 인지율과 치료율은 2011년 이후 약 8%p 증가하였다(60.8% → 67.2%, 54.3% → 63.0%)고 하였으며, 당뇨병 유병자 중 조절률(당화혈색소 <6.5%)은 2011년 이후 큰 변화 없이 25% 수준이었다고 하였다.
③ (O) 5문단에서 여자는 정상체중에 비해 비만인 경우(1.41배)에 당뇨병 조절이 잘되지 않을 가능성이 높았다고 하였다.
④ (X) 6문단에서 당뇨병 유병자의 혈관 합병증 예방을 위한 포괄적 조절(당화혈색소, 혈압, LDL콜레스테롤 고려)과 관련된 요인이 남자는 낮은 연령과 근력운동 비실천이라고 하였다. 따라서 남자는 연령이 낮을수록 당뇨병 유병자의 혈관 합병증 예방을 위한 포괄적 조절이 잘되지 않을 가능성이 높다고 할 수 있다.

09

정답 ②

①, ④ (X) ㉠과 ㉣은 모두 '특히'라는 부사 뒤에 앞 문장의 내용을 심화하는 부연 설명이 이어지고 있으므로 논리적으로 적절하다.
② (O) ㉡ 앞의 내용은 당뇨병 유병자의 조절 수준과 관련된 요인으로 연령, 교육수준, 비만, 현재 흡연, 신체활동, 탄수화물 섭취 등이 있다는 것이므로, 앞의 내용과 관련없는 ㉡이 이어지는 것은 논리적 흐름에 맞지 않는다.
③ (X) 뒤에 오는 말이 앞의 내용과 상반됨을 나타내는 말인 '반면' 뒤에 앞 문장의 내용과 반대되는 내용이 이어지고 있으므로 논리적으로 적절하다.

10

정답 ③

①, ④ (O) 9문단에서 당뇨병 관리의 취약집단인 젊은 연령의 당뇨병 유병자가 적정체중을 유지하고, 금연, 신체활동을 실천하는 등 건강한 생활습관을 유지할 수 있도록 주 활동공간인 직장 및 거주 지역에 건강한 환경을 조성해 주는 것이 필요하다고 하였으므로 적절하다.
② (O) 6문단에서 남자의 경우 50세 이상에 비해 30~49세가, 근력운동을 실천하는 경우에 비해 실천하지 않는 경우(1.44배)가 당뇨병 합병증 예방을 위한 조절이 잘되지 않을 가능성이 높았다고 하였으므로 적절하다.
③ (X) '당뇨병 조기 인지'는 보도자료에 제시된 당뇨병 조절과 관련된 요인에 해당하지 않는다.

11

정답 ①

2023년 A국적을 지닌 남자 중 코로나 검사자는 남자 코로나 검사자와 A국적 코로나 검사자 합계에서 전체 코로나 검사자를 차감해 구할 수 있다. A국적을 지닌 사람은 1,008명이고 남자는 2,622명이므로 이 둘을 합하면 3,630명이다. 그런데 2023년 전체 코로나 검사자는 2,622+666=3,288명이므로, 3,630−3,288=342명이 A국적이면서 남자인 코로나 검사자임을 알 수 있다.

12

정답 ③

코로나 확진자는 남자의 경우 2020년에 22명, 2021년에 34명, 2022년에 45명, 2023년에 35명이다. 그래프의 방향으로 표현하면, 2020년 대비 2021년에 우상향, 2021년 대비 2022년에 우상향, 2022년 대비 2023년에 우하향한다. 그런데 주어진 그래프에서 2021년의 남자 확진자보다 2022년의 남자 확진자가 더 적게 나타나므로 옳지 않다.

13

정답 ②

① (○) 조사기간 동안 연평균 강수량이 전국 연평균 강수량보다 매년 높은 지역은 없다.

② (×) 2022년 연평균 강수량이 전년 대비 감소한 지역은 전북, 전남, 경북, 경남이고 감소율은 다음과 같다.

전북	|(911.0−1,276.1)|/1,276.1×100≒28.6%
전남	|(896.7−1,392.4)|/1,392.4×100≒35.6%
경북	|(886.7−1,191.9)|/1,191.9×100≒25.6%
경남	|(948.0−1,480.3)|/1,480.3×100≒36.0%

③ (○) 6개 지역을 연평균 강수량이 많은 순서대로 나열하면 2019년에 경남, 전남, 전북, 경북, 충북, 충남, 2021년에 경남, 전남, 전북, 경북, 충남, 충북이므로 순위가 다른 지역은 충북, 충남이다.

④ (○) 2018년 충남 연평균 강수량 대비 경북 연평균 강수량 비율은 1,679.9/1,313.7×100≒127.9%이다.

14

정답 ②

2019~2022년 중 전국 연평균 강수량이 가장 많은 해는 2020년이고, 2019년과 2020년의 6개 지역 연평균 강수량 합계는 다음과 같다.

- 2019년: 941.1+913.2+1,148.2+1,401.9+1,147.8+1,588.4=7,140.6mm
- 2020년: 1,535.9+1,537.8+1,822.2+1,616.3+1,364.5+1,886.5=9,763.2mm

따라서 2020년 6개 지역 연평균 강수량 합계의 전년 대비 증가량은 9,763.2−7,140.6=2,622.6mm이다.

15

정답 ③

여성 응답자 중 만 40~49세의 인원수, 즉 [표]의 ㉠에 들어갈 값은 3,376−(395+476+673+586+616)=630명이다. 이 중 건강검진을 받은 사람이 441명이라고 하였으므로, 건강검진수진율을 나타내는 ㉡에 들어갈 값은 441/630×100=70.0%이다.

16

정답 ③

① (○) 2016~2018년의 외국인 인구는 다음과 같다.
- 2016년: 5,286−5,170=116만 명
- 2017년: 5,295−5,178=117만 명
- 2018년: 5,300−5,183=117만 명

② (○) 2014~2018년 동안 병원 수와 외국인 포함 인구의 전년 대비 증감 추이는 '증가 - 증가 - 증가 - 증가 - 증가'로 동일하다.

③ (×) 의료기관 종사 의사 수의 전년 대비 증가율은 다음과 같다.
- 2014년: (1,346−1,314)/1,314×100)≒2.4%
- 2016년: (1,416−1,379)/1,379×100)≒2.7%

④ (○) 병원 1개당 병상 수는 다음과 같다.
- 2016년: 6,904/650≒10.6개
- 2017년: 7,181/663≒10.8개

17

정답 ②

① (○) 2013년 병상확보율은 (6,245×100)/(5,114×10,000)×100≒1.2%이다.

② (×) 외국인 제외 인구는 '병상 수/병상확보율×100'이므로 2015년 외국인 제외 인구는 (6,695×100)/1.3×100=51,500,000명=5,150만 명이다.

③ (○) 2016년 인구 천 명당 의료기관 종사 의사 수는 (1,416×100)/(5,286×10,000)×1,000≒2.7명이다.

④ (○) 의료기관 종사 의사 수는 '인구 천 명당 의료기관 종사 의사 수×외국인 포함 인구/1,000'이므로 2018년 의료기관 종사 의사 수는 2.8×(5,300×10,000)/1,000=148,400명=1,484백 명이다.

18

정답 ③

- A: 2018년에 외국인 포함 인구 대비 외국인 제외 인구 비율은 (5,183×10,000)/(5,300×10,000)×100≒97.8%이다.
- B: 2013년에 병원 1개당 의료기관 종사 의사 수는 (1,314×100)/(607×100)≒2.2명이다.
- C: 2016년에 의사 1명당 외국인 제외 인구수는 (5,170×10,000)/(1,416×100)≒365.1명이다.

따라서 A~C에 들어갈 숫자를 큰 순서대로 나열한 것은 C, A, B이다.

19

정답 ②

① (×) 질병으로 응급실을 내원한 남성은 20세 미만이 30대보다 많지만, 여성은 20세 미만이 30대보다 적다.

② (○) 20~60대 중 질병으로 내원한 남성 대비 여성 비율은 다음과 같다.

20대	246,729/158,430×100≒155.7%
30대	213,328/168,600×100≒126.5%
40대	207,712/193,668×100≒107.3%
50대	248,352/244,051×100≒101.8%
60대	252,121/276,945×100≒91.0%

③ (×) 내원 사유별 응급실을 내원한 전체 여성 중 20세 미만 여성의 비중은 다음과 같다.

질병	213,317/1,821,022×100≒11.7%
질병 외	118,680/585,532×100≒20.3%
진료 외 방문	9,451/92,953×100≒10.2%
미상	78/902×100≒8.6%

④ (×) 응급실을 내원한 40대 남성은 40대 여성보다 (297,388−285,782)/285,782×100≒4.1% 더 많다.

20

정답 ②

① (○) 응급실 내원 사유별 70세 이상 남성과 여성 차이는 다음과 같다.

질병	439,463−390,418=49,045명
질병 외	100,716−72,161=28,555명
진료 외 방문	7,337−6,571=766명
미상	401−373=28명

② (×) 응급실 내원 여성의 연령별 비중은 다음과 같다.

20세 미만	341,526/2,500,409×100≒13.7%
20대	352,080/2,500,409×100≒14.1%
30대	294,372/2,500,409×100≒11.8%
40대	285,782/2,500,409×100≒11.4%
50대	344,666/2,500,409×100≒13.8%
60대	334,094/2,500,409×100≒13.4%
70세 이상	547,889/2,500,409×100≒21.9%

③ (○) 응급실 내원 사유별 50대 남성 대비 30대 남성 비율은 다음과 같다.

질병	168,600/244,051×100≒69.1%
질병 외	90,605/103,443×100≒87.6%
진료 외 방문	12,117/13,018×100≒93.1%
미상	110/300×100≒36.7%

④ (○) 연령별 여성의 질병 외 내원 대비 진료 외 방문 비율은 다음과 같다.

20세 미만	9,451/118,680×100≒8.0%
20대	16,566/88,718×100≒18.7%
30대	16,839/64,149×100≒26.2%
40대	12,934/65,062×100≒19.9%
50대	16,370/79,821×100≒20.5%
60대	13,456/68,386×100≒19.7%
70세 이상	7,337/100,716×100≒7.3%

21

정답 ④

① (○) 가정양육수당은 매월 25일에 지급되며, 지급일이 토·일요일·공휴일인 경우에는 그 전 영업일에 지급한다고 하였다.

② (○) 지원받을 수 있는 농어촌 양육수당은 최대 12×200+12×177+12×156+12×129+38×100=11,744천 원이다.

③ (○) 전입일이 16일 이후인 경우 구 거주지의 시장·군수·구청장이 가정양육수당을 지급한다고 하였으므로 A시 시장이 지급한다.

④ (×) 어린이집·유치원(특수학교 포함)·종일제 아이돌봄서비스 등을 이용하지 않고 가정에서 양육되는 전 계층 아동은 가정양육수당을 지원받을 수 있다고 하였다.

22

정답 ②

신청일이 16일 이후인 경우 지급결정일은 신청 익월의 1일이므로 A의 지급결정일은 2021년 9월 1일이다. 지급결정일이 속하는 달부터 지원한다고 하였으므로 A는 2021년 9월부터 장애아동 양육수당을 지원받는다. 아동이 사망하는 경우 해당 사유가 발생한 달까지 지급한다고 하였으므로 A는 2024년 11월까지 장애아동 양육수당을 지원받는다. 2021년 9월에 A의 아동의 연령은 4개월이고, 2024년 11월에 A의 아동의 연령은 42개월이다. 따라서 A가 지급받는 가정양육수당은 총 32×200+7×100=7,100천 원=710만 원이다.

23

정답 ②

① (○) '이용안내'에서 이용시간은 기본 1회 2시간 이상 신청해야 하며, 추가 최소 30분 단위라고 하였으므로 3시간 30분 이용 신청이 가능하다.

② (×) '이용요금'에서 나형 미취학 아동의 본인부담금은 시간당 5,316원이라고 하였지만, 신청 시 서비스요금이 전액 본인부담으로 결제되며, 추후 미비요건 보완 완료 후 정부지원금을 예치금으로 환급한다고 하였다.

③ (○) '월 취소 제한'에서 취소 수수료의 2배를 부담할 시 이용제한 사유에 해당하는 서비스 취소 1건을 차감한다고 하였다. '취소 수수료'에서 서비스 시작 24시간 전부터 1시간 전의 취소 수수료는 1건당 13,290원이라고 하였으므로 2배인 13,290×2=26,580원을 지불하면 취소 1건이 차감되어 1개월 제한에 해당하지 않는다.
④ (○) '이용안내'의 신청사유에서 타 정부지원금과 중복 지원이 가능하다고 하였다.

24

정답 ①

① (X) '돌봄 활동 범위'에서 동일 질병을 앓고 있는 동일 가정은 돌봄 활동이 가능하다고 하였다.
② (○) '이용요금'에서 가형 미취학 아동의 본인부담금은 1,993원이지만, 한부모가정의 경우 가형에 대해 정부지원금을 5%p 추가 지원한다고 하였으므로 C의 본인부담금은 시간당 (1,993+11,297)×(0.15−0.05)=1,329원이다.
③ (○) '월 취소 제한'에서 아이돌보미가 서비스 예정시각에 방문하였지만 아동의 부재로 돌봄 서비스를 제공하지 못한 경우 이용자는 정부지원 없이 이용요금 전액을 부담해야 한다고 하였다. 이용요금은 유형, 아동의 취학 여부에 관계없이 모두 시간당 13,290원이므로 13,290×3=39,870원을 부담해야 한다.
④ (○) '취소 수수료'에서 서비스 시작 24시간 전부터 취소 수수료가 있으므로, 30시간 전에 서비스 이용을 취소한다면 아이돌보미에게 지급되는 금액은 없다.

25

정답 ④

- A: (X) '지원대상'에서 법정 감염병 및 유행성 질병에 감염된 만 12세 이하 사회복지시설, 유치원, 초등학교, 보육시설 등 이용 아동이 지원대상에 해당한다고 하였다.
- B: (X) '지원대상'에서 장애의 정도가 심한 장애인의 경우에는 아이돌봄 서비스 제공이 불가하다고 하였다.
- C: (X) '지원대상'에서 기타 질병도 의사진단서 또는 소견서에 전염 위험이 있다고 명시되는 경우에 지원대상에 해당한다고 하였다.
- D: (○) '지원대상'에서 법정 감염병을 앓고 있고, 만 12세 이하에 해당하며 초등학교 이용 중이므로 지원대상에 해당한다.

26

정답 ②

① (○) 영유아 접종시간은 오전 9시부터 오전 11시 30분이라고 하였고, 이상 반응 관찰 등의 사유로 접종 후 20~30분간 접종장소에서 머물러야 한다고 하였으므로 최대 오후 12시까지 머물러야 한다.
② (X) 의료기관별로 지원백신이 상이하므로 접종 전에 무료접종 여부를 확인해야 한다고 하였다.
③ (○) 일본뇌염 사백신의 경우 1차 접종과 2차 접종은 1개월 간격이라고 하였고, 2차 접종과 3차 접종은 11개월 간격이라고 하였다. 생후 27개월에 일본뇌염 사백신 1차를 접종한 경우 일본뇌염 사백신 3차 접종시기는 생후 39개월이다.
④ (○) 관내 의료기관 중 BCG 접종 기관은 A구 보건소와 A구 의원이라고 하였고, 관내 의료기관이 아닌 경우 접종비용이 유료라고 하였다.

27

정답 ③

① 생후 2개월에 접종할 수 있는 백신은 디피티, 폴리오, 뇌수막염, 폐렴구균, 로타바이러스 총 5가지이다.
② 생후 6개월에 접종할 수 있는 백신은 B형간염, 디피티, 폴리오, 뇌수막염, 폐렴구균 총 5가지이다.
③ 생후 12개월에 접종할 수 있는 백신은 MMR, 수두, 일본뇌염 사백신(또는 생백신), 뇌수막염, 폐렴구균, A형간염 총 6가지이다.
④ 생후 18개월에 접종할 수 있는 백신은 디피티, 일본뇌염 사백신(또는 생백신), A형간염 총 3개이다.

28

정답 ①

시내 지역 주간선도로를 운행하는 버스는 간선버스이다. 송파 권역 번호는 3, 동대문 권역 번호는 2이므로 가능한 버스 번호는 32(0~9)이다.

29

정답 ②

① (○) 첫째 자리가 9이고, 버스 번호가 네 자리이므로 9147은 광역버스의 번호이다. 광역버스의 버스 색상은 빨강색이다.
② (X) 광역버스의 일련번호는 버스 번호의 셋째, 넷째 자리이므로 9147의 일련번호는 '47'이다.
③ (○) 광역버스는 수도권 도시와 서울을 급행 연결하는 버스이다.
④ (○) 버스번호 '9147'의 버스 출발지는 의정부, 양주, 포천이다.

30

정답 ④

(가) 버스는 강남 버스 환승센터에서 출발하여 강남을 순환하는 순환버스이므로 4(1~9)이다. (나) 버스는 강남에서 출발하여 동작에서 운행을 종료하는 버스이므로 45(0~9) 간선버스 또는 45(11~99) 지선버스이다.

법률 - 국민건강보험법

정답표

01	02	03	04	05	06	07	08	09	10
③	④	①	①	③	④	②	②	①	④

01

정답 ③

풀이 조항
- 제3조 제1호·제5호
- 제5조 제2항 제1호·제3호
- 제6조 제2항

- 갑: (X) 사립학교에서 근무하는 교원이므로 교직원에 해당한다. 교직원은 직장가입자가 되므로 피부양자가 될 수 없다.
- 을: (O) 직장가입자인 공무원의 배우자이고, 이 직장가입자에게 생계를 의존하고 있으므로 피부양자가 될 수 있다.
- 병: (X) 근로의 대가로 보수를 받아 생활하고 있으므로 근로자에 해당한다. 근로자는 직장가입자가 되므로 피부양자가 될 수 없다. 한편, 4대 사회보험에 가입되어 있다는 점을 통해서도 직장가입자임을 확인할 수 있다. 4대 사회보험은 국민연금, 건강보험, 고용보험, 산재보험을 의미한다는 것을 참고삼아 알아 두면 좋다.
- 정: (O) 직장가입자인 교직원의 직계비속이고, 이 직장가입자에게 생계를 의존하고 있으므로 피부양자가 될 수 있다.

02

정답 ④

풀이 조항
- 제3조의2 제2항 제2호
- 제14조 제1항 제3호·제5호·제6호·제7호·제13호
- 제63조 제1항 제3호

ㄴ. (X) 공단이 관장하는 업무는 '의료시설'의 운영으로 명시되어 있다.

ㄷ. (X) 공단이 관장하는 업무는 보험급여 비용의 '지급'으로 명시되어 있다.

ㄹ. (X) 심사기준 및 평가기준의 개발은 심사평가원이 관장하는 업무이다.

ㅂ. (X) 건강보험 보장성 강화의 추진계획 및 추진방법은 국민건강보험종합계획에 포함되어야 하는 사항이다.

ㅅ. (X) 공단이 관장하는 업무는 건강보험과 관련하여 '보건복지부장관'이 필요하다고 인정한 업무로 명시되어 있다.

03

정답 ①

풀이 조항

제48조 제1항~제4항

① (X) 요양급여 대상 여부의 확인 요청의 범위, 방법, 절차, 처리기간 등 필요한 사항은 '보건복지부령'으로 정한다.

04

정답 ①

풀이 조항

제57조 제1항·제2항·제3항·제5항

ㄷ. (X) 공단은 속임수나 그 밖의 부당한 방법으로 보험급여 비용을 받은 약국이 「약사법」 제6조 제3항·제4항을 위반하여 면허를 대여받아 개설·운영하는 약국인 경우에 해당 약국을 개설한 자에게 그 약국과 연대하여 부당이득 징수금을 납부하게 할 수 있다.

05

정답 ③

풀이 조항
- 제69조 제4항 제1호
- 제70조 제2항
- 제76조 제1항 제1호

직장가입자의 보수월액보험료는 보수월액에 보험료율을 곱한 금액인데, 휴직으로 보수의 전부 또는 일부가 지급되지 않는 경우 해당 사유가 생기기 전달의 보수월액을 기준으로 산정한다. 따라서 갑의 202X년 7월분 보수월액보험료는 6월 보수월액을 기준으로 산정하여야 하고, 계산해 보면 2,650,000원 × 7.09% = 187,885원인데, 10원 미만의 끝수를 절사한다고 하였으므로 187,880원이다. 이때 보수월액보험료 중 직장가입자가 부담하는 금액은 50%이므로 갑이 부담하는 202X년 7월분 보수월액보험료는 93,940원이다.

06

정답 ④

풀이 조항
제82조 제1항·제3항

㉠에 들어갈 숫자는 3, ㉡에 들어갈 숫자는 5, ㉢에 들어갈 숫자는 5이다. 따라서 ㉠~㉢에 들어갈 숫자를 모두 더하면 3+5+5=13이다.

07

정답 ②

풀이 조항
- 제57조의2 제1항
- 제83조 제1항

- 갑: (X) 부당이득 징수금 체납자의 인적사항등 공개 여부의 기준이 되는 체납 기간은 '납부기한의 다음 날부터 1년 경과'이다. 따라서 2023년 9월 11일부터 1년이 경과한 시점이어야 하는데, 아직 2024년 9월 10일이므로 체납 기간 요건을 충족하지 못한다.
- 을: (O) 고액·상습체납자의 인적사항 공개 여부의 기준이 되는 보험료, 연체금과 체납처분비에는 결손처분한 보험료, 연체금과 체납처분비로서 징수권 소멸시효가 완성되지 않은 것도 포함된다. 을은 체납 기간, 체납 금액, 납부능력 등의 요건을 모두 충족하므로 고액·상습체납자로 인적사항등이 공개될 수 있다.
- 병: (X) 고액·상습체납자 인적사항 공개 요건을 충족하더라도, 이의신청을 제기한 경우에는 예외에 해당한다.
- 정: (X) 체납된 금액의 일부 납부를 따지기 전에, 1천만 원 이상이라는 체납 금액 요건을 충족하지 못한다.

08

정답 ②

풀이 조항
제87조 제1항·제3항

이의신청은 처분이 있음을 안 날부터 90일 이내에 하여야 한다. [사례]에서 갑이 처분이 있음을 안 날은 2024년 2월 16일이다. 따라서 갑은 이날부터 90일 뒤인 2024년 5월 16일까지 이의신청을 하여야 한다.
한편, 처분이 있은 날부터 180일을 지나면 제기하지 못한다는 규정을 처분이 있은 날부터 180일 이내에는 제기할 수 있다고 잘못 해석하여서는 안 된다. 이 규정은 아무리 처분이 있음을 안 날부터 90일 이내라고 하더라도, 처분이 있은 날부터 180일이 지났다면 이의신청을 할 수 없다는 의미이다.

09

정답 ①

풀이 조항
제96조의4 제1항·제3항·제4항

① (X) 요양기관은 요양급여가 '끝난' 날부터 5년간 요양급여 비용의 청구에 관한 서류를 보존하여야 한다.

10

정답 ④

풀이 조항
- 제115조 제5항 제4호
- 제119조 제3항 제1호
- 제119조 제4항 제4호·제6호

ㄱ. (X) 제98조 제2항을 위반한 요양기관의 개설자로 1년 이하의 징역 또는 1천만 원 이하의 벌금에 처한다.
ㄴ. (X) 제7조를 위반하여 신고를 하지 않은 사용자로 500만 원 이하의 과태료를 부과한다.
ㄷ. (O) 제96조의4를 위반하여 서류를 보존하지 아니한 자로 100만 원 이하의 과태료를 부과한다.
ㄹ. (O) 제105조를 위반한 자로 100만 원 이하의 과태료를 부과한다.

법률 - 노인장기요양보험법

정답표

01	02	03	04	05	06	07	08	09	10
④	③	①	③	①	②	②	④	③	④

01

정답 ④

풀이 조항
- 제13조 제1항
- 제14조 제1항·제3항
- 제15조 제2항

ⓔ (X) 등급판정위원회는 신청인이 신청자격요건을 충족하고 '6개월' 이상 동안 혼자서 일상생활을 수행하기 어렵다고 인정하는 경우 심신상태 및 장기요양이 필요한 정도 등 대통령령으로 정하는 등급판정기준에 따라 수급자로 판정한다.

02

정답 ③

풀이 조항
제22조 제1항~제3항

ㄴ. (X) 「노인복지법」이 아니라 「치매관리법」에 따른 치매안심센터의 장이 장기요양인정 신청 등을 대리할 수 있다. 이 경우 장기요양급여를 받고자 하는 사람 또는 수급자가 치매환자여야 하며, 치매안심센터의 장의 관할 지역 안에 거주하여야 한다는 점을 추가로 알아 두면 좋다.

03

정답 ①

풀이 조항
- 제23조 제1항 제1호 다목~마목
- 제23조 제1항 제2호

장기요양급여의 종류는 재가급여, 시설급여, 특별현금급여로 나뉜다.

- 재가급여: 방문요양, 방문목욕, 방문간호, 주·야간보호, 단기보호, 기타재가급여
- 시설급여
- 특별현금급여: 가족요양비, 특례요양비, 요양병원간병비

① '시설급여'에 관한 설명이다.
② '재가급여' 중에서 '주·야간보호'에 관한 설명이다.
③ '재가급여' 중에서 '방문간호'에 관한 설명이다.
④ '재가급여' 중에서 '단기보호'에 관한 설명이다.

04

정답 ③

풀이 조항
제33조의2 제1항·제3항·제4항·제5항

③ (X) 장기요양기관을 운영하는 자는 폐쇄회로 텔레비전에 기록된 영상정보를 '60일' 이상 보관하여야 한다.

05

정답 ①

풀이 조항
제36조 제1항·제2항·제3항·제5항

① (X) 장기요양기관의 장은 폐업하거나 휴업하고자 하는 경우 폐업이나 휴업 예정일 전 30일까지 특별자치시장·특별자치도지사·시장·군수·구청장에게 신고하여야 한다.
② (O) 특별자치시장·특별자치도지사·시장·군수·구청장은 장기요양기관의 장이 유효기간이 끝나기 30일 전까지 제32조의4에 따른 지정 갱신 신청을 하지 않는 경우 그 사실을 공단에 통보하여야 한다.
③ (O) 특별자치시장·특별자치도지사·시장·군수·구청장은 「노인복지법」 제43조에 따라 노인의료복지시설 등(장기요양기관이 운영하는 시설인 경우에 한함)에 대하여 사업정지 또는 폐지 명령을 하는 경우 지체 없이 공단에 그 내용을 통보하여야 한다.
④ (O) 장기요양기관의 장은 장기요양기관을 폐업하거나 휴업하려는 경우 또는 장기요양기관의 지정 갱신을 하지 아니하려는 경우 보건복지부령으로 정하는 바에 따라 수급자의 권익을 보호하기 위하여 다음의 조치를 취하여야 한다.
  - 해당 장기요양기관을 이용하는 수급자가 다른 장기요양기관을 선택하여 이용할 수 있도록 계획을 수립하고 이행하는 조치
  - 해당 장기요양기관에서 수급자가 제40조 제1항 및 제3항에 따라 부담한 비용 중 정산하여야 할 비용이 있는 경우 이를 정산하는 조치
  - 그 밖에 수급자의 권익 보호를 위하여 필요하다고 인정되는 조치로서 보건복지부령으로 정하는 조치

06

정답 ②

풀이 조항
제37조의3 제1항

보건복지부장관 또는 특별자치시장·특별자치도지사·시장·군수·구청장은 장기요양기관이 거짓으로 재가·시설 급여비용을 청구하였다는 이유로 지정 취소, 업무정지 또는 과징금 부과 처분이 확정된 경우로서 다음의 어느 하나에 해당하는 경우에는 위반사실 등을 공표하여야 한다(장기요양기관의 폐업 등으로 공표의 실효성이 없는 경우 예외).

- 거짓으로 청구한 금액이 1천만 원 이상인 경우
- 거짓으로 청구한 금액이 장기요양급여비용 총액의 100분의 10 이상인 경우

따라서 ㉠에 들어갈 숫자는 1, ㉡에 들어갈 숫자는 10이고, 이 둘의 합은 11이다.

한편, 장기요양기관 A~D 중에서 위반사실 등이 공표되는 곳을 따져 보면 다음과 같다.

- A: (○) 거짓으로 청구한 금액 500만 원이 장기요양급여비용 총액 4천만 원의 100분의 10 이상이다.
- B, C: (X) 거짓으로 청구한 금액이 1천만 원 미만이고, 이 금액이 장기요양급여비용 총액에서 차지하는 비중 역시 100분의 10 미만이다.
- D: (○) 거짓으로 청구한 금액이 1천만 원 이상인 2천만 원이다.

따라서 위반사실 등이 공표되는 장기요양기관은 A와 D이다.

07

정답 ②

풀이 조항
제38조 제1항·제2항·제4항·제6항

② (X) 공단은 장기요양기관으로부터 재가 또는 시설 급여비용의 청구를 받은 경우 이를 심사하여 그 내용을 장기요양기관에 통보하여야 하며, 장기요양에 사용된 비용 중 공단부담금을 해당 장기요양기관에 지급하여야 하는데 이때 공단부담금은 재가 및 시설 급여비용 중 본인부담금을 공제한 금액을 말한다.

08

정답 ④

풀이 조항
제47조의2 제2항 제1호~제3호

④ (X) 장기요양지원센터는 '장기요양요원의 권리 침해에 관한 상담 및 지원, 장기요양요원의 역량강화를 위한 교육지원, 장기요양요원에 대한 건강검진 등 건강관리를 위한 사업, 그 밖에 장기요양요원의 업무 등에 필요하여 대통령령으로 정하는 사항'을 수행한다. '문화지원'은 장기요양지원센터가 수행하여야 하는 업무로 규정되어 있지 않다.

09

정답 ③

풀이 조항
- 제45조 제1호~제3호
- 제53조의2 제1항 제1호~제3호

[보기 1]
ㄱ. (X) 장기요양위원회에서는 '장기요양보험료율'을 심의한다.
[보기 2]
ㄴ. (X) 장기요양급여심사위원회에서는 '장기요양급여 제공기준'의 세부사항 설정 및 보완에 관한 사항을 심의한다.

10

정답 ④

풀이 조항
- 제55조 제2항
- 제67조 제1항 제1호

㉠에 들어갈 숫자는 90, ㉡에 들어갈 숫자는 180, ㉢에 들어갈 숫자는 3, ㉣에 들어갈 숫자는 3이다. 따라서 ㉠~㉣을 모두 더하면 90+180+3+3=276이다.

정답 및 해설 - 실전모의고사 1회

✎ NCS 직업기초능력

정답표

01	02	03	04	05	06	07	08	09	10
①	④	③	①	②	②	②	④	④	②
11	**12**	**13**	**14**	**15**	**16**	**17**	**18**	**19**	**20**
①	③	①	③	②	③	②	①	④	②
21	**22**	**23**	**24**	**25**	**26**	**27**	**28**	**29**	**30**
③	②	③	④	④	③	②	①	④	②
31	**32**	**33**	**34**	**35**	**36**	**37**	**38**	**39**	**40**
③	③	③	④	②	①	②	③	②	③
41	**42**	**43**	**44**	**45**	**46**	**47**	**48**	**49**	**50**
①	③	①	①	②	④	③	③	④	②
51	**52**	**53**	**54**	**55**	**56**	**57**	**58**	**59**	**60**
④	④	④	③	②	②	④	③	①	③

01

정답 ①

(가): 한국보건의료연구원은 아스피린의 대장암 예방 효과와 안전성 확인을 위한 자료 분석을 진행하였으며, 그중에서도 여러 가지 환자군을 대상으로 대장암 예방 효과가 어떻게 나타나는지에 관한 조사 결과를 소개하고 있다.

(나): 환자군 중에서도 궤양성 대장염과 같은 염증성 장 질환 환자군과 대장암을 치료 중이거나 완치된 환자군에서의 아스피린 복용이 대장암 예방에 효과가 있는지에 관한 조사 결과를 소개하고 있다.

(다): 대장암의 정의와 종류를 나열하였으며 '아스피린이 대장암 예방에 효과적인지, 복용 시 안전한지'에 관한 최근 이슈를 소개하였다.

(라): 아스피린 복용의 안전성 확인 결과를 제시하였으며, 만성 기저질환이 있거나 고령일 경우에는 아스피린 복용 시 주의가 필요하다고 하였다.

글의 논리적 흐름을 고려할 때, 글의 핵심어인 '대장암'에 관한 개괄적인 설명이 담긴 (다)가 글의 맨 앞에 오고, 글의 마지막에 아스피린 복용과 관련한 안전성 확인 결과를 담은 (라)를 제시하는 것이 가장 자연스럽다. 따라서 글의 전체 흐름을 볼 때 (다) - (가) - (나) - (라)의 순서가 가장 적절하다.

02

정답 ④

① (X) (가)에서 가족성 선종성 용종증이나 유전자 변이로 인한 유전 질환에 의한 암 발생(린치증후군)과 같은 경우, 아스피린 복용 후 대장암 발생 위험이 유의하게 감소하는 것으로 일부 연구 결과가 나타났다고 하였으므로 아스피린이 대장암 발생에 영향을 미친다는 것을 알 수 있다.

② (X) (가)에서 일반인, 대장암 유발 위험이 높은 질환이 있는 집단(고위험군), 대장암으로 진단받은 후 치료 중이거나 완치된 환자군으로 나누어 분석하였다. 그 결과, 일반인에서 아스피린이 대장암 발생을 막는 효과가 있음을 입증할 만한 근거가 부족했다고 하였다.

③ (X) (나)에서 대장암 발생 위험 감소 여부와 관련해 궤양성 대장염과 같은 염증성 장 질환 환자가 아스피린을 복용하는 것은 대장암 발생 위험 감소와 관련이 없는 것으로 나타났다고 하였다.

④ (O) (라)에서 대장암 예방을 위한 아스피린 복용이 안전한지를 검토한 결과, 아스피린을 복용한 그룹(일반인 및 고위험군 포함)이 복용하지 않은 그룹에 비해 연구별로 1.44배에서 1.77배까지 위장관 출혈, 뇌출혈 등의 출혈 위험이 커진 것으로 확인됨에 따라 만성 기저질환이 있거나 고령일 경우 아스피린 복용에 특별한 주의가 필요하다고 하였다.

03

정답 ③

① (○) (라)에서 일반인에게는 대장암 예방을 목적으로 한 아스피린 복용을 권장하지 않는다고 하였다.

② (○) (가)에서 과거 대장 선종(대장암 전 단계인 양성 종양)을 진단받았거나 용종 제거술을 받은 대장암 위험군은 아스피린을 복용했을 때 대장 선종의 재발 및 발생 위험이 유의미하게 감소하였다고 하였으므로 과거에 대장 검사 결과 양성 종양을 진단받은 사람이라면 대장 선종 발생 위험 감소를 위해 아스피린을 복용할 것으로 유추할 수 있다.

③ (X) (나)에서 염증성 장 질환 환자에서는 아스피린 복용이 대장암 발생 위험을 감소시키는 데 미치는 효과가 없었다고 하였으므로 환자는 부작용 여부와 상관없이 아스피린을 복용할 필요가 없다.

④ (○) (다)에서 아스피린의 대장암 예방 효과에 대한 연구가 발표되면서 사람들의 관심이 높아졌다고 하였으므로 아스피린의 대장암 예방 효과가 알려지면서 아스피린을 구매하기 위해 약국을 방문하는 사람들이 늘어났을 것으로 유추할 수 있다.

04

정답 ①

위 보도자료는 국민건강보험공단이 모바일 전자고지 요약 음성 서비스를 제공하는 것을 알리기 위한 자료이며, 첫 문단에서 고령자와 장애인 등과 같은 '디지털 취약계층'의 불편함을 해소하기 위한 목적이 있음을 소개하였다. '디지털 취약계층(디지털 소외계층)'은 글의 흐름을 이끄는 핵심 단어이므로 ㉠에 들어갈 소제목으로 '디지털 소외계층의 맞춤형 지원 서비스 확대로 국민 편의성 향상'이 가장 적절하다.

05

정답 ②

① (○) 국민건강보험공단은 9월 5일부터 공공기관 최초로 모바일 전자고지 요약 음성 서비스를 제공한다고 하였다.

② (X) 고령자와 장애인 등과 같은 디지털 취약계층의 불편함을 해소하고자 모바일 전자고지를 통해 모바일 전자고지 요약 음성 서비스를 제공한다고 하였다.

③ (○) 공단에서 제공하는 대사증후군 유선 건강관리서비스를 받으려면 관할 지사로 연락을 달라고 하였다.

④ (○) 본문 내용에 개인 민감 정보가 포함되어 있을 수 있으므로 외부 장소에서의 공개 청취 등을 피하고, 개인정보 유출에 유의하라고 하였다.

06

정답 ②

'한편'은 어떤 일에 대하여, 앞에서 말한 측면과 다른 측면을 말할 때 쓰는 부사이다. 빈칸 앞의 내용은 국민건강보험공단이 고령자와 장애인 등과 같은 '디지털 취약계층'의 불편함을 해소하기 위해 모바일 전자고지 요약 음성 서비스를 제공한다는 내용이고, 빈칸 뒤의 내용은 공단이 모바일 전자고지 서비스를 통해 탄소 중립에 참여하고 있음을 설명하는 내용이다. 따라서 빈칸에는 '한편'이 들어가는 것이 가장 적절하다.

07

정답 ②

① (○) 의료데이터는 개인의 동의를 받아 어느 의료기관에서든지 활용 가능하도록 건강정보 고속도로 플랫폼을 통해 각 의료기관으로 전송되며, 전국 어디에서나 동일한 나의 건강정보를 토대로 적합한 진단과 치료를 받을 수 있게 된다고 하였다.

② (X) 2024년 8월 기준 상급종합병원 10개소, 종합병원 12개소, 병·의원 838개소 등 총 860개의 의료기관이 참여했으며, 미참여 병원 중 상급종합병원 21개소 및 그 협력 의료기관인 종합병원 28개소, 병·의원 210개소 등 총 259개소가 추가 참여하기로 의사를 밝혔다고 하였다. 이를 토대로 대부분의 병·의원은 의료데이터에 대해 부정적이기보다는 오히려 긍정적 반응을 보이고 있음을 알 수 있다.

③ (○) 개인정보제공 동의하에 개인의 건강정보를 정부나 지방자치단체, 공공기관, 제약회사 등에 전송함으로써 그에 따른 다양한 혜택과 정보를 제공받을 수 있다고 하였다.

④ (○) 서울 소재 빅5로 꼽히는 서울아산병원, 세브란스병원, 서울대병원, 서울성모병원, 삼성서울병원 등이 모두 의료데이터 제공기관으로 참여하고 있다고 하였다.

08

정답 ④

① (○) 건강정보 고속고도로 플랫폼은 개인의 진료이력, 투자이력, 검사 결과, 상담 의료 영상 등 다양한 의료데이터를 제공한다고 하였다. 이를 통해 불필요한 검사의 반복을 방지하는 데 도움을 줄 것으로 추론할 수 있다.

② (○) 의료데이터는 건강정보 고속도로 플랫폼을 통해 각 의료기관으로 전송되며, 전국 어디에서나 동일한 나의 건강정보를 토대로 적합한 진단과 치료를 받을 수 있게 된다고 하였다.

③ (○) 건강정보 고속도로 플랫폼을 통해 개인의 의료데이터가 수집되고 활용되는 등 네트워크에 있어 중요한 역할을 담당하고 있으므로 건강정보 고속도로가 의료기록을 전송하고 보안을 관리하는 허브 역할을 하고 있다고 추론할 수 있다.

④ (X) 건강정보 고속도로는 다양한 의료데이터 조회가 가능하며, 진료이력, 투약이력과 같은 의료기관 진료 정보와 예방 접종, 전염병 전파 정보 등 공공기관 정보 외에도 나의 맥

박, 혈당, 생활습관과 같은 개인 건강정보도 조회할 수 있다고 하였다.

09

정답 ④

㉣은 「의료법」에 대해 설명하는 문장이다. ㉣의 앞에서는 건강정보 고속도로 플랫폼에 제공된 정보를 활용함으로써 얻을 수 있는 이점을 나열하고 있다. 글의 논리적 흐름상 「의료법」에 대해 설명하고 있는 문장 ㉣은 삭제하는 것이 바람직하다.

10

정답 ②

① (○) 「의료분쟁조정법」은 의료사고로 인한 분쟁을 신속·공정하게 해결하고자 조정·중재에 필요한 사항을 정하고 의료분쟁 조정·중재를 활성화하기 위한 법이다.

② (×) 불가항력 분만 의료사고란 보건 의료인이 충분한 주의의무를 다하였음에도 불구하고 불가항력적으로 발생하는 신생아 뇌성마비, 산모·신생아 사망 등의 분만 관련 의료사고에 대해 보상하는 제도라고 하였다.

③ (○) 보상 재원은 기존에는 국가가 보상금의 70%를, 분만 의료기관이 30%를 담당하였으나 법률 개정 후에는 국가가 보상 재원의 100%를 부담하게 된다고 하였다.

④ (○) 불가항력 분만 의료사고 보상금 한도를 최대 3억 원까지 상향한다고 하였다.

11

정답 ①

보도자료는 기존 「의료분쟁조정법」 시행령 및 시행규칙 개정을 통해 불가항력 분만 의료사고 발생 시 의료사고 피해자의 권익을 보호하기 위한 조치이며, 2문단에서 이번 하위법령개정은 국가의 책임을 강화하고자 추진된다고 설명하였다. 따라서 빈칸에는 '불가항력 분만 의료사고 국가책임을 대폭 강화'가 들어가는 것이 적절하다.

12

정답 ③

㉢은 조정기일 참석자에 관한 설명이다. ㉢이 포함된 4문단의 중심 내용은 의료사고 보상의 세부 개정 내용이므로 글의 논리적 흐름을 고려할 때, ㉢을 삭제하는 것이 가장 적절하다.

13

정답 ①

① (×) 제1형 당뇨병은 유전적 요인이나 비만, 노화 등에 의해 발생하는 제2형 당뇨병과 달리, 대부분 자가 면역기전에 의해 발생한다고 하였다.

② (○) 8시간 이상 공복 후 혈장 포도당이 126mg/dL 이상이면 당뇨병으로 진단한다고 하였다.

③ (○) 제1형 당뇨병은 주로 사춘기나 유년기에 발생하며 당사자의 생활패턴, 식습관, 체형이나 부모의 양육방식 등과는 관련이 없다고 하였다.

④ (○) 고혈압은 당뇨병 환자에게서 2배 많이 나타나며 당뇨병과 고혈압이 함께 발생하면 심뇌혈관질환으로 사망할 위험도 크게 증가한다고 하였다.

14

정답 ③

① (×) '더구나'는 '의미 있는 사실에 더하여'를 뜻하는 부사이다.

② (×) '그리고'는 단어, 구, 절, 문장 따위를 병렬적으로 연결할 때 쓰는 접속 부사이다.

③ (○) '하지만'은 서로 일치하지 않거나 상반되는 사실을 나타내는 두 문장을 이어 줄 때 쓰는 부사이다. 빈칸 앞 문장은 고혈당을 예방하기 위해 인슐린 주사를 맞아야 한다는 내용이며, 빈칸 뒤 문장은 인슐린을 지나치게 사용하면 오히려 저혈당이 생길 수 있어 주의해야 한다는 내용으로 서로 상반되는 사실에 관해 다루고 있다. 따라서 빈칸에는 '하지만'이 들어가는 것이 적절하다.

④ (×) '또한'은 '어떤 것을 전제로 그것과 같게' 또는 '그 위에 더'라는 의미로 사용되는 부사이다.

15

정답 ②

① (○) 제1형 당뇨병은 췌장의 베타세포 파괴에 의한 인슐린 결핍으로 발생한 당뇨병으로, 대부분 자가 면역기전에 의해 발생하며, 당사자의 생활패턴, 식습관, 체형이나 부모의 양육방식 등과는 관련이 없다고 하였다.

② (×) 인슐린은 태반을 거의 통과하지 못하기 때문에 태아에게 직접적인 영향이 없다고 하였다.

③ (○) (제2형) 당뇨병이 발병하는 데는 유전적 요인뿐만 아니라 생활습관 등이 관여하므로 생활습관이 바르지 못하면 유전적 영향이 없는 사람이라도 당뇨병이 발생할 수 있다고 하였다.

④ (○) 제1형 당뇨병은 운동과 식사만으로는 혈당이 조절되지 않아 반드시 인슐린 주사를 맞아야 한다고 하였다.

16

정답 ③

① (○) 코로나19 유행 시기에 항생제 사용이 급격하게 증가하였으며 이로 인한 내성 발생 우려가 심각한 상황이라고 하였다.

② (○) 항생제 내성은 감염을 치료하기 위해 사용되는 항생제의 오·남용으로 인해 발생하며, 내성균은 항생제가 잘 듣지 않아 치료가 어렵다고 하였다.

③ (X) 코로나19 유행 당시 바이러스 감염에 의한 질병은 항생제가 필요하지 않음에도 불구하고 항생제 사용이 급격하게 증가하여 이로 인한 내성 발생 우려가 심각한 상황이라고 하였다.

④ (O) 항생제 내성으로 인한 문제는 인류의 생명을 위협하는 10대 위험요인 중 하나라고 하였다.

17

정답 ②

① (X) 항생제의 오·남용으로 인해 항생제 내성이 생긴다고 하였다. 즉, 항생제를 지나치게 사용하는 남용도 문제지만 의사의 권장 복용 기간을 지키지 않고 중단하는 오용도 항생제 내성의 원인이 될 수 있다.

② (O) 항생제 처방을 남용함으로써 항생제 내성이 발생하면 기존 약물로는 치료가 되지 않으므로 새로운 항생제를 개발해야 하고, 이에 따른 시간과 비용이 소요될 것으로 짐작할 수 있다.

③ (X) 국내 의료기관에서의 항생제 사용량은 2018년 이후 감소하는 추세이나, 항생제 내성에 따른 경제 비용은 약 25조 원(188억 달러)에 달한다고 하였다.

④ (X) 내성균은 항생제가 잘 듣지 않아 치료가 어렵고, 배탈, 설사 등 다양한 부작용을 일으킨다고 하였다. 따라서 항생제 내성이 생기면 질병의 치료 기간은 오히려 길어진다.

18

정답 ①

들어갈 글은 코로나19 당시 항생제 처방이 필요한 환자에 비해 그렇지 않은 환자가 많았음에도 불구하고 실제로는 항생제 처방이 과도하게 이뤄졌음을 말해 주고 있다. 따라서 보도자료의 논리적 흐름을 고려할 때 코로나19 유행으로 인해 항생제 사용이 급격하게 증가했다는 내용을 다룬 (가)문단 뒤에 오는 것이 가장 적절하다.

19

정답 ④

개인형 이동장치를 타다가 12대 중대의무 위반에 해당하는 무면허운전, 신호 위반, 음주운전 등으로 교통사고를 내고 관련 부상으로 치료받을 경우, 이를 부당이득으로 간주하고 보험급여비용을 환수 고지함을 알리며 교통법규를 반드시 준수할 것을 당부하는 글이다. 따라서 보도자료의 작성 목적으로 개인형 이동장치 교통사고의 원인이 고의 또는 중대한 과실로 인한 경우 공단 급여제한 및 부당이득 환수 조치가 가능하므로 운행 시 교통법규 준수를 당부하기 위함이 가장 적절하다.

20

정답 ②

① (O) 전동킥보드는 「도로교통법」상 '차(車)'로 분류되어 무면허운전, 신호지시 위반, 중앙선 침범 등은 「교통사고처리 특례법」 제3조 제2항에서 규정하고 있는 12대 위반항목이며, 공단은 교통사고가 「교통사고처리 특례법」 제3조 제2항 12대 중대의무 위반을 원인으로 발생 시 '중과실 범죄행위'로 판단, 급여제한 및 부당이득 징수 처분한다고 하였다.

② (X) 신호지시 위반은 「교통사고처리 특례법」 제3조 제2항에서 규정하고 있는 12대 위반항목에 해당되며, 교통사고가 12대 중대의무 위반을 원인으로 발생 시에는 '중과실 범죄행위'로 판단된다고 하였다.

③ (O) 2019년부터 2023년까지 개인형 이동장치 교통사고는 5년간 꾸준히 증가였으며, 이 중 20세 이하 청소년 운전자가 절반 이상(69.6%)을 차지한 것으로 나타났다고 하였다.

④ (O) 12대 중대의무 위반에 해당하는 음주운전 등으로 교통사고를 내고 관련 부상으로 치료받을 시, 공단은 이를 부당이득으로 간주하고 보험급여에 들어간 비용을 환수한다고 하였으므로 전동킥보드 이용자의 음주로 인해 교통사고가 났다면 「국민건강보험법」(제53조 및 제57조)에 의거하여 급여제한 대상이 될 수 있으며 치료에 수반되는 개인부담금이 늘어날 수 있다.

21

정답 ③

① (X) 2024년에 폐암은 남성 21,176명, 여성 10,440명에게서 발생했으므로 폐암 발생자 수는 31,616명이다. 그런데 갑상선암은 남성 8,771명, 여성 26,532명에게서 발생했으므로 갑상선암 발생자 수는 36,303명이다. 따라서 갑상선암이 폐암보다 암 발생자 수가 더 많다.

② (X) 남성의 10위 내에 포함된 암종 중 여성 10위 내에 포함된 암종은 폐, 위, 대장, 간, 갑상선, 췌장, 담낭 및 담도 총 7종이다.

③ (O) 조발생률은 암 발생자 수를 인구로 나눈 값에 10만 명을 곱한 것이다. 따라서 남성은 561.7=(143,723/남성 인구)×100,000이다. 이를 환산하여 남성 인구를 구하면 (143,723/561.7)×100,000=25,587,146명이다. 여성은 519.7=(133,800/여성 인구)×100,000이다. 이를 환산하여 여성 인구를 구하면 (133,800/519.7)×100,000 =25,745,622명이다.
따라서 2024년 A국의 인구는 25,587,146+25,745,622 =51,332,768명이다.

④ (X) 2024년 A국의 신장암 발생자 수는 남성이 4,775명이다. 여성의 수는 정확히 알 수 없지만, 10위 난소암 발생자 수가 3,221명이기 때문에 이보다는 적어야 한다. 따라서 전체 신장암 발생자 수가 8,000명이라면, 8,000－4,775=3,225명이므로 여성의 신장암 발생자 수가 난소암 발생자 수보다 많은 것이므로 불가능한 진술이 된다.

22

정답 ②

성별 암 발생률이 15%가 넘는 암종은 여성의 유방암과 갑상선암 2종이다. 유방암은 28,720/133,800×100≒21.5%이고, 갑상선암은 26,532/133,800×100≒19.8%이다. 따라서 15%를 초과한 암종은 2종이다. 따라서 캠페인 비용은 2×1,500,000=3,000,000원이다.

23

정답 ③

① (○) 무역수지는 2019년 3,972−4,279=−307십억 원, 2020년 4,324−4,849=−525십억 원, 2021년 7,831−5,227=2,604십억 원, 2022년 9,875−6,126=3,749십억 원, 2023년 10,175−6,315=3,859십억 원이다. 따라서 2020년 이후로 매년 전년 대비 증가하고 있음을 알 수 있다.

② (○) 수입점유율은 수입을 시장규모로 나눈 값이다. 2019년 4,279/6,818×100=62.8%, 2020년 4,849/7,804×100=62.1%, 2021년 5,227/7,532×100=69.4%, 2022년 6,126/9,134×100=67.1%, 2023년 6,315/11,878×100=53.2%이다. 따라서 2021년이 가장 높다.

③ (×) 전년 대비 2022년 시장규모 증가율은 (9,134−7,532)/7,532×100=21.2%이고, 2023년 시장규모 증가율은 (11,878−9,134)/9,134×100=30%이다. 따라서 2022년보다 2023년이 더 크다.

④ (○) 연도별 생산량은 시장규모+수출−수입이다. 2023년 생산량은 11,878+10,175−6,315=15,738십억 원이고, 2021년 생산량은 7,532+7,831−5,227=10,136십억 원이다. 따라서 2023년 생산량이 2021년에 비해 5조 원 이상 더 많다.

24

정답 ④

2023년의 생산량은 시장규모+수출−수입이므로 11,878+10,175−6,315=15,737십억 원이다. 2023년 대비 2024년 생산량 증가율이 전년 대비 2023년의 시장증가율인 30%라면, 2024년 생산량은 15,737×1.3=20,458십억 원이다.

25

정답 ④

① (×) [그림]에 주어진 숫자는 총 의료비와 정부 보건의료 지출액이다. 따라서 민간 보건의료 지출액은 총 의료비−정부 보건의료 지출액을 통해 확인 가능하다. 민간 보건의료 지출액은 2021년에 18.1−6.9=11.2십억 달러, 2022년에 18.3−7.2=11.1십억 달러, 2023년에 20.0−8.0=12.0십억 달러이다. 따라서 2022년은 2021년에 비해 민간 보건의료 지출액이 감소한다.

② (×) 2023년 B국 내과의사 의료인력은 2.64이고, A국 내과의사 의료인력은 0.60이다. 따라서, 0.60/2.64×100≒22.7%이다.

③ (×) A국의 약사 수는 인구 1,000명당 명으로 제시되어 있다. 매년 0.64명이라고 표기되어 있지만 이는 (실제 약사 수/인구×1,000명)의 계산을 통해 도출된 값이다. 따라서 매년 인구가 동일하지 않다면 0.64명이라는 수치만으로 실제 약사 수가 동일하게 유지되는지는 알 수 없다.

④ (○) [그림]을 통해서도 민간 보건의료 지출액이 전체 막대에서 절반 이상을 차지한다는 것을 알 수 있다. 또한 민간 보건의료 지출액을 굳이 계산하지 않더라도 총 의료비에서 정부 보건의료 지출액이 차지하는 비중이 절반에 미치지 못하면, 민간 보건의료 지출액이 절반 이상을 차지한다는 것을 알 수 있다.

이런 접근으로, 정부 보건의료 지출액이 차지하는 비중을 계산하면, 2021년에 6.9/18.1≒18.1%, 2022년에 7.2/18.3≒39.3%, 2023년에 8/20=40.0%, 2024년에 8.7/21.5≒40.5%, 2025년에 9.6/23.5≒40.9%, 2026년에 10.5/25.2≒41.7%, 2027년에 11.5/27.2≒42.3%, 2028년에 12.6/29.7≒42.4%, 2029년에 13.8/32.6≒42.3%, 2030년에 15.2/36.2≒42.0%, 2031년에 16.6/39.4≒42.1%이다. 따라서 매년 정부 보건의료 지출액이 차지하는 비중은 절반인 50%에 미치지 못한다는 것을 알 수 있다. 이를 반대로 해석하면 매년 민간 보건의료 지출액이 차지하는 비중은 절반 이상을 차지한다는 것을 알 수 있다.

26

정답 ③

① (○) 2021년 이후로 A국의 내과의사와 간호사 수를 표기한 그래프이다. 내과의사는 2021~2024년에 걸쳐 1명에 미치지 못하고, 간호사는 5명 근처에서 오르내리는 것(5.08 → 5.47 → 5.44 → 4.99)을 확인할 수 있다.

② (○) 2021년 이후 민간 보건의료 지출액 현황을 표기한 그래프이다. 2021년 11.2십억 달러, 2022년 11.1십억 달러, 2023년 12.0십억 달러, 2023년 12.8십억 달러임을 알 수 있다.

③ (×) 간호사와 약사가 바뀌어 표기되어 있음을 알 수 있다. 특히, A국, OECD, B국 모두 간호사의 수가 내과의사, 약사보다 훨씬 많은 5명 이상이므로, 그 비중 역시 매우 높아야 하는데 약사가 훨씬 많이 제시되고 있기 때문에 잘못된 그래프임을 알 수 있다.

④ (O) 정부 보건의료 지출액이 차지하는 비중이 제시되어 있다. 정부 보건의료 지출 비중은 2027년에 11.5/27.2×100≒42.28%, 2028년에 12.6/29.7×100≒42.42%, 2029년에 13.8/32.6×100≒42.33%, 2030년에 15.2/36.2×100≒41.98%이므로 그에 맞게 표기되어 있다.

27

정답 ②

① (O) 만성퇴행성질환의 전년 대비 증감방향은 증가, 증가, 감소이다. 이와 같은 전년 대비 증감방향을 보이는 것은 감염질환관리 하나뿐이다.

② (X) 2023년 전체 예산투입은 2,251,432백만 원이다. 이 중 중점과제별 비중은 건강생활실천확산이 541,541/2,251,432×100≒24.1%, 만성퇴행성질환이 254,471/2,251,432×100≒11.3%, 감염질환관리가 310,184/2,251,432×100≒13.8%, 안전환경보건이 215,414/2,251,432×100≒9.6%, 인구집단별 건강관리는 558,414/2,251,432×100≒24.8%, 기초 건강검진은 371,408/2,251,432×100≒16.5%이다. 어떤 항목도 25% 이상이 아니다. 이때 전체 2,251,432백만 원의 25%(1/4)는 562,858백만 원이다. 어떤 항목도 562,858백만 원을 넘지 못하기 때문에 하나도 없다는 것을 확인할 수 있다.

③ (O) 전년 대비 예산투입 증가율은 2020년에 (1,934,084−1,805,422)/1,805,422≒7.1%, 2021년에 (2,287,231−1,934,084)/1,934,084≒18.3%, 2022년에 (2,134,637−2,287,231)/2,287,231≒−6.7%(감소), 2023년에 (2,251,432−2,134,637)/2,134,637≒5.5%이다. 따라서 증가율이 가장 높은 해는 2021년임을 알 수 있다.

④ (O) 2020년의 연도별 중점과제 예산투입 순위는 기초 건강검진 > 인구집단별 건강관리 > 건강생활실천확산 > 감염질환관리 > 만성퇴행성질환 > 안전환경보건 순이다. 이 중 최하위 2개는 5, 6위에 해당하는 만성퇴행성질환과 안전환경보건이다. 이 둘의 순위는 2021년, 2022년, 2023년 모두 달라지지 않는다.

28

정답 ①

① (X) 2020년 감염질환관리와 인구집단별 건강관리의 합은 203,241+444,821=648,062백만 원이고, 이는 전체 1,934,084백만 원의 33.5%를 차지한다.

② (O) 2021년 만성퇴행성질환과 기초 건강검진의 합은 197,508+877,168=1,074,676백만 원이고, 이는 전체 2,287,231백만 원의 48.8%에 해당한다.

③ (O) 2022년 건강생활실천확산과 인구집단별 건강관리의 합은 536,980+383,017=919,997백만 원이고, 이는 전체 2,134,637백만 원의 43.1%에 해당한다.

④ (O) 2023년 건강생활실천확산, 기초 건강검진의 합은 541,541+371,408=912,949백만 원이고, 이는 전체 2,251,4332의 40.6%에 해당한다.

29

정답 ④

① (X) '수익=매출−비용'이다. 따라서 1분기의 수익은 23,115−28,417=−5,302천 원이다. 2분기의 수익은 19,748−23,141=−3,393이다. 3분기의 수익은 30,154−27,889=2,265이다. 4분기의 수익은 33,581−29,889=3,692이다. 따라서 4분기의 수익이 가장 높다. 이때 1분기와 2분기는 매출보다 비용이 더 크기 때문에 계산할 필요가 없다. 3분기와 4분기는 매출이 3,000천 원 이상 증가했음에 비해, 비용은 정확히 2,000천 원 증가했기 때문에 4분기의 매출 증가분이 더 높아 수익이 늘어났을 것이라고 해석할 수 있다. 이렇게 생각할 수 있다면 구체적인 계산을 하지 않아도 확인 가능하다.

② (X) 상담자 수 중 10대 이하가 차지하는 비중은 [표 2]의 10대 이하 상담자 수/ [표 1]의 상담자 수를 통해 확인 가능하다. 1분기는 131/1,324×100≒10%, 2분기는 85/898×100≒9%, 3분기는 73/1,677×100≒4%, 4분기는 71/2,122×100≒3%이다. 따라서 오히려 매 분기 감소함을 알 수 있다. 이때 1분기와 4분기를 비교해 보면 전체 상담자 수는 1,324 → 2,122명으로 증가했고, 10대 이하 상담자 수는 131 → 71명으로 감소했다. 따라서 분모는 증가하고, 분자는 감소했기 때문에 그 비중 역시 감소했음을 알 수 있고, 구체적인 계산을 하지 않아도 분수가 지속적으로 증가할 수는 없다는 것을 해석할 수 있다.

③ (X) 2분기의 20대 상담자 수 비중은 294/898×100≒32.7%, 3분기의 20대 상담자 수 비중은 294/1,677×100≒17.5%이다. 이때 2분기의 20대 상담자 수와 3분기의 20대 상담자 수는 그 수가 같은데, 전체 상담자 수는 다르기 때문에 비중이 같을 수는 없다.

④ (O) 협찬건수는 1분기 이후 매 분기마다 증가했다. 60대 이상 상담자 수 역시 12 → 26 → 79 → 144명으로 매 분기마다 증가했다.

30

정답 ②

1분기의 매출은 23,115,000원이고, 상담매출은 1,324×10,000=13,240,000원, 협찬매출은 31×50,000=1,550,000원이다. 수술을 통한 매출은 전체 매출에서 상담매출과 협찬매출을 차감한 금액이다. 따라서 23,115,000−

13,240,000－1,550,000＝8,325,000원이다. 이는 총 131건의 수술을 통해서 발생한 매출이므로, 수술 1건당 평균 매출은 8,325,000/131≒63,550원임을 알 수 있다.
2분기의 매출은 19,748,000원이고, 상담매출은 898×10,000＝8,980,000원, 협찬매출은 68×50,000＝3,400,000원이다. 수술을 통한 매출은 전체 매출에서 상담매출과 협찬매출을 차감한 금액이다. 따라서 19,748,000－8,980,000－3,400,000＝7,368,000원이다. 이는 총 56건의 수술을 통해서 발생한 매출이므로, 수술 1건당 평균 매출은 7,368,000/56≒131,571원임을 알 수 있다.
3분기의 매출은 30,154,000원이고, 상담매출은 1,677×10,000＝16,770,000원, 협찬매출은 87×50,000＝4,350,000원이다. 수술을 통한 매출은 전체 매출에서 상담매출과 협찬매출을 차감한 금액이다. 따라서 30,154,000－16,770,000－4,350,000＝9,034,000원이다. 이는 총 174건의 수술을 통해서 발생한 매출이므로, 수술 1건당 평균 매출은 9,034,000/174≒51,920원임을 알 수 있다.
4분기의 매출은 33,581,000원이고, 상담매출은 2,122×10,000＝2,122,000원, 협찬매출은 91×50,000＝4,550,000원이다. 수술을 통한 매출은 전체 매출에서 상담매출과 협찬매출을 차감한 금액이다. 따라서 33,581,000－2,122,000－4,550,000＝7,811,000원이다. 이는 총 188건의 수술을 통해서 발생한 매출이므로, 수술 1건당 평균 매출은 7,811,000/188≒41,584원임을 알 수 있다.
따라서 2분기의 수술 1건당 평균 매출이 가장 많다.

31

정답 ③

① (X) 제시된 국가(독일, 영국, 일본, 한국, 미국, 멕시코)와 OECD 평균에 대한 판단은 가능하지만, 나머지 OECD 국가들 중에서는 반례가 있을 수 있다.
② (X) [그림]에 제시된 2023년의 한국의 회피가능사망률 147.0은 2018년 185.0의 약 79.45%이기 때문에 80% 이하임을 알 수 있다.
③ (O) 현재 독일, 영국, 일본, 한국, 미국, 멕시코의 예방가능사망률 평균은 139.2로 OECD 평균보다 높다. 나머지 국가들과의 평균을 내면 OECD 평균이 도출되어야 하기 때문에 OECD 평균보다 낮아야 한다.
예를 들어, 전체 평균이 100이 나오려면, 이미 평균이 105인 집단이 있는 상태에서, 평균이 101이 있는 집단을 더해 평균 100이 도출될 수는 없다. 평균 105인 집단이 있으면 평균 95인 집단이 있어야 전체 평균 100이 도출될 수 있는 것이다.
④ (X) 예방가능사망률의 전년 대비 감소율은 매해 계산이 필요하다. 2019년은 (132.0 - 125.0)/132.0≒5.3%, 2020년은 (125.0－119.0)/125.0≒4.8%, 2021년은 (119.0－111.0)/119.0≒6.7%, 2022년은 (111.0－107.0)/111.0≒5.6%, 2023년은 (107.0－103.0)/107.0≒3.7%이다. 따라서 예방가능사망률의 전년 대비 감소율은 2021년이 가장 크다.

32

정답 ③

2022년 대비 2023년의 회피가능 사망률 감소율은 (154.0－147.0)/154.0＝4.55%이다. 주어진 조건에 따르면, 매해 4.55%만큼 감소하는 것이기 때문에 4.55%의 n제곱만큼 감소하는 셈이다.
2024년에 4.55%만큼 감소하면 140.3명, 2025년은 133.9명, 2026년은 127.8명, 2027년은 122.0명, 2028년은 116.5명, 2029년은 111.12명, 2030년은 106.1명, 2031년은 101.3명, 2032년은 96.7명이 된다. 따라서 2032년이 되어서야 100명 이하가 된다.

33

정답 ③

① (X) 전년 대비 고혈압 진료비 증가율은 '(올해 고혈압 진료비－전년 고혈압 진료비)/전년 고혈압 진료비×100'로 구할 수 있다. 따라서 2020년의 전년 대비 고혈압 진료비는 (10,632－10,065)/10,065×100≒5.6%, 2021년은 (11,047－10,632)/10,632×100≒3.9%, 2022년은 (12,014－11,047)/11,047×100≒8.8%, 2023년은 (12,625－12,014)/12,014×100≒5.1%이다. 따라서 2022년이 가장 높다.
② (X) 증가량은 증가율과 다르다. 증가량은 단순 차이값을 의미한다. 2020년의 전년 대비 고혈압 환자 수 증가량은 6,542,791－6,317,663＝225,128명, 2021년은 6,741,759－6,542,791＝198,968명, 2022년은 7,070,734－6,741,759＝328,975명, 2023년은 7,273,888－7,070,734＝203,154명이다. 따라서 증가량이 가장 많은 해는 2022년이고, 2021년은 증가량이 가장 적다.
③ (O) 고혈압 환자 1인당 진료비는 '고혈압 진료비/고혈압 환자 수'를 통해 확인 가능하다. 2023년의 고혈압 진료비는 12,625억 원이고, 고혈압 환자 수는 7,273,888명이므로 12,625/7,273,888≒173,566원이 된다. 따라서 15만 원을 초과한다.
④ (X) 2019~2023년 연평균 고혈압 진료비는 (10,065＋10,632＋11,047＋12,014＋12,625)/5≒11,277억 원이다. 따라서 1.2조 원을 밑돈다.

34

정답 ④

'연간 고혈압 진료비＝1인당 고혈압 진료비×고혈압 환자 수'이다. 2024년 고혈압 환자 1인당 진료비는 180,000원이고 환자 수는 2023년 고혈압 환자 수 대비 5%가 증가했다면, 2024년 고혈압 진료비＝180,000×2023년 고혈압 환자 수×1.05를 통해 확인할 수 있다. 7,273,888×1.05＝7,637,582.4명이므로, 여기에 180,000원을 곱하면 1,374,764,832,000원이고, 이를 십억 자리에서 반올림하여 정리하면 13,750억 원임을 알 수 있다.

35

정답 ②

증가폭이 커 보이는 연도를 살펴보도록 하자. 전년 대비 개업 병의원 증가율은 2018년이 (1,012－462)/462×100≒119.0%, 2019년이 (3,378－1,012)/1,012×100≒233.8%, 2021년이 (2,831－1,895)/1,895×100≒49.4%이다. 개업 병의원의 전년 대비 증가율이 가장 큰 해는 2019년이다.

전년 대비 폐업 병의원 증가율은 2017년 (1,250－853)/853×100≒46.5%, 2019년 (2,020－1,462)/1,462×100≒38.2%, 2022년 (1,235－734)/734×100≒68.3%이다. 2022년이 가장 크다.

36

정답 ①

① (○) 주어진 표의 내용이 그대로 그래프로 잘 나타나고 있다.
② (×) 2017년의 개업 병의원 수가 1,500개소를 넘기 때문에 잘못되었다.
③ (×) 2012년의 폐업 병의원 수가 2,000개소를 넘기 때문에 잘못되었다.
④ (×) 여러 해에서 잘못되었지만, 개업 병의원이 매년 폐업 병의원 수보다 많다는 것을 보면 쉽게 파악 가능하다.

37

정답 ②

① (×) [표 1]에서 아시아 15개국 국내 의료기과 신고제 등록 건수를 전체 국내 의료기관 신고제 등록 건수로 나누면 된다. 따라서 2017년은 4/10×100＝40%, 2018년은 8/14×100≒57.1%, 2019년은 17/20×100＝85%, 2020년은 19/22×100≒86.4%, 2021년은 19/25×100＝76.0%, 2022년은 29/34×100≒85.3%, 2023년은 22/37×100≒59.5%이다. 2020년은 85%를 초과한 86.4%이기 때문에 매년 85% 이하라고 할 수 없다.
② (○) 2024년 아시아 15개국 해외진출한 전체 건수는 22건이다. 따라서 이 22건을 진료과별로 살펴볼 수도 있고, 진출형태로도 살펴볼 수 있다. 진료과별로는 피부·성형에 해당하면서, 진출형태로는 운영컨설팅에 해당하는지는 서로 다른 두 관점을 통해 교집합이 존재하는지 살펴볼 수 있다. 서로 다른 두 관점을 통해 겹치는 것이 없는지 확인 가능하지만, 피부·성형(15)＋운영컨설팅(10)－전체(22) ＞ 0이므로 현재는 교집합이 존재함을 알 수 있다.
③ (×) 2024년 전체 국가에서의 국내 의료기관 해외진출 신고 건수는 37건이다. 이 중 의료기관 개설·운영 형태로 진출한 건수는 아시아 15개국에서 신고된 9건＋나머지 국가의 x건임을 알 수 있다. 그런데 나머지 국가에서 의료기관 개설·운영 형태로 진출한 건수가 0건이라면 국내 의료기관 해외진출 신고 건수 중 의료기관 개설·운영 형태로 진출한 건수가 차지하는 비중은 9/37≒24.3%이다. 따라서 30% 이상이라고 단정지을 수 없다.
④ (×) 아시아 15개국 중 2024년에 진출한 국가를 [표 2]를 통해 중국, 베트남, 일본, 몽골, 미얀마, 필리핀, 캄보디아, 말레이시아, 인도네시아 총 9개국이라는 것을 알 수 있을 뿐 나머지 해에 어떤 국가에 진출했는지는 알 수 없다.

38

정답 ③

2025년에 추가된 전체 신고 건수는 태국(치과) 5건과 싱가포르(건강검진) 3건, 총 8건이다. 이에 따라 아시아 15개국에서의 전체 신고 건수는 22＋8＝30건이고, 그중 치과는 3＋5＝8건이다. 따라서 8/30×100≒26.7%이다.

39

정답 ②

① (×) 주어진 자료의 성격을 살펴보면, 성별로는 만 19세 이상 전체 남성 중 비만, 만 19세 이상 전체 여성 중 비만의 비중으로 구성된 자료임을 알 수 있다. 따라서 2016년 만 19세 이상 비만인 남성 수를 알기 위해서는 만 19세 이상의 전체 남성 수를 알아야 한다. 2023년도 마찬가지이다. 결국 두 비율을 통해 추론할 수 없다.
② (○) 19~29세의 2020년 대비 2023년 만 19세 이상 비만 유병률 증가율은 (29.4－23.9)/23.9×100≒23.0%이다.
③ (×) 2020년 이후로 전체 평균과 남성, 여성의 비만 유병률 간의 차이값을 살펴보면, 2020년은 남성이 6.9, 여성이 7.6, 2021년 남성이 6.5, 여성이 7.3, 2022년 남성이 7.5, 여성이 8.4, 2023년 남성이 7.5, 여성이 8.5만큼 떨어져 있다. 즉, 여성이 남성보다 평균으로부터 더 멀리 떨어져 있다. 이는 더 가까운 남성의 가중치가 더 높다는 것을 의미한다. 따라서 2020년 이후로 줄곧 만 19세 이상 인구는 남성이 더 많다는 것을 알 수 있다.
④ (×) 각 연도의 인구수를 알 수 없기 때문에 만 19세 이상의 비만 유병률만으로 비만인 인구를 확인할 수는 없다. 각 연도의 인구수를 알아야 비만 인구가 비교 가능하다.

40

정답 ③

2022년의 만 19세 이상 남성과 여성의 비만 유병률의 전체 평균은 35.5%이다. 이는 남성의 42.5%와 여성의 27.5%의 가중평균이다. 남성과 여성의 비만 유병률의 전체 평균에 대한 차이값을 구하면 남성은 7.0이고, 여성은 8.0이다. 거리의 비로 환산하면 남성 : 여성=7.0 : 8.0임을 알 수 있다. 따라서 가중치의 비는 이의 역수인 8.0 : 7.0이다.

결과적으로, 남성의 가중치는 전체 5,000만 명에 대해 8.0/(8.0+7.0)이고, 이를 계산하면, 5,000만 명×8.0/15.0=2,666만 6,667명임을 알 수 있다. 따라서 만의 자리에서 반올림하면 2022년 만 19세 이상 남성 인구는 2,670만 명이다.

41

정답 ①

① (X) 47,328원은 2024년 기준 최저임금의 60%라고 하였으므로 2024년 기준 최저임금은 일 47,328/0.6≒78,880원이다.

② (O) 서울 종로구, 경기 부천시, 충남 천안시, 전남 순천시, 경북 포항시, 경남 창원시, 경기 안양시, 경기 용인시, 대구 달서구, 전북 익산시, 충북 충주시, 충남 홍성군, 전북 전주시, 강원 원주시 14개 지역에서 상병수당 시범사업을 진행 중이라고 하였다.

③ (O) 모형 1, 모형 3의 보장기간은 최대 120일, 모형 2, 모형 4, 모형 5의 보장기간은 최대 150일이라고 하였다.

④ (O) 2024년 일 지급금액은 전년 대비 (47,328−46,180)/46,180×100≒2.5% 증가했다.

42

정답 ③

① (X) 경기 부천시는 1단계 시범사업 대상지역이며, 1단계 시범사업의 경우 공무원은 지원제외자에 해당한다고 하였다.

② (X) 충북 충주시는 3단계 시범사업 대상지역이고, 3단계 시범사업은 2024년 7월부터 시행한다고 하였다.

③ (O) 전북 익산시는 2단계 시범사업 대상지역이고, 모형 5에 해당하며, 모형 5의 경우 3일 이상 입원한 경우에만 지원 가능하다고 하였다.

④ (X) 전남 순천시는 1단계 시범사업 대상지역이고, 모형 3에 해당하며, 모형 3의 경우 3일 이상 입원한 경우에만 지원받을 수 있다고 하였다.

43

정답 ①

• A: 서울 종로구는 1단계 시범사업 대상지역이며, 모형 2에 해당한다. 근로활동이 어려운 전체 기간에서 대기기간 일수를 제외한 기간 동안 상병수당을 지급하며, 2023년에는 1일에 46,180원을 지급한다고 하였다. A가 지급받는 상병수당은 (82−14)×46,180=3,140,240원이다.

• B: 대구 달서구는 2단계 시범사업 대상지역이며, 모형 4에 해당한다. 근로활동이 어려운 전체 기간에서 대기기간 일수를 제외한 기간 동안 상병수당을 지급하며, 2024년에는 1일에 47,560원을 지급한다고 하였다. B가 지급받는 상병수당은 (100−7)×47,560=4,423,080원이다.

따라서 A와 B가 지급받는 상병수당은 총 3,140,240+4,423,080=7,563,320원이다.

44

정답 ①

① (X) 자원봉사 가점은 선택사항이므로 A의 자원봉사 인증시간 제출 여부는 알 수 없다.

② (O) 월 30만 원을 최대 6개월 지급한다고 하였으므로 최대 180만 원을 지급받을 수 있다.

③ (O) 미취업자, 미창업자만 신청 가능하다고 하였지만, 근로시간이 30시간 미만인 경우 미취업으로 간주한다고 하였다.

④ (O) 18세 이상 39세 이하 청년으로 공고일 기준 주민등록상 등록지가 부산시인 자에 한하여 신청할 수 있다고 하였다.

45

정답 ②

5개월 이내 창업으로 사업 참여를 중단할 경우 취업성공금 30만 원을 1회 지원한다고 하였고, 창업으로 사업 참여를 중단한 달까지 활동비 지급한다고 하였다. 따라서 A가 지급받는 지원금은 30×3+30=120만 원이다.

46

정답 ④

① (O) 가족관계증명서에는 모든 가구원이 포함되어야 한다고 하였다.

② (O) 사진 촬영한 파일 업로드 시 서류 확인이 불가할 수 있으므로 PDF 파일 제출을 권장한다고 하였다.

③ (O) 자원봉사활동 확인서는 기간 설정이 필수라고 하였다.

④ (X) 대학원 수료자의 경우 대학원 수료 증명서를 제출해야 한다고 하였다.

47

정답 ③

① (O) 만족도 조사는 서비스 이용 후 사업수행기관 담당자가 진행한다고 하였다.

② (O) 전년도에 참여 경험이 있는 이용자는 중복 선정되지 않는다고 하였다.

③ (X) 시·도(특별자치시·도)는 사업수행기관에서 제출한 참여자 명단을 관리하여 중복 선정되지 않도록 한다고 하였다.

④ (O) 장애 등록한 재외동포는 지원할 수 없다고 하였다.

48

정답 ③

A가 속한 가구가 지원받은 금액은 150,000원이며, 초과 금액의 경우 이용자가 실비로 지불해야 한다고 하였으므로 A가 지불해야 하는 금액은 (70,000+70,000+10,000+10,000+15,000+15,000+5,000+5,000)−150,000=50,000원이다.

49

정답 ④

① (○) 신청자 제출 서류 중 신청자 명의의 지원금 입금계좌통장 사본 1부가 있으므로 지원금액은 신청자 명의의 계좌로 입금됨을 알 수 있다.

② (○) 퇴원 전 의료비 신청 시 퇴원 전 중간진료비영수증 제출해야 한다고 하였다.

③ (○) 출생 후 2년 이내에 진단을 받았으나 2년 이내에 입원·수술을 할 수 없다는 의사소견이 있을 시 2년을 경과하더라도 예외적으로 인정 가능하다고 하였다.

④ (×) 주민등록등본, 가족관계증명서, 건강보험증 사본 및 건강 보험료 납부확인서는 생략 가능하며, 선천성이상아의 경우 진단서상 각각의 입·퇴원 진료기록이 모두 기재된 경우 입·퇴원확인서 생략이 가능하다고 하였으므로 선천성이상아로 진단받은 후 6번 입원 후 퇴원 3개월 이후에 의료비 신청 시 최소 제출서류는 지원 신청서, 진료비 영수증, 진료비 세부내역서, 지원금 입금계좌통장 사본, 진단서 총 5부이다.

50

정답 ②

지원금액은 지원대상 금액 중 100만 원 이하분에 대해서는 100%를 지원하며, 100만 원 초과분에 대해서는 90%를 지원한다고 하였다. 출생 시 체중이 1kg 이상 1.5kg 미만 미숙아의 지원한도는 700만 원이므로 100만 원 이하분에 대한 지원금액은 100만 원, 100만 원 초과분에 대한 지원금액은 600만 원이다. 출생 시 체중이 1kg 이상 1.5kg 미만의 미숙아의 최대 지원한도를 지원받을 수 있는 최소 지원대상 금액은 100+600/0.9≒767만 원이다. 선천성이상아의 지원한도는 500만 원이므로 100만 원 이하분에 대한 지원금액은 100만 원, 100만 원 초과분에 대한 지원금액은 400만 원이다. 선천성이상아의 최대 지원한도를 지원받을 수 있는 최소 지원대상 금액은 100+400/0.9≒544만 원이다. A와 B의 합은 767+544=1,311이다.

51

정답 ④

① (○) 요양기관에서 발급한 진료비 영수증에 약제비도 포함된다고 하였고 해당 영수증에 기재된 급여 중 전액 본인부담금 및 비급여 진료비를 지원한다고 하였다.

② (○) 관할 보건소 방문 신청 또는 e보건소 공공보건포털, 아이마중 앱 등 온라인 신청이 가능하다고 하였다.

③ (○) 지원대상 금액 중 100만 원 초과분에 대해서는 90% 지원하므로 10%는 자기부담금이다.

④ (×) 2024년부터 가구소득과 관계없이 지원하며, 미숙아의 경우 출생 시 체중에 따라 지원금액에 차이가 있다.

52

정답 ④

① (○) 모든 어린이집이 평가 대상이라고 하였고, 전체 어린이집의 평가결과를 공시한다고 하였다.

② (○) B등급의 경우 3년 후에 평가를 진행하며, B등급의 경우 다음 평가를 받기 전까지 매년 자체점검보고서를 제출해야 한다고 하였으므로 B등급을 받은 어린이집의 경우 자체점검보고서를 3회 제출해야 한다.

③ (○) 법 위반을 행한 어린이집은 확인점검을 실시한다고 하였다.

④ (×) 평가지표 총점수가 72점인 어린이집은 C등급이고, C등급은 2년 후 평가를 진행한다고 하였다. 따라서 2024년에 실시한 평가지표의 총점수가 72점인 어린이집은 2026년에 평가를 실시한다.

53

정답 ④

가 어린이집의 평가지표 총점수는 90점이므로 A등급이지만, 필수영역인 3-4의 점수가 최대점수의 50%이므로 A등급이 불가하여 B등급이다. 나 어린이집의 평가지표 총점수는 81점으로 B등급이지만 위반이력사항이 발생 시 차하위등급으로 조정한다고 하였으므로 C등급이다.

54

정답 ③

① (○) 물과 분유를 제외한 음식물은 키즈카페에 반입 및 섭취가 금지된다고 하였다.

② (○) 토요일 4회차는 16시부터 18시까지이고, 회차 시작 30분 이후 노쇼로 판단한다고 하였다. 노쇼 발생 시 입장정원 여유가 있는 경우 현장 대기자 이용이 가능하다고 하였다.

③ (×) 이용연령이 0세 이상 6세 이하이며, 연나이 기준이라고 하였으므로 2019년생부터 2025년생까지 이용이 가능하다. 또한 이용연령 대상이 아닌 형제, 자매 입장 시 안전상의 이유로 놀이기구 이용이 불가하다고 하였으므로 이용연령 대상이 아닌 아동도 서울형 키즈카페 입장은 가능하다.

④ (○) 매주 화요일에 온라인으로 차주 일정에 한하여 예약 가능하다고 하였으므로 10월 8일 화요일에 예약이 가능한 날짜는 15일부터 20일이다.

55

정답 ②

• 수요일은 총 3회차를 운영하며, 예약자 1인당 아동은 최대 3명까지 동반할 수 있다고 하였다. 회차당 예약자는 최소 43/3≒15명, 최대 43명이므로 수요일의 예약자는 최소 15×3=45명 최대 43×3=129명이다.
• 일요일은 총 5회차를 운영하며, 이용료는 개인 입장료의 경우 아동 1인당 5,000원, 단체 입장료의 경우 아동 1인당 2,000원, 놀이돌봄서비스 이용료의 경우 아동 1인당 2,000원이라고 하였으므로 이용료는 최대 5×43×(5,000+2,000)=1,505,000원이다.

따라서 A~C에 들어갈 숫자의 합은 45+129+1,505,000=1,505,174이다.

56

정답 ②

단체의 경우 지도교사 1명당 최대 아동 15명까지 동반 가능하다고 하였으므로 갑과 동료 교사 1명이 인솔하는 아동은 30명이다. 입장정원은 43명이므로 예약 현황이 13명 이하인 화요일 2회차, 목요일 1회차, 2회차에 예약이 가능하다. 오후 1시부터 오후 3시까지는 낮잠 시간이므로 1회차와 3회차에만 방문할 계획이므로 갑이 예약하는 일자는 목요일 1회차이다.

57

정답 ④

① (○) 신청 전 시·군·구청 긴급 지원담당 공무원과 상담이 필수라고 하였다.
② (○) 긴급 의료비 지원 신청은 시·군·구청이나 읍·면·동 주민센터에서 가능하다고 하였으며, 보건복지상담센터로 전화 신청도 가능하다고 하였다.
③ (○) 의료비 지원을 받으려면 퇴원 전에 긴급 의료비 지원을 요청해야 한다고 하였다.
④ (×) 비급여 항목 중 입원료, 식대는 지원 제외라고 하였다.

58

정답 ③

① (○) A 가구의 소득은 4,297,434원 이하, 재산은 19,400만 원 이하, 금융재산은 1,173만 원 이하이므로 긴급 의료비 지원 대상에 해당한다.
② (○) B 가구의 소득은 1,671,334원 이하, 재산은 31,000만 원 이하, 금융재산은 822만 원 이하이므로 긴급 의료비 지원 대상에 해당한다.
③ (×) C 가구의 소득은 5,713,777+672,468+672,468=7,058,713원 초과, 재산은 16,500만 원 이하, 금융재산은 1,318만 원 이하이므로 긴급 의료비 지원 대상에 해당되지 않는다.
④ (○) D 가구의 소득은 2,761,957원 이하, 재산은 31,000만 원 이하, 금융재산은 968만 원 이하이므로 긴급 의료비 지원 대상에 해당한다. D는 긴급 의료비 지원 요청 후 사망하였다고 하였으나, 지원 요청 후 사망한 자는 지원 가능하다고 하였다.

59

정답 ①

① (×) 육아휴직 지원금은 근로자에게 30일 이상 육아휴직을 허용한 사업주에게 지급되며, 육아휴직이 끝난 후 6개월 이상 계속 고용한 경우 지원금의 50%를 지급한다고 하였다.
② (○) 대체인력 지원금은 출산전후휴가 시작일 전 2개월이 되는 날 이후 새로 고용된 대체인력에 한해 지원된다고 하였다.
③ (○) 육아기 근로시간 단축을 한 번도 사용하지 않은 사업장에서 처음으로 육아기 근로시간 단축을 허용한 경우, 세 번째 육아기 근로시간 단축 허용 사례까지 인센티브를 지원한다고 하였다.
④ (○) 대체인력 지원금은 출산전후휴가, 유산·사산 휴가 또는 육아기 근로시간 단축을 30일 이상 부여하거나 허용하고 대체인력을 30일 이상 고용한 경우 지원받을 수 있다고 하였다.

60

정답 ③

A와 B로 인해 G사 사업주가 지원받는 금액은 다음과 같다.

• A: 2022년 1월 1일 이후 만 12개월 이하 자녀를 대상으로 육아휴직을 사용했으므로, 첫 3개월 동안 매월 200만 원씩 총 600만 원을 지원받고 4개월째는 육아휴직 지원금으로 30만 원을 지급받을 수 있다. 이후, 2개월 동안 육아기 근로시간 단축을 사용했으므로, 근로시간 단축 지원으로 매월 30만 원씩 지원받는다. A의 경우 G사 사업주가 지원받는 금액은 600+30+60=690만 원이다.
• B: 만 12개월 이상의 자녀를 대상으로 2개월 동안 육아휴직을 사용했으므로, 매월 30만 원씩 총 60만 원을 지원받고, 이후 1개월 동안 육아기 근로시간 단축을 사용했으므로, 30만 원을 지원받는다. B의 경우 G사 사업주가 지원받는 금액은 60+30=90만 원이다.

따라서 G사 사업주가 지원받을 수 있는 총 금액은 690+90=780만 원이다.

법률 - 국민건강보험법

정답표

01	02	03	04	05	06	07	08	09	10
②	④	②	①	③	④	④	②	①	②
11	**12**	**13**	**14**	**15**	**16**	**17**	**18**	**19**	**20**
④	③	④	②	①	②	②	③	①	④

01

정답 ②

풀이 조항
제1조

「국민건강보험법」의 목적은 질병·부상에 대한 예방·진단·치료·재활과 출산·사망 및 건강증진에 대하여 보험급여를 실시함으로써 국민보건 향상과 사회보장 증진에 이바지하는 것이다.

02

정답 ④

풀이 조항
- 제5조 제1항·제2항
- 제13조

- 갑: (X) 「의료급여법」에 따라 의료급여를 받는 사람, 즉 수급권자는 가입자 또는 피부양자에서 제외된다.
- 을: (X) 유공자등 의료보호대상자는 가입자 또는 피부양자에서 제외되는데, 이 중에서 보험자에게 건강보험의 적용을 신청한 사람은 가입자 또는 피부양자가 된다. 건강보험의 보험자는 국민건강보험공단으로 건강보험의 적용 신청은 공단에 하여야 하는데 보건복지부장관에게 신청하였으므로, 여전히 가입자 또는 피부양자에서 제외된다.
- 병: (O) 직장가입자의 직계비속으로 직장가입자에게 주로 생계를 의존하고 있고, 소득 및 재산도 보건복지부령으로 정하는 기준 이하이므로, 피부양자에 해당한다.
- 정: (O) 가입자로 건강보험을 적용받고 있던 사람이 유공자등 의료보호대상자로 되었으나 건강보험의 적용배제신청을 보험자에게 하지 않았다면, 여전히 가입자에 해당한다.

03

정답 ②

풀이 조항
- 제33조 제1항·제2항
- 제34조 제1항·제2항·제4항

- 갑: (X) 농어업인 단체·도시자영업자단체 및 시민단체의 추천으로 임명 또는 위촉된 위원은 지역가입자를 대표한다.
- 정: (X) 재정운영회는 제45조 제1항에 따른 요양급여비용의 계약 및 제84조에 따른 결손처분 등 보험재정에 관련된 사항을 심의·의결하기 위하여 공단에 설치한 위원회이다. 즉, '보험급여'가 아니라 '보험재정'이다.

04

정답 ①

풀이 조항
- 제35조 제3항
- 제36조
- 제38조 제1항
- 제39조 제1항·제2항

② (X) 공단은 건강보험사업 및 징수위탁근거법의 위탁에 따른 국민연금사업·고용보험사업·산업재해보상보험사업·임금채권보장사업에 관한 회계를 공단의 다른 회계와 '구분하여' 각각 회계처리하여야 한다.

③ (X) 공단은 회계연도마다 결산상의 잉여금 중에서 그 연도의 보험급여에 든 비용의 '100분의 5' 이상에 상당하는 금액을 그 연도에 든 비용의 '100분의 50'에 이를 때까지 준비금으로 적립하여야 한다.

④ (X) 공단은 회계연도마다 결산보고서와 사업보고서를 작성하여 '다음해 2월 말일'까지 보건복지부장관에게 보고하여야 한다.

05

정답 ③

풀이 조항
제41조 제1항

ㄹ. (X) 제41조 제1항 제4호에서 '예방·재활'이라고 명시하고 있다.

ㅁ. (X) 제41조 제1항 제1호에서 '진찰·검사'라고 명시하고 있다.

ㅂ. (X) 제41조 제1항 제2호에서 '약제·치료재료의 지급'이라고 명시하고 있다.

06

정답 ④

> ✎ 풀이 조항
> • 제42조 제2항~제4항
> • 제42조의2 제1항

ㄱ. (X) 보건복지부령으로 정하는 기준에 해당하는 요양기관을 전문요양기관으로 인정할 수 있는 주체는 보건복지부장관이다.
ㄴ. (X) 전문요양기관으로 인정된 요양기관에 대하여 다른 요양기관과 달리할 수 있는 것은 요양급여의 절차 및 요양급여비용이다.
ㄷ. (X) 전문요양기관이 인정기준이 미달하게 되거나 인정서를 반납하는 경우 그 인정을 취소한다. 취소와 무효는 다른 개념이다.
ㄹ. (X) 선별급여의 실시 조건을 사전에 정하는 경우에는 이를 충족하는 요양기관만이 해당 선별급여를 실시할 수 있다. 전문요양기관만으로 한정되지 않는다.

07

정답 ④

> ✎ 풀이 조항
> 제47조 제3항

④ (O) 공단은 이미 낸 본인일부부담금이 심사평가원의 심사 결과에 따라 통보된 금액보다 더 많으면 요양기관에 지급할 금액에서 더 많이 낸 금액을 공제하여 해당 가입자에게 지급하여야 한다. 참고로, 공단은 가입자에게 지급하여야 하는 금액을 그 가입자가 내야 하는 보험료와 그 밖에 이 법에 따른 징수금과 상계할 수 있다.

08

정답 ②

> ✎ 풀이 조항
> 제52조 제2항~제4항

ㄱ. (X) 영유아건강검진의 대상은 6세 '미만'의 가입자 및 피부양자이다. 따라서 6세는 포함되지 않는다.
ㄴ. (O) 일반건강검진의 경우 세대주가 아닌 지역가입자 및 피부양자에 대하여는 '20세 이상'이라는 연령 요건이 있지만, 직장가입자와 세대주인 지역가입자에 대하여는 연령 요건이 없다. 따라서 18세의 세대주인 지역가입자는 일반건강검진의 대상이 된다.
ㄷ. (X) 건강검진의 횟수·절차와 그 밖에 필요한 사항은 '대통령령'으로 정한다.
ㄹ. (O) 건강검진 검진항목의 설계 기준은 성별, 연령 등의 특성 및 생애 주기이다.

09

정답 ①

> ✎ 풀이 조항
> • 제53조 제1항 제2호·제4호
> • 제53조 제3항 제1호
> • 제53조 제4항

제53조 제1항과 제2항은 '보험급여를 하지 아니하는' 사항에 관하여 규정하고 있고, 같은 조 제3항과 제4항에서는 '보험급여를 실시하지 아니할 수 있는' 사항에 관하여 규정하고 있다.

- 갑: 제53조 제1항 제2호에서는 고의 또는 중대한 과실로 공단이나 요양기관의 요양에 관한 지시에 따르지 아니한 경우 보험급여를 하지 아니한다고 명시하고 있다. 따라서 갑은 보험급여를 하지 아니하는 대상에 해당한다.
- 을: 제53조 제3항 제1호에서는 가입자가 대통령령으로 정하는 기간 이상 보수 외 소득월액보험료를 체납한 경우 그 체납한 보험료를 완납할 때까지 그 가입자 및 피부양자에 대하여 보험급여를 실시하지 아니할 수 있다고 명시하고 있다. 따라서 가입자인 아들뿐만 아니라 피부양자인 을도 보험급여를 실시하지 아니할 수 있는 대상에 해당한다.
- 병: 제53조 제1항 제4호에서는 업무 또는 공무로 생긴 질병·부상·재해로 다른 법령에 따른 보험급여나 보상(報償) 또는 보상(補償)을 받게 되는 경우 보험급여를 하지 아니한다고 명시하고 있다. 그러나 병은 다른 법령에 따른 보험급여나 보상(報償) 또는 보상(補償)을 받지 않았으므로, 보험급여를 하지 아니하는 대상에 해당하지 않는다.
- 정: 제53조 제4항에서는 납부의무를 부담하는 사용자가 보수월액보험료를 체납한 경우에는 그 체납에 대하여 직장가입자 본인에게 귀책사유가 있는 경우에 한하여 제3항의 규정을 적용한다고 명시하고 있다. 따라서 사용자에게 귀책사유가 있는 정의 경우에는 보험급여를 하지 아니할 수 있는 대상에 해당하지 않는다.

10

정답 ②

> ✎ 풀이 조항
> • 제66조 제2항~제5항
> • 제66조의2 제1항

ㄱ. (X) 진료심사평가위원회는 위원장을 포함하여 90명 '이내'의 상근 심사위원과 1천 명 '이내'의 비상근 심사위원으로 구성한다.

ㄴ. (X) 신체장애나 정신장애로 직무를 수행할 수 없다고 인정되는 경우에 그 심사위원을 해임 또는 해촉할 수 있는 것은 맞지만, 해임 또는 해촉할 수 있는 권한을 가진 주체는 진료심사평가위원회의 위원장이 아니라 심사평가원의 원장이다.

11

정답 ④

풀이 조항
- 제69조 제5항
- 제71조 제2항

지역가입자의 월 보험료액은 소득에 따라 산정한 금액과 재산에 따라 산정한 금액을 합산한 것으로, 세대 단위로 산정한다.

먼저, 소득에 관한 보험료는 소득월액에 보험료율을 곱한 값인데, A 세대의 소득월액은 (3,600만 원+2,400만 원)/12개월=500만 원이므로, 소득에 관한 보험료는 500만 원×7.09%=354,500원이다.

다음으로, 재산에 관한 보험료는 재산보험료부과점수에 재산보험료부과점수당 금액을 곱한 값인데, A 세대의 재산보험료부과점수는 100점+400점=500점이므로, 재산에 관한 보험료는 500점×208.4원=104,200원이다. 따라서 A 세대에 부과되는 월 보험료액은 354,500+104,200=458,700원이다.

참고로, 소득월액 산정 시 생략한 '보건복지부령으로 정하는 바에 따른 평가'는 연간 소득 중 이자·배당·사업·기타소득에 대해서는 해당 소득 전액을 반영하고, 근로·연금소득에 대해서는 해당 소득의 100분의 50만 반영하는 것이다. 보건복지부령은 시행규칙이기 때문에 시험 범위에 포함되지 않고, 시험에 나오더라도 관련 내용을 설명해 줄 것이기 때문에 외울 필요는 없다.

12

정답 ③

풀이 조항
제75조 제1항

ㄱ. (X) 제75조 제1항 각 호의 어디에도 실업자는 명시되어 있지 않다.

ㅁ. (X) 제75조 제1항 제1호에 섬·벽지·농어촌 등 '대통령령'으로 정하는 지역에 거주하는 사람이 명시되어 있다.

13

정답 ④

풀이 조항
제79조 제1항·제4항·제5항·제6항

① (X) 휴직자등의 보험료는 휴직 등의 사유가 끝날 때까지 보건복지부령으로 정하는 바에 따라 납입 고지를 유예할 수 있다. 즉, 납입 고지를 반드시 '유예하여야 하는' 것이 아니라 '유예할 수 있는' 것이다.

② (X) 공단은 제2차 납부의무자에게 납입의 고지를 한 경우에 해당 법인인 사용자 및 사업 양도인에게 그 사실을 통지하여야 한다. 즉, 제2차 납부의무자에 대한 고지와 별도로 사용자 및 사업 양도인에 대한 통지가 있어야 한다.

③ (X) 납입 고지 문서에는 징수하려는 보험료등의 종류, 납부해야 하는 금액, 납부기한 및 장소를 적어야 한다.

14

정답 ②

풀이 조항
제80조 제1항·제2항

A의 연체금은 제80조 제1항 제2호, 같은 조 제2항 제2호를 적용하여 계산하여야 하고, 갑의 연체금은 제80조 제1항 제1호, 같은 조 제2항 제1호를 적용하여 계산하여야 한다.

1) A의 연체금

제80조 제1항 제2호에 따른 연체금은 체납금액의 1천분의 30, 즉 30일치의 금액(=1천분의 1×30일)을 넘지 못하므로, 납부기한 경과 후 30일까지는 제80조 제1항 제2호를 적용하고, 31일 이후부터는 같은 조 제2항 제2호를 적용하면 된다.

- 1~30일: 600,000원$\times\frac{1}{1,000}\times$30일=18,000원
- 31~40일: 600,000원$\times\frac{1}{3,000}\times$10일=2,000원

따라서 A가 부과받는 연체금은 20,000원이다.

2) 갑의 연체금

제80조 제1항 제1호에 따른 연체금은 체납금액의 1천분의 20, 즉 30일치의 금액(=1천500분의 1×30일)을 넘지 못하므로, 납부기한 경과 후 30일까지는 제80조 제1항 제1호를 적용하고, 31일 이후부터는 같은 조 제2항 제1호를 적용하면 된다.

- 1~30일: 300,000원$\times\frac{1}{1,500}\times$30일=6,000원
- 31~80일: 300,000원$\times\frac{1}{6,000}\times$50일=2,500원

따라서 갑이 부과받는 연체금은 8,500원이다.

① (O) A가 부과받는 연체금은 20,000원으로 갑이 부과받는 연체금 8,500원의 2배 이상이다.

② (X) A가 부과받는 연체금 20,000원과 갑이 부과받는 연체금 8,500원의 합은 28,500원으로 30,000원 미만이다.

③ (O) 제80조 제1항 제2호의 연체금에 같은 조 제2항 제2호의 연체금을 더한 총 연체금은 체납금액의 1천분의 90을 넘지 못한다. 갑의 체납금액은 60만 원이므로 연체금은

$600,000원 \times \frac{90}{1,000} = 54,000원$을 넘지 못한다.

④ (○) 제80조 제1항 제1호의 연체금에 같은 조 제2항 제1호의 연체금을 더한 총 연체금은 체납금액의 1천분의 50을 넘지 못한다. 갑의 체납금액은 30만 원이므로 연체금은 $300,000원 \times \frac{50}{1,000} = 15,000원$을 넘지 못한다.

15

정답 ①

풀이 조항
제81조 제2항·제3항·제5항·제6항

① (X) 공단은 보험료등을 내야 하는 자가 보험료등을 내지 아니하면 기한을 정하여 독촉할 수 있다. 이에 따라 독촉을 할 때에는 10일 이상 15일 이내의 납부기한을 정하여 독촉장을 발부하여야 한다.

16

정답 ②

풀이 조항
제91조 제1항

ㄷ. (X) 제61조에 따른 '근로복지공단'의 권리가 제91조 제1항 제6호에 명시되어 있다.

ㅁ. (X) 보험료, 연체금 및 '가산금'으로 과오납부한 금액을 환급받을 권리가 제91조 제1항 제2호에 명시되어 있다.

17

정답 ②

풀이 조항
- 제96조 제2항·제3항
- 제97조 제1항·제3항

ㄱ. (X) 보건복지부장관은 보험급여를 받은 자에게 해당 보험급여의 내용에 관하여 보고하게 하거나, 소속 공무원이 질문하게 할 수 있다. 즉, 보험급여를 받은 자에게 해당 보험급여의 내용에 관하여 '서류 제출'을 명하는 행위는 명시되어 있지 않다.

ㄹ. (X) 해당 내용은 건강보험심사평가원이 할 수 있는 행위이다.

18

정답 ③

풀이 조항
- 제98조 제1항·제3항·제4항
- 제99조 제1항

① (X) 업무정지는 1년의 범위에서 기간을 정하여 명할 수 있다.

② (X) A는 제98조 제1항 제2호에 해당하는 경우이고, B는 제98조 제1항 제3호에 해당하는 경우이다. 보건복지부장관은 요양기관이 제98조 제1항 제1호 또는 제3호에 해당하여 업무정지 처분을 하여야 하는 경우로서 그 업무정지 처분이 해당 요양기관을 이용하는 사람에게 심한 불편을 주거나 보건복지부장관이 정하는 특별한 사유가 있다고 인정되면 업무정지 처분을 갈음하여 속임수나 그 밖의 부당한 방법으로 부담하게 한 금액의 5배 이하의 금액을 과징금으로 부과·징수할 수 있다. 따라서 B에 대하여는 업무정지 처분을 갈음하여 과징금을 부과·징수할 수 있지만, A에 대하여는 업무정지 처분을 과징금 부과·징수로 갈음할 수 없다.

④ (X) 업무정지 처분의 절차가 진행 중인 때에는 양수인 또는 합병 후 존속하는 법인이나 합병으로 설립되는 법인에 대하여 그 절차를 계속 진행할 수 있다. 하지만 양수인 또는 합병 후 존속하는 법인이나 합병으로 설립되는 법인이 그 처분 또는 위반사실을 알지 못하였음을 증명하는 경우는 예외에 해당한다.

19

정답 ①

풀이 조항
제104조 제1항·제2항

- 을: (X) 거짓으로 요양급여비용을 청구한 대행청구단체의 종사자는 3년 이하의 징역 또는 3천만 원 이하의 벌금에 처하지만, 이러한 자를 신고한 사람에게 포상금을 지급할 수 있는 것은 아니다.
- 병: (X) 해당 요양기관에 장려금을 지급할 수는 있지만, 그 대표자에게 포상금을 지급할 수 있는 것은 아니다.
- 무: (X) 공무원이 그 직무와 관련하여 징수금을 납부하여야 하는 자의 은닉재산을 신고하였다면 포상금 지급 가능 대상에서 제외된다.

20

정답 ④

풀이 조항
제109조 제7항·제8항

㉠에는 2, ㉡에는 25, ㉢에는 26이 들어간다. 따라서 ㉠~㉢에 들어갈 숫자를 모두 더하면 $2 + 25 + 26 = 53$이다.

정답 및 해설 - 실전모의고사 2회

NCS 직업기초능력

정답표

01	02	03	04	05	06	07	08	09	10
①	③	②	③	②	②	③	②	③	②
11	**12**	**13**	**14**	**15**	**16**	**17**	**18**	**19**	**20**
③	①	②	①	③	④	②	③	④	①
21	**22**	**23**	**24**	**25**	**26**	**27**	**28**	**29**	**30**
②	②	③	③	①	①	②	①	③	③
31	**32**	**33**	**34**	**35**	**36**	**37**	**38**	**39**	**40**
④	③	①	①	②	②	③	①	③	②
41	**42**	**43**	**44**	**45**	**46**	**47**	**48**	**49**	**50**
③	④	④	②	①	③	①	①	②	②
51	**52**	**53**	**54**	**55**	**56**	**57**	**58**	**59**	**60**
①	④	③	①	③	④	③	④	②	③

01

정답 ①

보도자료의 서두에서 PACEN에서 '혈액투석 환자의 사망률 개선을 위한 혈압, 혈당 관리'를 주제로 한 임상적 가치평가 결과를 발표했다고 소개했으므로 이어지는 문단으로는 PACEN의 연구 결과인 '혈압과 혈당 관리가 혈액투석 환자의 사망률에 미치는 영향'을 개괄적으로 소개하는 (다)가 오는 것이 적절하다. 또한 (다)에서는 먼저 혈압이 혈액투석 환자의 사망 위험에 미치는 영향을 소개했으므로 그 뒤를 이어 혈당 관리와 관련한 내용이 담긴 (라)가 오는 것이 적절하다. 그다음으로 국내에서 혈액투석 환자의 혈압과 혈당 관리 상태를 제시한 (가)가, 글의 맨 마지막에는 임상적 가치평가의 결과 및 전문가의 당부 내용이 담긴 (나)가 오는 것이 가장 자연스럽다.

02

정답 ③

① (○) 혈당 관리의 중요한 지표인 당화혈색소가 6.5~7.5%인 환자보다 8.5~9.5%인 환자는 사망 위험이 1.26배 높아졌다고 하였다.

② (○) 수축기혈압이 180mmHg 이상일 때는 정상 혈압을 가진 환자보다 사망 위험이 1.2배 더 높아졌다고 하였다.

③ (X) 현대 의학의 발달로 투석 치료 기술이 발전했지만, 최근 혈액투석 환자의 사망률은 뚜렷한 감소를 보이지 못하고 있다고 하였다.

④ (○) 혈액투석 환자의 수축기혈압이 높아질수록 사망 위험이 높아졌고, 심혈관계 질환으로 인한 사망 위험도 정상 혈압을 가진 환자보다 높아졌다고 하였다.

03

정답 ②

① (○) 심혈관계 질환은 혈액투석 환자의 가장 큰 사망 원인이므로 사망률 개선을 위해 혈압 및 혈당 관리가 중요하다고 하였다.

② (X) 보도자료는 혈압의 증가에 따른 사망 위험의 증가는 설명하고 있으나 혈압의 감소에 따른 사망 위험에 관해서는 언급하고 있지 않다.

③ (○) PACEN의 임상적 가치평가 결과, 혈액투석 환자의 혈압과 혈당을 잘 관리하는 것이 사망률을 낮추는 데 매우 중요하다는 것이 확인되었으며 이에 실제 임상 현장에서 혈압과 혈당 관리가 잘 이루어지도록 의료진의 관심과 환자의 노력도 중요하다고 하였다.

④ (○) 혈액투석 환자의 혈압과 혈당을 잘 관리하는 것이 환자의 사망률을 낮추는 데 매우 중요하다고 하였다.

04

정답 ③

① (X) 2021년 국내 뇌졸중 통계에 따르면 우리나라는 서구에 비해 남성 환자의 비율이 높으며 뇌졸중 발생 위험 요인으

로 당뇨병과 흡연의 비율이 상대적으로 높게 나타났다고 하였다.

② (X) 2023년 지역사회 건강조사 결과에 따르면, 전국 뇌졸중 조기 증상 인지율은 약 62%로 성인 10명 중 5~6명만 조기 증상을 아는 것으로 나타났다고 하였을 뿐 뇌졸중의 조기 증상에 대한 인지율이 다른 질병에 비해 높은 편인지는 알 수 없다.

③ (O) 뇌경색증의 진료실 인원은 2012년 435,386명에서 2022년 520,828명으로 증가하였으며, 뇌혈관 질환으로 인한 진료비는 2012년 1조 9천억 원에서 2022년 3조 6천억으로 증가하였다고 하였다. 즉, 2012년에서 2022년까지 허혈성 뇌졸중으로 내원한 인원은 85,000명 이상 증가하였으며, 뇌혈관 질환으로 인한 진료비는 1조 7천억 원 증가하였음을 알 수 있다.

④ (X) 뇌졸중은 특히 기온이 갑자기 떨어지는 겨울에 발병 가능성이 높으므로 고령자와 만성질환자 또는 과거에 뇌졸중을 앓았던 병력이 있는 고위험군은 외출 전 체감 온도를 확인하고 보온 유지를 위해 각별한 건강관리와 주의가 필요하다고 하였다.

05

정답 ②

① (O) 제시된 글에서 뇌졸중의 증상으로 편마비, 심한 두통이나 어지럼증, 시야장애, 언어장애, 삼킴장애를 예로 들었다. 이를 통해 인간의 뇌에 공급되는 혈류가 일시적으로 중단되면 편마비, 시야장애 및 언어장애 등 신경학적 이상을 유발함을 유추할 수 있다.

② (X) 뇌졸중은 출혈성이든 허혈성이든 구분 없이 조기 증상 발현 시 골든타임 안에 치료를 받는 것이 중요하다고 하였다. 혈관이 터짐으로써 발생하는 뇌졸중(뇌출혈)이 혈관이 막혀 발생하는 뇌졸중(뇌경색)보다 예후가 좋은지에 관해서는 언급하지 않았다.

③ (O) 뇌졸중 증상을 인지하면 골든타임 안에 치료를 받는 것이 환자의 생존율을 높이고 후유증을 줄이는 최선임을 명심해야 한다고 하였으므로 급성 뇌졸중일 경우 치료 시간 단축을 위한 인적·물적 인프라 개선도 필요하다고 유추할 수 있다.

④ (O) 뇌졸중은 상당수의 환자들에게 후유증이 남으며, 편마비, 시야장애, 언어장애, 삼킴장애 등의 장애를 유발한다고 하였으므로 이는 사회적·경제적 손실을 가져올 수 있다. 따라서 근본적으로는 뇌졸중을 예방하기 위한 노력을 기울이는 것이 중요함을 유추할 수 있다.

06

정답 ②

'따라서'는 앞에서 말한 일이 뒤에서 말할 일의 원인 또는 이유가 됨을 나타내는 접속 부사이다. 빈칸 앞의 문단에서는 뇌졸중은 상당수의 환자들에게 후유증이 남기 때문에 증상 발현 후 신속한 진단과 치료가 매우 중요한 중증질환의 하나이며, 뇌졸중 증상을 인지하면 골든타임 안에 치료를 받는 것이 환자의 생존율을 높이고 후유증을 줄이는 최선임을 명심해야 한다고 하였다. 이를 토대로 빈칸 뒤의 문장에서는 일반인들을 대상으로 한 뇌졸중 진단 및 치료에 관한 교육과 뇌졸중을 예방하고 관리하는 방법에 관한 교육이 필요하다고 강조하고 있으므로 빈칸에는 '따라서'가 들어가는 것이 가장 적절하다.

07

정답 ③

① (O) 올해 쯔쯔가무시증 환자는 '23년 2,435명에서 '24년 1,838명으로 전년 동기간 대비 20% 이상 감소하였으나, 쯔쯔가무시증 환자 수는 42주 차(10월 13일~19일) 일주일간 58명, 43주 차(10월 20일~26일) 264명, 44주 차(10월 27일~11월 2일) 459명으로 약 8배 이상 급증했다고 하였다.

② (O) 감염되면 발열이나 심한 오한, 두통 등이 갑자기 나타나고 증상의 강도는 높은 편이며, 독시사이클린, 테트라사이클린과 같은 항생제로 치료가 가능하다고 하였다.

③ (X) 쯔쯔가무시증의 치명률은 국내에서 약 0.1~0.3% (2011~2022년 누적)로 높지 않다고 하였다.

④ (O) 쯔쯔가무시증은 9월부터 11월까지 털진드기 유충이 늘어나면서 환자 또한 급증한다고 하였다.

08

정답 ②

① (O) 쯔쯔가무시증 진단에 있어 진드기 유충에 물린 부위에 나타나는 가피 형성은 전염병 진단을 위한 중요한 특징 요소가 된다고 하였다.

② (X) 쯔쯔가무시증은 「감염병의 예방 및 관리에 관한 법률」에 따른 3급 법정 감염병이나 환자 또는 접촉자의 격리 치료는 불필요하다고 하였다.

③ (O) 감염을 예방하려면 진드기에 물리지 않도록 예방 수칙을 준수하는 것이 가장 중요하다고 하였다.

④ (O) 물린 흔적을 발견하거나 감염 증상이 나타나면 증상 초기에 가까운 의료기관에 바로 방문하여 적기에 치료를 받는 것이 좋다고 하였다.

09

정답 ③

ⓒ은 쯔쯔가무시증 감염 시 나타날 수 있는 증상에 관한 내용이다. 감염 증상에 관한 내용은 2문단에서 소개되고 있으며, ⓒ 문장이 포함된 4문단의 내용은 예방 수칙에 관한 내용이므로 글의 논리적 흐름을 고려할 때, ⓒ을 삭제하는 것이 가장 적절하다.

10 정답 ②

보도자료는 무릎 골관절염에서 관절강 내 주사의 효과와 안전성에 관한 평가 결과를 알리고 있다. 관절강 내 주사로 코르티코스테로이드와 히알루론산을 소개했으며 본 평가에서 두 가지 주사를 관절 안으로 주사했을 때 나타나는 통증 및 관절 기능의 개선 효과와 안전성에 관해 설명하고 있다. 따라서 보도자료의 주된 작성 목적은 '관절강 내 코르티코스테로이드 주사와 히알루론산 주사의 효과 및 안전성 평가 결과를 알리기 위함'이 가장 적절하다.

11 정답 ③

① (X) 코르티코스테로이드를 장기간 반복적으로 사용할 때의 부작용으로 알려진 발한, 혈압과 혈당의 일시적인 상승, 호르몬 이상 질환을 보고한 사례는 확인할 수 없었다고 하였다.

② (X) 연구원의 평가 결과에 따르면 코르티코스테로이드 주사 치료를 받은 군이 위약군과 비교 시 주사 후 4~6주 시점에서 통증이 더 감소하고 관절 기능이 개선된 반면, 주사 후 3개월, 6개월 시점에서는 동 주사의 치료 효과가 일관되게 나타나지 않았고, 12개월 이후에는 위약군과 효과 차이가 없었다고 하였다.

③ (O) 관절강 내 코르티코스테로이드 주사는 주사 후 4~6주 단기 효과가 있고, 히알루론산 주사는 3개월 이상 장기 효과를 나타냈다고 하였다.

④ (X) 주사로 인한 이상반응 전체 발생률은 위약군과 차이가 없었으며, 주사부위 통증, 부종, 삼출, 급성 발작과 같은 국소 부작용 발생률은 히알루론산 주사 군이 위약군보다 높았다고 하였다.

12 정답 ①

제시된 문장은 관절강 내 주사의 필요성에 관한 내용이다. ㉠의 앞 문장에서는 관절강 내 주사 치료법이 무엇인지 설명하고 있다. 글의 논리적 흐름을 고려할 때, ㉠에 '이는 경구(經口) 약물치료로 효과가 없거나 약물 복용이 어려운 경우에 치료의 대안이 될 수 있다.'라는 문장이 들어가 앞서 설명한 관절강 내 주사 치료법의 필요성을 강조하는 것이 가장 적절하다.

13 정답 ②

보도자료는 한국인유전체역학조사사업 농촌기반코호트의 약 14년간의 추적조사 자료를 활용하여 '우리나라 40세 이상 남녀 혈중 비타민D 농도와 사망 위험 간의 연관성'을 분석한 내용이다. 국립보건연구원은 본 자료를 통해 '혈중 비타민D 농도가 충분하면 사망 위험이 감소한다.'라는 연구 결과를 제시했으며, '사망 위험을 낮추기 위해서는 비타민D가 결핍되지 않도록 관리할 필요가 있다.'라고 하였다. 따라서 보도자료의 작성 목적으로 '혈중 비타민D 농도가 사망 위험에 미치는 영향을 알리고, 사망 위험 감소를 위한 충분한 비타민D 섭취를 권장하기 위함'이 가장 적절하다.

14 정답 ①

① (X) 혈중 비타민D 농도가 지나칠 경우에 나타나는 부작용에 대해서는 언급하지 않았다. 또한 심혈관 질환으로 인한 사망 위험은 유의한 차이가 없었다고 하였다.

② (O) 낮은 농도부터 약 50nmol/L 이상 60nmol/L 미만 수준까지는 사망 위험이 현저하게 감소하였으며, 그 이후부터는 감소 정도가 완만해지는 것으로 나타났다고 하였다.

③ (O) 혈중 비타민D 농도가 가장 낮은 30nmol/L 미만 그룹에 비해 30nmol/L 이상 50nmol/L 미만, 50nmol/L 이상 75nmol/L 미만, 75nmol/L 이상인 그룹에서 전체 사망 위험이 각각 18%, 26%, 31% 감소하는 것으로 나타났다고 하였다.

④ (O) 혈중 비타민D 농도를 4개 그룹으로 나눈 뒤 농도별 사망 위험을 비교 분석한 자료이므로 향후 한국인의 적정 비타민D 수준에 관한 근거 자료로 활용될 수 있다.

15 정답 ③

빈칸 앞의 문장은 혈중 비타민D 농도가 사망 위험을 감소시키는 효과가 있으며 특히 암으로 인한 사망 위험은 50nmol/L 이상 75nmol/L 미만, 75nmol/L 이상인 그룹에서 각각 37%, 45% 더 낮게 나타났다는 내용이다. 반면에 빈칸 뒤의 문장은 '이번 연구에서는 심혈관 질환으로 인한 사망 위험은 유의한 차이가 없었다.'라고 말하고 있다. 빈칸을 기준으로 앞뒤의 문장이 서로 상반되는 내용이므로 빈칸에는 '그러나'가 들어가는 것이 가장 적절하다.

16 정답 ④

제시된 글은 손상을 예방하기 위한 질병관리청의 대상별 맞춤형 예방관리대책이다. 글의 첫 번째 문단에서 '질병관리청은 손상은 무엇보다 예방이 중요한 만큼 각종 손상 위험 요인에 대한 대상별 맞춤형 손상 예방관리대책을 수립하기로 하였다.'라고 하였고, 이어서 2~5문단에서는 손상으로 인한 사망, 입원, 응급실 내원 환자정보 등을 분석한 결과를 제시하였다. 따라서 글의 논리적 흐름을 고려할 때, 글의 제일 마지막인 (라) 뒤에 오는 것이 가장 적절하다.

17 정답 ②

자료는 질병관리청의 각종 손상 위험 요인에 대한 통계 자료를 제시하고 있으며, 서두에서 자료의 분석을 통해 질병관리청에서는 손상 발생 현황을 공개하고 각종 손상 위험 요인에 대한 대상별 맞춤형 손상 예방관리대책을 수립하기로 하였다고 하였다. 따라서 이 글의 중심 내용으로 '질병을 제외한 각종 사고 및 재해 등 외부적 위험 요인에 의한 건강상의 문제(손상)는 국내 주요 사망 원인 중 하나이므로 국가적 차원의 관리를 통한 예방이 필요하다.'가 가장 적절하다.

18

정답 ③

① (○) 손상으로 인한 입원과 사망은 각각 전년('21년, '22년) 대비 19.5%, 4.2% 증가한 것으로 이는 코로나19 단계적 일상회복 시기를 거치면서 나타난 변화를 반영한다고 하였다. 다시 말해 코로나19 시기에는 외출과 같은 일상생활 유지가 어려워져 손상으로 인한 입원 및 사망이 감소했음을 알 수 있다.

② (○) 응급실 내원은 추락·낙상(37.8%), 부딪힘(19.4%), 운수사고(13.1%) 순이었으며 119 구급대에 의해 응급의료기관으로 이송된 중증외상 환자 중 추락·낙상이 차지하는 비율은 40.5%였다고 하였다. 이를 통해 추락이나 낙상의 위험이 많은 직업군의 경우 보호구 착용 등 안전에 대한 인식을 높이는 것이 중요하다는 것을 추론할 수 있다.

③ (×) 75세 이상 고령환자의 경우 중증외상 발생률은 낮은 편이지만, 70.1%가 사망하였고 85.8%에서 장애를 입는 등 손상으로 인한 후유증이 크게 발생하였다고 하였으므로 재활보다는 예방이 더 중요함을 알 수 있다.

④ (○) 전체 응급실 내원환자 중 자해·자살 환자가 차지하는 비율은 '15년 2.4%에서 '23년 4.9%로 증가하였다고 하였으므로 8년간 2배가량 증가했음을 알 수 있으며 그에 대한 예방이 중요함을 말해 준다.

19

정답 ④

① (○) 탄소중립포인트란 일반 국민의 탄소중립 생활 확산을 위하여 시행 중인 사업으로 전자영수증발급, 다회용 컵 이용, 친환경제품 구매 등 친환경활동 이용실적에 따라 이용자에게 현금처럼 사용할 수 있는 인센티브를 지급하는 제도라고 하였다.

② (○) 보험료 납부 전 '탄소중립포인트 녹색생활 실천누리집' 또는 '카본페이 앱'에서 미리 회원가입을 해야 포인트 적립이 가능하다고 하였다.

③ (○) 포인트는 납부 1건당 100원의 인센티브가 적립되며, 녹색생활실천 참여기업 90개의 이용을 합산하여 개인당 연간 7만 원 한도로 적립할 수 있다고 하였다.

④ (×) 회원가입 시 등록한 본인 명의 휴대전화로 전자영수증을 받아야 포인트가 적립된다고 하였다.

20

정답 ①

'또한'은 '그 위에 더, 또는 거기에다 더'라는 의미로 앞뒤 문장의 내용이 자연스럽게 이어질 때 사용하는 순접 접속사이다. 빈칸 앞과 뒤의 내용은 모두 탄소중립포인트 적립과 사용에 관한 유의사항이다. 따라서 글의 논리적인 흐름을 고려할 때, 빈칸에는 '또한'이 들어가는 것이 가장 적절하다.

21

정답 ②

① (○) 특허 처방의약품의 비중은 2022년에 $0.694/1.302\times100≒53.3\%$, 2023년에 $0.683/1.294\times100≒52.8\%$, 2024년에 $0.704/1.348\times100≒52.2\%$, 2025년에 $0.800/1.547\times100≒51.7\%$, 2026년에 $0.843/1.648\times100≒51.2\%$, 2027년에 $0.881/1.744\times100≒50.5\%$이다.

② (×) 2023년부터 2027년까지 GDP 대비 의약품비 비율은 0.31%로 유지되지만, 의약품시장 규모는 지속적으로 증가되어 왔다. 따라서 GDP＝의약품비/GDP 대비 의약품비 비율이므로, 지속적으로 성장해 왔음을 알 수 있다. 2023년 GDP＝1.294/0.31≒4.174(십억 달러), 2024년 GDP＝1.348/0.31≒4.348(십억 달러)이다.

③ (○) 2022년 A국의 총 의료비는 1.302/5.9＝0.2206(십억 달러)이고, 2027년 A국의 총 의료비는 1.744/5.5＝0.3170(십억 달러)이다. 즉, 2,206에서 3,170으로 얼마나 증가했는지 확인하면 되는 것이다. $(3{,}170-2{,}206)/2{,}206\times100≒43.7\%$이므로, A국의 총 의료비는 40% 이상 증가할 전망이다.

④ (○) 2023년 전체 의약품이 한국 GDP에서 차지하는 비중은 1.3%이다. 2023년 한국의 전체 의약품에서 일반의약품이 차지하는 비중은 $3.8/22.0\times100≒17.3\%$이므로, GDP에서 차지하는 비중인 1.3%의 17.3%만큼 일반의약품이 차지한다는 것을 알 수 있다. 따라서 $1.3\%\times17.3\%=0.22\%$이므로 GDP 대비 일반의약품이 차지하는 비중은 1% 미만임을 알 수 있다.

22

정답 ②

2023년 A국 인구를 먼저 확인해야 한다. A국 인구는 1.294(10억 달러)/217.8＝5,941,230명이다. 한국의 인구는 A국 인구의 8.5배이므로 50,500,455명이다. 한국의 의약품비 22,000,000,000달러를 한국의 인구(50,500,455명)로 나누면 ㉠에 들어갈 한국의 2023년 1인당 의약품비는 435.6달러임을 알 수 있다.

23

정답 ③

연도별 의료기기 전체 수출입수지를 구하면 다음과 같다.

• 2019년: 3,610−3,889=−279백만USD로 적자이다.
• 2020년: 3,710−4,160=−450백만USD으로 적자이다.
• 2021년: (3,068+3,569)−(3,747+683)=6,637−4,430=2,207백만USD로 흑자이다.
• 2022년: (3,979+4,649)−(4,552+8,01)=8,629−5,353=3,279백만USD로 흑자이다.
• 2023년: (4,339+3,536)−(4,104+784)=7,875−4,888=2,987백만USD로 흑자이다.

따라서 의료기기 전체 수출입수지가 흑자인 해는 2021년, 2022년, 2023년 총 3번이다.

24

정답 ③

① (X) 일반 의료기기의 업체 1개소당 수입한 품목 수는 2019년에 28,531/2,413≒11.8개, 2020년에 29,257/2,508≒11.7개, 2021년에 22,645/2,467≒9.2개, 2022년에 22,464/2,569≒8.7개, 2023년에 21,978/2,656≒8.27개이므로 2019년이 가장 많다.

② (X) 체외진단의료기기의 연평균 수출금액은 (3,569+4,649+3,536)/3=3,918백만USD이고, 연평균 수입금액은 (683+801+784)/3=756백만USD이다. 3,918−756=3,162로 4,000백만USD에 못 미친다. 이때 연평균 수출금액이 애초에 4,000백만USD가 되지 않기 때문에 차이값 역시 4,000백만USD를 넘을 수 없다.

③ (O) 기준 연평균 환율은 환산금액을 수출금액으로 나누어 확인할 수 있다. 이때 환율은 연도에 따라 동일하기 때문에 환산금액을 수입금액으로 나눠도 상관없고, 일반 의료기기나 체외진단의료기기 중 무엇을 기준으로 하든 상관없다. 일반 의료기기 수출금액을 기준으로 살펴보면 환율은 2019년에 3,972/3,610≒1.100천 원, 2020년에 4,324/3,710≒1.165천 원, 2021년에 3,620/3,068≒1.180천 원, 2022년에 4,554/3,979≒1.145천 원, 2023년에 5,606/4,339≒1.292천 원이다. 따라서 환율은 2023년에 가장 높다.

④ (X) 수출품목에 있어서 전체 의료기기에서 체외진단의료기기 품목 수가 차지하는 비중은 2021년에 1,545/(1,545+5,953)×100=20.6%, 2022년에 1,663/(1,663+6,250)×100=21.0%, 2023년에 1,720/(1,720+6,364)×100=21.3%이다. 그리고 수입품목에 있어서 전체 의료기기에서 체외진단의료기기 품목 수가 차지하는 비중은 2021년에 6,732/(6,732+22,645)×100=22.9%, 2022년에 6,485/(6,485+22,464)×100=22.4%, 2023년에 6,303/(6,303+21,978)×100=22.3%이다. 따라서 2021년 이후로 전체 의료기기에서 체외진단의료기기가 차지하는 비중이 수출품목과 수입품목 모두 25% 이상인 적은 한 번도 없다.

25

정답 ①

① (X) [표]를 통해 2019년 10대 실헌혈자 수는 494,502명임을 알 수 있고, [그림]에서 2019년 전체 실헌혈자 수 1,350,561명임을 알 수 있다. 여기에서 10대 실헌혈자 수를 빼면 20~60대 실헌혈자 수의 합이 도출된다. 이는 1,350,561−494,502=856,059명이다. 10대 실헌혈자 수 494,502는 20~60대 실헌혈자 수 856,059명의 57.7%에 해당한다.
하지만 이렇게 접근하지 않고도 확인이 가능하다. 10대 실헌혈자 수가 전체 인원에서 차지하는 비중이 36.6%이므로, 20~60대의 비중은 100−36.6=63.4%임을 알 수 있다. 따라서 10대가 차지하는 비중인 36.6%가 20~60대가 차지하는 비중인 63.4%에서 57.7%에 달하는 것을 통해서도 확인 가능하다.

② (O) 실헌혈자 수 1인당 헌혈건수는 헌혈건수/실헌혈자 수이다. 2023년은 2,541,446/1,208,632≒2.1건이다. 2022년은 2,445,003/1,241,276≒1.97건, 2021년은 2,426,779/1,199,640≒2.02건, 2020년은 2,435,210/1,209,801≒2.01건, 2019년은 2,613,901/1,350,561≒1.93건이다. 따라서 2023년이 가장 많다.

③ (O) 2019년 60대의 실헌혈자수 비중은 7,978/1,350,561×100≒0.06%, 2020년은 11,564/1,209,801≒0.095%, 2021년은 16,377/1,199,640×100≒0.13%, 2022년은 20,756/1,241,276×100≒0.17%이다. 다만, 2019년에 비해 2020년은 실헌혈자 수는 감소하고, 60대 실헌혈자 수는 증가하기 때문에 구체적인 비중을 구하지 않고도 60대 비중이 증가했음을 확인할 수 있고, 2021년 역시 마찬가지이다. 2022년만 2021년과 비교할 수 있으면 보다 빠르게 확인 가능하다.

④ (O) 2022년 30대 실헌혈자 수는 2022년 전체 실헌혈자 수인 1,241,276−30대를 제외한 실헌혈자 수의 합(20,756+107,632+177,500+513,462+240,950)=180,976명이다. 따라서 연령별 실헌혈자 수의 순위는 2020년은 20대 > 10대 > 30대 > 40대 > 50대 > 60대 순이고, 2021년과 2022년, 2023년 모두 20대 > 10대 > 30대 > 40대 > 50대 > 60대 순이다.

26

정답 ①

2019년 40대 실헌혈자 수는 2019년 전체 실헌혈자 수 1,350,561−40대를 제외한 실헌혈자 수의 합(7,978+56,551+169,281+491,320+494,502)=130,929이다. 2022

년 30대 실헌혈자 수는 2022년 전체 실헌혈자 수 1,241,276 －30대를 제외한 실헌혈자 수의 합(20,756＋107,632＋177,500＋513,462＋240,950)＝180,976이다.
따라서 2019년 40대 실헌혈자 수는 2022년 30대 실헌혈자 수의 130,929 /180,976×100≒72.3%이다.

27

정답 ②

① (X) 대전광역시는 중국 환자 중 입원환자가 154명으로 전체 1,538명의 10% 이상이다.
② (O) 2024년 서울특별시 중국 외래환자 중 강남구 중국 외래환자가 차지하는 비중은 29,884/79,657≒37.5%로 1/3 이상이다.
③ (X) [표 2]에서 강남구 중국 환자 중 입원환자는 1,452명이다. [표 1]에서 전체 중국 환자 중 입원환자는 4,538명이다. 따라서 1,452/4,538×100≒32.0%이다.
④ (X) [표 1]에서 2024년 의료기관 소재지별 중국 환자의 외래환자 대비 입원환자가 차지하는 비중은 서울특별시가 2,853/79,657×100≒3.5%, 경기도가 976/10,660×100≒8.4%, 제주특별자치도가 112/3,815×100≒2.9%, 인천광역시가 115/3,141×100≒3.5%, 대구광역시가 105/2,075×100≒4.8%, 부산광역시가 54/1,591×100≒3.3%, 대전광역시가 154/1,384×100≒10.0%이다. 따라서 2024년 의료기관 소재지별 중국 환자의 외래환자 대비 입원환자가 차지하는 비중은 제주특별자치도가 가장 작다.

28

정답 ①

서울특별시, 인천광역시, 경기도의 중국 입원환자 합은 2,853＋976＋115＝3,944명이고, 전체 환자 수는 82,510＋11,636＋3,256＝97,402명이다. 중국 환자 대비 입원환자가 차지하는 비중은 3,944/97,402×100≒4.0%이다.

29

정답 ③

① (O) [표 2]에서 입원환자는 강남구가 1,452명, 서초구가 603명, 송파구가 26명임을 알 수 있다.
② (O) [표 1]에서 각 광역시(인천, 대구, 부산, 대전)의 외래환자 수가 3,141명, 2,075명, 1,591명, 1,384명임을 알 수 있다.
③ (X) 입원환자와 외래환자 외에 전체 환자라는 값이 추가로 존재한다. 하지만 전체 환자는 입원환자와 외래환자의 합이므로, 주어진 그래프처럼 전체 환자라는 값이 별도로 존재할 수 없다.
④ (O) 2024년 전체 환자 중 외래환자가 차지하는 비중은 서울특별시가 79,657/82,510×100≒96.5%, 인천광역시가 3,141/3,256×100≒96.5%, 경기도가 10,660/11,635×100≒91.6%이다.

30

정답 ③

ㄱ. (O) 보툴리눔독소증, 추간판탈출증, 뇌성마비 환자는 2021년에 전체의 37.3%(15.2%＋11.3%＋10.8%)이므로, 나머지 62.7%의 절반인 31.35%보다 많다. 2022년에는 전체의 36.9%(16.3%＋10.8%＋9.8%)이기 때문에 나머지 63.1%의 절반인 31.55%보다 많고, 2023년에는 전체의 37.6%(13.5%＋12.5%＋10.4%)이기 때문에 나머지 63.6%의 절반인 31.8%보다 많다.
ㄴ. (X) 뇌신경 장애 환자를 일반, 청소년, 소아로 구분하고 있긴 하지만, 뇌신경 질병 환자를 일반, 청소년, 소아로 구분하고 있지 않기 때문에, 뇌신경 질병환자 중 소아가 차지하는 비중은 파악할 수 없다.
ㄷ. (O) 2021년 영아증후군 환자는 429명 중 6.2%이므로, 약 27명이다. 2021년 소아 뇌신경 장애 환자는 39명이므로, 10명 이상이 영아증후군이 아닌 다른 장애를 겪고 있음을 알 수 있다.

31

정답 ④

2023년 상위 6위에 해당하는 얼굴마비의 비중은 8.3%이다. 이는 7위 이하 항목이 차지하는 비중이 최대 약 8.2%임을 의미한다. 따라서 7위 이하에 해당하는 질병 및 장애가 최대 비중만큼의 환자가 존재한다고 생각해 보면 최소 질병 및 장애 항목이 도출될 것이다. 그렇다면 전체에서 상위 6개 항목이 차지하는 비중의 차이값을 구하면, 100－(13.5＋12.5＋10.4＋9.2＋8.5＋8.3)＝37.6%이다. 이를 7위 이하의 질병 및 장애가 최대 비중만큼 환자가 있다고 가정한 8.2%로 나누면 최소 항목의 개수가 도출된다. 37.6/8.2≒4.5개이므로, 최소 5개의 항목은 추가로 더 존재한다는 것을 알 수 있다. 따라서 2023년 전체 장애 및 질병 항목의 수는 최소 11개이다.

32

정답 ③

① (X) 환자 1인당 진료비는 진료비/환자 수를 통해 확인할 수 있다. 환자 1인당 진료비는 2019년에 41,785,487/493,769≒84.6천 원, 2020년에 21,827,511/201,748≒108.1천 원, 2021년에 74,436,338/799,966≒93.0천 원, 2022년에 89,085,166/809,067≒110.1천 원, 2023년에 109,595,713/1,063,351≒103.0천 원이다. 따라서 2022년에 가장 많다.

② (X) 2019년 대비 2023년의 여자 환자 수 증가율은 (566,744−260,688)/260,688×100≒117.4%, 남자 환자 수 증가율은 (496,607−233,081)/233,081×100≒113.1%이다. 따라서 여자 환자 수 증가율이 더 크다.

③ (O) 비중이 절반 이상인지는 두 가지로 판단할 수 있다. 입원비가 전체 진료비에서 50% 이상을 차지하는지 확인하거나 외래비가 50% 이하인지 확인하는 방법이다. 2019년은 29,612,233/41,785,487×100≒70.8%, 2020년은 16,704,497/21,827,511×100≒76.5%, 2022년은 66,393,607/89,085,166×100≒74.5%, 2023년은 80,607,285/109,595,713×100≒73.5%이다. 이때 2021년은 입원비가 제시되지 않았기 때문에 직접 구하거나 외래비를 활용해 확인할 수 있다. 외래비를 활용해 확인하면, 2021년 외래비의 비중은 21,471,688/74,436,338×100≒28.8%이다. 외래비의 비중이 절반이 되지 않으므로, 입원비의 비중은 절반이 넘는다는 것을 알 수 있다. 따라서 매년 절반 이상임을 알 수 있다.

④ (X) 2020년 남자 환자 수는 201,748−107,641=94,107명이고, 2022년 여자 환자 수는 809,067−366,861=442,206명이다. 2019년부터 2023년까지의 연평균 여자 환자 수는 (260,688+107,641+422,498+442,206+566,744)/5=359,955.4명이고, 남자 환자 수는 (233,081+94,107+377,468+366,861+496,607)/5=313,624.8명이다. 따라서 여자 환자 수가 약 4,600명 정도 더 많다.

33

정답 ①

① ㉠: 201,748−107,641=94,107
② ㉡: 809,067−366,861=442,206
③ ㉢: 41,785,487−29,612,233=12,173,254
④ ㉣: 74,436,338−21,471,688=52,964,650

34

정답 ①

① (O) 간호대학 졸업자 1명당 간호사 수는 $\frac{\text{간호사 수}}{\text{간호대학 졸업자 수}}$이며, [표1]과 [표2]의 내용을 활용해 다음과 같이 식으로 풀이할 수 있다.

$$\frac{\text{간호사 수}}{\text{간호대학 졸업자 수}}=\frac{\text{간호사 수}}{\text{인구 1,000명}}\div\frac{\text{간호대학 졸업자 수}}{\text{인구 100,000명}}$$

$$=\frac{\text{간호사 수}}{\text{인구 1,000명}}\times\frac{\text{인구 100,000명}}{\text{간호대학 졸업자 수}}$$

$$=\frac{\text{간호사 수}\times100}{\text{간호대학 졸업자 수}}=\frac{12.1\times100}{43.1}\fallingdotseq28\text{명}$$

따라서 A국의 간호대학 졸업자 1명당 간호사 수는 25명 이상이다.

② (X) 2021년의 한국 간호사 임금소득은 48,975.5US$이고, 보건의료협의기구 평균은 48,561US$이다. 이 해에는 한국 간호사 임금소득이 보건의료협의기구 평균을 넘어섰다.

③ (X) 주어진 [표 2]를 통해 각국의 간호대학 졸업자 수를 파악할 수 있지만, 이는 인구 10만 명당의 간호대학 졸업자 수이다. 따라서 인구를 정확히 알지 못하면 각국의 간호대학 졸업자 수를 비교할 수 없다. 현재 C국과 한국의 인구를 알 수 없기 때문에 간호대학 졸업자 수 역시 비교할 수 없다.

④ (X) 보건의료협의기구 평균은 간호인력이 9.7명이고, 간호사가 8.0명이다. 그러나 A국은 간호인력과 간호사가 12.1명으로 같으므로 모든 보건의료협의기구 국가들이 간호사보다 간호인력이 더 많다고 할 수 없으며, [표 1]에 제시되지 않은 국가들 중에는 간호사가 간호인력보다 더 많은 경우가 있을 수 있다.

35

정답 ②

A~E국 및 한국의 간호사 수 평균은 (12.1+6.8+9.9+4.4+7.1+1.8)/6≒7명이다. 보건의료협의기구 각국의 인구 수는 같기 때문에 나머지 국가의 평균과 앞선 6개국 평균 2개로 산술평균하면 보건의료협의기구 전체 평균인 8명이 도출되어야 한다. 따라서 $(7+x)\div2=8$이므로, $x=9$임을 알 수 있다. 따라서 A, B, C, D, E와 한국을 제외한 나머지 보건의료협의기구 국가의 간호사 수 평균은 9명이다.

36

정답 ②

① (X) 전체 빈혈 환자 중 남자 환자 비중은 2019년에 162,405/600,837×100≒27.0%, 2020년에 173,199/626,179×100≒27.7%, 2021년에 165,073/585,791×100≒28.2%, 2022년에 200,205/718,009×100≒27.9%, 2023년에 186,680/668,079×100≒27.9%이다. 따라서 남자 환자의 비중이 가장 높은 해는 2021년이다.

② (O) 주어진 자료를 보면 전체 환자는 입원 환자와 외래 환자로 구분할 수 있고, 남자 환자와 여자 환자로 구분할 수도 있다. 여자 환자 중 외래 환자의 최소치를 확인하기 위해서는 먼저 남자 환자가 전부 외래 환자임을 가정해야 한다. 이러한 가정하에 656,072−전부 외래 환자로 가정한 남자 환자 186,680=469,392명은 반드시 외래 여자 환자일 수밖에 없기 때문에 여자 환자 중 외래 환자의 비중은 469,392/481,399×100≒97.5%임을 알 수 있다.

③ (X) 전체 진료비 중 여자 환자의 진료비는 2019년 1,104/3,793×100≒29.1%, 2020년 1,259/6,249×100≒52.2%, 2021년 1,231/4,185×100≒29.4%, 2022년

1,423/4,592×100≒31.0%, 2023년 1,384/4,690×100≒29.5%이다. 2020년, 2022년에는 30%를 초과했기 때문에 매년 30% 이하라고 할 수 없다.

④ (X) 외래환자 1인당 진료비는 2020년에 3,078(억원)/614,460≒500,928원이고, 2021년에 3,044(억원)/574,741≒529,630원이다. 따라서 2021년이 2020년에 비해 많다.

37

정답 ③

빈혈 환자 1인당 진료비는 [표 1]의 전체 빈혈 환자 진료비/전체 빈혈 환자 수를 통해 확인할 수 있다. 2019년 3,793/600,837≒631,286원, 2020년은 4,249/626,179≒678,560원, 2021년은 4,185/585,791≒714,418원, 2022년은 4,592/718,009≒639,546원이다. 따라서 1인당 진료비는 2021년에 가장 많다.

38

정답 ①

① (X) 그래프는 전체 빈혈 환자 성별 구성비이다. 빈혈 환자는 2019년 남자가 162,405명, 여자가 438,432명인 것을 시작해 지속적으로 남자 환자가 여자 환자보다 적기 때문에 그래프 전체적으로 남자의 비중이 높은 것은 잘못되었다는 것을 확인할 수 있다.

② (O) 그래프는 성별 빈혈 환자 현황이다. 남자는 2019년 162,405명, 2020년 173,199명, 2021년 165,073명, 2022년 200,205명, 2023년 186,680명이고, 여자는 2019년 438,432명, 2020년 452,980명, 2021년 420,718명, 2022년 517,804명, 2023년 481,399명이다.

③ (O) 1인당 입원일수는 2019년 9.3일, 2020년 9.1일, 2021년 9.5일, 2022년 8.8일, 2023년 8.3일, 1인당 내원일수는 2019년 2.4일, 2020년 2.4일, 2021년 2.4일, 2022년 2.3일, 2023년 2.3일을 그대로 표기해 둔 자료이다.

④ (O) 제시된 자료는 각 해의 입원환자와 외래환자의 진료비의 합을 나타내고 있다. 2019년은 1,012+2,781=3,793억 원, 2020년은 1,171+3,078=4,249억 원, 2021년은 1,141+3,044=4,185억 원, 2022년은 1,201+3,391=4,592억 원, 2023년은 1,180+3,510=4,690억 원이다.

39

정답 ③

① (X) 주어진 자료를 통해 인터넷 과의존과 스마트폰 과의존만 비교가 가능하기 때문에 가장 많은 비중을 차지하는 것이 비디오게임인지는 알 수 없다.

② (X) 전년 대비 2023년의 인터넷 과의존 증가율은 초등학교 4학년이 (59,902−55,849)/55,849×100≒7.3%, 중학교 1학년이 (70,335−70,160)/70,160×100≒0.2%, 고등학교 1학년이 (58,741−57,219)/57,219×100≒2.7%이다. 따라서 초등학교 4학년의 증가율이 가장 높다.

③ (O) 2022년 중학교 1학년의 인터넷 과의존 인원 대비 스마트폰 과의존 인원 비중은 47,351/70,160×100≒67.5%이고, 2023년은 48,985/70,335×100≒69.6%이다. 따라서 2023년이 더 크다.

④ (X) 초등학교 4학년, 중학교 1학년, 고등학교 1학년에 대해서만 알 수 있고, 전 학년에 대해서는 알 수 없다.

40

정답 ②

2022년 대비 2023년 인터넷 과의존은 초등학교 4학년이 7.25%, 중학교 1학년이 0.025%, 고등학교 1학년이 2.66%이다. 이를 2023년 과의존 인원에 곱하면 2024년 인터넷 과의존 인원은 초등학교 4학년은 59,902×1.0725≒64,244.9명 중학교 1학년은 70,510.84명, 고등학교 1학년은 58,741×1.0266≒60,303.51명이다. 따라서 평균은 (64,244.90+70,510.84+60,303.51)/3≒65,019.75=65,020명이다.

41

정답 ③

① (O) 보관료, 입원료, 난자동결 이후 진료비 등 난자채취와 상관없는 비용은 지원 제외된다고 하였다.

② (O) 자격조회 및 서류검토 결과에 따른 적격/부적격 등 안내사항을 확인받을 수 있다고 하였다.

③ (X) 전체 지원 대상자는 총 650명이고, 서울시 예산의 경우 AMH 수치가 1.5ng/mL 이하여야 한다고 하였다. 하지만 손해보험협의회 기부금의 경우 AMH 수치가 1.5ng/mL 이하인 여성이 포함되어 있을 수 있으므로 그 비중이 23% 초과일 수 있다.

④ (O) 지급일이 토요일이거나 공휴일인 경우 그다음 영업일에 지급한다고 하였고 신청자 본인 명의 계좌로 이체된다고 하였다.

42

정답 ④

① (X) 난임부부 시술비 지원사업과 중복지원이 불가하며, 난임부부 시술비 지원횟수 25회를 모두 소진한 대상자는 지원 가능하다고 하였으므로 A는 지원 대상자가 아니다.

② (X) 신청일 기준 주민등록상 6개월 이상 등록지가 서울시인 여성이라고 하였으므로 B는 지원 대상자가 아니다.

③ (X) 외국 국적의 여성은 신청 불가하다고 하였으므로 C는 지원 대상자가 아니다.
④ (O) 29세 이하의 경우 난소기능검사 AMH 수치가 3.5ng/mL 이하여야 한다고 하였지만, 항암치료로 난소기능 저하 유발질환 진단자는 AMH 수치와 무관하게 지원 가능하다고 하였으므로 D는 지원 대상자이다.

43

정답 ④

① (O) 서울시 난자동결 비용지원 대상자는 사업의 효과성 분석을 위한 설문조사에 필히 참여해야 한다고 하였다.
② (O) 난자채취를 위한 사전 검사비 및 시술비 50%, 최대 200만 원 지원한다고 하였다.
③ (O) 사전 검사비는 시술일 기준 1년 이내에 한하여 지원한다고 하였다.
④ (X) 당해연도 시술비 지원 예산 부족으로 미지급분이 발생한 경우 다음 연도 예산 확보일로부터 1개월 이내에 지급 가능하며, 해당 사실을 대상자에게 사전 통보한다고 하였다.

44

정답 ②

① (O) 야간 12시간 보육료와 24시간 보육료는 나이가 증가할수록 26일 기준 정부 지원 단가는 감소한다.
② (X) 아침, 저녁 급식비는 기타 필요경비 지침에 따라 수납 가능하다고 하였으므로 야간 연장 보육 시 아침, 저녁 급식을 무료로 지원하는 것이 아님을 알 수 있다.
③ (O) 24시간 보육료의 26일 기준 정부 지원 단가는 야간 12시간 보육료의 1.5배이다.

만 0세	810/540=1.5배
만 1세	712.5/475=1.5배
만 2세	591/394=1.5배
만 3세 이상	420/280=1.5배

④ (O) 야간 연장 보육 시 일반 아동의 월 최대 지원 한도는 60×0.4=24만 원이다.

45

정답 ①

A가 지원받은 보육료는 다음과 같다.

- 2023년: 591×40/26≒909천 원
- 2024년: 휴일(토요일 제외)을 제외한 날은 60−3=57일이므로 280×57/26≒613천 원, 휴일은 3일이므로 280×3/26×1.5≒48천 원이므로 613+48=661천 원이다.

따라서 A가 지원받은 보육료는 총 909+661=1,570천 원이다.

46

정답 ③

① (O) 청년수당은 매월 29일에 지급되며, 29일이 일요일인 경우 직전 영업일에 지급한다고 하였으므로 27일 금요일에 지급된다.
② (O) 청년수당은 멘토링, 취업지원 프로그램 제공 등 청년 니즈에 맞게 프로그램 연계를 지속 지원하는 사업이라고 하였다.
③ (X) 현금으로 납부한 월세비의 경우 관련 계약서와 이체 내역서를 활동기록서 제출 기간에 함께 제출해야 하므로 8월 10일까지 제출해야 한다.
④ (O) A은행 계좌 개설과 체크카드 발급은 필수이행사항이라고 하였다.

47

정답 ①

① (O) 연령은 만 19세 이상 만 34세 이하에 해당하고, 중위소득은 150% 이하이며, 주 30시간 이하로 근무하므로 신청 가능하다.
② (X) 서울시 희망두배 청년통장 참여자는 신청제외대상에 해당한다고 하였다.
③ (X) 출생일이 1989. 6. 1. 이후 2005. 6. 30. 이전인 자에 한하여 신청 가능하다고 하였다.
④ (X) 신청 시점 주민등록상 등록지가 서울시가 아닌 자는 신청제외대상에 해당한다고 하였다.

48

정답 ①

① (X) 전·월세비, 전기·가스·수도요금, 건강보험료, 통신비, 주거 관련 대출, 학자금대출 납부, 자격증·시험 응시료에 한하여 현금 사용이 가능하다고 하였다.
② (O) 서울 외 지역에서도 사용 가능하다고 하였다.
③ (O) 학자금대출 납부는 현금 사용이 가능하다고 하였다.
④ (O) 진로탐색 및 구직활동 등 사업 목적에 맞게 사용할 수 있다고 하였다.

49

정답 ②

① (O) '대여기준'에서 장난감과 DVD는 모두 개별 바코드가 부여된다고 하였으므로 모든 장난감에 바코드가 있음을 알 수 있다.
② (X) 이용시간은 평일 월~금 오전 9시 30분부터 오후 6시까지이며, 점심시간 1시간 동안 대여 및 이용 불가하다고 하였다. 매주 화요일과 목요일은 오후 8시 30분까지 연장 운영한다고 하였으므로 매주 42.5시간 동안 운영되며 운영시간 동안 대여 및 이용이 가능하다.
③ (O) 대여한 장난감은 장난감도서관에서 가지고 놀 수 없다고 하였다.
④ (O) 장난감 대여 수와 DVD 대여 수는 각각 카운팅한다고

하였으므로 일반회원의 경우 1회당 소물 장난감 3개, DVD 2개 최대 5개의 장난감 및 DVD를 대여할 수 있다.

50

정답 ②

• 대여 기간은 대여일 다음 날로부터 시작이라고 하였고 기본 대여 기간은 14일이므로 6월 24일에 반납해야 한다. 연체료는 반납 일자 다음 날부터 대여 물품 개수당 1일에 200원이라고 하였고 9일간 연체하였으므로 A가 지불해야 하는 연체료는 $9 \times 3 \times 200 = 5{,}400$원이다.

• B가 대여 후 대물 장난감의 대여횟수가 31회, 소물 장난감의 대여횟수가 54회이므로 대물 장난감의 변상액은 A/S 비용을 기준으로 하여 $28{,}000 \times 0.5 = 14{,}000$원이고, 소물 장난감의 변상액은 구매가격을 기준으로 하여 $24{,}500 \times 0.3 = 7{,}350$원이다.

따라서 A가 지불해야 하는 연체료와 B가 지불해야 하는 변상액의 합은 $5{,}400 + 14{,}000 + 7{,}350 = 26{,}750$원이다.

51

정답 ①

① (X) 장난감 대여 시 운영 요원과 장난감의 상태를 확인한 후 대여한다고 하였고, 대여한 장난감이 작동되지 않는 경우 대여시간으로부터 1시간 이내에 A구 장난감도서관로 전화 접수 후 가지고 온다면 다른 장난감으로 대여해 준다고 하였다.

② (O) 건전지가 필요한 장난감은 개인적으로 건전지를 구입해서 사용해야 한다고 하였다.

③ (O) DVD 대여 수는 1회당 2개이므로 대여횟수가 최소 3회이다. 가입 기간이 30일 이상이거나 대여횟수가 2회 이상인 경우 연회비는 환불 불가라고 하였다.

④ (O) 대여기간은 기본 14일이고, 1회 7일 연장 가능하다고 하였다.

52

정답 ④

① (O) 영유아의 갑작스런 질병에 의한 취소 또는 불참 시 이를 증빙할 수 있는 자료를 제출한 경우 벌점을 부과하지 않는다고 하였다.

② (O) 전주 월요일 10시부터 당일 이용시간 전까지 공동육아방을 예약할 수 있다고 하였다.

③ (O) 이용하고자 하는 보호자 및 영유아 인원수에 맞게 예약해야 한다고 하였다.

④ (X) 공동육아방 이용자 인원이 정원보다 미달된 경우 중복으로 다음 회차의 이용이 가능하다고 하였으며, 중복 이용 시 점심시간에는 이용이 불가능하다고 하였다. 2회차 이용자가 20명인 경우 1회차 이용자 중 4명은 최대 4시간 동안 이용할 수 있다.

53

정답 ③

① (O) 공동육아방의 놀이공간에서는 음식물 섭취가 불가능하며 영유아 간식 및 음료 섭취는 수유실을 이용해야 한다고 하였다.

② (O) 누적벌점이 3점 이상일 경우 그날로부터 한 달간 이용이 제한되며, 이용 제한 기간 종료 후 벌점 1점이 소멸된다고 하였다. 매월 말일 누적벌점이 2점 이하일 경우 다음 달 1일에 모두 소멸된다고 하였다.

③ (X) 당일 취소 및 불참에 의한 벌점은 이용 영유아 기준으로 부과된다고 하였다. 동일한 영유아가 이용하는 경우라면 배우자의 아이디로도 이용 불가능하다.

④ (O) 예약하지 않은 방문자는 방문 시점에 이용정원이 차지 않은 경우에 한하여 이용이 가능하며, 이용 중 사전예약자가 방문하여 정원이 초과 시 이용 불가하다고 하였다.

54

정답 ①

① (X) 등·하원 아이돌봄 서비스는 등원 시 3시간, 하원 시 4시간을 이용할 수 있으며, 등하원 기준 시간 전후에도 서비스 이용이 가능하지만 최대 이용시간은 동일하다고 하였으므로 등원 시 오전 6시부터 이용한다면 오전 9시까지 이용할 수 있다.

② (O) 등·하원 아이돌봄 서비스와 병원동행 아이돌봄 서비스는 서울시 양육공백 가정의 만 12세 이하의 아동이 이용할 수 있다고 하였다.

③ (O) 기준중위소득 기준의 75% 이하인 경우 85%를 지원한다고 하였으므로 질병감염아동으로 영아 전담 아이돌봄 서비스를 이용하는 경우 시간당 최대 $13{,}950 \times 0.85 ≒ 11{,}857$원을 지원받는다.

④ (O) 거주하는 주민자치센터에서 서비스를 신청 접수할 수 있다고 하였다.

55

정답 ③

A는 기준중위소득 기준이 85%이므로 60%를 지원받으므로 40%를 자기부담해야 한다. A가 지불해야 하는 자기부담금은 다음과 같다.

A가 지불해야 하는 자기부담금은 등·하원 아이돌봄 서비스가 $20 \times 7 \times 11{,}630 \times 0.4 = 651{,}280$원, 병원동행 아이돌봄 서비스의 경우 약제비는 이용 가정에서 지불해야 한다고 하였으므로 $3 \times 5 \times 15{,}110 \times 0.4 + 25{,}750 = 116{,}410$원이다. 따라서 A가 지불해야 하는 자기부담금은 총 $651{,}280 + 116{,}410 = 767{,}690$원이다.

56

정답 ④

① (○) 정기검진으로 병원 내원이 필요한 서울시 양육공백 가정의 만 12세 이하 아동은 병원동행 아이돌봄 서비스의 이용 대상이 될 수 있다.

② (○) 등·하원 돌봄이 필요한 서울시 양육공백 가정의 만 12세 이하 아동은 등·하원 아이돌봄 서비스의 이용 대상이 될 수 있다.

③ (○) 서울시 양육공백 가정의 3개월 이상 36개월 이하 영아는 영아 전담 아이돌봄 서비스의 이용 대상이 될 수 있다.

④ (×) 비전염성 질병감염으로 병원 내원이 필요한 양육공백 가정의 만 12세 이하 아동이 병원동행 아이돌봄 서비스의 이용 대상이 될 수 있다.

57

정답 ③

① (○) 근로자 신혼여행의 경우 이용 우선순위에서 최우선으로 선정된다.

② (○) 주말 이용대상자로 선정 후 취소 시 선정박수는 포함된다고 하였다. 주말 선정박수가 적은 근로자는 이용 우선순위가 더 높으므로 다음 신청에서 영향을 받는다.

③ (×) 주말에 근로자 휴양콘도를 이용하기 위해서는 전월 10일까지 신청을 해야 하며, 주말의 경우 이용일 전월 15일에 이용자 선정을 한다고 하였다. 하지만 휴일인 경우 전날 선정한다고 하였으므로 광복절인 8월 15일 전일인 8월 14일 수요일에 이용자를 선정한다.

④ (○) 가점 대상자에게는 관련 서류 요청 문자가 전송되며, 서류를 팩스로 전송해야 한다고 하였다.

58

정답 ④

A의 이용가능점수 배점은 다음과 같다.

- 월평균소득: 기준임금은 4,714,657×2/3≒3,140,000원이므로 A의 소득은 기준임금의 4,000,000/3,140,000×100≒127%이므로 30점이다.
- 기업규모: A가 근무하는 기업은 150명이므로 30점이다.
- 가점: 다자녀 가정이므로 5점이다.

A의 이용가능점수는 총 65점이다. 선정 취소에도 이용가능점수가 차감되며, A는 주말(금, 토) 2박과 평일 2박을 취소했으므로 A의 잔여 이용가능점수는 65－20＝45점이다. A가 선정될 수 있는 주말의 선정박수는 4박이다.

59

정답 ②

① (○) 희귀질환자 의료비 지원은 반드시 산정특례 등록 후에 신청 가능하다고 하였다.

② (×) 장애인 등록 법에 등록된 자가 담당 의사의 진단서를 발급받아 구입 시 본인이 부담하여야 하는 금액을 지원한다고 하였으므로 자기부담금은 없다.

③ (○) 옥수수전분 구입비는 만 18세 미만의 소아청소년에 대해 소득재산조사를 면제해준다고 하였다.

④ (○) 국민건강보험공단에서 인공호흡기 및 기침유발기 대여료를 지원받는 대상자에 한하여 인공호흡기 및 기침유발기 대여료를 지급한다고 하였다.

60

정답 ③

① (○) 환자 제출서류중 임대차계약서의 경우 해당자에 한하여 제출해야 한다고 하였다.

② (○) 특수식이 구입비 대상자 중 특수조제분유의 경우 19세 이상 환자에 한하여 지원 가능하다고 하였다.

③ (×) 보건소 담당자 확인 서류 중 사회보장 자격확인 서류의 경우 행정정보공동이용을 우선 확인하지만, 확인 불가한 경우 제출을 요청할수 있다고 하였다.

④ (○) 간병비의 경우 기존 지체장애 1급 기준에 준하는 장애정도가 심한 장애인의 경우 월 30만 원 지원 가능하다고 하였다.

법률 - 노인장기요양보험법

정답표

01	02	03	04	05	06	07	08	09	10
①	③	②	②	③	②	④	②	①	②
11	**12**	**13**	**14**	**15**	**16**	**17**	**18**	**19**	**20**
①	④	③	①	③	③	①	④	②	①

01

정답 ①

풀이 조항
제1조

「노인장기요양보험법」의 목적은 고령이나 노인성 질병 등의 사유로 일상생활을 혼자서 수행하기 어려운 노인등에게 제공하는 신체활동 또는 가사활동 지원 등의 장기요양급여에 관한 사항을 규정하여 노후의 건강증진 및 생활안정을 도모하고 그 가족의 부담을 덜어줌으로써 국민의 삶의 질을 향상하는 것이다.

02

정답 ③

풀이 조항
- 제2조 제1호
- 제7조 제3항
- 제12조

「노인장기요양보험법」상 '노인등'이란 65세 이상의 노인 또는 65세 미만의 자로서 치매·뇌혈관성질환 등 대통령령으로 정하는 노인성 질병을 가진 자를 말한다.

- 갑: (X) 장기요양보험의 가입자는 「국민건강보험법」 제5조 및 제109조에 따른 가입자로 한다. 따라서 장기요양보험의 가입자라고 해서 '노인등'에 해당하는 것은 아니다.
- 을: (O) 장기요양급여 수급자라는 것은 장기요양인정을 신청한 후 장기요양인정 및 등급판정을 받았다는 것을 의미한다. 장기요양인정을 신청할 수 있는 자는 '노인등'으로서 제12조 각 호의 어느 하나에 해당하는 요건을 갖추어야 하므로, 장기요양급여 수급자는 '노인등'에 이미 해당한다는 것을 의미한다.
- 병: (O) 65세 미만이지만 치매라는 노인성 질병을 가지고 있으므로 '노인등'에 해당한다.
- 정: (O) 질병을 가지고 있지 않더라도 65세 이상이므로 '노인등'에 해당한다.
- 무: (O) 대통령령으로 정하는 노인성 질병을 가지고 있지 않더라도 65세 이상이므로 '노인등'에 해당한다.

03

정답 ②

풀이 조항
제3조 제1항~제4항

① (X) 장기요양급여는 노인등의 심신상태나 건강 등이 악화되지 아니하도록 의료서비스와 '연계하여' 이를 제공하여야 한다.
③ (X) 장기요양급여는 노인등이 자신의 의사와 능력에 따라 최대한 자립적으로 '일상생활'을 수행할 수 있도록 제공하여야 한다.
④ (X) 장기요양급여는 노인등의 심신상태·생활환경과 '노인등 및 그 가족'의 욕구·선택을 종합적으로 고려하여 필요한 범위 안에서 이를 적정하게 제공하여야 한다.

04

정답 ②

풀이 조항
제6조의2 제1항

ㄴ. (X) 장기요양보험료의 부과·징수에 관한 사항은 실태조사 대상에 해당하지 않는다. 참고로 장기요양보험료의 부과·징수는 장기요양사업의 관리운영기관인 국민건강보험공단이 관장하는 업무이다.
ㅁ. (X) 장기요양사업에 관한 사항으로서 '보건복지부령'으로 정하는 사항이 실태조사 대상에 해당한다.

05

정답 ③

풀이 조항
- 제7조 제1항~제4항
- 제35조의2 제2항
- 제35조의5 제2항
- 제54조 제1항

장기요양보험사업은 보건복지부장관이 관장하며, 장기요양보험사업의 보험자는 국민건강보험공단이다. 따라서 ㉠은 보건복지부장관, ㉡은 공단이다.

ㄱ. (○) 보건복지부장관은 장기요양기관 재무·회계기준을 정할 때에는 장기요양기관의 특성 및 그 시행시기 등을 고려하여야 한다.

ㄴ. (×) 장기요양기관이 제공하는 장기요양급여 내용을 지속적으로 관리·평가하여 장기요양급여의 수준이 향상되도록 노력하여야 하는 주체는 공단이다.

ㄷ. (×) 공단은 장기요양기관이 전문인 배상책임보험에 가입하지 않은 경우 그 기간 동안 제38조에 따라 해당 장기요양기관에 지급하는 장기요양급여비용의 일부를 감액할 수 있다. 즉, 반드시 '감액하여야 하는' 것이 아니라 '감액할 수 있는' 것이다.

ㄹ. (○) 장기요양보험의 가입자는 「국민건강보험법」 제5조 및 제109조에 따른 가입자로 하지만, 「외국인근로자의 고용 등에 관한 법률」에 따른 외국인근로자 등 대통령령으로 정하는 외국인이 신청하는 경우 보건복지부령으로 정하는 바에 따라 장기요양보험가입자에서 제외할 수 있다.

06

정답 ②

풀이 조항
제17조 제1항·제3항

ㄱ. (×) 공단은 등급판정위원회가 장기요양인정 및 등급판정의 심의를 완료한 경우 '지체 없이' 장기요양인정서를 작성하여 수급자에게 송부하여야 한다.

ㄷ. (×) 공단은 장기요양인정서를 송부하는 때 장기요양급여를 원활히 이용할 수 있도록 제28조에 따른 '월 한도액' 범위 안에서 개인별장기요양이용계획서를 작성하여 이를 함께 송부하여야 한다.

07

정답 ④

풀이 조항
- 제12조 제1호·제2호
- 제13조 제1항
- 제19조 제1항·제2항
- 제20조 제1항·제2항

① (×) 장기요양인정을 신청할 수 있는 자는 노인등으로서 '장기요양보험가입자 또는 그 피부양자'나 '의료급여수급권자'의 자격을 갖추어야 한다. 즉, 장기요양보험가입자 또는 그 피부양자가 아니더라도 노인등으로서 의료급여수급권자라면 장기요양인정을 신청할 수 있다.

② (×) 장기요양인정의 유효기간은 최소 1년 이상으로서 대통령령으로 정한다.

③ (×) 장기요양인정신청서는 장기요양인정을 신청할 때 제출하는 것으로, 신청서를 접수하여야 장기요양인정 신청의 조사 등이 진행된다. 다만, 신청서에 첨부하는 의사소견서는 공단이 등급판정위원회에 자료를 제출하기 전까지 제출할 수 있다.

08

정답 ②

풀이 조항
제29조 제1항·제2항

제29조 제1항에서는 "공단은 장기요양급여를 받고 있는 자가 정당한 사유 없이 제15조 제4항에 따른 조사나 제60조 또는 제61조에 따른 요구에 응하지 아니하거나 답변을 거절한 경우 장기요양급여의 전부 또는 일부를 제공하지 아니하게 할 수 있다."라고 규정하고 있다.

제29조 제2항에서는 "공단은 장기요양급여를 받고 있거나 받을 수 있는 자가 장기요양기관이 거짓이나 그 밖의 부정한 방법으로 장기요양급여비용을 받는 데에 가담한 경우 장기요양급여를 중단하거나 1년의 범위에서 장기요양급여의 횟수 또는 제공 기간을 제한할 수 있다."라고 규정하고 있다.

갑은 제29조 제2항의 경우이고, 을은 제29조 제1항의 경우이다. 따라서 갑과 을에게 가능한 처분은 다음과 같다.

갑	• 장기요양급여를 중단함 • 1년의 범위에서 장기요양급여의 횟수를 제한함 • 1년의 범위에서 장기요양급여의 제공 기간을 제한함
을	• 장기요양급여의 전부를 제공하지 아니하게 함 • 장기요양급여의 일부를 제공하지 아니하게 함

09

정답 ①

풀이 조항
제31조 제3항 제1호~제4호

ㄴ. (×) '장기요양기관을 운영하려는 자'의 장기요양급여 제공 이력이 검토 사항 중 하나이다. 즉, '그 기관에 종사하려는 자'는 포함되지 않는다.

ㄷ. (×) 해당 지역의 노인인구 수, 치매 등 노인성질환 환자 수 및 장기요양급여 '수요' 등 지역 특성이 검토 사항 중 하나이다. 즉, 공급이 아니라 수요를 검토하여야 한다.

ㄹ. (×) 장기요양기관을 운영하려는 자 및 그 기관에 종사하려

는 자가 「노인장기요양보험법」, 「사회복지사업법」 또는 「노인복지법」 등 장기요양기관의 운영과 관련된 법에 따라 받은 '행정처분'의 내용이 검토 사항 중 하나이다. 즉, 형사처벌이 아니라 행정처분의 내용을 검토하여야 한다.

10

정답 ②

풀이 조항

제32조의2 제1호·제2호·제4호·제5호·제6호

- 갑: (○) 본인이 피한정후견인인 경우에는 장기요양기관으로 지정받을 수 없지만, 직계혈족 중에 피한정후견인이 있는 것은 지정 불가 사유에 해당하지 않는다. 따라서 장기요양기관으로 지정받을 수 있다.
- 을: (○) 파산선고를 받고 복권되지 않은 사람은 장기요양기관으로 지정받을 수 없지만, 복권이 되었다면 지정 불가 사유에 해당하지 않는다. 따라서 장기요양기관으로 지정받을 수 있다.
- 병: (X) 금고 이상의 형의 집행유예를 선고받고 그 유예기간 중에 있는 사람은 장기요양기관으로 지정받을 수 없다.
- 정: (X) 금고 이상의 실형을 선고받고 그 집행이 종료(집행이 종료된 것으로 보는 경우 포함)되거나 집행이 면제된 날부터 5년이 경과되지 않은 사람은 장기요양기관으로 지정받을 수 없다.
- 무: (○) 「정신건강증진 및 정신질환자 복지서비스 지원에 관한 법률」 제3조 제1호의 정신질환자는 장기요양기관으로 지정받을 수 없지만, 전문의가 장기요양기관 설립·운영 업무에 종사하는 것이 적합하다고 인정하는 사람은 예외에 해당한다. 따라서 장기요양기관으로 지정받을 수 있다.

11

정답 ①

풀이 조항

제33조 제1항

① (○) 장기요양기관의 장은 시설 및 인력 등 보건복지부령으로 정하는 중요한 사항을 변경하려는 경우에는 보건복지부령으로 정하는 바에 따라 특별자치시장·특별자치도지사·시장·군수·구청장의 변경지정을 받아야 한다.

12

정답 ④

풀이 조항

제35조 제1항·제3항·제4항·제6항

ㄱ. (X) 장기요양기관의 장은 장기요양급여를 제공한 수급자에게 '장기요양급여비용'에 대한 명세서를 교부하여야 한다.

ㄷ. (X) 장기요양기관은 '수급자'로부터 장기요양급여신청을 받은 때 장기요양급여의 제공을 거부하여서는 아니 된다. 다만, 입소정원에 여유가 없는 경우 등 정당한 사유가 있는 경우는 그러하지 아니하다.

ㄹ. (X) '누구든지' 영리를 목적으로 금전, 물품, 노무, 향응, 그 밖의 이익을 제공하거나 제공할 것을 약속하는 방법으로 '수급자'를 장기요양기관에 소개, 알선 또는 유인하는 행위 및 이를 조장하는 행위를 하여서는 아니 된다.

13

정답 ③

풀이 조항

- 제28조의2 제1항 제1호·제2호
- 제35조의4 제1항·제2항·제4항·제5항

㉠에는 제35조의4 제1항 각 호의 어느 하나에 해당하는 내용이 들어가야 한다. 제35조의4 제1항 제1호는 "수급자 및 그 가족이 장기요양요원에게 폭언·폭행·상해 또는 성희롱·성폭력 행위를 하는 경우"를 명시하고 있고, 같은 조 같은 항 제2호는 "수급자 및 그 가족이 장기요양요원에게 제28조의2 제1항 각 호에 따른 급여외행위의 제공을 요구하는 경우"를 명시하고 있다.

ㄱ. (X) 제35조의4 제1항 제1호는 '수급자 및 그 가족'의 폭언을 명시하고 있으므로, 장기요양기관의 장의 폭언은 포함되지 않는다.

ㄴ. (○) 제35조의4 제1항 제1호에 해당하는 내용이다.

ㄷ. (X) 제35조의4 제2항 제1호에 해당하는 내용으로, 이 경우 장기요양기관의 지정이 취소되거나 6개월의 범위에서 업무정지를 받을 수 있다.

ㄹ. (○) 제35조의4 제1항 제2호에 해당하는 내용이다.

14

정답 ①

풀이 조항

- 제37조 제1항 제3호의6
- 제37조 제6항·제7항
- 제63조 제1호

ㄱ. (○) 특별자치시장·특별자치도지사·시장·군수·구청장은 장기요양기관 지정취소 또는 업무정지명령을 하려는 경우에 청문을 하여야 한다. 따라서 A는 업무정지 처분을 받기 전 청문을 거쳤을 것이다.

ㄴ. (○) 특별자치시장·특별자치도지사·시장·군수·구청장은 장기요양기관이 지정취소 또는 업무정지되는 경우에는 해

당 장기요양기관을 이용하는 수급자의 권익을 보호하기 위하여 적극적으로 노력하여야 하고, 이를 위하여 해당 장기요양기관을 이용하는 수급자가 다른 장기요양기관을 선택하여 이용할 수 있도록 하는 조치를 하여야 한다.

ㄷ. (X) 지정취소 또는 업무정지되는 장기요양기관이 「노인장기요양보험법」 제40조 제1항 및 제3항에 따라 부담한 비용 중 정산하여야 할 비용이 있는 경우 이를 정산하여야 하는 주체는 해당 장기요양기관의 장이다.

ㄹ. (X) 특별자치시장·특별자치도지사·시장·군수·구청장은 장기요양기관이 받은 행정처분의 내용을 우편 또는 정보통신망 이용 등의 방법으로 '수급자 또는 그 보호자'에게 통보하는 조치를 하여야 한다. 즉, '및'이 '또는'으로 수정되어야 옳다.

15

정답 ③

풀이 조항

제39조 제1항~제3항

㉠ 보건복지부장관은 매년 급여종류 및 '장기요양등급' 등에 따라 장기요양위원회의 심의를 거쳐 다음 연도의 재가 및 시설 급여비용과 특별현금급여의 지급금액을 정하여 고시하여야 한다.

㉡ 보건복지부장관은 재가 및 시설 급여비용을 정할 때 대통령령으로 정하는 바에 따라 국가 및 지방자치단체로부터 장기요양기관의 '설립비용'을 지원받았는지 여부 등을 고려할 수 있다.

㉢ 재가 및 시설 급여비용과 특별현금급여의 지급금액의 구체적인 산정방법 및 항목 등에 관하여 필요한 사항은 '보건복지부령'으로 정한다.

16

정답 ③

풀이 조항

제40조 제3항·제4항

① (X), ③ (O) 갑은 202X년 4월에 받은 장기요양급여 중에서 월 한도액의 범위 안에서 받은 장기요양급여에 대하여는 본인부담금만 부담하지만, 월 한도액의 범위를 초과하는 장기요양급여에 대하여는 비용 전부를 본인이 부담한다.

② (X) 본인부담금을 부담하지 않는 수급자는 「의료급여법」 제3조 제1항 제1호에 따른 수급자이다.

④ (X) 천재지변 등 보건복지부령으로 정하는 사유로 인하여 생계가 곤란한 자는 본인부담금의 100분의 60의 범위에서 보건복지부장관이 정하는 바에 따라 차등하여 감경할 수 있는 대상이다.

17

정답 ①

풀이 조항

- 제46조 제1항~제3항
- 제47조 제1항

ㄱ. (X) 장기요양위원회는 위원장 1인, 부위원장 1인을 포함한 16인 이상 22인 이하의 위원으로 구성한다.

ㄷ. (X) 위원장은 보건복지부차관이 되고, 부위원장은 위원 중에서 위원장이 지명한다.

ㄹ. (X) 위원장이 아닌 위원은 다음에 해당하는 자를 각각 동수로 구성하여야 한다.

- 근로자단체, 사용자단체, 시민단체(「비영리민간단체 지원법」 제2조에 따른 비영리민간단체), 노인단체, 농어업인단체 또는 자영자단체를 대표하는 자
- 장기요양기관 또는 의료계를 대표하는 자
- 대통령령으로 정하는 관계 중앙행정기관의 고위공무원단 소속 공무원, 장기요양에 관한 학계 또는 연구계를 대표하는 자, 공단 이사장이 추천하는 자

이때 위원회 위원은 위원장 1인과 부위원장 1인을 포함하여 16인 이상 22인 이하이므로, 위원장이 아닌 위원은 15인 이상 21인 이하이다. 따라서 위 세 부류의 위원은 각각 5인 이상 7인 이하일 수 있고, '장기요양기관 또는 의료계를 대표하는 자'가 6인을 초과하여 7인으로 구성되는 것이 가능하다.

18

정답 ④

풀이 조항

제48조 제2항

ㄱ. (X) 노인성질환'예방'사업이 공단이 관장하는 업무에 해당한다.

ㄴ. (X) 장기요양기관 및 장기요양전문인력 관리 방안은 공단이 관장하는 업무에 해당하지 않는다. 연도별 장기요양기관 및 장기요양전문인력 관리 방안은 장기요양기본계획에 포함되어야 하는 사항에 해당한다.

ㄷ. (X) 재가 및 시설 급여비용의 '심사 및 지급'과 특별현금급여의 '지급'이 공단이 관장하는 업무에 해당한다.

ㅁ. (X) '수급자' 및 그 가족에 대한 정보제공·안내·상담 등 장기요양급여 관련 이용지원에 관한 사항이 공단이 관장하는 업무에 해당한다.

ㅂ. (X) '장기요양급여'의 '제공기준'을 개발하고 '장기요양급여비용'의 적정성을 검토하기 위한 장기요양기관의 설치 및 운영이 공단이 관장하는 업무에 해당한다.

19

정답 ②

풀이 조항

제58조 제2항

ㄷ. (X) 발급비용 중에서 공단이 부담하여야 할 비용의 전액을 국가와 지방자치단체가 전액 부담하는 것은 의사소견서와 방문간호지시서이다. 장기요양인정서는 해당하지 않는다.

ㄹ. (X) 의료급여수급권자의 장기요양급여비용 중에서 공단이 부담하여야 할 비용은 국가와 지방자치단체가 전액 부담하지만, 장기요양보험가입자의 장기요양급여비용은 이에 해당하지 않는다.

20

정답 ①

풀이 조항

- 제67조 제1항 제2호
- 제67조 제2항 제5호
- 제67조 제4항
- 제69조 제1항 제4호

- A: 2년 이하의 징역 또는 2천만 원 이하의 벌금에 처한다.
- B: 3년 이하의 징역 또는 3천만 원 이하의 벌금에 처한다.
- C: 1천만 원 이하의 벌금에 처한다.
- D: 500만 원 이하의 과태료를 부과한다.

정답 및 해설 - 실전모의고사 3회

NCS 직업기초능력

정답표

01	02	03	04	05	06	07	08	09	10
①	②	②	③	①	②	①	②	④	①
11	**12**	**13**	**14**	**15**	**16**	**17**	**18**	**19**	**20**
④	②	④	①	②	③	①	④	②	②
21	**22**	**23**	**24**	**25**	**26**	**27**	**28**	**29**	**30**
③	②	③	③	③	④	①	④	②	④
31	**32**	**33**	**34**	**35**	**36**	**37**	**38**	**39**	**40**
③	②	①	③	①	③	④	④	③	②
41	**42**	**43**	**44**	**45**	**46**	**47**	**48**	**49**	**50**
④	①	③	②	③	③	①	③	②	③
51	**52**	**53**	**54**	**55**	**56**	**57**	**58**	**59**	**60**
②	②	②	④	②	①	①	①	①	③

01

정답 ①

① (X) 'COPD는 기관지와 폐 조직에 만성적인 염증이 발생해서 생기는 병'이라는 만성 폐쇄성 폐질환의 정의는 나타나 있지만, 만성 폐쇄성 폐질환으로 인한 사망률에 대해서는 언급하고 있지 않다.

② (O) 만성 폐쇄성 폐질환의 가장 특징적인 증상은 만성적이고 진행성인 호흡곤란, 기침, 가래이며, 만성 폐쇄성 폐질환은 폐기능 검사로 진단한다는 것이 (나)의 중심 내용이다,

③ (O) 만성 폐쇄성 폐질환의 가장 주된 원인은 흡연이며, 이 밖에도 공해 노출, 과거 폐 감염, 소아 때 폐 성장 발육 지연, 소아 천식 등도 원인이 될 수 있다는 것이 (다)의 중심 내용이다.

④ (O) 만성 폐쇄성 폐질환 환자가 금연할 수 있도록 하고 작업장에서의 분진이나 유해 가스에 노출되지 않도록 해야 하며, 기관지 확장제, 항염증제, 거담제 등의 약물 요법으로 치료한다는 것이 (라)의 중심 내용이다.

02

정답 ②

① (O) (나)에서 가장 특징적인 COPD 증상은 만성적이고 진행성인 호흡곤란, 기침, 가래이며, 기침과 가래가 수년 전부터 선행할 수 있지만 기침과 가래가 없는 경우도 있다고 하였다.

② (X) (라)에서 '비약물 요법으로는 속보·등산·수영 등의 유산소 운동이 증상을 개선'시키며, '모든 병기의 COPD 환자들이 운동 프로그램을 통하여 운동 능력이 향상되고, 호흡곤란, 피로감 등의 증상이 완화될 수 있다'고 하였으므로 중증 만성 폐쇄성 폐질환 환자의 치료 방법으로 비약물 요법은 권장하지 않는다는 진술은 옳지 않다.

③ (O) (가)에서 만성 폐쇄성 폐질환은 정상인에 비해 폐암, 심혈관 질환 등 '동반질환'이 흔하다고 하였다.

④ (O) (다)에서 담배를 전혀 피우지 않는 사람에게도 음식을 하거나 난방을 할 때 나오는 연기를 오랫동안 마시면 COPD가 생길 수 있고, 먼지가 많은 곳에서 일하거나 폐에 해로운 유해 가스를 오랫동안 마시는 경우에도 생길 수 있다고 하였다.

03

정답 ②

① (O) '1. 대상자의 2) 장애유형'에서 시각·청각·언어·지적·자폐성·뇌병변 장애아동이라고 하였고, 중복 장애도 인정한다고 하였다.

② (X) '3. 바우처 지급 및 이용'에서 본인부담금 납부와 상관없이 대상자로 결정되면 바우처가 생성되나, 본인부담금은 제공기관에 반드시 바우처 사용 전에 납부하여야 한다고 하였다.

③ (○) '2. 지원 내용'에서 의료행위인 물리치료와 같이 의료기관에서 행해지는 의료지원은 불가하다고 하였다.
④ (○) '2. 지원 내용'에서 서비스는 월 8회 실시하는 것을 기준으로 한다고 하였고 1회당 서비스 단가는 220,000/8 = 27,500원이다.

04

정답 ③

① (○) '2. 지원 내용' 제공하는 발달재활서비스는 언어, 청능, 미술심리재활, 음악재활, 행동, 놀이심리, 재활심리, 감각발달재활, 운동발달재활, 심리운동 등으로 총 10종 이상이라고 하였다.
② (○) '1. 대상자의 4) 기타요건'에서 만 6세 미만의 경우 시각·청각·언어·지적·자폐성·뇌병변 장애가 예견되어 발달재활서비스가 필요하다고 인정한 발달재활서비스 의뢰서 및 검사자료로 대체 가능하고 하였고, 최근 6개월 이내 발급한 것을 인정한다고 하였다.
③ (×) '3. 바우처 지급 및 이용'에서 월별 사용 계획에 따라 서비스를 이용하고, 서비스 후 국민행복카드를 활용하여 바우처를 이용하여 회당 결제해야 한다고 하였다.
④ (○) '2. 지원 내용'에서 기준 중위소득 120% 초과 180% 이하의 가구의 경우 본인부담금은 월 8만 원이라고 하였다.

05

정답 ①

① (×) '3. 적립 포인트'에서 실천형의 경우 실천 포인트가 2년 기준 최대 (28,000 + 12,000) × 2 = 80,000점, 개선 포인트가 2년 기준 최대 20,000점이므로 총 100,000점 적립 가능하다. 개선형의 경우 실천 포인트가 2년 기준 최대 (15,000 + 10,000) × 2 = 50,000점, 개선 포인트가 2년 기준 최대 50,000점이므로 총 100,000점 적립 가능하다.
② (○) '5. 주의 사항'에서 개선 포인트를 최대로 적립받을 수 있는 대상자는 참여 시작 시점에 혈압, 공복혈당이 모두 위험범위에 해당해야 한다고 하였다.
③ (○) '5. 주의 사항'에서 신청 시 실천형과 개선형 중 1개를 택해야 하며, 중도 변경은 불가능하다고 하였다.
④ (○) '1. 지원 대상'에서 시범사업 지역은 총 17곳이라고 하였다.

06

정답 ②

질문자의 가입 전 BMI는 35kg/m², 혈압은 수축기가 150mmHg, 이완기가 100mmHg였으며, 공복혈당은 130mg/dL으로 BMI, 혈압, 공복혈당 모두 위험범위였다. 2년 후에는 BMI가 20kg/m², 혈압은 수축기가 138mmHg, 이완기가 85mmHg, 공복혈당이 100mg/dL로 BMI는 안전범위, 혈압은 주의범위, 공복혈당은 안전범위가 되어 BMI는 2단계 개선, 혈압은 1단계 개선, 공복혈당은 2단계 개선되었다. 질문자는 개선형, 2그룹을 선택하였으므로 BMI가 2단계 개선되고, 혈압 또는 공복혈당 중 하나가 2단계 개선되어 50,000점이 적립된다.

07

정답 ①

① (×) '5. 주의 사항'에서 실천 포인트 적립 없이 건강개선 기준 충족 시 해당 포인트의 80%가 적립된다고 하였다. 1그룹에 해당하며, BMI, 혈압, 공복혈당이 모두 2단계 상승한 경우 실천형의 경우 20,000 × 0.8 = 16,000점이고, 개선형의 경우 50,000 × 0.8 = 40,000점이므로 차이는 40,000 − 16,000 = 24,000점이다.
② (○) '5. 주의 사항'에서 국가, 공공기관, 의료기관, 사업장에서 제공하는 건강관리 프로그램만 건강관리 프로그램 이수 인정한다고 하였다.
③ (○) '5. 주의 사항'에서 모바일 앱에 걸음 수가 연동되지 않은 경우, 걸음 수에 대한 실천 포인트 적립이 불가하다고 하였다.
④ (○) '1. 지원 대상'에서 지원 대상은 시범사업 지역에 거주하는 만 20~64세 국민 중 국가건강검진 결과가 BMI 25.0kg/m² 이상, 혈압 수축기 120mmHg 이상, 이완기 80mmHg 이상, 공복혈당 100mg/dL 이상인 자라고 하였다.

08

정답 ②

① (○) '1. 지원 대상' 일반형에서 맞벌이 가정으로 방과 후 돌봄이 필요한 청소년은 우선 순위에 해당한다고 하였다.
② (×) '3. 프로그램 운영 및 편성 기준의 1) 일반형'에서 비대면 온라인 프로그램은 1주당 6시수 이내로 자율 편성 가능하다고 하였고, 주말형은 제외라고 하였다.
③ (○) '3. 프로그램 운영 및 편성 기준'에서 일반형과 주말형 모두 학기 초에 청소년 또는 학부모의 수요조사를 통하여 운영계획을 수립하고, 사업 종료 후 만족도조사를 실시한다고 하였다.
④ (○) '3. 프로그램 운영 및 편성 기준의 2) 주말형'에서 주말형의 프로그램 운영 기준은 일 5시수 이상이며, 급식을 포함한다고 하였다. 또한 '2. 지원 내용'에서 1시수는 휴식시간을 포함한 60분이라고 하였다.

09

정답 ④

'2. 지원 내용'에서 주중 활동은 1주 20시수 이상으로 편성하되, 1주당 급식 5시수 의무이고 그 외 프로그램의 편성은 기관 자율이라고 하였다. 또한 급식 1시수는 30분~1시간 내 탄력 운영 가능하다고 하였다. '3. 프로그램 운영 및 편성 기준의 1) 일반형'에서 프로그램 편성은 1일 최소 4시수(=240분) 이상이어야 한다고 하였다. 월~금요일의 프로그램 편성은 월요일은 50+10+60+60+60=240분, 화요일은 50+10+140+60=260분, 수요일은 50+10+60+80+80=280분, 목요일은 40+20+50+100+60=270분, 금요일은 50+10+100+60=220분이다. 따라서 금요일은 4시수(=240분) 이하이므로 프로그램 편성이 옳지 않다.

10

정답 ①

① (X) '3. 프로그램 운영 및 편성 기준의 1) 일반형'에서 캠프는 연 1회 개최 권장하며, 자율 운영이라고 하였으므로 매년 개최되지는 않을 수 있다.

② (O) '3. 프로그램 운영 및 편성 기준의 1) 일반형'에서 가족통합프로그램과 같은 보호자 대상 프로그램은 연 2회 이상 운영되며, 화상회의 시스템을 활용한 비대면 프로그램도 인정한다고 하였다.

③ (O) '3. 프로그램 운영 및 편성 기준의 2) 주말형'에서 프로그램 운영 기준은 특성화된 프로그램 주제를 중심으로 청소년의 요구, 지역 특성, 시대적 상황 변화 등을 반영하여 자율 운영된다고 하였다.

④ (O) '2. 지원 내용'에서 주말형의 경우 학교 방학기간 중 평일 운영이 가능하다고 하였고, 평일 운영 시 미리 공지한다고 하였다.

11

정답 ④

① (O) '4. 구비서류'에서 제출해야 하는 서류는 입양아동 양육보조금 신청서, 입양 사실 확인서, 통장 사본, 장애아동임을 증명하는 서류, 치료비 영수증으로 총 5종이라고 하였다.

② (O) '3. 서비스 신청방법'에서 장애 입양아동 의료비 지원 사업은 거주하는 시청 또는 구청에 문의 후 신청해야 한다고 하였다.

③ (O) '1. 지원대상'에서 분만 시 유전으로 인해 입양 당시 질환을 앓고 있는 아동의 경우 완치된 경우 지급 중단된다고 하였다.

④ (X) 장애 입양아동 의료비 지원 사업은 장애아동을 입양한 국내 입양가정에 의료비를 복권기금에서 지원한다고 하였다.

12

정답 ②

'2. 지원내용'에서 지원받을 수 있는 항목은 의료급여 또는 요양비에 대한 본인부담금, 요양급여 또는 요양비에 대한 본인부담금, 진료, 상담, 재활 및 치료에 드는 비용 중 본인부담금으로 연간 의료비 지원 한도액은 260만 원이다. 장애인 보조기구에 대한 의료비도 연간 의료비 지원 한도액의 50% 이내(130만 원)에서 지원받을 수 있다고 하였다.

13

정답 ④

① (X) 위 보도자료에는 「마약류 관리 종합대책」을 통해 마약 청정국 지위를 회복하고자 한다는 내용은 언급되어 있으나 이를 위한 요건에 대해서는 언급되어 있지 않다.

② (X) 위 보도자료에 '마약류 범죄의 강력한 단속과 처벌의 필요성'은 언급되어 있지 않다.

③ (X) '불법 마약류 집중단속을 위한 마약류 관리 대책 마련'은 위 보도자료에 제시된 의료용 마약류 관리체계 개편과 치료·재활·예방 인프라 확충에 대한 내용을 포함하고 있지 않으므로 제목으로 적절하지 않다.

④ (O) 정부가 '불법 마약류 집중단속, 의료용 마약류 관리체계 개편, 치료·재활·예방 인프라 확충'을 주요 내용으로 하는 「마약류 관리 종합대책」을 발표하였다는 첫 번째 문단의 내용과, '정부는 마약청정국 지위를 회복하고, 우리 미래세대 아이들이 일상에서 마약을 접하지 못하도록, 최선의 노력을 다해 나가겠다'는 마지막 문단의 내용으로 보아, 마약으로부터 국민을 보호하기 위해 「마약류 관리 종합대책」을 마련한 것임을 알 수 있다.

14

정답 ①

① (X) 중독재활센터를 현재 3곳에서 내년 전국 17개소로 확대 설치한다는 것은 옳은 내용이나, 중독재활센터의 운영시간을 24시간으로 확대하는 것이 아니라 24시간 상담 콜센터를 운영한다는 것이므로 적절하지 않다.

② (O) 〈의료용 마약류 관리체계 개편〉에서 언급한 내용이다.

③ (O) 〈의료용 마약류 관리체계 개편〉에서 언급한 내용이다.

④ (O) 〈국경단계 마약류 밀반입 차단〉에서 언급한 내용이다.

15

정답 ②

① (X) '예컨대'는 앞의 내용에 대해 구체적인 예를 들어 설명하는 예시 관계의 접속어이다.

② (O) 문맥의 흐름으로 보아, 빈칸에는 앞의 내용에 새로운 내용을 덧붙이거나 보충하는 첨가·보충 관계의 접속어가 들어가는 것이 적절하다. 이에 해당하는 접속어로는 그리고, 더구나, 게다가, 아울러, 그뿐 아니라 등이 있다.

③ (X) '그러나'는 앞의 내용과 상반되는 내용을 이어 주는 역접 관계의 접속어이다.

④ (X) '그러므로'는 앞뒤의 문장을 원인과 결과, 또는 결과와 원인으로 이어 주는 인과 관계의 접속어이다.

16

정답 ③

질문지에서는 '당뇨병환자 등록 해지 신청'을 위해 기입하여야 할 정보를 묻고 있다. 즉, '변경'과 '해지'를 구분할 수 있어야 한다.

① (O) 신청서 양식의 ㉮에 수진자의 휴대전화번호를 기입하는 칸이 있다.
② (O) 신청서 양식의 ㉰에 당뇨병환자 등록 해지 사유를 표시하는 칸이 있다.
③ (X) 신청서 양식의 ㉯에 변경 항목을 기입하는 칸이 있기는 하지만, 변경이 아닌 해지를 하는 경우이므로 기입하지 않는다.
④ (O) 신청서 양식의 ㉱ 위쪽에 신청 날짜를 기입하는 곳이 있다.

17

정답 ①

당뇨병환자 변경 및 해지 신청을 할 수 있는 사람은 수진자 본인 혹은 수진자의 가족이다. 이때 가족의 범위에 포함되는 사람이 누구인지를 잘 따져 보아야 한다. 그중 직계혈족이란 직계의 관계에 있는 존속과 비속의 혈족을 의미한다. 여기서 직계란 가계도를 그렸을 때 나를 중심으로 상하로 연결되는 관계이다. 그러므로 직계존속이란 나를 중심으로 위쪽의 혈족을 말하고, 직계비속은 나를 중심으로 아래쪽의 혈족을 말한다. 따라서 직계존속에는 아버지, 어머니, 할아버지, 할머니 등이 있고, 직계비속에는 아들, 딸, 손자, 손녀 등이 있다. 형제자매는 직계혈족에 포함되지 않는다는 점을 알아 두면 좋다.

① (O) 수진자의 딸은 직계혈족, 수진자의 오빠는 형제자매이므로 가능하다.
② (X) 수진자 본인은 가능하지만, 수진자와 따로 살고 있는 장모는 생계를 같이하고 있지 않은 배우자의 직계혈족이므로 불가능하다.
③ (X) 수진자와 따로 살고 있는 며느리는 생계를 같이하고 있지 않은 직계혈족의 배우자이므로 불가능하다.
④ (X) 수진자와 생계를 같이하는 사위는 직계혈족의 배우자로 가능하지만, 전남편은 현재 배우자가 아니므로 불가능하다.

18

정답 ④

① (O) '4. 실질 지원 금액의 2) 계속 재원 중인 아동'에서 출석일수가 6~10일의 경우 지원 기준 금액의 50%이므로 실질 지원 금액은 260,000 × 0.5 = 13만 원이다.
② (O) '3. 지원 기준 금액'에서 3월 이후 입학한 만 3~5세반 아동의 지원 기준 금액은 기본 보육, 야간, 24시 모든 항목에서 3월 이전 입학한 아동보다 더 높다.
③ (O) '4. 실질 지원 금액의 1) 입·퇴소 아동'에서 퇴소아동은 퇴소월 1일부터 퇴소일까지 모두 출석으로 인정하여 보육료 지원한다고 하였으므로 실질 지원 금액은 지원 기준 금액 × (5/25)이므로 지원 기준 금액의 20%에 해당한다.
④ (X) '4. 실질 지원 금액의 1) 입·퇴소 아동'에서 3월 2일이 토요일인 경우, 3월 2일까지 보육료 자격 신청 완료한 아동에 한하여 4일 입소한 아동의 입소일은 2일로 지정 가능하다고 하였다.

19

정답 ②

- A: (O) '2. 지원제외 대상'에서 종일제 아이돌봄서비스를 지원받고 있는 아동은 지원 대상에서 제외된다고 하였다.
- B: (O) '1. 지원 대상의 2) 만 3~5세반 보육료'에서 질병 등의 사유로 만 6세 아동이 초등학교 취학유예 시 1차에 한하여 지원한다고 하였다.
- C: (O) '2. 지원제외 대상'에서 주 3회 이상 정기적으로 타 사설 기관(영어유치원 등) 이용 후 오후에 등원하는 아동은 지원 대상에서 제외된다고 하였다.
- D: (X) '2. 지원제외 대상'에서 장애 영유아 어린이집에 배치된 장애아동에게 순회교육을 실시할 경우 보육료 지원이 가능하다고 하였다.
- E: (O) '1. 지원 대상의 1) 만 0~2세반 보육료'에서 재외국민으로 등록된 자는 보육료 지원 대상에 포함한다고 하였다.
- F: (X) '2. 지원제외 대상'에서 가정위탁보호 중인 입양 대상 아동은 지원 대상에서 제외된다고 하였다.

따라서 만 0~5세 보육료지원사업에 지원 가능한 아동은 A, B, C, E 4명이다.

20

정답 ②

① (O) '3. 지원 기준 금액'에서 상위반에 편성된 아동에 대해서 어린이집에서는 부모에게 해당 내용을 반드시 안내해야 한다고 하였다.
② (X) '1. 지원 대상의 2) 만 3~5세반 보육료'에서 보육료 지원은 3년을 초과할 수 없으며, 3년을 초과한 경우 전액 본인이 부담해야 한다고 하였고, 상위반으로 편성된 경우도 포함된다고 하였다. 따라서 만 5세까지 지원받을 수 있지만, 상위반인 만 3~5세반으로 편성되어 총 3년간 지원받을 수 있으므로 2026년 2월까지 지원받을 수 있다.
③ (O) '3. 지원 기준 금액'에서 상위반에 편성된 아동에 대해서는 편성된 반 지원 기준 금액으로 보육료를 지원한다고 하였고, 2월에 입소, 24시간 보육, 만 3~5세반의 지원 기준 금액은 390,000원이다. '4. 실질 지원 금액의 2) 계속 재원

중인 아동'의 출석일수가 11일 이상인 경우 실질 지원 금액은 지원 기준 금액의 100%라고 하였다.

④ (○) '4. 실질 지원 금액의 1) 입·퇴소 아동'에서 입소 아동은 입소일을 포함하여 공휴일을 제외하고 3일 이내에 보육통합정보시스템에 입소 내용을 입력해야 한다고 하였다.

21

정답 ③

① (X) 시각장애를 가진 남아 수는 2022년 120명, 2023년 110명, 2024년 105명으로 매년 감소하고 있지만, 여아 수는 2022년 90명, 2023년 105명, 2024년 100명으로 매년 증가하고 있지는 않다.

② (X) 연도별 시각장애 아동과 청각장애 아동을 더한 수와 지체장애 아동의 수를 구하면 다음과 같다.

구분	2022년	2023년	2024년
시각장애, 청각장애 아동	120+90 +150+180 =540명	110+105 +165+170 =550명	105+100 +155+165 =525명
지체장애 아동	280+250 =530명	275+260 =535명	280+255 =535명

2022년과 2023년에는 시각장애 아동과 청각장애 아동을 더한 수가 지체장애 아동 수보다 많지만, 2024년에는 반대이다.

③ (○) 2023년에는 자폐아동 470+390=860명 중 75%인 860×0.75=645명이 언어장애를 동반하고, 2022년에는 자폐아동 360+320=680명 중 65%인 680×0.65=442명이 언어장애를 동반하므로 전년 대비 200명 이상 증가하였다.

④ (X) 연도별 언어장애를 가진 남아 수와 여아 수의 차이를 구하면, 2022년 1,120−880=240명, 2023년 1,250−850=400명, 2024년 1,400−920=480명이므로 2024년이 가장 크다.

22

정답 ②

자폐장애 아동 중 언어장애를 겪는 아동의 수와, 언어장애만을 겪는 아동의 수를 합하면 된다.

구분	2022년	2023년	2024년
자폐장애 아동 수	360+320 =680명	470+390 =860명	520+460 =980명
자폐장애 아동 중 언어장애 아동 비율	65%	75%	70%
자폐장애 아동 중 언어장애 아동 수	680×0.65 =442명	860×0.75 =645명	980×0.7 =686명
언어장애 아동 수	1,120+880 =2,000명	1,250+850 =2,100명	1,400+920 =2,320명
언어장애를 겪는 아동 수	442+2,000 =2,442명	645+2,100 =2,745명	686+2,320 =3,006명

23

정답 ③

① (○) 전체 장애아동 수와 지체장애를 가진 여아 수는 자료를 통해 알 수 있으므로 작성할 수 있다.

② (○) 단서조항에 따르면, 2개 이상의 장애를 동반한 아동은 자폐장애 아동 중 언어장애를 동반한 아동 수를 의미한다. 따라서 자료를 가지고 산출하여 작성할 수 있다.

③ (X) 문제에 제시된 자폐장애아동 중 언어장애 동반비율은 남아·여아 전체를 포함한 비율이다. 따라서 남아의 비율을 알 수 없으므로 작성할 수 없다.

④ (○) 자료는 2022년부터 2024년의 전체 장애아동 수를 나타내고 있으므로, 이를 통해 2023년과 2024년의 전년 대비 증감률 및 증감 인원수를 산출해 자료를 작성할 수 있다.

24

정답 ③

한의약 산업 여성 종사자 수는 다음과 같다.

2015년	98,400×0.595=58,548명
2017년	106,400×0.605=64,372명
2019년	108,500×0.596=64,666명
2021년	115,400×0.615=70,971명

25

정답 ③

① (○) 직전 조사년도 대비 한의약 산업 업체 수의 증가량은 다음과 같다.

2017년	29,293−29,131=162개
2019년	29,479−29,293=186개
2021년	29,450−29,479=−29개

② (○) 한의약 산업 남성 종사자 수는 다음과 같다.

2015년	98,400−58,548=39,852명
2017년	106,400−64,372=42,028명
2019년	108,500−64,666=43,834명
2021년	115,400−70,971=44,429명

③ (X) 한의약 산업 업체 1개당 매출액은 다음과 같다.

2015년	80,226/29,131≒2.8억 원
2017년	82,044/29,293≒2.8억 원
2019년	94,282/29,479≒3.2억 원
2021년	103,630/29,450≒3.5억 원

④ (O) 직전 조사년도 대비 한의약 산업 남성 종사자 비중의 증가량은 다음과 같다.

2017년	(100−60.5)−(100−59.5)=−1.0%p
2019년	(100−59.6)−(100−60.5)=0.9%p
2021년	(100−61.5)−(100−59.6)=−1.9%p

26

정답 ④

① (O) 학술연구자의 전년 대비 증가량은 다음과 같다.

2020년	1,023−934=89명
2021년	1,072−1,023=49명
2022년	1,029−1,072=−43명

② (O) 제조업자가 가장 많은 해는 2021년이고, 2021년 수출입업자 대비 원료사용자 비율은 64/50×100=128%이다.

③ (O) 매년 마약류관리자와 처방의사는 전년 대비 증가했다.

④ (X) 매년 취급의료업자 중 의료기관 비중은 다음과 같다.

2019년	16,153/(16,153+3,269)×100≒83.2%
2020년	16,291/(16,291+3,391)×100≒82.8%
2021년	16,667/(16,667+3,491)×100≒82.7%
2022년	16,947/(16,947+3,527)×100≒82.8%

27

정답 ①

처방의사의 전년 대비 증가율은 다음과 같다.

2020년	(107,709−105,646)/105,646×100≒2.0%
2021년	(109,021−107,709)/107,709×100≒1.2%
2022년	(111,461−109,021)/109,021×100≒2.2%

처방의사 전년 대비 증가율이 가장 높은 해의 처방의사 전년 대비 증가율은 2.2%이다.

소매업자의 전년 대비 증가율은 다음과 같다.

2020년	(22,138−22,408)/22,408×100≒−1.2%
2021년	(22,552−22,138)/22,138×100≒1.9%
2022년	(22,887−22,552)/22,552×100≒1.5%

소매업자 전년 대비 증가율이 가장 높은 해의 소매업자 전년 대비 증가율은 1.9%이다. 따라서 처방의사 전년 대비 증가율이 가장 높은 해의 처방의사 전년 대비 증가율과 소매업자 전년 대비 증가율이 가장 높은 해의 소매업자 전년 대비 증가율 합은 2.2+1.9=4.1%p이다.

28

정답 ④

ㄱ. (O) '만 60세 미만' 의료보장 적용인구수는 전체 의료보장 적용인구에서 '만 60~64세'와 '만 65세 이상' 구간의 수치를 제외한 값으로 다음과 같다.
- 남성: 26,500−(1,800+3,600)=21,100천 명
- 여성: 26,000−(1,900+4,700)=19,400천 명

따라서 만 60세 미만 의료보장 적용인구수는 남성이 여성보다 많다.

ㄴ. (X) 의료보장 적용인구는 건강보험 적용인구와 기초수급 적용인구, 의료급여 적용인구의 합이다. 의료급여 적용인구수를 알지 못하므로 기초수급 적용인구수 역시 알 수 없다.

ㄷ. (X) 전체 의료보장 적용인구는 52,500천 명으로 그중 만 20·30대는 7,000+7,300=14,300천 명이다. 따라서 전체 의료보장 적용인구에서 만 나이 기준 20·30대가 차지하는 비중은 $\frac{14,300}{52,500}\times 100≒27\%$이다.

ㄹ. (X) 만 64세 이하 의료보장 적용인구수는 전체 의료보장 적용인구수에서 만 65세 이상 의료보장 적용인구수를 제외한 값으로 다음과 같다.
- 남성: 26,500−3,600=22,900천 명
- 여성: 26,000−4,700=21,300천 명

따라서 남성이 여성보다 1,600천 명 더 많으므로, ㄹ은 단위를 잘못 기재하였다.

29

정답 ②

연령대별 남성과 여성의 의료보장 적용인구수 차이를 정리해 그래프로 적절하게 나타낸 것은 ②이다. 의료보장 적용인구수의 차이는 남성 의료보장 적용인구수에서 여성 의료보장 적용인구수를 차감한 값이라고 하였으므로 만 60세 이상은 음(−)의 값으로 표기해야 한다.

30

정답 ④

만 60세 이상 의료보장 적용인구수는 '만 60~64세' 3,700천 명과 '만 65세 이상' 8,300천 명의 합인 12,000천 명(㉠)이다. 이 중 남성이 1,800+3,600=5,400천 명으로 $\frac{5,400}{12,000}$

×100=45%(ⓛ)이고, 여성이 1,900+4,700=6,600천 명으로 $\frac{6,600}{12,000}$×100=55%(ⓒ)이다. 또한 의료보장 적용 생산가능인구는 만 15세부터 64세까지의 인구이므로, 전체에서 '만 15세 미만'과 '만 65세 이상'을 제외한 52,500−(4,200+8,300)=40,000천 명이다. 따라서 만 60세 이상 의료보장 적용인구수는 의료보장 적용 생산가능인구수 대비 $\frac{12,000}{40,000}$×100=30%(ⓔ)이다.

31

정답 ③

사망률은 출생아 천 명당 사망자 수라는 점을 통해 다음과 같은 공식을 세울 수 있다.

사망률=(사망자 수/출생아 수)×1,000

㉠ 46/20,087×1,000≒2.3

㉡ 6/3,703×1,000≒1.6

㉢ 20/10,001×1,000≒2.0

32

정답 ②

17개 지역의 신생아기 사망률, 신생아후기 사망률의 순위를 구하면 다음과 같다.

지역	신생아기 사망률 순위	신생아후기 사망률 순위
서울	공동 12위	공동 14위
부산	공동 6위	공동 7위
대구	1위	공동 10위
인천	3위	공동 14위
광주	공동 14위	4위
대전	공동 6위	공동 5위
울산	공동 9위	공동 10위
세종	17위	공동 2위
경기	공동 9위	공동 7위
강원	16위	17위
충북	공동 12위	공동 7위
충남	5위	1위
전북	4위	공동 12위
전남	공동 14위	공동 2위
경북	2위	공동 12위
경남	공동 9위	5위
제주	공동 6위	16위

따라서 이 대리가 방문해야 하는 지역은 부산, 대전, 경기, 충남, 경남이다.

33

정답 ①

휴학률은 조사대상 중 휴학경험자의 비율이므로 2020년 조사대상은 3,315/0.25=13,260명이다. '업무'로 인한 휴학경험자는 3,315×0.4=1,326명이므로 조사대상 중 '업무'로 인한 휴학경험자의 비중은 (1,326/13,260)×100=10%이다.

34

정답 ③

① (×) '경제적 부담'으로 인한 휴학경험자 비중과 '건강'으로 인한 휴학경험자 비중의 차이는 다음과 같다.

2018년	7.4−6.2=1.2%p
2019년	9.2−5.9=3.3%p
2020년	7.7−6.3=1.4%p
2021년	7.5−6.6=0.9%p

② (×) '군입대'로 인한 휴학경험자 비중의 2017년 대비 증가량은 다음과 같다.

2018년	8.1−7.2=0.9%p
2019년	7.5−7.2=0.3%p
2020년	8.3−7.2=1.1%p
2021년	6.9−7.2=−0.3%p

③ (○) '결혼'으로 인한 휴학경험자 비중의 전년 대비 증가량은 다음과 같다.

2018년	16.2−15.3=0.9%p
2019년	18.2−16.2=2.0%p
2020년	17.5−18.2=−0.7%p
2021년	18.6−17.5=1.1%p

④ (×) 휴학률의 전년 대비 증가량은 다음과 같다.

2018년	21−24=−3%p
2019년	22−21=1%p
2020년	25−22=3%p
2021년	23−25=−2%p

35

정답 ①

① (×) 2020년 중소도시 어린이 식생활 안전지수 3분야의 최고점과 최저점의 차이는 다음과 같다.

안전분야	37.1−29.5=7.6점
영양분야	28.8−17.6=11.2점
인지실천분야	14.5−12.9=1.6점

② (○) 2020년 평균 어린이 식생활 안전지수의 2017년 대비 감소율은 다음과 같다.

대도시	|(71.0−73.5)|/73.5×100≒3.4%
중소도시	|(70.6−73.1)|/73.1×100≒3.4%
농어촌	|(70.0−73.6)|/73.6×100≒4.9%

③ (○) 2017년 대도시, 중소도시, 농어촌 중 어린이 식생활 안전지수 최고점이 가장 낮은 곳은 안전분야가 중소도시, 영양분야가 대도시, 인지실천분야가 농어촌이다.

④ (○) 대도시, 중소도시, 농어촌 중 2017년 인지실천분야 최고점과 최저점이 모두 전국보다 낮은 곳은 없다.

36

정답 ③

2020년 중소도시 검사 대상이 x명, 농어촌 검사 대상이 y명인 경우 다음과 같은 식이 성립한다.

$710\times520+706\times x+700\times y=704\times(520+x+y)$

$338\times520+336\times x+331\times y=334\times(520+x+y)$

$\therefore x=520,\ y=1{,}040$

전체 검사 대상 중 농어촌의 비중은 1,040/(520+520+1,040)×100=50%이다. 따라서 A+B=520+50=570이다.

37

정답 ④

① (○) 남자와 여자의 수술건수 차이는 다음과 같다.

2020년	1,062,422−778,567=283,855건
2021년	1,078,111−792,274=285,837건
2022년	1,157,982−838,279=319,703건
2023년	1,142,111−811,554=330,557건
2024년	1,226,411−871,083=355,328건

② (○) 2022년 여자 진료비의 전년 대비 증가율은 (3,698,636−3,240,471)/3,240,471×100≒14.1%이다.

③ (○) 남자 수술인원당 입원일수는 다음과 같다.

2020년	4,003,000/655,380≒6.1일
2021년	4,098,328/670,309≒6.1일
2022년	4,214,469/702,764≒6.0일
2023년	4,052,507/668,191≒6.1일
2024년	4,307,234/701,591≒6.1일

④ (X) 급여비가 가장 많은 해와 가장 적은 해의 급여비 차이는 여자가 3,605,559−2,511,130=1,094,429백만 원, 남자가 3,111,224−2,055,033=1,056,191백만 원이므로 여자가 남자보다 1,094,429−1,056,191=38,238백만 원 더 많다.

38

정답 ④

① (○) 여자 입원일수의 전년 대비 증가율은 다음과 같다.

2021년	(6,676,774−6,628,935)/6,628,935×100≒0.7%
2022년	(6,930,413−6,676,774)/6,676,774×100≒3.8%
2023년	(6,540,316−6,930,413)/6,930,413×100≒−5.6%
2024년	(6,891,212−6,540,316)/6,540,316×100≒5.4%

② (○) 남자 급여일수 대비 입원일수 비율은 다음과 같다.

2020년	4,003,000/8,678,385×100≒46.1%
2021년	4,098,328/8,981,710×100≒45.6%
2022년	4,214,469/9,407,073×100≒44.8%
2023년	4,052,507/9,147,783×100≒44.3%
2024년	4,307,234/9,886,893×100≒43.6%

③ (○) 여자 급여일 1일당 급여비는 다음과 같다.

2020년	2,511,130×100/12,375,213≒20.3만 원
2021년	2,775,975×100/12,640,565≒22.0만 원
2022년	3,156,383×100/13,406,455≒23.5만 원
2023년	3,261,617×100/12,827,943≒25.4만 원
2024년	3,605,559×100/13,815,637≒26.1만 원

④ (X) 전체 수술인원은 다음과 같다.

2020년	655,380+896,442=1,551,822명
2021년	670,309+910,121=1,580,430명
2022년	702,764+962,860=1,665,624명
2023년	668,191+930,396=1,598,587명
2024년	701,591+979,949=1,681,540명

39

정답 ③

① (○) 기타를 제외한 의료기관별 입원환자 수 순위는 조사기간 동안 모두 종합병원이 1위, 병원이 2위, 상급종합병원이

3위, 의원이 4위이다. 한편 기타를 제외한 의료기관별 외래환자 수 순위는 조사기간 동안 모두 의원이 1위, 종합병원 2위, 병원이 3위, 상급종합병원이 4위이다. 따라서 각 환자 수의 순위가 일치하는 연도가 있는 의료기관은 없다.

② (○) 전체 외래환자의 전년 대비 증가량은 다음과 같다.

2018년	942,260－925,584＝16,676천 명
2019년	962,975－942,260＝20,715천 명
2020년	840,712－962,975＝－122,263천 명
2021년	894,136－840,712＝53,424천 명

③ (X) 입원환자 중 기타의 비중은 다음과 같다.

2017년	7,023/94,900×100≒7.4%
2018년	7,878/96,636×100≒8.2%
2019년	10,105/102,565×100≒9.9%
2020년	9,776/89,293×100≒10.9%
2021년	11,286/91,595×100≒12.3%

④ (○) 기타를 제외하고 2021년에 입원환자가 전년 대비 증가한 의료기관은 상급종합병원, 종합병원이다. 전년 대비 증가율은 다음과 같다.

상급종합병원	(19,472－17,782)/17,782×100≒9.5%
종합병원	(29,505－28,539)/28,539×100≒3.4%

40

정답 ②

종합병원의 외래환자 대비 입원환자 비율은 다음과 같다.

2017년	30,987/(67,228×10)×100≒4.6%
2018년	31,475/(69,866×10)×100≒4.5%
2019년	33,651/(72,005×10)×100≒4.7%
2020년	28,539/(66,370×10)×100≒4.3%
2021년	29,505/(77,784×10)×100≒3.8%

따라서 종합병원의 외래환자 대비 입원환자 비율이 가장 높은 해와 가장 낮은 해의 차이는 4.7－3.8＝0.9%p이다.

41

정답 ④

① (○) '7. 치과 임플란트 유지관리'에서 보철장착 후 3개월 초과한 경우 보철수복과 관련된 유지관리는 비급여라고 하였다.

② (○) '8. 급여신청방법 및 절차'에서 치과 병·의원에서 진료 후, 치과 임플란트 급여 대상자를 판정한다고 하였다.

③ (○) '5. 본인 부담률'에서 건강보험가입자의 본인 부담률은 요양급여비용 총액의 30%라고 하였다.

④ (X) '7. 치과 임플란트 유지관리'에서 보철 장착 후 3개월 이내인 경우 진찰료만 급여항목으로 산정한다고 하였다.

42

정답 ①

① (○) '3. 급여보장범위'에서 급여적용 개수는 1인당 평생 2개이고, 치과의사의 의학적 판단하에 불가피하게 시술을 중단하는 경우는 급여적용 개수에 포함되지 않는다고 하였다. 따라서 A는 추가로 시술하는 치과 임플란트는 급여적용 개수에 포함된다.

② (X) '4. 제외 대상'에서 상악골을 관통하여 관골에 식립하는 경우는 제외된다고 하였다.

③ (X) '4. 제외 대상'에서 보철수복 재료를 비귀금속도재관 이외로 시술하는 경우는 제외된다고 하였다.

④ (X) '2. 대상자'에서 완전 무치악은 제외된다고 하였다.

43

정답 ③

① (○) '8. 급여신청방법 및 절차'에서 요양기관에서 확인한 건강보험 치과 임플란트 대상자 등록 신청서를 공단에 제출해야 한다고 하였다.

② (○) '5. 본인 부담률'에서 만성질환자의 본인 부담률은 요양급여비용 총액의 20%라고 하였다.

③ (X) '8. 급여신청방법 및 절차'에서 치과 병·의원에서 요양기관 정보마당 → 치과치료 → 임플란트 → 임플란트 대상자 자격조회 화면에서 등록 여부 확인이 가능하다고 하였다.

④ (○) '7. 치과 임플란트 유지관리'에서 보철 장착 후 3개월 초과하여 치과 임플란트 주위 치주질환으로 수술을 시행한 경우에는 급여항목으로 산정한다고 하였다.

44

정답 ②

① (○) '2. 지원대상'에서 퇴원 3일 전까지 시·군·구청장에게 의료지원을 요청한 자에 한한다고 하였다.

② (X) '3. 선정기준의 2) 재산기준'에 따를 때 대도시의 경우 주거용 재산 공제 한도액은 최대 3억 1,000만 원－2억 4,100만 원＝6,900만 원이다.

③ (○) '4. 서비스 내용'에서 수술에 준하는 시술이 포함된다고 하였다.

④ (○) '2. 지원대상'에서 의료지원 요청 후 사망한 자도 지원 대상에 포함된다고 하였다.

45

정답 ③

③ (X)'4. 서비스 내용의 2)'에서 외래진료는 입원 및 수술진료와 연계되는 경우에 한하여 지원된다고 하였다.

46 정답 ③

㉠ (×) 일반대상자는 15%, 의료급여자·차상위 감경대상자는 9%, 보험료 감경대상자는 6%, 기초생활수급자는 0%의 금액을 절약할 수 있는 것이 아니라, 그만큼만 부담하면 되는 것이다. 따라서 각각 85%, 91%, 94%, 100%의 금액을 절약할 수 있는 것이다.

㉡ (○) 2문단에서 수급자가 복지용구에 대해 구입 또는 대여 방식 중 하나를 선택하여 이용할 수 있다는 점을 확인할 수 있다.

㉢ (×) 일반대상자의 부담률은 15%이므로, 성인용 보행기 9,000원, 안전손잡이 3,000원으로, 총 12,000원의 비용을 부담하면 된다.

㉣ (×) 질문자는 기초생활수급자이기 때문에 부담률이 0%이다. 따라서 질문자의 친구가 이동욕조를 대여하는 것보다 질문자가 자세전환용구를 구입하는 것이 저렴하다.

47 정답 ①

제시문에 따를 때 B는 의료기관에 입원해 있으므로 전동침대를 구입·대여할 수 없고, D는 시설급여를 이용하고 있으므로 복지용구의 구입·대여가 불가능하다. 또한 E는 기초생활수급자이므로 본인 부담액이 없다. 그러므로 A와 C의 부담액만 구하여 더하면 된다.

급여 대상자	본인 부담률	복지용구 구입·대여 금액	본인 부담액
A	15%	20,000원	3,000원
C	9%	70,000원	6,300원

따라서 본인 부담액의 합계는 9,300원이다.

참고로 정부나 공공기관의 지원사업과 관련된 문제에서는 각 대상자가 받는 지원금을 산정하기 전에 이들이 수혜 대상에 해당하는 요건을 갖추고 있는지를 살펴보아야 한다. 이 문항에서도 다음의 두 경우에는 수혜 대상에서 제외된다.

(1) 시설급여를 이용하면서 복지용구를 구입·대여하는 경우

(2) 의료기관에 입원한 기간 동안 전동침대, 수동침대, 이동욕조, 목욕리프트를 구입·대여하는 경우

자격 요건에 포함되지 않는 대상자들까지 계산에 포함시켜 시간은 시간대로 허비하고 정답마저 놓쳐 버리는 실수를 범하지 않도록 유의하자.

48 정답 ③

① (○) '지급방법'에서 생활권 편의 등 지원금 신청자 요청 시 타 지역의 지역화폐로 지급 가능하다고 하였다.

② (○) '지급방법'에서 만 13세의 경우 대리인의 지역화폐로 지급한다고 하였다.

③ (×) '지원대상'을 신청일 기준 주민등록상 A지역에 거주하는 만 13~23세, 그리고 교통카드로 A지역 대중교통을 이용한 청소년이라고 하였으므로 전입 이전 교통비가 다른 조건들을 충족한다면 지원받을 수 있다.

④ (○) '유의사항'에서 분실 또는 교체 카드를 포함하여 교통카드는 최대 2장까지 등록 가능하다고 하였다.

49 정답 ②

'지원내용'에서 상반기, 하반기 각각 최대 6만 원 한도 내에서 A지역 대중교통 실사용의 100% 지원한다고 하였으므로 B지역 버스와 지하철 이용 내역은 지원하지 않는다. 또한 '유의사항'에서 현금으로 대중교통을 이용한 내역은 지원이 불가하다고 하였으므로 하반기 A지역 지하철 이용 횟수 중 10회는 지원하지 않는다.

U가 지원받을 수 있는 금액은 상반기에 $68 \times 800 = 54,400$원이고, 하반기에 $(52-10) \times 750 + 36 \times 800 = 60,300$원이다. 하반기의 경우 지원 한도 6만 원 이상이므로 6만 원을 지원받는다. 따라서 U가 지원받는 교통비는 $54,400 + 60,000 = 114,400$원이다.

50 정답 ③

① (○) '1. 2) 신청방법'에서 건강검진 신청 시 신청서와 개인정보 수집·이용 및 제공 동의서를 작성해야 한다고 하였다.

② (○) '1. 1) 신청대상'에서 19세 학교 밖 청소년은 국가건강검진과 중복되지 않은 경우 실시한다고 하였다.

③ (×) '1. 1) 신청대상'에서 9세 이상 18세 이하 학교 밖 청소년이 신청대상이라고 하였으며, '5. 1) 주기'에서 학교 밖 청소년 건강검진은 3년을 주기로 실시한다고 하였으므로, 9세, 12세, 15세, 18세에 건강검진을 받을 수 있다.

④ (○) '3. 2) 재발송'에서 건강검진표 분실 시 고객센터에 전화로 신청한 경우 검진확인서를 받을 수 있다고 하였다.

51 정답 ②

A와 B는 신체 계측, 요검사, 혈액검사, 구강검진, 영상검사로 5가지의 기본검진을 받았다. A는 기본검신 결과 고혈압과 당뇨병 질환 의심 판정을 받았으므로 고혈압과 당뇨병 확진검사 2가지를 받았다. B는 HIV을 제외한 매독, 클라미디아, 임질 3가지의 선택검진을 받았다. 따라서 A와 B가 받은 검진 수의 합은 $5+2+5+3=15$가지이다.

52

정답 ②

① (○) '주의 사항'에서 자격 중지 후 유아학비를 다시 지원받기 위해서는 재신청이 필요하다고 하였다.

② (X) '주의 사항'에 따르면 유아학비 신청 시 양육수당은 변경신청일 기준에 따라 지원 중단된다고 하였으므로 중복으로 지원받을 수 없다.

③ (○) '서비스 내용'에 따르면 저소득층 유아의 경우 최대 만 3~5세 교육비로 월 280,000원, 만 3~5세 방과후 과정비를 포함한 저소득층 추가 지원으로 월 200,000원 지원받아 최대 48만 원을 지원받을 수 있다.

④ (○) '주의 사항'에서 신청 후 교육청에서 유치원으로 지원 금액이 입금된다고 하였다.

53

정답 ②

'서비스 내용'에서 국립 유치원의 만 3~5세 교육비는 월 100,000원, 국립 유치원의 만 3~5세 방과 후 과정비는 월 50,000원이다. '지원대상'에서 유치원 조기 입학을 희망하여 만 3세반에 취원한 유아도 지원한다고 하였으며, 지원기간은 3년을 초과할 수 없다고 하였다. 따라서 갑의 자녀가 지원받을 수 있는 최대 금액은 (100,000＋50,000)×12×3＝5,400,000원이다.

54

정답 ④

① (X) '제외대상'에서 대한민국 국적을 가지지 않은 유아는 제외된다고 하였다.

② (X) '제외대상'에서 해외체류 기간이 31일째 되는 날 유아학비 지원자격이 중지된다고 하였다.

③ (X) '제외대상'에서 유치원 이용시간에 아이돌봄서비스와 중복지원 불가하다고 하였다.

④ (○) '지원대상'에서 취학을 유예하는 경우, 유예한 1년에 한하여 만 5세 유아 무상교육비를 지원한다고 하였다.

55

정답 ②

① (○) '4. 복본기호'에서 동일한 도서를 여러 권 보유하고 있는 경우에만 붙이는 기호라고 하였으므로 해당 도서 보유 권수를 알 수 있다.

② (X) '2. 도서기호'에서 저자명의 성과 이름의 첫 글자의 자음과 모음은 알 수 있지만 정확한 저자의 이름을 알 수는 없다.

③ (○) '1. 분류기호'에서 자료의 주제를 아라비아 숫자로 변환한 기호라고 하였으므로 자료의 주제를 알 수 있다.

④ (○) '3. 권차기호'에서 시리즈 물이 있는 경우에만 붙이는 기호라고 하였으므로 시리즈의 여부를 알 수 있다.

56

정답 ①

분류기호는 '710'에 해당하고, 도서기호는 '김14ㅎ'에 해당한다. 해당 도서는 4권까지 있는 시리즈 물이라고 하였고 그중 권차는 2권이므로 권차기호를 표기해야 하며, 'v.2'에 해당한다. 해당 도서는 A도서관에 3권 보유 중이라고 하였으므로 복본기호를 표기해야 하며, 'c.3'에 해당한다. 따라서 청구기호는 710 김14ㅎv.2c.3이다.

57

정답 ①

① (X) 해당 도서의 도서기호 중 저자기호는 '고84'이므로 저자의 성은 고, 저자의 이름 첫 글자의 자음은 ㅊ, 모음은 'ㅗ, ㅘ, ㅙ, ㅚ, ㅛ'이다. 따라서 저자의 이름은 '고철수'일 수 없다.

② (○) 해당 도서의 분류기호는 '810'이므로 한국문학에 관한 도서이다.

③ (○) 해당 도서의 도서기호 중 저작기호는 'ㅅ'이므로 '사신'일 수 있다.

④ (○) 해당 도서의 복본기호는 'c.5'이므로 는 A도서관에 5권 보유 중이다.

58

정답 ①

① (X) '2. 지원 내용'에서 통합반의 경우 별도로 지정된 어린이집에서만 제공한다고 하였으므로 독립반을 운영하는 모든 어린이집이 통합반을 운영할 수 있는 것은 아니다.

② (○) '5. 이용료 결제'에서 기존 아이행복카드를 이용하여 결제할 수 있다고 하였다.

③ (○) '2. 지원 내용'에서 양육수당 수급아동이 아닌 경우 전액 본인 부담한다고 하였으므로 통합반과 독립반의 시간당 본인부담액 차이는 5－4＝1천 원이다.

④ (○) '3. 제출서류'에서 신청 시 시간제 보육 이용신청서, 운영규정서약서, 가족관계증명서, 신분증을 제출해야 한다고 하였으므로 제출해야 하는 서류는 4개이다.

59

정답 ①

벌점은 8월에 －5점, 9월에 －2×3＝－6점이고, '6. 유의사항'에서 아동의 질병으로 부득이한 사유로 예약을 취소해야 할 경우 증빙서류 제출 시 벌점 부과 없이 취소 가능하다고 하였으므로 10월에 0점이다. 또한 벌점은 해당 월에만 적용되며, 이월되지 않는다고 하였다. 따라서 A의 아동이 10월에 보유하고 있는 벌점은 0점이다.

60

정답 ③

'2. 지원 내용'에서 양육수당 수급아동의 자격이 변경되어 15

일 이전 변경 신청한 경우 해당 월의 변경신청일 이전까지 이용 건에 한하여 지원하고 변경신청일 이후 이용 건에 한하여 전액 본인 부담한다고 하였다. 따라서 B가 지불해야 하는 10월분 본인부담액은 6×4×1+12×4×5=264천 원이다.

법률 - 국민건강보험법

정답표

01	02	03	04	05	06	07	08	09	10
③	④	②	④	②	②	①	②	②	①
11	**12**	**13**	**14**	**15**	**16**	**17**	**18**	**19**	**20**
④	①	④	①	②	④	②	③	④	③

01

정답 ③

풀이 조항
제4조 제1항 제1호·제2호·제4호·제6호

③ (X) 건강보험정책심의위원회는 국민건강보험종합계획 및 시행계획에 관하여 심의만 할 뿐 의결은 하지 않는다.

02

정답 ④

풀이 조항
- 제8조 제1항 제2호
- 제9조 제1항 제1호·제4호
- 제10조 제1항 제6호

- 갑: (O) 교직원으로 사용된 날인 4월 2일에 가입자 자격이 변동된다.
- 을: (O) 사업장에 휴업이 발생한 날의 다음 날인 4월 2일에 가입자 자격이 변동된다.
- 병: (X) 피부양자 자격을 잃은 날인 4월 1일에 가입자 자격을 취득한다.
- 정: (O) 건강보험의 적용배제신청을 한 날인 4월 2일에 가입자 자격을 상실한다.

03

정답 ②

풀이 조항
제18조 제1호~제4호

공단의 설립등기에 포함하여야 하는 사항은 목적, 명칭, 주된 사무소 및 분사무소의 소재지, 이사장의 성명·주소·주민등록번호이다.

ㄹ. (X) 예산 및 결산에 관한 사항은 공단의 정관에 기재하여야 하는 사항이다.

ㅁ. (X) 공단의 정관에는 정관의 변경에 관한 사항을 기재하여야 하지만, 설립등기에 설립등기의 변경에 관한 사항을 포함하도록 명시하고 있지는 않다.

04

정답 ④

풀이 조항
- 제20조 제3항·제4항
- 제23조
- 제24조 제1항·제2항

- 갑: (O) 대한민국 국민이 아닌 사람은 공단의 임원이 될 수 없으며, 임원이 이에 해당하게 되면 당연퇴임한다.
- 을: (O) 상임이사는 보건복지부령으로 정하는 추천 절차를 거쳐 이사장이 임명한다.
- 병: (X) 직무상 의무 위반은 해임 가능 사유에 해당하지만, 해임을 할 수 있는 사람은 그 임원의 임명권자이다. 따라서 B를 해임할 수 있는 사람은 비상임이사의 임명권자인 보건복지부장관이다.
- 정: (X) 고의나 중대한 과실로 공단에 손실이 생기게 한 경우가 해임 가능 사유에 해당한다.

05

정답 ②

풀이 조항
- 제41조의4 제1항·제2항
- 제42조의2 제1항~제3항

ㄱ. (X) 보건복지부령이 아니라 대통령령으로 정하는 경우에 선별급여로 지정하여 실시할 수 있다.

ㄴ. (X) 국민건강보험공단이 아니라 보건복지부장관이 선별급여에 대한 적합성 평가, 요양급여 여부 결정, 요양급여 기준 조정을 한다.

06

정답 ②

풀이 조항
제45조 제1항~제4항

ㄱ. (X) 요양급여비용은 공단의 이사장과 대통령령으로 정하는 의약계를 대표하는 사람들의 계약으로 정한다.

ㄹ. (X) 요양급여비용의 계약은 그 직전 계약기간 만료일이 속하는 연도의 5월 31일까지 체결하여야 하며, 그 기한까지 계약이 체결되지 아니하는 경우 보건복지부장관이 그 직전 계약기간 만료일이 속하는 연도의 6월 30일까지 심의위원회의 의결을 거쳐 요양급여비용을 정한다.

07

정답 ①

풀이 조항
제57조 제1항·제2항·제3항·제5항

① (X) 공단은 속임수나 그 밖의 부당한 방법으로 보험급여를 받은 사람·준요양기관 및 보조기기 판매업자나 보험급여 비용을 받은 요양기관에 대하여 그 보험급여나 보험급여 비용에 상당하는 금액을 징수한다. 즉, '보험급여에 해당하는 금액의 5배 이하'가 아니라, '보험급여에 상당하는 금액'을 징수하는 것이다.

08

정답 ②

풀이 조항
제65조 제1항·제4항

㉠ 이사는 총 15명이다.
㉡ 감사는 1명이다.
㉢ 이사 중 4명이 상임이므로, 비상임이사는 11명이다.
㉣ 비상임이사에는 대통령령으로 정하는 바에 따라 추천한 관계 공무원 1명이 포함된다.

따라서 ㉠~㉣에 들어갈 숫자를 모두 합하면 28이다.

09

정답 ②

풀이 조항
- 제69조 제4항
- 제71조 제1항
- 제73조 제2항
- 제76조 제1항

- 보수월액보험료: 갑의 보수월액은 400만 원인데, 국외에서 업무에 종사하고 있으므로 여기에 적용되는 보험료율은 일반적인 직장가입자의 보험료율 7.09%의 100의 50인 3.545%이다. 따라서 갑의 보수월액보험료는 400만 원×3.545%=141,800원이다. 그런데 직장가입자의 보수월액보험료의 100분의 50은 사업주가 부담하므로, 갑이 부담하는 보수월액보험료는 141,800×50%=70,900원이다.
- 보수 외 소득월액보험료: 갑의 연간 보수 외 소득은 이자소득과 사업소득을 더한 3,200만 원이므로, 보수 외 소득월액은 (3,200만 원−2,000만 원)×1/12=100만 원이다. 갑의 보수 외 소득월액보험료는 보수 외 소득월액에 국외 업무 종사자에게 적용되는 보험료율을 곱한 금액이므로 100만 원×3.545%=35,450원이다.

따라서 갑이 부담하여야 하는 월 보험료액은 70,900원+35,450원=106,350원이다.

10

정답 ①

풀이 조항
제78조의2 제1항

사업장의 사용자가 직장가입자가 될 수 없는 자를 거짓으로 보험자에게 직장가입자로 신고한 경우 공단은 '사용자가 직장가입자로 신고한 사람이 직장가입자로 처리된 기간 동안 그 가입자가 부담하여야 하는 보험료의 총액'에서 '그 기간 동안 공단이 해당 가입자에 대하여 산정하여 부과한 보험료의 총액'을 뺀 금액의 100분의 10에 상당하는 가산금을 그 사용자에게 부과하여 징수한다.

이에 따라 갑에게 부과되는 가산금은 (10만 원×5개월)−(6만 원×5개월)×$\frac{10}{100}$=2만 원에 상당하는 금액이다.

11

정답 ④

풀이 조항
- 제80조 제1항 제2호
- 제80조 제2항 제2호

○○회사의 부당이득 징수금 체납은 제57조 제1항에 따른 것으로, 연체 30일까지는 제80조 제1항 제2호, 연체 31일부터는 제2항 제2호를 적용해야 한다.

㉣ (X) ○○회사는 제80조 제2항 제2호에 따라 총 연체금이 체납금액의 1천분의 90, 즉 9%를 넘지 못한다.

12

정답 ①

✎ 풀이 조항
- 제81조의3 제1항
- 제84조 제1항·제2항

ㄱ. (X) 해당 권리에 대한 소멸시효가 완성된 경우에도 재정운영위원회의 의결을 받아 결손처분할 수 있다.

ㄷ. (X) 이 경우 공단은 그 자료를 제공할 수 있다. 즉, 반드시 '제공하여야 하는' 것이 아니라 '제공할 수 있는' 것이다.

13

정답 ④

✎ 풀이 조항
- 제87조 제1항·제3항
- 제88조 제2항
- 제90조

④ (X) 심판청구를 하려는 자는 심판청구서를 처분을 한 공단 또는 심사평가원에 제출하거나 건강보험분쟁조정위원회에 제출하여야 한다. 즉, 처분을 한 공단이나 심사평가원에 제출할 수도 있다.

14

정답 ①

✎ 풀이 조항

제96조의4 제1항~제3항

ㄷ. (X) 약국 등 보건복지부령으로 정하는 요양기관은 요양급여비용을 청구한 날부터 3년간 처방전을 보존하여야 한다. 즉, 요양급여가 끝난 날이 아니라 요양급여비용을 청구한 날이 기준이다.

ㄹ. (X) 가입자나 피부양자의 위임을 받아 공단에 요양비의 지급을 직접 청구한 준요양기관은 요양비를 지급받은 날부터 5년이 아니라 3년간 요양비 청구에 관한 서류를 보존하여야 한다.

15

정답 ②

✎ 풀이 조항

제99조 제1항·제2항·제8항

갑으로부터 징수한 과징금은 제99조 제1항에 해당하는 과징금이고, 을로부터 징수한 과징금은 제99조 제2항 제1호에 해당하는 과징금이다.

ㄴ. (X) 갑으로부터 징수한 과징금은 제99조 제8항 제1호~제3호의 용도로 모두 사용할 수 있다. 즉, 「응급의료에 관한 법률」에 따른 응급의료기금의 지원 용도로 사용할 수 있다.

16

정답 ④

✎ 풀이 조항

제100조 제1항·제3항

① (X) 요양기관이 거짓으로 청구한 금액이 1,500만 원 이상이거나 요양급여비용 총액 중 거짓으로 청구한 금액의 비율이 100분의 20 이상인 경우 위반사실 공표대상자가 될 수 있다. A는 거짓으로 청구한 금액이 1,500만 원 미만이므로, 요양급여비용 총액 중 거짓으로 청구한 금액의 비율이 100분의 20 이상인 경우에 해당한다. 따라서 A의 요양급여비용 총액은 5,000만 원 이하일 것이다.

② (X) 위반사실을 공표하는 주체는 보건복지부장관이다.

③ (X) 요양급여비용을 거짓으로 청구하여 제98조 또는 제99조에 따른 행정처분을 받은 요양기관이 요건에 해당하는 경우 그 위반사실이 공표될 수 있다. 제98조는 업무정지, 제99조는 과징금에 관한 규정으로, A가 받은 행정처분은 업무정지가 아니라 과징금일 수도 있다.

④ (O) 보건복지부장관은 건강보험공표심의위원회의 심의를 거친 공표대상자에게 공표대상자인 사실을 알려 소명자료를 제출하거나 출석하여 의견을 진술할 기회를 주어야 하며, 이에 따라 제출된 소명자료 또는 진술된 의견을 고려하여 공표심의위원회가 공표대상자를 재심의한 후, 보건복지부장관이 공표대상자를 선정한다.

17

정답 ②

✎ 풀이 조항

제109조 제1항·제4항·제5항

ㄱ. (X) 이 경우 정부는 해당 근로자의 건강보험에 관하여 외국 정부와 한 합의에 따라 이를 따로 정할 수 있다. 즉, 재량 사항이지 반드시 따로 정하여야 하는 것은 아니다.

ㄷ. (X) 이 경우 해당 재외국민이 공단에 신청하면 피부양자가 될 수 있는 것이다.

18

정답 ③

✎ 풀이 조항

제110조 제1항~제4항

① (X) 임의계속가입자의 보험료는 보건복지부장관이 정하여 고시하는 바에 따라 그 일부를 경감할 수 있다.

② (X) 임의계속가입자의 보수월액은 보수월액보험료가 산정된 최근 12개월간의 보수월액을 평균한 금액으로 한다.

④ (X) 가입자로서의 자격을 유지한 기간이 아니라 직장가입자로서의 자격을 유지한 기간이 기준이 된다.

19

정답 ④

풀이 조항
- 제112조 제1항 제1호~제3호
- 제112조 제2항

ㄱ, ㄷ. (X) 보험료와 징수위탁보험료등의 징수 업무는 공단의 핵심 업무로서 다른 곳에 위탁할 수 없다.

20

정답 ③

풀이 조항
- 제115조 제2항 제1호
- 제115조 제4항
- 제117조
- 제119조 제3항 제2호

ㄱ. (X) 500만 원 이하의 과태료가 부과된다.

ㄴ. (O) 3년 이하의 징역 또는 3천만 원 이하의 벌금에 처하게 되므로, 징역형을 받을 수도 있다.

ㄷ. (O) 2년 이하의 징역 또는 2천만 원 이하의 벌금에 처하게 되므로, 징역형을 받을 수도 있다.

ㄹ. (X) 500만 원 이하의 벌금에 처한다.

정답 및 해설 - 실전모의고사 4회

NCS 직업기초능력

정답표

01	02	03	04	05	06	07	08	09	10
①	④	③	③	④	③	④	①	②	①
11	**12**	**13**	**14**	**15**	**16**	**17**	**18**	**19**	**20**
②	③	②	④	②	①	④	②	①	②
21	**22**	**23**	**24**	**25**	**26**	**27**	**28**	**29**	**30**
②	②	③	②	④	②	④	③	②	④
31	**32**	**33**	**34**	**35**	**36**	**37**	**38**	**39**	**40**
④	①	①	④	①	①	①	③	④	①
41	**42**	**43**	**44**	**45**	**46**	**47**	**48**	**49**	**50**
②	③	③	③	④	④	①	④	③	②
51	**52**	**53**	**54**	**55**	**56**	**57**	**58**	**59**	**60**
③	①	④	①	④	①	②	④	④	③

01

정답 ①

① (X) 제시된 보도자료에 나타나 있지 않은 내용이다.
② (O) 2문단에서 확인할 수 있다.
③ (O) 3~5문단에서 확인할 수 있다.
④ (O) 6문단에서 확인할 수 있다.

02

정답 ④

① (X) 5문단에서 남성의 골다공증은 여성에 비해 흔하지는 않으나, 골절로 인한 사망률은 더 높아서 특히 우려된다고 하였으므로 적절하지 않다.
② (X) 4문단을 통해 '골흡수 억제제', '골형성 촉진제' 등은 골다공증 골절 치료 약물이 아니라 골절 발생 위험성을 줄이는 효과적인 약물임을 알 수 있다.
③ (X) 1문단에서 강한 외부 충격으로 인해 발생하는 골절과 달리, '골다공증 골절'은 뼛속의 골다공증으로 인해 뼈가 약해진 상태에서 작은 충격만 받아도 뼈가 부러지는 '취약골절'이라고 하였다.
④ (O) 5문단에서 칼슘과 비타민 D를 중심으로 하는 식이요법, 적당한 근력운동의 지속 등 생활습관을 개선하여 골밀도를 높이면 튼튼한 뼈와 함께 건강하고 활기찬 노후를 보낼 수 있다고 하였으므로 적절하다.

03

정답 ③

① (O) '1. 지원 대상의 1) 한국어교육 서비스'에서 신청 시 센터교육 중 성평등·인권교육, 가정폭력 피해예방교육 이수 시 우선 연계된다고 하였다.
② (O) '3. 지원 방법의 1) 운영시간'에서 주 2회 회당 2시간 서비스를 제공하며 2시간 중 20분 이내 휴게시간을 준수한다고 하였으므로 휴게시간을 제외하고 주당 최소 3시간 20분의 서비스를 제공받는다.
③ (X) '3. 지원 방법의 2) 서비스 제공 기간'에서 부모교육 서비스는 연장 불가능하다고 하였다.
④ (O) '1. 지원 대상의 3) 자녀생활 서비스'에서 서비스 지원이 어렵다고 판단되는 장애아동의 경우, 외부 전문기관으로 연계한다고 하였다.

04

정답 ③

질문자의 자녀는 현재 숙제지도와 발표토론지도 수업을 진행 중이므로 자녀생활 서비스를 지원받고 있다. 중도입국자녀는 자녀생활 서비스와 한국어교육 서비스 중 1개 서비스만 제공 가능하다고 하였으므로, 질문자의 자녀가 추후에 들을 수 있는 수업은 자아·정서·사회성 발달을 위한 지도, 문화인식, 정체성 확립, 공동체 인식 지도, 기본 생활습관, 건강 및 안전, 가정생활, 진로지도가 있다.

05

정답 ④

① (○) '1. 지원 대상의 1) 한국어교육 서비스'에서 최초 입국 5년 이하 결혼이민자는 지원 가능하다고 하였다.
② (○) '1. 지원 대상의 3) 자녀생활 서비스'에서 만 12세를 초과하더라도 초등학교 재학 중인 다문화가족 자녀인 경우 지원 가능하다고 하였다.
③ (○) '1. 지원 대상의 2) 부모교육 서비스'에서 생애주기별 각 1회 지원하며, 12개월 초과~48개월 이하는 유아기에 해당한다고 하였다.
④ (X) '1. 지원 대상의 1) 한국어교육 서비스'에서 중도입국 자녀는 외국에서 태어나 성장 후 국내로 입국한 다문화가족 자녀로 한정한다고 하였다.

06

정답 ③

① (X) '4. 서비스 가격'에서 자립준비청년의 경우 본인 부담금이 면제라고 하였다.
② (X) '5. 서비스 내용'에서 사전·사후검사 각 1회, 전문심리상담 서비스 총 8회, 종결상담 1회 총 11회지만 종결상담은 마지막 상담 시 포함하므로 서비스 제공기간 동안 검사 및 상담을 위해 기관에 총 10회 방문해야 한다.
③ (○) '4. 서비스 가격'에서 상담 분야를 전공하고 학사 4년 이상, 석사 3년 이상, 박사 1년 이상의 실무경력이 있는 심리상담사는 B형에 해당하며, B형의 서비스 가격은 70만 원이므로 정부지원금은 $70 \times 0.9 = 63$만 원이다.
④ (X) '3. 처리 절차'에서 서비스 지원은 사업장 주 소재지 관할 시·군·구에 등록된 기관에서 대상자에게 서비스 지급한다고 하였다.

07

정답 ④

① (○) '5. 서비스 내용'에서 이용자가 원할 경우에는 제공기관과 합의 과정을 거쳐 서비스 제공 횟수나 시간 연장이 가능하다고 하였다. 또한 제공기관과 별도의 계약이 필요하며 추가 부담은 전액 본인부담이라고 하였다.
② (○) '2. 신청방법'에서 친족 중 배우자, 8촌 이내의 친척, 4촌 이내의 인척이 대리 신청 가능하다고 하였다.
③ (○) '1. 지원 대상'에서 지원 대상은 만 19~34세 청년이고, 소득 및 재산 기준은 없다고 하였다.
④ (X) '6. 유의 사항'에서 이용자의 사정 등으로 부득이하게 원칙과 달리 서비스 제공 기간을 정하고자 하는 경우에는 이용자와 제공기관 간 협의를 통해 조정 후 제공 가능하다고 하였으며, 추가로 계약서 반영이 필요하다고 하였다.

08

정답 ①

① (X) '3. 지원 시 확인 사항의 1) 지원 대상 가구에 대한 기본 확인 사항'에서 직접 양육하는 경우 지원자와 자녀가 별도 주민등록이 되어 있더라도 한부모 가족으로 지원할 수 있다고 하였다.
② (○) '4. 지원 방법'에서 총 지원기간이 다음 연도를 넘어갈 경우 12월에 남은 지원기간에 대한 지원금을 일시 지급 가능하다고 하였다.
③ (○) '2. 지원 대상 가구'에서 자녀 연령은 무관하고, 보장기간 내의 자립 활동만 인정하여 지원한다고 하였다.
④ (○) '1. 지원 내용'에서 지원액은 월 100,000원이라고 하였으므로 1년간 총 120만 원을 지원받을 수 있다.

09

정답 ②

'4. 지원 방법'에서 1개월 동안 10일 이상 자립활동을 한 경우 최초 3개월 지원한다고 하였으며, A는 1월부터 4월까지 연속해서 4개월 동안 매월 20일 이상 취업활동을 하였으므로 2월과 3월에는 자립활동 여부 확인을 생략한다. '4. 지원 방법'에서 최초 지원(3개월)이 종료된 다음 달인 4월에 자립활동 확인 후 3개월간(자립활동 여부를 확인한 달 포함)은 자립활동 여부 확인을 생략하고 지원한다고 하였으므로 6월까지 확인을 생략한다. '4. 지원 방법'에서 최초 6개월이 경과한 후 자립활동 여부를 재확인한다고 하였으므로 7월에 자립활동 여부를 확인한다. 따라서 A의 자립활동 여부를 확인하는 달은 1월, 4월, 7월이다. '3. 지원 시 확인 사항의 2) 자립활동 관련 확인 사항'에서 청소년 한부모 본인의 검정고시 학습을 지원하고 있을 때에는 해당 서류를 생략할 수 있다고 하였다. 따라서 A의 자립활동 여부를 확인하는 달은 1월, 4월 또는 1월, 4월, 7월이다.

10

정답 ①

① (X) 최근 5년간('16 ~ '20) 계절별 퍼프린젠스 식중독 발생은 '봄(3 ~ 5월) 24건 771명 > 가을(9 ~ 11월) 7건 501명 > 겨울(12 ~ 2월) 9건 293명 > 여름(6 ~ 8월) 7건 90명' 순이다. 따라서 퍼프린젠스 식중독이 가장 적게 발생한 계절은 겨울이 아니라 여름임을 알 수 있다.
② (○) 퍼프린젠스 식중독 발생 장소는 음식점이 총 27건 1,061명으로 가장 많았고, 학교 외 집단급식소에서 7건 331명, 학교 집단급식소에서 5건 143명, 기타 장소가 8건 120명으로 나타났다고 하였으므로 적절하다.
③ (○) 퍼프린젠스 식중독에 걸리면 일반적으로 식사 후 6~24시간의 잠복기 후에 묽은 설사나 복통 등 가벼운 장염 증상이 나타난다고 하였으므로 적절하다.

④ (○) 퍼프린젠스 식중독은 국, 고기찜 등을 대량으로 조리하고 그대로 실온에서 장시간 보관한 후 충분히 재가열하지 않을 경우 발생할 수 있다고 하였으므로 적절하다.

11

정답 ②

①, ④ (○) 퍼프린젠스균은 열에 약해 75℃ 이상에서 사멸된다고 하였으므로 75℃ 이상이 되도록 조리 또는 75℃ 이상에서 재가열해야 한다.

② (×) 퍼프린젠스균은 산소가 없는 조건에서 잘 자란다고 하였고, 실온에 방치하여 서서히 식게 되면 가열과정에서 살아남은 퍼프린젠스 아포가 깨어나 증식하여 식중독의 원인이 될 수 있다고 하였으므로 냉각 시 산소를 차단한다는 설명은 적절하지 않다.

③ (○) 퍼프린젠스 식중독 예방을 위해 조리된 음식은 먹기 전까지 60℃ 이상으로 보관하거나 5℃ 이하에서 보관한다고 하였으므로 적절하다.

12

정답 ③

① (×) '그러나'는 앞의 내용과 뒤의 내용이 상반될 때 사용하는 접속어이다.

② (×) '한편'은 앞의 내용과는 다른 내용이 연결되어 화제가 바뀔 때 사용하는 접속어이다.

③ (○) 빈칸 앞에서는 음식을 대량으로 끓이고 그대로 실온에 방치할 경우 서서히 식는 과정에서 퍼프린젠스 식중독의 발생한다는 원인에 대해 말하고 있고, 빈칸 뒤에서는 음식을 대량으로 조리하고 그대로 실온에서 장시간 보관한 후 충분히 재가열하지 않을 경우 음식점이나 급식소에서 퍼프린젠스 식중독의 발생한다는 결과에 대해 말하고 있다. 그러므로 인과 관계의 접속어인 '따라서'가 적절하다.

④ (×) '요컨대'는 앞의 내용을 요약할 때 사용하는 접속어이다.

13

정답 ②

①, ③ (○) 임신·출산 의료비를 지급받을 수 있다. 참고로 이 문항에서 선택지 ③은 함정 선택지였다. 여성 C는 제왕절개 시술을 받았기 때문에 '자연분만 시 본인부담금 면제' 정책의 지원 대상이 아니기 때문이다. 하지만 C 역시 임신·출산을 하였기 때문에 '임신·출산 의료비 지급' 정책의 지원을 받을 수 있다. 이처럼 여러 항목으로 구분된 글을 읽고 사례에 적용해 보는 문제를 풀 때에는 주어진 사례를 제시된 항목에 두루 맞추어 보는 넓은 독해력이 필요하다.

② (×) 영유아 건강검진의 지원 대상은 생후 4개월부터 71개월까지이다. 따라서 지원을 받을 수 없다.

④ (○) 정관복원술은 보험 적용을 받을 수 있다.

14

정답 ④

㉠ (×) 다태아 출산으로 140만 원을 지급받는 것은 맞지만, 분만 취약지 추가 지원금을 출생아 수에 따라 지급한다는 내용은 언급되어 있지 않다. 따라서 분만 취약지 추가 지원금은 20만 원이라고 보는 것이 타당하다.

㉡ (×) 건강보험 임신·출산 진료비 지급 신청서를 발급받을 수 있는 곳은 산부인과 병(의)원이다. 여기에서 발급받은 신청서를 가지고 카드사(은행) 또는 국민건강보험공단에 방문하거나 전화, 홈페이지, 모바일을 통해 지급 신청을 하는 것이다.

㉢ (×) 영유아 건강검진 11회에는 구강검진 3회가 포함되어 있다. 따라서 총 건강검진 횟수는 11회이다.

㉣ (○) 자연분만으로 자녀를 출산하였으므로, 자연분만 본인부담금이 면제된다.

15

정답 ②

- A사원: (×) 6명으로 구성된 임시조직심의위원회가 열리기 위해서는 과반수인 4명 이상의 위원이 출석해야 한다.
- B사원: (×) 임시조직심의위원회에 조직관리부서에 속하지 않은 직원은 조직관리부서장이 아닌, 해당 직원이 속한 부서의 장의 추천을 받아 지명된다.
- C사원: (○) 임시조직의 장은 해산 사유가 발생하면 이사장에게 사업 추진 실적에 관하여 보고한 후 임시조직을 해산하도록 규정하고 있다.
- D사원: (○) 원칙적으로 국민건강보험공단 인재개발원에 설치하는 임시조직에는 지역본부 인력을 임용할 수 없지만, 지역본부 인력을 제외하고 사업 목적을 달성할 수 없는 경우에는 그러하지 아니하다고 규정하고 있다.

16

정답 ①

① (×) '지속(持續)'은 '어떤 상태가 오래 계속됨. 또는 어떤 상태를 오래 계속함'의 뜻을 가지고 있다. 규정을 보면 임시조직은 특정 사업을 수행하기 위하여 「직제규정」으로 정한 조직과는 별도로 한시적으로 업무를 수행하는 조직이라고 정의되어 있다. 따라서 '지속'보다는 '한시' 혹은 '일시'가 적절한 표현이다.

② (○) '분장(分掌)'은 '일이나 임무를 나누어 맡아 처리함'의 뜻을 가지고 있다.

③ (○) '결재(決裁)'는 '결정할 권한이 있는 상관이 부하가 제출한 안건을 검토하여 허가하거나 승인함'의 뜻을 가지고 있다.

④ (○) '미진(未盡)'은 '아직 다하지 못함'의 뜻을 가지고 있다.

17

정답 ④

① (O) '6. 유의사항'에서 치매안심센터에서 직접 수행하는 진단검사는 소득판정 없이 무료검사가 가능하다고 하였다.

② (O) '5. 검사결과 통보 및 검진비용 청구·지급 절차'에서 검사비용 지원 여부와 상관없이 치매안심센터에서 검사의뢰된 자의 결과 및 진료내역을 모두 통보해야 한다고 하였다.

③ (O) '2. 구비서류'에서 대상자가 주민등록주소지 관할 치매안심센터에 등록되어있지 않은 경우, 최근 3개월 이내에 발급한 주민등록등·초본을 제출해야 한다고 하였다.

④ (X) '1. 대상자 선정 기준'에서 시·군·구별로 자체 기준을 정하여 지자체 예산으로 시행 가능하다고 하였으며, 이때 사회보장위원회 협의를 거친 후 시행해야 한다고 하였다.

18

정답 ②

① (O) '6. 유의사항'에서 의료급여수급권자 중 기초생활수급권자의 건강생활지원비에서 검사비용이 차감된 경우, 치매안심센터는 협약병원을 통해 차감내역 확인 후 추가지원이 가능하다고 하였다.

② (X) '2. 구비서류'에서 기초생활수급권자의 건강생활지원비에서 차감내역을 지원할 경우, 대상자 본인 명의의 통장 사본 1부를 제출해야 한다고 하였으며, 행복지킴이통장은 제출 불가하다고 하였다.

③ (O) '6. 유의사항'에서 본인부담금은 협약병원의 경우 10원 미만 절사, 보건소의 경우 100원 미만 절사한다고 하였다.

④ (O) '4. 비용 지원 범위'에서 진단검사는 상한 15만 원, 감별검사는 의원·병원·종합병원급은 상한 8만 원, 상급종합병원은 상한 11만 원이라고 하였다.

19

정답 ①

① (X) 4문단에서 계획되지 않은 투석치료를 받은 경우에 동정맥루 수술을 통해 동정맥루를 만들어 투석을 지속한 경우 사망 위험이 유의하게 낮은 것으로 나타났다고 하였으므로 적절하지 않다.

② (O) 2문단에서 60세 이상 노인을 대상으로 한 21편의 문헌을 분석한 결과, 투석치료가 보존적 치료에 비해 전체 생존율은 유의하게 높았으며, 생존기간도 투석치료군 38개월, 보존적 치료군 20개월로 보존적 치료군이 낮게 나타났다고 하였으므로 적절하다.

③ (O) 4문단에서 계획되지 않은 복막투석에 비해 계획되지 않은 혈액투석의 사망 위험이 유의하게 높게 나타났다고 하였으므로 적절하다.

④ (O) 3문단에서 만성콩팥병 노인 환자에서 계획되지 않은 투석치료와 계획된 투석치료의 보정된 사망 위험 분석 결과, 1년 이내에는 두 군 간에 사망 위험 차이가 없었으나, 초고령 대상 문헌 결과에서는 계획되지 않은 투석치료의 사망위험이 계획된 투석에 비해 3.98배 높았다'고 하였으므로 적절하다.

20

정답 ②

① (O) 6문단에서 '초고령 환자나 연명의료결정법에 따른 말기 또는 임종기의 환자에서는 투석치료를 결정함에 있어 보다 신중할 필요가 있다'고 언급한 부분과 4문단에서 고연령일수록 사망 위험이 높다고 언급한 부분을 통해 알 수 있다.

② (X) 위 보도자료는 '노인 만성콩팥병 환자에서 투석 예후요인 및 임상효과 분석' 연구의 수행 결과를 바탕으로, 투석치료에 대해 과학적 근거를 바탕으로 의사 결정하는 것이 중요하다는 것을 내용으로 하고 있을 뿐, 국내 노인 만성콩팥병 환자의 생존율을 높일 수 있는 투석치료 방법 개발의 필요성에 대해서는 언급하고 있지 않다.

③ (O) 7문단에서 국내 노인 만성콩팥병 환자의 투석치료에 대해 과학적 근거를 바탕으로 의사 결정하는 것이 중요하다고 언급하고 있는데, 이는 치료 방법에 따른 임상 효과와 치료의 사전 계획 여부가 생존에 영향을 미친다는 연구 결과에 따른 것이라고 할 수 있다.

④ (O) 6문단에서 노인 말기신부전 환자에게 투석치료를 적극적으로 시행하는 것이 생존율이 유의하게 좋고, 삶의 질에서도 차이가 없어 보존적 치료보다 투석치료가 더 나을 수 있다고 언급하고 있는데, 이는 2문단의 내용을 통해 확인할 수 있다.

21

정답 ②

① (O) 충남의 일반건강검진 구강검진 대상인원 중 미수검인원은 다음과 같다.

2020년	766,373－242,551＝523,822명
2021년	848,875－272,933＝575,942명
2022년	932,360－285,257＝647,103명
2023년	922,814－256,996＝665,818명
2024년	969,523－272,689＝696,834명

② (X) 2024년 일반건강검진 구강검진 수검인원의 2017년 대비 증가율은 다음과 같다.

충북	(281,620－243,935)/243,935×100≒15.4%
충남	(272,689－242,551)/242,551×100≒12.4%
전북	(264,463－232,778)/232,778×100≒13.6%
전남	(158,265－150,875)/150,875×100≒4.9%

경북	(247,464－232,201)/232,201×100≒6.6%
경남	(366,607－308,548)/308,548×100≒18.8%

③ (○) 2025년 경남의 일반건강검진 구강검진 대상인원은 전년과 동일하다면 수검률이 30%가 되기 위해서는 수검인원이 전년 대비 1,487,757×0.3－366,607＝79,720.1명 증가해야 한다.

④ (○) 5개 지역 중 일반건강검진 구강검진 수검인원이 가장 적은 해가 경남과 동일한 지역은 충북, 충남, 전북이다.

22

정답 ②

① (○) 전남의 일반건강검진 구강검진 수검률은 다음과 같다.

2020년	150,875/659,173×100≒22.9%
2021년	157,666/714,757×100≒22.1%
2022년	171,929/779,594×100≒22.1%
2023년	145,647/758,921×100≒19.2%
2024년	158,265/805,722×100≒19.6%

② (X) 충북과 충남의 일반건강검진 구강검진 수검인원 차이의 절댓값은 다음과 같다.

2020년	243,935－242,551＝1,384명
2021년	272,933－266,792＝6,141명
2022년	286,378－285,257＝1,121명
2023년	257,864－256,996＝868명
2024년	281,620－272,689＝8,931명

③ (○) 경북의 일반건강검진 구강검진 대상인원 전년 대비 증가량은 다음과 같다.

2021년	1,052,312－975,680＝76,632명
2022년	1,155,887－1,052,312＝103,575명
2023년	1,125,078－1,155,887＝－30,809명
2024년	1,183,597－1,125,078＝58,519명

④ (○) 전북의 일반건강검진 구강검진 대상인원은 다음과 같다.

2020년	637,362명
2021년	689,161명
2022년	751,183명
2023년	738,001명
2024년	778,967명

23

정답 ③

① (○) 전국 중증외상 발생건수 중 8개 도시의 비중은 다음과 같다.

2018년	(1,020＋605＋295＋354＋146＋248＋164＋38)/10,024×100≒28.6%
2019년	(912＋559＋343＋369＋131＋269＋193＋51)/9,115×100≒31.0%
2020년	(849＋501＋285＋328＋166＋148＋171＋42)/8,435×100≒29.5%

② (○) 중증외상 발생 건수가 가장 적은 도시는 매년 세종으로 동일하다.

③ (X) 2019년 중증외상 발생률이 전년 대비 증가한 도시는 대구, 인천, 대전, 울산, 세종이고, 각 도시의 전년 대비 증가율은 다음과 같다.

대구	(14.1－12.1)/12.1×100≒16.5%
인천	(12.6－11.9)/11.9×100≒5.9%
대전	(18.3－16.4)/16.4×100≒11.6%
울산	(16.8－14.2)/14.2×100≒18.3%
세종	(15.6－11.5)/11.5×100≒35.7%

④ (○) 중증외상 발생건수가 매년 증가한 도시는 없다.

24

정답 ②

2020년 중증외상 발생 건수 상위 3개 도시는 서울, 부산, 인천이다. 2020년 인구는 전국이 8,435/16.4×100,000≒51,432,926.8명, 서울이 849/8.9×100,000≒9,539,325.8명, 부산이 501/14.9×100,000≒3,362,416.1명, 인천이 328/11.2×100,000≒2,928,571.4명이다. 전국 인구 중 중증외상 발생 건수 상위 3개 도시 인구 합의 비중은 2020년에 (9,539,325.8＋3,362,416.1＋2,928,571.4)/51,432,926.8×100≒30.8%이다.

25

정답 ④

① (○) 매년 여학생 대상자 수가 전년 대비 감소한 학년은 고2, 고3 2개 학년이다.

② (○) 2022년 남학생 대상자 학년별 2019년 대비 감소율은 다음과 같다.

중1	|(4,747－5,126)|/5,126×100≒7.4%
중2	|(4,736－5,039)|/5,039×100≒6.0%
중3	|(4,700－5,236)|/5,236×100≒10.2%
고1	|(4,236－4,782)|/4,782×100≒11.4%
고2	|(4,164－4,662)|/4,662×100≒10.7%
고3	|(3,814－4,996)|/4,996×100≒23.7%

③ (○) 2021년 여학생 대상자의 실천율의 2019년 대비 증가량은 다음과 같다.

중1	89.1－81.7＝7.4%p
중2	88.2－81.7＝6.5%p
중3	88.4－82.4＝6.0%p
고1	90.0－85.8＝4.2%p
고2	90.9－87.0＝3.9%p
고3	92.8－86.5＝6.3%p

④ (X) 2020년에 대상자 중 중학생 비중은 (5,098＋4,823＋4,909＋4,907＋4,741＋4,483)/(5,098＋4,823＋4,909＋4,602＋4,631＋4,290＋4,907＋4,741＋4,483＋4,305＋4,276＋3,883)×100≒52.7%이다.

26

정답 ②

2022년 성별, 학년별 비누 이용 손씻기 실천자는 다음과 같다.

구분	남학생	여학생
중1	4,747×85.9/100 ≒4,078명	4,493×88.7/100 ≒3,985명
중2	4,736×85.3/100 ≒4,040명	4,610×88.0/100 ≒4,057명
중3	4,700×86.3/100 ≒4,056명	4,729×88.7/100 ≒4,195명
고1	4,236×86.5/100 ≒3,664명	4,225×90.6/100 ≒3,828명
고2	4,164×85.7/100 ≒3,569명	3,818×91.5/100 ≒3,493명
고3	3,814×84.6/100 ≒3,227명	3,578×92.2/100 ≒3,299명

따라서 2022년 화장실 사용 후 비누 이용 손씻기에 대한 설문조사에 참여한 중·고등학생의 비누 이용 손씻기 실천율은 (4,078＋4,040＋4,056＋3,664＋3,569＋3,227＋3,985＋4,057＋4,195＋3,828＋3,493＋3,299)/(4,747＋4,736＋4,700＋4,236＋4,164＋3,814＋4,493＋4,610＋4,729＋4,225＋3,818＋3,578)×100≒87.7%이다.

27

정답 ④

① (X) 대전 공중위생영업소 중 숙박업 비중은 다음과 같다.

2017년	839/7,439×100≒11.3%
2018년	802/7,445×100≒10.8%
2019년	783/7,558×100≒10.4%
2020년	731/7,610×100≒9.6%
2021년	673/7,811×100≒8.6%
2022년	589/7,950×100≒7.4%

② (X) 공중위생영업소 중 숙박업 수 하위 2개 지역의 합은 다음과 같다.

2017년	752＋767＝1,519개
2018년	724＋742＝1,466개
2019년	687＋745＝1,432개
2020년	666＋722＝1,388개
2021년	657＋673＝1,330개
2022년	589＋636＝1,225개

③ (X) 2021년 광주 공중위생영업소수는 대전보다 많지만, 광주 공중위생영업소 중 숙박업은 대전보다 적다.

④ (○) 2022년 공중위생영업소의 2017년 대비 증가량은 다음과 같다.

서울	42,707－40,373＝2,334개
부산	18,675－17,273＝1,402개
대구	12,951－12,064＝887개
인천	13,304－11,644＝1,660개
광주	8,608－7,732＝876개
대전	7,950－7,439＝511개
울산	6,337－5,731＝606개

28

정답 ③

① (○) 2020년 지역별 공중위생영업소의 전년 대비 증가율은 다음과 같다.

서울	(41,485－41,179)/41,179×100≒0.7%
부산	(18,106－17,924)/17,924×100≒1.0%
대구	(12,428－12,346)/12,346×100≒0.7%
인천	(12,527－12,205)/12,205×100≒2.6%
광주	(8,180－8,046)/8,046×100≒1.7%
대전	(7,610－7,558)/7,558×100≒0.7%
울산	(6,101－6,023)/6,023×100≒1.3%

② (○) 2018년 지역별 공중위생영업소 수는 다음과 같다.

서울	40,826개
부산	17,606개
대구	12,245개
인천	11,936개
광주	7,881개

대전	7,445개
울산	5,854개

③ (X) 2019년 지역별 공중위생영업소 중 숙박업의 전년 대비 증감량은 다음과 같다.

서울	2,954－3,083＝－129개
부산	2,105－2,126＝－21개
대구	847－897＝－50개
인천	1,305－1,296＝9개
광주	687－724＝－37개
대전	783－802＝－19개
울산	745－742＝3개

④ (O) 2022년 지역별 공중위생영업소 중 숙박업의 비중은 다음과 같다.

서울	2,515/29,733×100≒8.5%
부산	1,976/29,733×100≒6.6%
대구	706/29,733×100≒2.4%
인천	1,335/29,733×100≒4.5%
광주	636/29,733×100≒2.1%
대전	589/29,733×100≒2.0%
울산	653/29,733×100≒2.2%

29

정답 ②

① (O) 남자 급성심장정지 발생 건수 대비 여자 급성심장정지 발생 건수 비율은 다음과 같다.
- 2020년: 11,399/20,248×100≒56.3%
- 2021년: 12,157/21,078×100≒57.7%

② (X) 2022년 급성심장정지 발생 건수 중 남자는 전년 대비 5% 감소, 여자는 전년 대비 8% 증가했을 때, 전체 건수는 21,078×0.95＋12,157×1.08≒33,153.7건이므로 전년 대비 |33,153.7－33,235|＝81.3건 감소했다.

③ (O) 2017~2018년 동안 매년 급성심장정지 발생 건수가 전년 대비 증가한 연령대는 20대, 60대, 80세 이상으로 3개이다.

④ (O) 2020년 급성심장정지 발생 건수의 2017년 대비 증가율은 다음과 같다.
- 남자: (20,248－18,963)/18,963×100≒6.8%
- 여자: (11,399－10,283)/10,283×100≒10.9%

30

정답 ④

2023년 전체 급성심장정지 발생 건수는 33,235＋1,765＝35,000건이다. 20세 미만, 30대, 50대의 2019년 전체 급성심장정지 발생 건수 중 비중은 다음과 같다.

20세 미만	714/30,775×100≒2.3%
30대	1,239/30,775×100≒4.0%
50대	4,532/30,775×100≒14.7%

20대, 40대, 60대, 70대의 2018년 전체 급성심장정지 발생 건수 중 비중은 다음과 같다.

20대	773/30,523×100≒2.5%
40대	2,524/30,523×100≒8.3%
60대	5,044/30,523×100≒16.5%
70대	6,999/30,523×100≒22.9%

2023년 전체 급성심장정지 발생건수 중 80세 이상 비중은 100－(2.3＋4.0＋14.7＋2.5＋8.3＋16.5＋22.9)＝28.8%이므로 2023년 80세 이상 급성심장정지 발생건수는 35,000×0.288＝10,080건이다.

31

정답 ④

① (X) 남성의 노년기 인구수는 7,650,408－4,377,760＝3,272,648명이고, 남성의 노년기 수급자 수는 543,256－359,209＝184,047명이다. 따라서 남성 노년기 인구 중 수급자 비율은 184,047/3,272,648×100≒5.62%로, 6% 미만이다.

② (X) 성별에 대한 언급이 없으므로 전체 수급자 현황을 나타내는 [표 1]을 봐야 한다. 인구 대비 수급자 비율이 첫 번째로 높은 생애주기는 7.1%인 노년기, 두 번째로 높은 생애주기는 5.7%인 청소년기, 세 번째로 높은 생애주기는 3.6%인 학령기임을 확인할 수 있다.

③ (X) 전체 수급자 중에서 여성 수급자가 차지하는 비중은 908,475/1,653,781×100≒54.93%이다. 따라서 남성 수급자가 차지하는 비중은 40% 이상이다.

④ (O) 여성 수급자 중에서 영유아기와 학령기 수급자가 차지하는 비중은 (13,755＋49,360)/908,475×100≒6.95%로, 10% 미만이다.

32

정답 ①

[표 1]의 전체 생애주기별 수급자 수에서 [표 2]의 여성 생애주기별 수급자 수를 빼면 남성 생애주기별 수급자 수를 알 수 있다. 계산해 보면 다음과 같다.
- 영유아기: 28,371－13,755＝14,616명
- 학령기: 101,574－49,360＝52,214명
- 청소년기: 237,971－117,463＝120,508명

• 청년기: 165,452−91,501=73,951명
• 중년기: 577,157−277,187=299,970명
• 노년기: 543,256−359,209=184,047명

33

정답 ①

㉠ 2014년 '학대, 부모빈곤, 실직'으로 인해 발생한 보호대상아동 3,944명 중 최소한 3,944−(2,289+772+117)=766명은 '시설보호'를 통해 보호되고 있다.
㉠에 들어갈 수를 구하기 위해서는 2014년 '가정위탁', '입양', '소년소녀가정'으로 보호되는 아동이 모두 '학대, 부모빈곤, 실직'으로 인해 발생한 아동이라고 가정해 보면 된다. '학대, 부모빈곤, 실직'으로 인해 발생한 보호대상아동 3,944명 중 이 세 유형으로 보호되는 아동의 수 3,718명을 빼고 남은 766명은 '시설보호'를 통해 보호될 수밖에 없다.

㉡ '비행, 가출, 부랑'으로 인해 발생한 보호대상아동은 508명으로, 그해 '유기'로 발생한 보호대상아동 282명보다 508−282=226명 많다.

㉢ 2015~2021년 보호대상아동이 전년 대비 매해 지속적으로 감소한 발생 유형은 '미혼부모, 혼외자' 1개 항목이다.

34

정답 ④

2019년 대비 2021년의 보호 유형별 보호대상아동 수의 증감률을 구해 보면 다음과 같다.
• 시설보호: (2,739−2,421)/2,421×100≒13.1%
• 가정위탁: (1,199−1,417)/1,417×100≒−15.4%
• 입양: (104−285)/104×100≒−63.5%
• 소년소녀가정: (5−2)/2×100=150.0%

35

정답 ①

① (X) 서울의 공연단체 1개당 공연횟수는 다음과 같다.

2017년	47,801/982≒48.7회
2018년	50,981/1,025≒49.7회
2019년	45,469/1,053≒43.2회
2020년	21,900/716≒30.6회
2021년	26,411/910≒29.0회

② (O) 관객 수가 가장 많은 해가 2019년인 지역은 강원, 충청으로 2개이다.
③ (O) 2021년 제주의 공연횟수는 2018년 대비 (270−199)/199×100≒35.7% 증가했다.
④ (O) 2020년에 공연단체 수가 전년 대비 감소한 지역은 서울, 경기, 충청, 전라, 경상, 제주로 6개이다.

36

정답 ①

제주의 공연횟수 1회당 관객 수는 다음과 같다.

2017년	85,902/291≒295.2명
2018년	50,954/199≒256.1명
2019년	27,449/135≒203.3명
2020년	8,350/98≒85.2명
2021년	27,195/270≒100.7명

제주의 공연횟수 1회당 관객 수가 가장 많은 해는 2017년, 가장 적은 해는 2020년이다. 2017년과 2020년 제주 공연단체 1개당 공연매출은 다음과 같다.

2017년	85,902×10,000/21≒40,905,714원
2020년	8,350×11,000/15≒6,123,333원

따라서 공연단체 1개당 공연매출 합은 40,905,714+6,123,333=47,029,047원이다.

37

정답 ①

2024년 하반기 전체 장애인 학대·학대의심 신고 접수건수는 (214+189)+(147+181)+(181+161)+(149+174)+(172+188)+(155+189)=2,100건이다. 신고경로가 신고인 경우와 이관인 경우의 신고 접수건수는 다음과 같다.
• 신고: 2,100×0.83=1,743건
• 이관: 2,100×0.02=42건
따라서 신고인 경우와 이관인 경우의 접수건수 차이는 1,743−42=1,701건이다.

38

정답 ③

① (X) 8~12월 중 학대의심 접수건수와 학대 접수건수의 차이는 다음과 같다.

8월	181−147=34건
9월	181−161=20건
10월	174−149=25건
11월	188−172=16건
12월	189−155=34건

② (X) 8~12월 중 장애인 학대·학대의심 신고 접수건수의 전월 대비 증가량은 다음과 같다.

8월	(147+181)−(214+189)=−75건
9월	(181+161)−(147+181)=14건
10월	(149+174)−(181+161)=−19건
11월	(172+188)−(149+174)=37건
12월	(155+189)−(172+188)=−16건

③ (○) 8~12월 중 장애인 학대의심 신고 접수건수의 전월 대비 증가량은 다음과 같다.

8월	147−214=−67건
9월	181−147=34건
10월	149−181=−32건
11월	172−149=23건
12월	155−172=−17건

④ (×) 8~12월 중 장애인 학대 신고 접수건수의 전월 대비 증가량은 다음과 같다.

8월	181−189=−8건
9월	161−181=−20건
10월	174−161=13건
11월	188−174=14건
12월	189−188=1건

39

정답 ④

① (○) 위암 조발생률의 남자 대비 여자 비율은 다음과 같다.

2016년	39.4/81.1×100≒48.6%
2017년	38.6/79.1×100≒48.8%
2018년	36.9/78.1×100≒47.2%
2019년	38.2/77.7×100≒49.2%
2020년	34.2/69.8×100≒49.0%

② (○) 조사기간 동안 남자와 여자 폐암 발생자 수 차이는 다음과 같다.

2016년	18,131−8,182=9,949명
2017년	18,989−8,540=10,449명
2018년	19,754−9,231=10,523명
2019년	20,519−9,722=10,797명
2020년	19,657−9,292=10,365명

③ (○) 암 발생자 수가 가장 많은 암은 남자는 2016~2018년에 위암, 2019~2020년에 폐암이고, 여자는 조사기간 동안 매년 대장암이다.

④ (×) 2019년 여자 암 발생자 수의 전년 대비 증가율은 다음과 같다.

위	(9,830−9,495)/9,495×100≒3.5%
대장	(12,072−11,397)/11,397×100≒5.9%
간	(4,118−4,050)/4,050×100≒1.7%
췌장	(3,976−3,636)/3,636×100≒9.4%
폐	(9,722−9,231)/9,231×100≒5.3%

40

정답 ①

암 발생자 수와 암 조발생률이 가장 큰 위암 수치를 이용하면 2020년 남자 인구는 17,869/69.8×100,000=25,600,286.5명, 여자 인구는 8,793/34.2×100,000=25,710,526.3명이다. 2020년 전립선암 조발생률은 16,815/25,600,286.5×100,000≒65.7명, 자궁경부암 조발생률은 2,998/25,710,526.3×100,000≒11.7명이므로 2020년 전립선암 남자 조발생률과 자궁경부암 여자 조발생률의 합은 65.7+11.7=77.4명이다.

41

정답 ②

① (○) '산정특례 신청절차의 2)'에서 발급받은 산정특례 등록 신청서에 등록 대상자 서명 후 요양기관 또는 공단에 제출해야 한다고 하였다.

② (×) '산정특례 적용범위'에서 등록 질환과 의학적 인과관계가 명확한 합병증 진료까지 가능하다고 하였다.

③ (○) '질환별 산정특례 경감 혜택'에서 잠복결핵 환자의 경우 경감혜택 적용기간이 1년이지만 6개월 연장 가능하다고 하였다.

④ (○) '질환별 산정특례 경감 혜택'에서 본인부담률이 0%인 질환은 결핵, 잠복결핵으로 2개이다.

42

정답 ③

'산정특례 적용 시작일'에서 확진일부터 30일 경과 후 신청한 경우 신청일부터 적용된다고 하였으므로 A는 '10'월 '10'일부터 산정특례 경감 적용이 시작된다. '질환별 산정특례 경감 혜택'에서 복잡선천성 심기형 심장질환의 경우 적용 기간은 '60'일이라고 하였다. 따라서 ㉠~㉢에 들어갈 숫자의 합은 10+10+60=80이다.

43

정답 ③

① (○) '3. 지원 내용'에서 지원 내용은 신체수발 지원, 간병지원, 가사지원, 일상생활 지원으로 크게 4가지라고 하였다.

② (○) '4. 지원 기간 및 시간'에서 지원 기간은 바우처 자격 결정일로부터 1년이라고 하였고, 재판정 절차를 통해 1년 단위로 연장 가능하지만 C형은 연장 불가하다고 하였다.

③ (×) '5. 서비스 비용'에서 대상자가 의료급여수급자 중 장기입원 사례관리 퇴원자인 지원 형태는 C형이고 C형의 서비스 비용은 624,000원이고 정부 지원금은 100%라고 하였다.

④ (○) '5. 서비스 비용'에서 A형의 지원 시간은 월 24시간, B형은 월 27시간, C형은 월 40시간이라고 하였다.

44

정답 ③

- A: (X) '2. 지원 대상'에서 만 65세 미만의 기준중위소득 70% 이하 계층이라고 하였다.
- B: (○) '2. 지원 대상'에서 만 65세 미만의 기준중위소득 70% 이하 계층 중 한부모가정으로 가사·간병 서비스가 필요한 자라고 하였다.
- C: (X) '2. 지원 대상'에서 만 65세 미만의 기준중위소득 70% 이하 계층 중 6개월 이상 치료를 요하는 중증질환자로 가사·간병 서비스가 필요한 자라고 하였다.
- D: (○) '2. 지원 대상'에서 만 65세 미만의 기준중위소득 70% 이하 계층 중 시·군·구청장이 가사·간병 서비스가 필요하다고 별도로 인정한 자라고 하였다.

45

정답 ④

'5. 서비스 비용'에서 A형의 서비스 비용은 월 374,400원이고 기준중위소득 70% 이하의 경우 정부 지원금은 94%이다. B형의 서비스 비용은 월 421,200원이고 기준중위소득 70% 이하의 경우 정부 지원금은 94%이다.

각 지원 형태의 7개월 동안의 정부 지원금은 다음과 같다.

- A형: 374,400×0.94×7=2,463,552원
- B형: 421,200×0.94×7=2,771,496원

따라서 |㉠−㉡|=|2,463,552−2,771,496|=307,944원이다.

46

정답 ④

① (○) '1. 출산전후휴가'에서 임신 중인 여성 근로자는 90일의 보호 휴가를 부여받을 수 있고 다태아의 경우 120일의 보호 휴가를 부여받을 수 있다고 하였다.

② (○) '1. 출산전후휴가'에서 다태아의 경우 출산전후휴가 중 최초 75일은 유급휴가에 해당한다고 하였다.

③ (○) '3. 출산전후(유산·사산)휴가 급여'에서 휴가 시작일 이후 1개월부터 휴가 종료일 이후 12개월 이내에 신청해야 한다고 하였다.

④ (X) '2. 유산·사산휴가'에서 임신기간이 20주인 여성 근로자가 유산 시 유산일부터 최대 30일의 유산·사산휴가를 받을 수 있다고 하였다.

47

정답 ①

'3. 출산전후(유산·사산)휴가 급여'에서 휴가가 끝난 날 이전 피보험 단위기간이 180일 이상인 경우에 한하여 출산전후(유산·사산)휴가 급여를 지급받을 수 있다고 하였으므로 B는 출산전후(유산·사산)휴가 급여를 지급받을 수 없다.

A는 사업주로부터 최초 60일에 300×2=600만 원을 지급받고, 마지막 30일에 정부로부터 210만 원을 지급받는다. 따라서 정부가 A와 B에게 지급해야 하는 출산전후(유산·사산) 휴가 급여는 210만 원이다.

48

정답 ④

① (○) '5. 지원 내용'에서 임금증가액이 20만 원 이상인 경우 임금증가 보전금을 지원하며, 임금증가액이 20만 원 미만인 경우 임금증가 보전금을 지원하지 않는다고 하였다.

② (○) '6. 인원 한도'에서 파견 근로자를 정규직으로 전환한 경우는 지원인원 한도가 없다고 하였다.

③ (○) '3. 지원요건'에서 상시근로자 수가 5인 미만인 사업장이 아니어야 한다고 하였다.

④ (X) '4. 지원 제외'에서 고용보험에 가입되어 있지 않은 근로자는 지원 제외된다고 하였다.

49

정답 ③

- '5. 지원 내용'에서 임금증가액이 25만 원인 경우 최대 50×12=600만 원을 지원받을 수 있다.
- '6. 인원 한도'에서 기간제 근로자의 정규직 전환에 대한 지원 인원은 사업 최초 참여신청서 제출일이 속한 달의 직전년도 말일을 기준으로 전체 피보험자 수의 30%라고 하였으므로 146×0.3≒43명이다.

따라서 ㉠과 ㉡의 합은 600+43=643이다.

50

정답 ②

① (○) '5. 신청'에서 건강보험 자격득실확인서는 읍·면·동 주민센터에서 직접 확인한다고 하였다.

② (X) '6. 기타 유의사항'에서 수급자격 유효기간은 1년이고, 만 18세 도래 시까지 자동으로 갱신된다고 하였다.

③ (○) '3. 지원 내용 및 지원시간'에서 방학기간은 9시부터 18시이고, 일요일, 공휴일은 제외라고 하였다.

④ (○) '5. 신청'에서 지역 발달 장애인 지원센터 소속직원이 신청 가능하다고 하였다.

51

정답 ③

'3. 지원 내용 및 지원시간'에서 지원시간은 월 최대 44시간이라고 하였다. 또한 공휴일은 제외되므로 5월 5일은 제외된다. A~C는 평일에 매일 3시간씩 이용하므로 5월 2일부터 5월 20일까지 14일 지원받으면 3×14=42시간 지원받는다. 마지막 날은 3시간 이하로 서비스를 받을 계획이라고 하였으므로 5월 23일은 2시간 지원받는다. 따라서 A~C가 발달 장애인 주간 활동 서비스를 마지막으로 받는 날은 5월 23일이다.

52

정답 ①

'2. 서비스 대상'에서 문화체육관광부 스포츠 바우처와 중복지원 불가하다고 하였으므로 B는 제외된다. '2. 서비스 대상'에서 대상자는 비만지수가 20% 이상인 만 5~12세의 비만 아동이라고 하였으므로 만 13세인 C는 제외되고, A와 D의 비만지수는 다음과 같다.

- A: $(32-25)/25\times100=28\%$
- D: $(33-30)/30\times100=10\%$

따라서 비만 아동 건강관리 서비스 대상자는 A이다.

53

정답 ④

B가 이용하는 서비스와 각 서비스의 시간은 다음과 같다.

구분	유형		횟수	시간
필수 서비스	기초검사		1회	60분
	교육 및 상담 서비스		1회	60분
	운동지도 및 운동처방		1회	60분
선택 서비스	혼합형	학교 연계형 (50%)	8×0.5 $=4$회	4×60 $=240$분
		가정 방문형 (50%)	4×0.5 $=2$회	2×60 $=120$분

따라서 빈칸에 들어갈 숫자는 $60+60+60+240+120=540$이다.

54

정답 ①

① (X) 숙련기술 장려 모범 사례를 제외하고 연 최대 대한민국 명장 30명, 우수숙련 기술자 100명, 숙련기술 전수자 10명, 이달의 기능 한국인 12명으로 총 152명에게 지원한다.

② (O) 대한민국 명장을 위한 일시장려금은 연 최대 $20\times30=600$백만 원이므로 6억 원이다.

③ (O) 우수숙련기술자 선정대상은 고용노동부장관이 정하는 생산업무 분야에서 7년 이상 종사한 사람 또는 숙련기술을 보유한 사람이라고 하였다.

④ (O) 숙련기술 장려 모범 사례에 해당하는 경우 정기근로감독이 3년 면제된다고 하였다.

55

정답 ④

① (O) 우수숙련기술자의 선정대상은 고용노동부장관이 정하는 생산업무 분야에 7년 이상 종사한 사람 또는 숙련기술을 보유한 사람이라고 하였으므로 숙련기술 장려를 위한 지원 선정대상에 해당한다.

② (O) 이달의 기능한국인의 선정대상은 직업계 고등학교 등 졸업 후 산업현장에서 10년 이상 종사하고 사회적으로도 성공한 CEO로서 숙련기술 향상에 기여한 사람이라고 하였으므로 숙련기술 장려를 위한 지원 선정대상에 해당한다.

③ (O) 대한민국 명장의 선정대상은 대통령령으로 정하는 직종에 15년 이상 종사한 사람 또는 최고의 숙련기술을 보유한 사람으로서 숙련기술 발전 등에 기여한 사람이라고 하였으므로 숙련기술 장려를 위한 지원 선정대상에 해당한다.

④ (X) 숙련기술 장려 모범 사례의 선정대상은 숙련기술 장려를 위해 임금체계 개편·직무재설계, 인사제도 개선, 학습조직 구축 등의 사업을 하는 사업체라고 하였으므로 숙련기술 장려를 위한 지원 선정대상에 해당하지 않는다.

56

정답 ①

① (X) '5. 서비스 내용'에서 지원 대상자로 선정된 후 정당한 사유 없이 2개월 이상 연속 사용하지 않은 경우, 시·군·구청장은 대상자에게 사전 안내 후 중지 가능하다고 하였다.

② (O) '5. 서비스 내용'에서 대상자 1인당 기본 12개월간 지원한다고 하였다.

③ (O) '3. 선정기준'에서 자녀가 만 6세 미만 영유아인 경우, 장애등록이 되어 있지 않더라도 최근 6개월 이내 발행된 의사소견서로 대체 가능하다고 하였다.

④ (O) '4. 지원 제외 대상자'에서 국가 예산에 따라 발달장애인 부모상담지원사업과 유사한 서비스를 받고 있는 자는 지원 제외된다고 하였다.

57

정답 ②

'서비스 내용'에서 대상자 1인당 기본 12개월간 지원된다고 하였으므로 2021년 6월 30일까지 지원되며, 종료일로부터 2년 이후 최대 12개월에 한하여 지원 연장 가능하다고 하였으므로 23년 7월 1일부터 2024년 6월 30일까지 추가 지원된다. 하지만 '선정기준'에서 대상자로 선정된 후 사업기간 중 만 6세 도래 시에는 만 6세가 되는 달까지 지원된다고 하였으므로 A의 자녀가 만 6세가 되는 2024년 4월까지 지원된다. 따라서 A가 지원받는 기간은 22개월이다.

58

정답 ④

A가 부여받은 사업자등록번호는 (101~999)(01~79)0100 (1 또는 0)이다.

① (X) '1017901001'의 검증코드를 제외한 숫자의 합은 $1+1+7+9+1=19$이다. 19는 3으로 나누어떨어지지 않으므로 검증코드는 0이어야 한다.

② (X) '2. 개인법인구분코드'에서 개인 과세사업자는 01~79

까지의 숫자 중 번호를 부여한다고 하였다.

③ (X) '3. 등록·지정 순서 구분 일련번호코드'에서 과세사업자, 면세사업자, 법인사업자별로 등록일자 또는 지정일자 순으로 0001~9999를 부여한다고 하였다.

④ (O) '8527901000'의 검증코드를 제외한 숫자의 합은 8+5+2+7+9+1=32이다. 32는 3으로 나누어떨어지지 않으므로 검증코드는 0이다.

59

정답 ④

사업자등록번호 '5458637840'의 개인법인구분코드는 '86'으로 영리법인 본점에 해당한다. 변경할 수 있는 개인법인구분코드는 81, 87, 88이다.

① (X) 81로 변경하는 경우 검증코드를 제외한 숫자의 합은 5+4+5+8+1+3+7+8+4=45이므로 3으로 나누어떨어지므로 검증코드를 1로 변경해야 한다.

② (X) '2. 개인법인구분코드'에서 85는 영리법인 지점이라고 하였다.

③ (X) 87로 변경하는 경우 검증코드를 제외한 숫자의 합은 5+4+5+8+7+3+7+8+4=51이므로 3으로 나누어떨어지므로 검증코드를 1로 변경해야 한다.

④ (O) 88로 변경하는 경우 검증코드를 제외한 숫자의 합은 5+4+5+8+8+3+7+8+4=52이므로 3으로 나누어떨어지지 않으므로 검증코드는 0이다. 따라서 검증코드를 변경하지 않아도 된다.

60

정답 ③

① (O) 사업자등록번호 '8728367110'의 등록·지정 순서 구분 일련번호코드는 '6711'이고, 개인법인구분코드는 '83'으로 국가/지방단체이므로 기타 사업자에 해당한다. 따라서 기타 사업자 중 6,711번째로 지정 또는 등록하였다.

② (O) 사업자등록번호 '8728367110'의 개인법인구분코드는 '83'이므로 국가/지방단체이다.

③ (X) '1. 자동 부여 일련번호코드'에서 일련번호코드는 101~999까지의 숫자 중 사용 가능한 번호를 순차적으로 부여한다고 하였지만 번호가 순서대로 부여되지 않을 수 있다고 하였으므로 872번째로 부여받았는지 알 수 없다.

④ (O) 사업자등록번호 '8728367110'의 검증코드를 제외한 숫자의 합은 8+7+2+8+3+6+7+1+1=43이므로 3으로 나누어떨어지지 않는다. 따라서 검증코드는 0이다.

법률 - 노인장기요양보험법

정답표

01	02	03	04	05	06	07	08	09	10
③	①	①	①	②	③	③	①	③	④
11	**12**	**13**	**14**	**15**	**16**	**17**	**18**	**19**	**20**
④	②	④	①	①	③	①	②	②	④

01

정답 ③

풀이 조항
제6조 제1항 제1호~제3호

보건복지부장관은 노인등에 대한 장기요양급여를 원활하게 제공하기 위하여 5년 단위로 '연도별 장기요양급여 대상인원 및 재원조달 계획, 연도별 장기요양기관 및 장기요양전문인력 관리 방안, 장기요양요원의 처우에 관한 사항, 그 밖에 노인등의 장기요양에 관한 사항으로서 대통령령으로 정하는 사항'이 포함된 장기요양기본계획을 수립·시행하여야 한다.

ㄱ, ㅁ. (X) 보건복지부장관이 장기요양사업의 실태를 파악하기 위하여 3년마다 실시하는 실태조사에서 조사하여야 하는 사항이다.

02

정답 ①

풀이 조항
- 제8조 제2항·제3항
- 제9조 제1항·제3항
- 제10조

① (X) 공단은 장기요양보험료와 건강보험료를 통합하여 징수하지만, 이 둘을 구분하여 고지하여야 한다. 통합 징수한 장기요양보험료와 건강보험료는 각각의 독립회계로 관리하여야 한다.

03

정답 ①

풀이 조항
- 제13조 제1항·제2항
- 제14조 제1항 제1호~제3호

㉡ (X) 장기요양인정 신청인은 공단에 보건복지부령으로 정하는 바에 따라 장기요양인정신청서에 의사 또는 한의사가 발급하는 소견서를 첨부하여 제출하여야 한다. 다만, 의사소견서는 공단이 장기요양등급판정위원회에 자료를 제출하기 전까지 제출할 수 있다.

04

정답 ①

풀이 조항
- 제15조 제1항·제2항·제4항
- 제16조 제1항

① (X) 장기요양인정에 대한 조사가 완료된 때 조사결과서, 신청서, 의사소견서, 그 밖에 심의에 필요한 자료를 등급판정위원회에 제출하여야 하는 자는 장기요양인정 신청인이 아니라 공단이다.

05

정답 ②

풀이 조항
제18조 제1호~제3호

ㄷ, ㅁ. (X) 해당 지역의 노인인구수 및 장기요양급여 수요 등 지역 특성, 장기요양기관의 운영과 관련된 법에 따라 받은 행정처분의 내용은 특별자치시장·특별자치도지사·시장·군수·구청장이 장기요양기관을 지정할 때 검토하여야 하는 사항이다.

06

정답 ③

풀이 조항
제22조 제1항~제3항

- 갑: (O) 신체적 사유로 장기요양등급의 변경신청을 직접 수행할 수 없는 사람의 가족이 이를 대리하는 경우이다.
- 을: (X) 사회복지전담공무원이 관할 지역 안에 거주하는 사람의 신청을 대리하기 위해서는 본인 또는 가족의 동의를 받아야 한다.

• 병: (X) 관할 지역 안에 거주하는 치매환자의 신청을 대리할 수 있는 사람은 치매안심센터의 장이다.
• 정: (O) 신체적·정신적 사유로 장기요양인정의 갱신신청을 할 수 없는 사람의 가족이 이를 대리하는 경우이다. 정은 사회복지전담공무원 자격으로는 신청을 대리할 수 없지만 가족 자격으로는 신청을 대리할 수 있다.
• 무: (O) 구청장이 지정하는 자가 장기요양인정의 신청을 대리하는 경우이다.

07

정답 ③

풀이 조항
제23조 제1항 제1호·제2호

③ (X) 주·야간보호는 하루 중 일정한 시간 동안 장기요양요원이 수급자의 가정 등을 방문하는 것이 아니라, 수급자를 장기요양기관에 보호하여 신체활동 지원 및 심신기능의 유지·향상을 위한 교육·훈련 등을 제공하는 장기요양급여이다.

08

정답 ①

풀이 조항
제27조 제1항~제4항

공단은 등급판정위원회가 장기요양인정 및 등급판정의 심의를 완료한 경우 지체 없이 장기요양인정서를 작성하여 수급자에게 송부하여야 한다. 이때 공단은 장기요양급여를 원활히 이용할 수 있도록 월 한도액 범위 안에서 개인별장기요양이용계획서를 작성하여 이를 함께 송부하여야 한다.
수급자는 공단이 송부한 장기요양인정서와 개인별장기요양이용계획서가 도달한 날부터 장기요양급여를 받을 수 있고, 예외적인 사유가 있는 경우에는 장기요양인정서가 도달되는 날까지의 기간 중에도 장기요양급여를 받을 수 있다.
한편, 장기요양기관은 수급자가 제시한 장기요양인정서와 개인별장기요양이용계획서를 바탕으로 장기요양급여 제공 계획서를 작성하고 수급자의 동의를 받아 그 내용을 공단에 통보하여야 한다. 장기요양급여 제공 계획서 작성 절차에 관한 구체적인 사항은 대통령령으로 정한다.

09

정답 ③

풀이 조항
제28조의2 제1항 제1호~제3호

급여외행위는 수급자 또는 장기요양기관이 장기요양급여를 제공받거나 제공할 경우 요구하거나 제공하여서는 안 되는 행위로, 다음과 같이 명시되어 있다.
• 수급자의 가족만을 위한 행위
• 수급자 또는 그 가족의 생업을 지원하는 행위
• 그 밖에 수급자의 일상생활에 지장이 없는 행위

10

정답 ④

풀이 조항
제35조의3 제2항~제5항

① (X) 거짓이나 그 밖의 부정한 방법으로 지정을 받은 경우에는 그 지정을 취소하여야 한다.
② (X) 인권교육의 대상·내용·방법, 인권교육기관의 지정, 인권교육기관의 지정취소·업무정지 처분의 기준 등에 필요한 사항은 대통령령이 아니라 보건복지부령으로 정한다.
③ (X) 장기요양기관 중 대통령령으로 정하는 기관을 운영하는 자는 해당 기관을 이용하고 있는 장기요양급여 수급자에게 인권교육을 실시할 수 있다. 즉, 재량 사항이지 의무 사항은 아니다.

11

정답 ④

풀이 조항
• 제32조의4 제1항
• 제36조 제1항·제2항

ㄱ, ㄴ. (O) 장기요양기관의 장은 폐업하거나 휴업하고자 하는 경우 폐업이나 휴업 예정일 전 30일까지 특별자치시장·특별자치도지사·시장·군수·구청장에게 신고하여야 한다.
ㄷ. (X) 특별자치시장·특별자치도지사·시장·군수·구청장은 장기요양기관의 장이 유효기간이 끝나기 30일 전까지 지정 갱신신청을 하지 아니하는 경우 그 사실을 공단에 통보하여야 한다.
ㄹ. (O) 장기요양기관의 장은 지정의 유효기간이 끝난 후에도 계속하여 그 지정을 유지하려는 경우에는 특별자치시장·특별자치도지사·시장·군수·구청장에게 지정 유효기간이 끝나기 90일 전까지 지정 갱신을 신청하여야 한다.

12

정답 ②

풀이 조항
제37조 제1항 제7호

특별자치시장·특별자치도지사·시장·군수·구청장은 장기요양기관이 업무정지 기간 중에 장기요양급여를 제공한 경우에는 장기요양기관의 지정을 취소해야 한다.

13

정답 ④

풀이 조항
제37조의2 제1항

특별자치시장·특별자치도지사·시장·군수·구청장은 제37조 제1항 각 호의 어느 하나에 해당하는 행위를 이유로 업무정지명령을 하여야 하는 경우로서 그 업무정지가 해당 장기요양기관을 이용하는 수급자에게 심한 불편을 줄 우려가 있는 등 보건복지부장관이 정하는 특별한 사유가 있다고 인정되는 경우에는 업무정지명령을 갈음하여 과징금을 부과할 수 있다. 단, 제37조 제1항 제6호를 위반한 행위로서 보건복지부령으로 정하는 경우에는 그러하지 않다.

① (O) 제37조 제1항 제2호에 해당하는 행위이다.
② (O) 제37조 제1항 제3호에 해당하는 행위이다.
③ (O) 제37조 제1항 제3호의2에 해당하는 행위이다.
④ (X) 제37조 제1항 제6호 나목에 해당하는 행위로, 업무정지를 과징금으로 갈음할 수 없다.

14

정답 ①

풀이 조항
제37조의4 제1항·제2항·제4항

ㄱ. (X) 행정제재처분을 받았거나 그 절차가 진행 중인 자는 보건복지부령으로 정하는 바에 따라 지체 없이 그 사실을 양수인에게 알려야 한다. 따라서 갑은 A를 양도하는 경우 지체 없이 을에게 행정제재처분을 받은 사실을 알려야 한다.

15

정답 ①

풀이 조항
제38조 제2항·제3항·제4항·제6항

ㄱ. (X) 공단은 장기요양기관의 장기요양급여평가 결과에 따라 장기요양급여비용을 가산 또는 감액조정하여 지급할 수 있다.
ㄴ. (X) 공단은 장기요양기관으로부터 재가 또는 시설 급여비용의 청구를 받은 경우 이를 심사하여 그 내용을 장기요양기관에 통보하여야 하며, 장기요양에 사용된 비용 중 공단부담금을 해당 장기요양기관에 지급하여야 한다. 즉, 통보 대상으로 장기요양기관은 명시되어 있지만 수급자는 명시되어 있지 않다.

16

정답 ③

풀이 조항
제43조 제1항 제1호~제4호

ㄷ. (X) 거짓으로 다른 사람으로 하여금 장기요양급여를 받게 한 경우는 1년 이하의 징역 또는 1천만 원 이하의 벌금에 처해진다.

17

정답 ①

풀이 조항
제48조 제4항 제1호~제3호

공단의 정관에 장기요양사업과 관련하여 포함·기재하여야 하는 사항은 '장기요양보험료, 장기요양급여, 장기요양사업에 관한 예산 및 결산, 그 밖에 대통령령으로 정하는 사항'이다.

ㄷ, ㄹ, ㅁ. (X) 장기요양사업의 관리운영기관인 공단이 관장하여야 하는 업무 사항에 해당한다.

18

정답 ②

풀이 조항
- 제52조 제3항·제5항
- 제53조 제2항·제3항

ㄱ. (X) 장기요양등급판정위원회는 위원장 1인을 포함하여 15인의 위원으로 구성한다.
ㄹ. (X) 「노인장기요양보험법」에 정한 것 외에 위원회의 구성·운영, 그 밖에 필요한 사항은 보건복지부령이 아니라 대통령령으로 정한다.

19

정답 ②

풀이 조항
- 제55조 제1항·제2항
- 제56조 제1항
- 제57조

② (X) 심사청구에 대한 결정에 불복하는 사람은 그 결정통지를 받은 날부터 90일 이내에 재심사를 청구할 수 있는데, 이

때 장기요양심사위원회가 아니라 장기요양재심사위원회에 청구를 하여야 한다. 장기요양심사위원회는 심사청구 사항을 심사하는 공단 소속 위원회이고, 장기요양재심사위원회는 재심사청구 사항을 심사하는 보건복지부장관 소속 위원회이다.

20

정답 ④

풀이 조항
- 제67조 제1항 제1호
- 제67조 제2항 제4호
- 제67조 제4항

- A: 3년 이하의 징역 또는 3천만 원 이하의 벌금에 처한다.
- B: 2년 이하의 징역 또는 2천만 원 이하의 벌금에 처한다.
- C: 1천만 원 이하의 벌금에 처한다.

혼JOB 국민건강보험공단 NCS + 법률 봉투모의고사
행정직 · 건강직 · 요양직 · 기술직 대비

발 행 일 | 2025년 3월 6일 (개정 2판 1쇄)
편 저 자 | 혼JOB취업연구소
펴 낸 곳 | ㈜커리어빅
펴 낸 이 | 석의현
가 격 | 23,000원
I S B N | 979-11-91026-83-2 (13320)
주 소 | 서울특별시 종로구 인사동5길 25
전 화 | 02) 3210-0651
홈페이지 | www.honjob.co.kr
이 메 일 | honjob@naver.com

정오 문의 및 정오표 다운로드는 홈페이지 내 고객센터를 이용해 주시기 바랍니다.

개정 2판 1쇄 2025년 3월 6일

나만의 성장 엔진

www.honjob.co.kr